本书出版受国家社会科学基金项目（15XSH013）资助

困境与突破

农村教师配置问题研究

The Dilemma and Breakthrough:
Study on the Problems of
Rural Teachers Arrangement

刘小强◎著

中国社会科学出版社

图书在版编目（CIP）数据

困境与突破：农村教师配置问题研究 / 刘小强著 . —北京：
中国社会科学出版社，2019.12
ISBN 978 - 7 - 5203 - 6181 - 1

Ⅰ.①困…　Ⅱ.①刘…　Ⅲ.①农村学校—师资队伍
建设—研究—中国　Ⅳ.①G451.2

中国版本图书馆 CIP 数据核字（2020）第 050238 号

出 版 人	赵剑英
责任编辑	宋燕鹏
责任校对	王　龙
责任印制	李寡寡

出　　版	中国社会科学出版社
社　　址	北京鼓楼西大街甲 158 号
邮　　编	100720
网　　址	http://www.csspw.cn
发 行 部	010 - 84083685
门 市 部	010 - 84029450
经　　销	新华书店及其他书店

印　　刷	北京君升印刷有限公司
装　　订	廊坊市广阳区广增装订厂
版　　次	2019 年 12 月第 1 版
印　　次	2019 年 12 月第 1 次印刷

开　　本	710×1000　1/16
印　　张	21.5
插　　页	2
字　　数	362 千字
定　　价	98.00 元

前　言

　　农村教师是中国乡村社会长期存在的文化精英。朱熹在《四书集注》中说中国最早的学校"庠""序""校"皆为乡学，这一时期的乡间社会便已经有了教师的身影，只是这时的教师实为官员。春秋以降，学术流落民间，士人开始在乡间设教，传播礼俗文化。其间既有对中国后世影响深远的硕学鸿儒，然其主体，则是大批默默无闻之士，他们可能有较高的学术涵养，在乡土社会进行经学传播，也有可能学术水平并不高，但可堪为道德楷模，在乡间传承礼俗，涵化德性修为，感化乡里民众。与此同时，历代王朝很重视乡间设学，汉代设三老——"有秩、啬夫、游徼，以掌教化，助成乡里之风化"。而源于宋代，在明代大规模设立的社学，则在民间延请有学行的长者担任教师。在晚近的乡村建设中，大批的乡村社会工作者承担了乡土社会教育的任务。中华人民共和国成立以后，无论公办教师、民办教师、代课教师都为乡土社会的教育做出了巨大功绩。农村教师在乡间的教育铸就了乡村社会稳固的文化根基，这种文化承袭与再造事实上对于乡土社会的和谐，进而对整个中国社会的长期繁荣稳定，起到了金字塔底层稳定的作用。然而，快速城市化以来，农村教师大量减少，高质量教师不断流失。这不仅造成乡村人群受教育困难，也使得广袤乡土社会文化符号的衰落。

　　我本人小学在一所村小就读，不能忘怀当时的两位启蒙老师，一位是代课教师，一位是民办教师，尽管国家给他们的待遇和他们的付出远不对等，但他们辛勤而极具责任心，他们对教育怀着质朴的情感，直到如今我对农村教师这个群体依然怀有崇高的敬意。也许是小学条件太过艰苦，也许是自己生性愚钝，我小学毕业时语文、数学两门科目加在一起不到一百分。故我深知农村孩子的教育处境，要想取得稍好一点的教育成绩，会有多么的艰辛！初中毕业后我考进了中师，毕业后分配在农村学校任教，一晃就是十二年。

后来我有幸获得重新进入大学学习的机会，在博士论文选题之际，很是纠结，其间与老师之间还有一点小小的争议，或许担心我无法驾驭事实获取的研究方法，或许希望我能做一些思辨性的理论贡献，老师建议我在教育管理方面选取一个视角做文献思辨研究。出于自己多年对农村教师切身体察而获得的问题感悟，我希望能够在这一领域做点实证性研究。经过几次沟通，老师同意了我的研究论题。现在回想起来，老师开明的行事风格、豁达的处事态度、平等的师生理念，无疑极大影响了我后期学术发展。

我的博士论文主要在一个县进行田野研究，在我看来，深入实地，扎根田野进行考察，哪怕自己的研究是粗浅的，但觉得还算做了一点"实在事"。不管做得好不好，尽量做点真学问吧，这一点当属态度问题，这里的"真"当然指自己真正到田野中去观察、调研，真实描述自己考察到的事件，不去编造虚假数据，结论的提炼须得有经验的支撑而非自我臆断，这是我能够做到而且必须做到的。至于所研究的问题本身是否"求真"了，这恐怕是一个水平问题了，我知道自己水平非常有限，所做的研究是否真实揭示了事物本身，还有待检验和指正。

在高校工作期间，我的研究工作继续围绕"农村教师"这一主题，并申报了国家社科基金。在基金支持下，我在研究方法上做了些调整，一是继续在四川某县进行田野研究，这样做的目的是通过时间维度，审视在历史变迁过程中农村教师配置的变化，深化对农村教师配置问题的认识。二是在空间上进行了大范围的拓展，在全国东中西部分别选取省份开展实地调查，主要包括浙江、广东、山西、湖北、贵州、四川、重庆等地，这样做的目的是通过空间维度的拓展以期能够弥补小范围田野调查的不足，获取更为全面的信息，提炼出更有普遍性的结论甚至理论。三是加入了问卷调查的方法，在浙江、广东、贵州、四川等地进行问卷调查，这样综合使用不同的方法，使不同方法下得出的结论进行相互印证和检验。

本书融合了社会科学基金结项书稿与博士学位论文。在内容上拓展了既有研究范畴，从社会变迁视野，对农村学校、农村教师真实存在进行了较为深入的探究和描述；针对政府、学校等主体开展研究，对政府官员、学校校长进行考察，揭示了这些主体在教师配置中的价值观念与行为方式，阐释了对农村教师队伍建设的影响，并提炼出了有一定普遍性的结论，在一定程度上揭示了政府、学校教师配置的实际运行。

本书力图深入公共组织内部揭示其人事行为，将公共选择理论与公共组织激励理论等用于农村教师配置研究中，在实践中进行检验，进而修正拓展公共组织激励理论与公共选择理论，促进本土环境下公共组织理论的发展，以此拓展社会学、教育学、管理学在公共组织行为方面的研究范畴。通过扎根田野考察，从文化的角度探析政府、学校以及教师在农村教师配置过程中的观念与行为，阐明中国传统文化和地方特殊文化对农村教师配置的影响，揭示农村教师配置问题的深层影响因素。通过研究揭示政府、学校教师配置中的一些机制性问题。

然而农村教师配置问题非常复杂，尽管我从读研究生开始直到现在一直关注该论题，但也感觉自己是盲人摸象，自然未得其整体事实之认识，即使在熟悉领域，也完全不敢说已经"摸"到了真实问题。农村教师、农村教育在社会急剧变迁过程中尚有诸多问题亟待探讨，研究范式须要革新，研究方法需要拓展。我深知自己水平有限，所做的探索还有待进一步深入，但我愿意分享自己在农村教师这一领域内的认识。如果能够为研究者提供一点思维上的启发，我就倍感欣慰了。最后，恳请读者批评，提出宝贵意见，以促使我更好地改进。

目　录

导　论

一　问题提出

党的十九大报告指出，要推动城乡义务教育一体化发展，高度重视农村义务教育，努力让每个孩子都能享有公平而有质量的教育。2018 年 9 月全国教育大会也提出，要坚持改革创新，坚持教育公平，推动教育从规模增长向质量提升转变，促进区域、城乡和各级各类教育均衡发展。要着力补上短板，夯实义务教育这个根基，强化农村特别是贫困地区控辍保学工作，完善城乡统一、重在农村的义务教育经费保障机制，着力改善乡村学校办学条件、提高教学质量。农村教师问题既是影响农村教育质量的关键因素，也是事关教育公平的重要问题。2015 年国务院办公厅印发的《关于印发乡村教师支持计划（2015—2020 年）的通知》，把农村教师配置问题视为今后一段时间国家战略性问题。2018 年《中共中央　国务院关于全面深化新时代教师队伍建设改革的意见》在加强乡村教师队伍建设方面，从教师交流、扩大乡村教师源头、提高乡村教师待遇等诸多方面提出了具体的要求。2018 年全国教育工作大会再次强调，把更多教育投入用到加强乡村师资队伍建设上，不折不扣落实现行的补助、奖励和各类保障政策。但是，农村教师配置相关问题非常复杂，绝非一朝一夕可以解决，迫切需要学术界予以研究，以期能对实践提供有效的理论支持。

（一）农村教师问题已成为影响教育公平和质量的瓶颈问题

国外较为成熟的理论认为，教师因素是影响学生教育成就最为重要的因素。1997 年，哈努谢克（Hanushek）发表了题为"学校资源对儿童学习成效影响力评估"一文，在该文中，哈努谢克认为物质资源配置和学生学业成就之间并没有直接关系，教师因素才是影响学生学业成就的重要因素。① 而另外一项具有代表性的研究是美国著名学者达林－哈蒙德的研究，她对美国黑人和白人之间的学业成就进行深入研究之后发现，黑人学生和白人学生学业成就的差距本质上是由于高质量教师配置不公平所造成的。

农村教师问题既是影响农村教育质量的瓶颈问题，也是影响当前教育公平难以实现的核心问题。而且这个问题可能会变得更加糟糕，其涉及的因素也更加复杂，这在当前学术界有着广泛的共识。范先佐教授认为："农村中小学，尤其是偏远地区农村无法吸引优秀教师，乡村教师通常都是水平最低的。而农村教学点教师多为民办教师转正或代课教师，没有接受过系统的教师教育，学历低、基础差。加之常年在偏远地区农村工作，信息闭塞，教学任务繁重，知识陈旧而又难以更新。"② 朱旭东教授则指出，农村优质教师源源不断往城市流动，导致了农村弱势群体教师不断聚集，弱势群体教师与优质教师群体分离，农村教师普遍年龄偏大，学科结构不合理，转正的民办教师、代课教师所占比例较大。③ 邬志辉教授进一步指出："农村教师的大量流走，其结果必然是乡村教育的衰败，损害的只能是农村最弱势人群的利益。教育权益的变相被剥夺，又会加剧农民子女社会排斥的代际传递，使之无法走出社会底层。进而造成农村人群上向流动阻塞，形成社会问题。"④ 不仅如此，经济学家们的研究表明，教育差距是影响城乡收入差距的重要因素，教育水平的差异对城乡收入差距的贡献达到了 34.69%。⑤

（二）城乡教育一体化对农村教师配置提出了更高的诉求

自中华人民共和国成立以来，为了尽快实现国家工业化的目标，实施了一系列城市倾向的保护性措施。在教育领域也不例外，一些有利于城市

---

① Hanushek, E. A., "Assessing the effects of school resources on student performance: An update", *Educational Evaluation and Policy Analasis*, Vol. 19, No. 2, 1997.

② 范先佐等:《义务教育均衡发展与农村教学点的建设》,《教育研究》2011 年第 9 期；范先佐、郭清扬:《农村教师补充如何由 "飞鸽牌" 变为 "永久牌"》,《人民教育》2017 年第 7 期。

③ 朱旭东:《论我国农村教师培训系统的重构》,《教师教育研究》2011 年第 6 期；朱旭东:《弱势群体教师：内涵、问题、原因及其策略研究》,《教育科学》2011 年第 1 期。

④ 邬志辉:《城乡教育一体化问题形态与制度突破》,《教育研究》2012 年第 8 期。

⑤ 陈斌开、张鹏飞、杨汝岱:《政府教育投入、人力资本投资与中国城乡收入差距》,《管理世界》2010 年第 1 期。

教育的保护性制度人为地造成了教师配置的城乡二元分割。突出表现在城市教师编制宽松,农村教师编制从紧;优质教师优先保证城市需求,造成农村教师素质不高;职称指标更多分配给城市教师;城市教师工资待遇明显高于农村教师工资待遇;城市教师有大量的培训机会,而农村教师则很少。随着国家经济发展、社会进步和人们观念的转变,实现城乡教育一体化,统筹城乡教育发展,已成为人们的共识。

早在1997年12月,原"国家教委关于印发《关于进一步推进城市教育综合改革的若干意见》的通知"提出,根据"城乡一体化"的趋势和区域经济发展的需要,城市教育综合改革要统筹中心城市所辖农村、经济开发区的人才要求,统一规划中等职业教育以上的人才培养和学校、专业布局,以中心城市为依托,城乡统筹,以市带县,发挥城市的辐射功能,提高整个区域的教育发展水平。要通过选派教师、培养农村教师、城乡共建、对口帮扶等行之有效的方式,发挥城市人才、智力等方面优势,提高农村学校的教育质量和管理水平,促进农村中等职业教育的发展,为农村培养用得上、留得住、符合农村经济和农村工作需要的各类中初级人才。① 其后,2003年党的十六届三中全会把实现"统筹城乡发展"作为"五个统筹"之首要任务,2008年党的十七届三中全会进一步提出要着力破除城乡二元结构,形成城乡经济社会发展的新格局,要建立促进城乡经济社会发展一体化的制度。这些制度设计使得城乡教育一体化问题又提到了新的高度,成为新时期教育发展的纲领性要求。时至今日,一些城乡教育二元分割的制度已经被取缔,农村教师在编制、工资待遇、职称评审、培训机会等方面已经不亚于城市教师,在某些方面甚至优于城市教师。但是,优质教师资源优先考虑城市,教育部直属重点大学免费师范生并不能进入农村,针对农村的免费师范生素质有待提高等问题依然突出。因此,农村教师虽然在数量上已经逐渐摆脱了短缺的局面,但优质教师极为匮乏,高水平的师范毕业生并不愿意进入农村学校从教,农村原有的高水平教师依然不断流入城市,这种现象在某些地区较前些年虽有所改善,但在多数地区仍然是一个严峻的问题。城乡教育一体化必然要求教师配置的高位均衡,不仅要求农村地区建设一支数量足够的教师队伍,更要求是高水平的,能够与城市相媲美的。

---

① 何东昌:《中华人民共和国重要教育文献》,海南出版社1998年版,第4317页。

（三）国家高度关注农村教师配置，但政策还有诸多不足之处

从国家政策层面来看，已经开始把解决农村教师问题摆在重要位置。"十二五"规划指出，要大力促进教育公平，缩小教育差距，公共教育资源要向农村倾斜，这里的公共教育资源自然包括对教育来说最重要的教师资源。教育部和27个省以及新疆生产建设兵团于2011年7月签订的义务教育均衡发展备忘录中也把农村教师配置作为一项重要内容。国务院办公厅2015年印发的《乡村教师支持计划》从拓展乡村教师补充渠道、提高乡村教师生活待遇、统一城乡教师编制、职称评聘向乡村学校倾斜、推动城镇优秀教师向乡村学校流动等方面进行了政策性安排。2018年中共中央、国务院《关于全面深化新时代教师队伍建设改革的意见》再次提出，要深入实施乡村教师支持计划，关心乡村教师生活。认真落实艰苦边远地区津贴等政策，全面落实集中连片特困地区乡村教师生活补助政策，依据学校艰苦边远程度实行差别化补助，鼓励有条件的地方提高补助标准，努力惠及更多乡村教师。加强乡村教师周转宿舍建设，按规定将符合条件的教师纳入当地住房保障范围，让乡村教师住有所居。拿出务实举措，帮助乡村青年教师解决困难，关心乡村青年教师工作生活，巩固乡村青年教师队伍。在培训、职称评聘、表彰奖励等方面向乡村青年教师倾斜，优化乡村青年教师发展环境，加快乡村青年教师成长步伐。为乡村教师配备相应设施，丰富精神文化生活。但就已有政策来看，还存在以下几点不足。

1. 政策常偏离其目标，有较大程度失真

为提高农村教师质量，从而促进教育公平发展，国家采取了一系列措施，在农村配置高水平教师。但政策常偏离其目标，存在较大程度的失真。以免费师范生为例，从政策文本分析看，着力提高农村教师质量，解决农村教师问题是该政策的重要目标。在实施之初，尽管存在不少争议，但还是被看好的，学者们认为此举对于解决农村优质师资问题有很大作用，是提高农村教师整体质量的有效途径，可以有效解决农村优质教师严重匮乏的局面，缩小城乡教育差距。然而，据2011年《人民日报》对全国17个省的免费师范生就业情况调查，免费师范生到农村学校任教的比例非常低，仅占总数的4.1%。[①] 有研究者对东北师范大学近5届毕业免费师

---

① 蔡华伟：《调查万余毕业生去向——首届免费师范生去了哪?》，《人民日报》2011年9月28日（http://edu.people.com.cn/GB/15770803.html，2011-09-28。）。

范生调查表明，赞同农村任教的比例依次为 27%、26%、25%、22%、25%，不赞同比例分别达到 51%、53%、58%、60%、55%。在实际就业中签约城市的比例达到 82% 以上。① 这显然和当初的政策目标有巨大差距，政策失真度较大。

2. 政策外塑取向比较明显

从已推行的政策来看，带有较为明显的外塑倾向。一是靠外部支持来解决贫困地区农村教师问题，比如以城乡教师交流、城市学校对农村学校的帮扶等。二是靠临时性的、短期的项目解决贫困地区农村教师问题，如顶岗实习等。三是通过培养和培训，如免费师范生培养，农村教师培训等。然而，依靠外围的临时性的策略无法从根本上解决贫困地区农村教师问题。农村教师问题的解决需要建设农村自己的高水平教师队伍，需要建立一套机制能够吸引较大数量高质量教师进入农村并能在一定时限内将其稳定在农村。这需要构建贫困地区农村教师配置的内生机制，同时也需要采取制度性的长效机制。②

（四）利益主体行为偏差是导致农村教师配置问题的主要因素

农村教师配置问题源于多个方面，但从某种程度上讲，主要是由于农村教师配置中的利益主体行为偏差导致的。因为有些农村教师配置问题，如果进一步深究，则可以追溯到农村教师配置所涉及的主要利益主体，即由主要利益主体所导致的问题。因此，农村教师配置中的主要利益主体行为如果和农村教师配置这种公共利益需要之间存在较大差异，这势必导致农村教师配置走样，从而产生农村教师问题。

从当前农村教师配置所涉及的几个主要利益主体——县级政府、农村学校和农村教师来看，根据理论建构和初步的经验判断可以认为，县级政府有自己的特殊利益偏好，其自身利益和农村教师配置这种公共利益可能并不一致，加之目前农村教师配置方面规范性的标准要求尚不健全，因此，没有规范性约束，县级政府可能并不会重视农村教师配置。同时，县级政府有其自身的政治运行逻辑，农村人群是一个较为松散的群体，他们

---

① 商应美、于爽：《免费师范生就业政策执行跟踪研究：现状·成效·举措——以东北师范大学五届免费师范毕业生为例》，《东北师范大学学报》（哲学社会科学版）2018 年第 5 期。

② 刘小强：《贫困地区农村教师配置问题研究》，博士学位论文，西南大学，2014 年，第 3 页。

在利益博弈中处于弱势，这可能会使得县级政府更多关注城市人群利益而忽视农村人群利益，从而在教师配置中会重城市而轻农村。同样，农村学校校长虽然具有配置优质教师的原始动力，但农村校长有其自身的利益关联，这同样可能会和教师配置这种公共利益存在冲突。而且教师配置由多个部门决定，这其中复杂的利益格局和权力纷争会给农村校长造成很多两难问题，农村校长也常常会忽略教师配置问题。而对于农村教师而言，他们有其自身预期效用，这种预期效用并不只是简单的待遇问题，会涉及价值观念、生活追求、事业发展、子女教育等诸多方面，其预期是诸多方面的一个效用复合函数。农村教师的预期效用未必和整个农村教育利益需求一致，如果他们在农村工作不能满足这种预期，他们会选择离开农村。

由此，本书提出了农村教师配置问题研究这一论题，试图采用深入的实地调研，通过走进农村教育现场，认识分析农村教师工作与生活，考察农村教师配置现状，进而对农村教师配置中的几个主要利益主体——县级政府、农村学校、农村教师等影响因素所导致的农村教师配置问题进行具体考察。以理解农村教师配置所涉及的相关主体在复杂的利益格局之下表现出来的观念和行为。进而提炼经验，揭示一些更复杂的深层次问题，为农村教师配置提供政策支持。

二 文献述评

(一) 国内主要研究

1. 城乡教育不平等研究

研究显示，2001 年义务教育管理机制改革以后，国家对农村教育投入进行倾斜，通过增加县级、省级以及中央政府的教育支出，城乡教育经费投入的差距在逐年缩小。[①] 教育资源配置均衡指数呈现逐年均衡的发展趋势。[②] 但城乡教育不平等并没有就此下降，有学者指出，近年来不同阶层人群并没有享有更加平等的受教育机会，相反，城乡之间教育机会不平等

---

① 赵力涛：《中国义务教育经费体制改革：变化与效果》，《中国社会科学》2009 年第 4 期。
② 翟博、孙百才：《中国基础教育均衡发展实证研究报告》，《教育研究》2012 年第 5 期。

更加恶化了。① 高等教育的扩招也没有减少阶层、民族和性别之间的教育机会差距，反而导致了城乡之间的教育不平等上升。②

这种不平等的变化趋势，从时间轴线看，在中华人民共和国成立后的相当长时间内，教育的城乡差异一直保持了恒定的水平，城乡教育差距和不平等大体从 20 世纪 80 年代以后被快速拉大了。③ 就不同阶段教育而言，研究发现，从 1940 年至 2000 年六十年间，小学教育的城乡机会不平等在下降，初中教育的城乡机会不平等没有变化，而高中及其他高级中等教育的城乡机会不平等持续上升，大学阶段的城乡机会不平也在上升。④ 还有研究发现，从 1978 年至 2008 年，初中升学机会的城乡差异没有变化，高中和大学升学机会的城乡不平等呈扩大趋势。⑤

就城乡教育不平等的影响机制而言，有学者认为主要是学生家庭阶层及父母经济状况、受教育程度等因素。如有学者指出，家庭社会经济地位越高的子女，其上大学的期望也越高，这种期望最终会转化为大学教育获得的优势。而城市阶层子女父母能更多地参与到子女的教育过程中，为子女创造更多的支持条件，这些都有助于子女维持和实现自己的教育期望。⑥但也有学者认为城乡教育不平等的运作机制也许会与阶级不平等有所不同，城乡教育不平等与城乡教育政策有关系，但这方面的问题还需要做进一步的研究和分析。⑦

2. 农村教师配置面临的主要问题

第一，农村教师补充困难。师范院校优秀生源不愿到农村，偏远地区农村无法吸引优秀教师，这在全国都是普遍现象。⑧ 研究发现，尽管高校毕业生数量逐年递增，但是大学毕业生到农村当教师的比例逐年下降。师

---

① 吴晓刚：《1990—2000 年中国的经济转型、学校扩招和教育不平等》，《社会》2009 年第 5 期。

② 李春玲：《高等教育扩张与教育机会不平等》，《社会学研究》2010 年第 3 期。

③ 方长春、风笑天：《社会出身与教育获得——基于 CGSS 70 个年龄组数据的历史考察》，《社会学研究》2018 年第 2 期。

④ 李春玲：《教育不平等的年代变化趋势（1940—2010）——对城乡教育机会不平等的再考察》，《社会学研究》2014 年第 2 期。

⑤ 吴愈晓：《中国城乡居民的教育机会不平等及其演变（1978—2008）》，《中国社会科学》2013 年第 3 期。

⑥ 王甫勤、时怡雯：《家庭背景、教育期望与大学教育获得》，《社会》2014 年第 1 期。

⑦ 李春玲：《高等教育扩张与教育机会不平等》，《社会学研究》2010 年第 3 期。

⑧ 范先佐：《乡村教育发展的根本问题》，《华中师范大学学报》2015 年第 5 期。

范类毕业生的数量也是逐年增加，但其中到农村当教师的比例总体趋势也在下降。① 还有研究显示，由于大学毕业生不愿意去农村小规模学校，小规模学校中特岗教师相对较多。特岗教师多数是"80后"群体，79.89%的特岗教师来自农村。② 而特岗教师的招聘条件比较宽松，不要求应聘者是师范毕业生以及专业对口，这导致他们中的很多人对进入教育领域工作没有做好充分的思想和技能准备，一旦录用并被分派到农村小规模学校后，容易出现各种不适应，对生活环境恶劣、工作条件简陋、社会融入困难、人际交往匮乏、工资待遇不高、交通不便等缺乏足够了解，有的特岗教师到农村小规模学校报道当天就选择辞职，有的适应一段时间后还是选择离开。③

第二，农村骨干教师流失是农村教师配置面临的一大难题。研究表明，如果有机会，61.1%的教师想跳出教育行业，其中持最强烈态度"非常想"的教师中，乡镇、村屯教师比例分别为38.40%和28.49%。根据县城优秀教师和乡村优秀教师进行调查发现，优秀教师由县城流动到乡村的"支援性流动"比例为8.1%，而从乡村到县城的"向城性流动"比例高达86.7%。④《乡村教师支持计划》的实施也没有明显减少农村优秀教师的流失。调查结果显示，5.9%的乡村教师认为乡村教师计划实施后，乡村教师流失比以往多，26.7%的乡村教师认为和以往差不多。⑤ 长期的农村优质教师向城市流动导致了农村弱势群体教师不断聚集。⑥

第三，城乡教师交流遇到阻碍。农村教师岗位吸引力低，城市教师不愿交流到农村任教。有研究显示，77%的城镇教师不愿意交流到农村学

① 王国明、郑新蓉：《农村教师补充困境的政策与社会学考察》，《教师教育研究》2014年第4期。

② 郑新蓉：《中国特岗教师蓝皮书》，教育科学出版社2012年版，第17页。

③ 曾新、高臻一：《赋权与赋能：乡村振兴背景下农村小规模学校教师队伍建设之路——基于中西部6省12县"乡村教师支持计划"实施情况的调查》，《华中师范大学学报》（人文社会科学版）2018年第1期。

④ 邬志辉、秦玉友：《中国农村教育发展报告2013—2014》，北京师范大学出版社2015年版，第281页。

⑤ 付卫东、范先佐：《"乡村教师支持计划"实施的成效、问题及对策——基于中西部6省12县（区）120余所农村中小学的调查》，《华中师范大学学报》（人文社会科学版）2018年第1期。

⑥ 朱旭东、康晓伟：《弱势群体教师：内涵、问题、原因及其策略研究》，《教育科学》2011年第1期。

校，即使提高工资仍然有 52.4% 的城镇教师不愿意到农村学校。① 城乡教师交流之所以受阻，有学者认为主要是因为城乡教师交流制度触及对利益相关者既得利益的调整，但制度设计不是在取得各方一致认同的基础上进行的，而是由政府主导运作的强制性制度变迁。由于信息不对称、地方差异等因素的影响，中央政府制定并实施的教师交流制度与地方教育部门、支援学校和受援学校以及教师个人的目标存在不一致。② 因此，城区优质学校出于本位主义，不可能让骨干教师出去轮换或交流，即使迫于教育主管部门的名额限制，他们也只会派出一些相对年轻的、非"重点"学科的、"可有可无"的教师去参加交流与支教。对教师个体而言，农村薄弱学校的地理位置偏僻、条件艰苦、交通不便、待遇不高，他们大都不愿意参加流动。③ 在政府方面，受升学压力和城区社会的影响，政府更愿意把有限的优质教师资源配置到城区示范学校和重点学校，以保证城区"窗口学校"的发展。④

第四，农村教师专业性不强，专业素养有待提高。有研究指出，农村教师配置依靠各种政策性支持，如"农村义务教育阶段学校教师特设岗位计划"、"'三支一扶'计划"、"'三区'人才支持计划教师专项计划"、师范生免费教育政策、校长教师交流轮岗政策、"农村学校教育硕士师资培养计划"等一系列政策。这使得农村学校教师来源复杂多样，具有师范专业背景的教师比例低，教师专业素养不高。而且教师群体多样复杂的类型特征对农村学校的长期发展极为不利。⑤

第五，农村教师被边缘化，与乡土社会疏离。有学者认为，随着城市化加速推进，农村教师与地方社区逐渐疏离，逐渐从地方社区的事务活动中退了出来，农村教师与基层行政精英之间的互相流动也被切断。⑥ 农村教师作为地方社会最广大的知识群体，逐渐蜕变为单纯的"教书匠"或

① 邬志辉、秦玉友：《中国农村教育发展报告 2013—2014》，北京师范大学出版社 2015 年版，第 292 页。

② 贾建国：《城乡教师交流制度的问题及其改进》，《教育发展研究》2008 年第 20 期。

③ 叶忠、王海英：《教师城乡交流的成本收益分析》，《教育科学研究》2009 年第 2 期。

④ 楼世洲、李士安：《构建城乡中小学教师定期流动机制的政策研究》，《教育发展研究》2007 年第 10 期。

⑤ 刘善槐、王爽、武芳：《我国农村小规模学校教师队伍建设研究》，《教育研究》2017 年第 9 期。

⑥ 李建东：《政府、地方社区与乡村教师：靖远县及 23 县比较研究》，博士学位论文，北京大学，1996 年。

"孩子王"的角色；农村教师在拥有国家体制内关怀时，逐渐失去了与乡土社会文化的内在联系，成为乡村社区生活的"边缘人"。① 除了按部就班地执行教育行政命令和重复城市的教学模式以外，很难有创造性的思考和作为。这种现代性管理方式，形成了农村教师之间，以及农村教师与农村社会的双重断裂……导致农村教师的公共性质与社会责任的缺失，在城乡生活的时空背景中艰难地追赶着城市教师或教育学专家兴起的接二连三的改革浪潮。②

3. 政府农村教师配置问题研究

传统农村教育主要依靠乡绅，他们会设法改善农村教师质量，自20世纪40年代以后，随着国家权力逐步深入乡村地区，乡村教师配置也逐渐被政府所控制。③ 于是，乡村教师被政府从社会空间上隔离出来，政府通过教师配置使教师职业表现出稳定性、隔离性，成为一个独特的、受政府控制的社会阶层。政府通过编制控制乡村教师的总体人数，通过教师资格要求、教师的任命、考核、调动、解雇、报酬、职称等控制农村教师配置。在人数上的节制和意识形态控制之下，决定了政府在农村教师配置中的控制性地位，农村教师配置问题也就主要源自政府。④

但20世纪后期市场化加速推进以来，由于过多强调市场的作用，政府在教师配置中的作用减弱了，由于国家权力的缺席，教师配置不受国家控制，教师配置呈现出无序和混乱的局面，而直接结果就是农村教师的大量流失，农村人群的利益受到了极大的损害。⑤ 但也有学者认为并不是政府缺乏教师配置的权力，而是因为教师配置权力在政府各部门间以及政府各层级间没有明确规定，导致了不合格教师充斥农村学校。⑥ 在各层级政府中，具体落实教师配置的县级政府缺乏对教育发展的远见以及外在政策法

---

① 张济洲：《乡村教师的文化冲突与乡村教育改革》，《河北师范大学学报》（教育科学版）2008年第9期。

② 张儒辉：《外在规约：乡村教师公共性旁落的根源》，《大学教育科学》2008年第5期。

③ ［美］费正清：《剑桥中华人民共和国史：1949—1965》，中国社会科学出版社1990年版，第440—441页。

④ 马戎、龙山：《中国农村教育问题研究》，福建教育出版社2000年版，第159—160页。

⑤ 闫引堂：《国家与教师身份：华北某县乡村教师流动研究》，博士学位论文，华东师范大学，2006年。

⑥ 吕丽艳：《"以县为主"的农村义务教育管理体制运行状况个案调查》，《东北师范大学学报》（哲学社会科学版）2004年第1期。

规压力，很难促进教师均衡配置。①

为了改革政府农村教师配置管理，实现城乡教师均衡配置，有学者认为应该提升教师管理的层级，实行"以省为主"的教师工资保障机制及流动机制。② 也有学者建议推行中小学教师"县管校用"制度。③ 但有学者指出，教师"县管校聘"制度在实践中容易陷入一种困境，即在职教师招考中，优秀教师不断从农村流向城市，而城市教学不佳的教师则流向农村。④

4. 农村学校教师配置问题研究

有学者认为，校长最熟悉学校和教师的情况，因此，校长作为业务管理者，同时掌握人事权力，有利于建立合理的教师资源配置机制。⑤ 但是当前农村学校管理没有让优质教师体现自身价值，部分教师认为农村学校没有给自己提供自我选择机会，不能实现个人发展目标。因为农村学校管理权过于集中，许多评优、晋级、加薪、利益分配等不是按照工作的多少、贡献的大小，而是按照和校长的亲疏关系进行决定。⑥ 加之农村学校平均主义盛行，缺乏激励机制，容易导致骨干教师流失。应加大对骨干教师、优秀教师的奖励，从精神和物质两个方面关心教师。⑦ 另外，强化农村学校校长权力，在某些时候可能反而会导致农村优质教师流失，因为农村学校校长权力被强化后，由于管理不当，造成教职工的民主权利难以得到保障，教师发展机会不平等，从而使得教师从农村流失进入城市。⑧ 基于此，农村学校要吸引和稳定高质量的教师，就需要进行科学的管理，针对不同教师的个人特点，合理满足其愿望。其次，根据人力资源管理中的

---

① 李云星、李宜江：《教育均衡发展的实践反思》，《教育发展研究》2012 年第 6 期。

② 付卫东、范先佐：《"乡村教师支持计划"实施的成效、问题及对策——基于中西部6省12县（区）120 余所农村中小学的调查》，《华中师范大学学报》2018 年第 1 期。

③ 于海洪、雷继红：《农村"微型"学校教师队伍建设研究》，《中国教育学刊》2011 年第 10 期。

④ 朱家存、马兴：《城乡教师编制管理：从无校籍走向一体化》，《教育研究与实验》2018 年第 6 期。

⑤ 李小土、刘明兴、安雪慧：《"以县为主"背景下的西部农村教育人事体制和教师激励机制》，《教师教育研究》2010 年第 3 期。

⑥ 吴志华、于兰兰、苏伟丽：《农村教师的流失：问题及解决之策——基于辽宁省的实证调查》，《教育理论与实践》2011 年第 29 期。

⑦ 冯文全、夏茂林：《四川省城乡义务教育师资配置问题与对策探讨》，《教育与经济》2009 年第 2 期。

⑧ 马青、焦岩岩：《省域城乡师资失衡：实践表征、政策归因、改进策略——以宁夏为例》，《教育发展研究》2012 年第 12 期。

20/80 法则，农村学校应该牢牢抓住对学校发展起决定作用的 20% 那部分核心教师，而不应该把精力平均放在每一位教师身上。①

5. 师范生培养缺陷引发的农村教师配置问题研究

费孝通很早就指出了农村人才的问题，他认为教育培养的人才不为乡村社会所用，即使很多人在城里无业可就，也绝不会回到乡村去，其结果是中国乡村社会人才体系不断受到冲洗和侵蚀，剩下了贫困、疾病和痛苦。② 有学者通过口述史分析发现，从中华人民共和国成立到改革开放这段时期，在政府主导下，师范院校着眼农村培养人才，造就了一批热爱乡村、热爱教育、师德高尚、锐意进取的农村教师队伍。③ 学者钱理群也有类似看法，他认为中华人民共和国成立以后的中等师范毕业生其所学与所需相符，专业基本功扎实，没有好高骛远的想法，因而能扎根农村从事教育；而当前教师教育忽视了教师在农村从教所需的能力培养与精神培育，故农村教师问题令人震惊。④

在一些学者看来，我国师范生大都来自农村地区，他们选择师范学校的初衷是想当一名教师，可四年师范教育之后，许多学生不愿从事教师职业了，更不愿意去农村做教师。根本原因是我国的师范教育在专业认同教育、农村教育等方面缺乏相应的措施。为此要加强师范生的农村教师职业教育。第一，在入学教育时为学生展现当前乡村教育发展的现状，唤醒大学生的社会责任感与对乡村的情怀。第二，师范院校与当地乡村学校取得联系，适时组织学生到当地乡村学校参观、学习，与当地教师进行交流。第三，鼓励学生回自己的家乡实习，感受家乡与母校的变化与发展，站在不同于学生时代的视角去反观家乡的教育发展状况，并鼓励学生撰写日记或日志，形成初步感受与体验。⑤

6. 教师个体因素导致的农村教师配置问题研究

教师也是普通的个体，有自己的家庭，也想追求幸福生活。特别是在

---

① 孙钰华、马俊军：《农村教师流失问题的职业锚角度考察》，《教育发展研究》2007 年第 4 期。

② 费孝通：《乡土中国》，上海人民出版社 2008 年版，第 296—300 页。

③ 胡艳、郑新蓉：《1949—1976 年中国乡村教师的补充任用——基于口述史的研究》，《北京师范大学学报》（社会科学版）2018 第 4 期。

④ 钱理群：《关于西部农村教育的思考》，载钱理群等编《乡土中国与乡村教育》，福建教育出版社 2008 年版，第 300—305 页。

⑤ 王鉴、苏杭：《略论乡村教师队伍建设中的"标本兼治"政策》，《教师教育研究》2017 年第 1 期。

市场经济条件下，教师是否愿意从事农村教育事业，即教育劳动力是否向乡村教育供给，是否安心乡村，取决于从事教育事业和付出教育劳动所能得到的报酬，也取决于其过去人力投资的现在收益。这与其所得的报酬水平有关。① 当然，也有学者通过实证研究得出了不同的结论，认为教师津贴的多少和教师流失没有明显的相关性。②其次，子女的教育问题，也在很大程度上影响教师不愿选择农村任教。有学者指出，县级及其以上的学校具有优质的教学环境、高质量的教师队伍、丰富的教育资源、现代化的教学设施等，教师如选择城市任教，可以为孩子提供全方位的发展平台。③

地位较低是教师不愿在农村从教的另一个重要影响因素。有学者指出，尽管各级政府为教师创造参政议政机会，公开表彰和奖励优秀教师，但与经济地位下降相伴随，之前农村教师的体制内身份优势也相应弱化，身份含金量大大降低，政治地位随之下滑。同时，在全社会教育水平不断提升、村民外出逐渐频繁、信息时代知识传播和信息获取日益便利的背景下，村民的文化水平、视野、知识面、信息量等都大幅提升和拓展，农村教师的专业优势和文化精英地位受到极大动摇。在各种优势消解和其他因素的综合影响下，在当前农村，尊师重教风气严重衰退，教师社会地位日渐式微。④ 还有学者认为农村教师配置难的关键因素是教师的职业倦怠，因为大多数教师在进入农村教育之初都对教育充满了憧憬，希望能做出一番事业。但农村教育环境的局限，往往限制了他们事业的发展，因而产生职业倦怠，从而造成农村教师配置问题。⑤

以上研究从不同侧面揭示了教师农村从教的影响因素，这些因素无疑对教师个体农村从教意愿有很大影响。还有学者对影响农村教师流失意愿的因素按重要性排序，依次是：子女上学与家庭生活、工资待遇及工作负担、学

---

①　范先佐：《乡村教育发展的根本问题》，《华中师范大学学报》（人文社会科学版）2015 年第 5 期。

②　安雪慧、刘明兴、李小土：《农村教师评价体制变革中的教师激励机制》，《中国教育学刊》2009 年第 10 期。

③　娄立志、刘文文：《农村薄弱学校骨干教师的流失与应对》，《教师教育研究》2016 年第 2 期。

④　庞丽娟、金志峰、杨小敏：《新时期乡村教师队伍建设政策研究》，《中国行政管理》2017年第 5 期。

⑤　王嘉毅：《多维视角中的农村教师》，北京师范大学出版社 2011 年版。

校位置、交通住房条件、学校管理与教学风气、社会氛围与工作环境。①

7. 人际关系网络与人员配置的研究

在我国现实背景下，人力资源配置常常不能离开对人际关系的分析。边燕杰等学者归纳了中国转型期的三种主要求职方式，一是计划与分配；二是市场方式；三是人际关系方式，即通过人际关系获得职位信息或直接获得职位。人际关系不是一种正式的求职渠道，但它可以单独发挥作用，也可以与其他两种方式结合使用。② 而边燕杰后来的研究进一步把人际关系在求职中分为人情关系和获得信息。改革初期，通过人际关系获得信息对职位获得及收入并没有影响，到了改革中期以后，信息才开始产生作用。而人情资源对职位获得和收入的影响在改革前后一直都很大，但中国进入世贸组织以后，人情的作用开始受到一定抑制。使用弱关系有更高的概率动员信息资源，使用强关系有更高的概率动用人情资源，但强关系有着更大的优势动员人情和信息的混合资源。③

对于人际关系中信息获得问题，梁玉成运用数据分析认为，高阶层人士偏向于同质性关系网络，即他们通过高阶层人士关系获得信息或职位，低阶层人士却更多偏向于异质性关系网络，即低阶层人士可能偏向于通过高层人士获得信息或职位。④ 但也有研究指出，找关系和工作结果并没有直接的因果关系。⑤

（二）国外主要研究

1. 落后地区或贫困地区教师配置的主要影响因素

（1）条件影响。R. E. Klitgaad 对巴基斯坦的教师配置研究显示，尽管持有教师资格的教师失业率累计已经超过 50%，但在贫困地区农村教师依然大量不足。⑥ L. Ankhara－Dove 通过对发展中国家的研究指出，发展中国

① 王艳玲、李慧勤：《乡村教师流动及流失意愿的实证分析》，《华东师范大学学报》（教育科学版），2017 年第 3 期。

② 边燕杰、张文宏：《经济体制、社会网络与职业流动》，《中国社会科学》2001 年第 2 期。

③ 边燕杰、张文宏、程诚：《求职过程的社会网络模型：检验关系效应假设》，《社会》2012 年第 3 期。

④ 梁玉成：《社会资本和社会网无用吗？》，《社会学研究》2010 年第 5 期。

⑤ 陈云松、〔荷〕比蒂·沃克尔、〔荷〕亨克·弗莱普：《"找关系"有用吗？——非自由市场经济下的多模型复制与拓展研究》，《社会学研究》2013 年第 3 期。

⑥ Klitgaad, R. E., "The Economics of Teacher Education in Parkistan", *Comparative Education Review*, Vol. 29, No. 1, 1985.

家农村地区由于生活条件和工作条件艰苦，即使城市地区学校教师过剩，也很难吸引优质教师到农村去任教。[1]

（2）待遇收入。E. A. Hanushek 等学者研究认为贫困地区学校教师待遇低，从而造成大量教师流失。[2] C. Clotfelter 研究也发现，实施待遇补偿项目可以产生积极的影响，待遇补偿项目的实施减少了贫困地区和学生学习成绩低下地区有经验教师的离职。[3] 但是也有研究指出，很多高质量的教师都被吸引到家境好的、学生集中的学校，而这些学校事实上工资待遇并不高。[4] M. G. Springer 指出，经济激励可以在一定程度上鼓励优质教师到落后地区，但就长期来看，会在某种程度上削弱教师对教学本身的兴趣，从而降低工作积极性和创新性。[5]

（3）任教时间。R. M. Ingersoll 的研究显示，落后地区学校集中了较多的新教师和没有经验的教师，这些教师更容易流失，新教师进入教师行业的 5 年之内有一半要流失。[6] T. M. Smith 的研究表明，贫困地区学校教师流失率更高，入职一年的新教师流失率高达 61.9%。[7]

（4）工作任务。D. Stuit 研究发现，工作任务越重的教师流失率越高，每周工作超过 60 小时的教师，流失率是低于 60 小时教师的 1.6 倍。[8] S. M. Johnson 认为，如果学校内部教师隔阂较深，新手常常被漠视而被委以大量杂事，他们就会转而选择其他能够提供组织支持的学校，以便能够

① ［瑞典］T. 胡森、［德］T. N. 波斯尔斯韦特：《教育大百科全书：教育经济学卷》，杜育红等译，西南师范大学出版社、海南出版社 2006 年版，第 358 页。

② Hanushek, E. A., Kain, J. F., Rivkin, S. G., "Why Public Schools Lose Teachers", *Journal of Human Resources*, Vol. 39, No. 2, 2004.

③ Clotfelter, C., Glennie, E., Ladd, H., Vigdor, J., "Would Higher Salaries Keep Teachers in High – Poverty Schools? Evidence From a Policy Intervention in North Carolina", *Journal of Public Economics*, Vol. 92, No. 5, 2008.

④ Lankford, H., Leub, S., Wyckoff, J., "Teacher Sorting and the Plight of Urban Schools: A Descriptive Analysis", *Educational Evaluation and Policy Analysis*, Vol. 24, No. 1, 2002.

⑤ Springer, M. G., *Rethinking Teacher Compensation Policies: Why Now, Why Again?* Washington DC: Brookings Institution Press, 2009. 135.

⑥ Ingersoll, R. M., Smith, T. M., "The Wrong Solution to the Teacher Shortage", *Educational Leadership*, Vol. 60, No. 8, 2003.

⑦ Smith, T. M., Ingersoll, R. M., "What Are the Effects of Induction and Mentoring on Beginning Teacher Turnover?" *American Educational Research Journal*, Vol. 41, No. 3, 2004.

⑧ Stuit, D., Smith, T., "Teacher Turnover in Charter Schools", *National Center on School Choice*, 2010. http://files.eric.ed.gov/fulltext/ED543582.pdf. 2017 – 10 – 23.

更好地与同事沟通交流。[①] D. Boyd 也认为，学校工作安排不恰当会造成教师离职，落后地区学校对教师备课要求过多、任教班级与教师专业不对口、把教师安排在最糟糕的班级等，这都会促使教师离开。[②]

（5）组织气氛。W. K. Hoy 认为，一些学校是消极的氛围，整个学校都没有明确的目的，这些学校就会强化教师的冷漠、阻碍教师之间的合作，而且教师之间常常是处于一种公开的敌对状态。[③] M. A. Kraft 等运用大样本数据研究发现，持续的学校组织氛围改善将使教师流失减少，而且在组织氛围糟糕的学校通过改善环境氛围将对减少教师流失起到很大的边际效果。[④]

（6）学生因素。C. T. Clotfelter、H. Lankford 等指出了学生因素导致的教师资源市场分割，在低收入人群子女聚集的学校以及少数民族学生聚集的学校，是低质量教师、少数民族教师所形成的市场；相反，在高收入人群子女集中的学校以及白人子女聚集的学校，是高质量教师和白人教师集中的市场。[⑤] D. Boyd 等研究指出，在学生学习成绩低下的学校，高质量教师离职的可能性更大，他们的研究表明，学生学习成绩低下的学校所雇用的新教师在通识性知识证书考试中成绩在最低四分位的占到了 28%，工作 5 年以上的教师在最低四分位的高达 44%；相比之下，在学生学习成绩高的学校，最低四分位教师比例为 22%，工作 5 年以上的教师为 24%。[⑥] E. A. Hanushek 研究发现，在学生学习成绩低下的学校以及黑人学生和西

---

① Johnson, S. M., Birkeland, S., "Pursuing a 'Sense of Success': New Teachers Explain Their Career Decisions", *American Educational Research Journal*, Vol. 40, No. 3, 2003.

② Boyd, D., Lankford, H., Loeb, S., Ronfeldt, M., Wyckoff, J. "The Role of Teacher Quality in Retention and Hiring: Using Applications to Transfer to Uncover Preferences of Teachers and Schools", *Journal of Policy Analysis and Management*, Vol. 30, No. 1, 2011.

③ Hoy, W. K., Tarter, C. J., Hoy, A. W., "Academic Optimism of Schools: A Force for Student Achievement", *American Educational Research Journal*, Vol. 43, No. 3, 2006.

④ Kraft, M. A., Marinell, W. H., Shen – Wei Yee, D., "School Organizational Contexts, Teacher Turnover, and Student Achievement: Evidence From Panel Data", *American Educational Research Journal* Vol. 53, No. 5, 2016.

⑤ Clotfelter, C. T., Ladd, H. F., Vigdor, J., "Teacher - Student Matching and the Assessment of Teacher Effectiveness", *Journal of Human Resources*, Vol. 41, No. 4, 2006. 另见 Lankford H., Loeb, S., Wyckoff, J., "Teacher Sorting and the Plight of Urban Schools: A Descriptive Analysis", *Educational Evaluation and Policy Analysis*, Vol. 24, No. 1, 2002.

⑥ Boyd, D., Lankford, H., Loeb, S., Wyckoff, J., "Explaining the Short Careers of High – Achieving Teachers in Schools with Low – Performing Students", *The American Economic Review*, Vol. 95, No. 2, 2005.

班牙裔学生大量存在的学校，每年都有大量教师离职到其他学区甚至选择到州外任教。在这些学校，黑人学生每增加10%，就需要增加10%甚至更多的工资才能冲抵教师离职率；同样，学生学习成绩每减少一个标准差，就需要增加10%到15%的工资才能冲抵教师离职率。[1]

（7）学校管理。R. M. Ingersoll 发现，贫困地区学校管理水平不高，教师满意度非常低，因而在贫困地区学校难以配置优质教师。[2] B. Heyns 也指出，市中心的学校、少数民族学生集中的学校，教师满意度低，教师流走的可能性更大。[3] R. Gritz 研究发现，新教师离职更多的学校，管理者更多采用了集权式管理，对教师教学给予了更多指导和帮助。对于这种奇怪的现象，研究者解释认为，教师并不喜欢课堂教学中监管式的服务和帮助，他们对过多的额外事务感到很失望。[4] S. Johnson 对薄弱学校教师流失研究发现，离职到其他学校任教的教师中有22%坦言其没有得到足够的资源支持以改进其教学工作，另有22%的教师表达了大致相同的感受只是原因有所差异。所有教师离职后都选择了支持环境更好的或更富有的学校。[5]

2. 促进农村地区或落后地区优质教师配置的研究

（1）落实政府责任。P. Landry 认为，落实政府在落后地区教师配置责任一是要制定教师质量标准，强制性的要求学校所配置的教师达到相应的标准。二是间接激励，即通过经费的划拨进行间接激励，对教师配置达到标准的学校给予经费支持。[6] J. C. Lemke 认为应该对不同教师质量层次的学校实行差额拨款，从而调动地方政府教师队伍建设积极性。[7] M. L. Jerry 认为，城市地区的贫困人口、有色人种以及城市学校的现状使得教师们心

① Hanushek, E. A., Kain, J. F., Rivkin, S. G., "Why Public Schools Lose Teachers", *The Journal of Human Resources*, Vol. 39, No. 2, 2004.

② Ingersoll, R. M., "Teacher Turnover and Teacher Shortages: An Organizational Analysis", *American Educational Research Journal*, Vol. 38, No. 3, 2001.

③ Heyns, B., "Educational Defectors: A First Look at Teacher Attrition in the NLS – 72", *Educational Research*, Vol. 17, No. 3, 1988.

④ Gritz, R., Theobald, N., "The Effects of School District Spending Priorities onLength of Stay in Teaching", *Journal of Human Resources*, Vol. 31, No. 3, 1996.

⑤ Johnson, S., Birkeland, S., "Pursuing a 'Sense of Success': New Teachers Explain Their Career Decisions", *American Educational Research Journal*, Vol. 40, No. 3, 2003.

⑥ Landry, P., *Decentralized Authoritarianism in China: The Communist Party's Control of Local Elites in Post – Mao Era*, Cambridge: Cambridge University Press, 2008, P. 35.

⑦ Lemke, J. C., "Attracting and Retaining Special Educators in Rural and Small Schools: Issues and Solutions", *Rural Special Education Quarterly*, Vol. 29, No. 1, 2010.

中顾虑重重甚至充满了恐惧。因此，政府应通过不断的努力争取校区的支持，良好的校区氛围可以给教师带来愉悦感，从而使教师更加努力地投入工作，减少流失。[1]

（2）改革教师招聘。D. Kauffman 研究显示，很多学校招聘都是校长一个人匆忙的选聘新教师，仅有三分之一的教师招聘经历了民主的选人过程，让候选人、校长、教师相互交换信息。因此，候选人在进入学校之前可以通过面试等途径与校长、教师等有充分的交流，由此理解学校的任务、课程、学生等状况。校方也可以在此过程中向候选人阐明在学校工作将可能会是什么状况，学校可以给候选人提供什么支持。[2] K. F. Lau 认为应该改革教师招聘的选拔标准，改变过于注重基于教学能力的选材标准，加强对候选人职业道德和职业情感的考察，把那些热爱教育事业的候选人招入教师队伍。[3]

（3）改善学校环境。S. M. Johnson 认为，若要让教师长期留下来从教，非常重要的一点是建立规范并内化为全校学生的自觉行为，形成有序、相互尊重的教学环境。这需要校长、教师、家长对学生的不良行为做出一致的反映，并采取预防措施阻止学生的违纪行为。[4] 其次，建立学校各主体之间的相互信任，这需要孕育相互尊重的氛围，真诚听取别人的看法，把自己说过的话落实到行动中，愿意参与正式工作以外的活动。另一方面，学校应让教师与学校管理者之间加强对话，调适教师与管理者之间的关系。[5] 另外，教育部门应建立相应的研究和政策改革机构，提供研究数据用于改善学校的组织环境，减少教师流失。[6]

（4）改进职前教育。K. F. Lau 指出，薄弱学校之所以教师流失率居高

---

① Jerry, M. L., "Rural Education: Attracting and Retaining Teachers in Small Schools", *The Rural Educator*, Vol. 27, No. 2, 2006.

② Kauffman, D., Johnson, S. M., Kardos, S. M., Liu E., Peske H. G., "'Lost at sea': New Teachers' Experiences with Curriculum and Assessment", *Teachers College Record*, Vol. 104, No. 2, 2002.

③ Lau, K. F., Dandy, E. B., Hoffman, L., "The Pathways Program: A Model for Increasing the Number of Teachers of Color", *Teacher Education Quarterly*, Vol. 34, No. 4, 2007.

④ Johnson, S. M., Birkeland, S. E., "Pursuing a 'Sense of Success': New Teachers Explain Their Career Decisions", *American Educational Research Journal*, Vol. 40, No. 3, 2003.

⑤ Hancock, C. B., Scherff, L., "Who Will Stay and Who Will Leave? Predicting Secondary English Teacher Attrition Risk", *Journal of Teacher Education*, Vol. 61, No. 4, 2010.

⑥ Chris, T. A., "Is This Work Sustainable? Teacher Turnover and Perceptions of Work load in Charter Management Organizations", *Urban Education*, Vol. 51, No. 8, 2016.

不下，重要原因之一是偏重于选择优秀和聪明的应聘者，而忽视了应聘者对教育职业的认同感的考察。应加强职前教育中的观念教育，使优秀教师更愿意回到落后地区或薄弱学校任教。① C. Alvin 研究发现，职前教育中加强对学生的观念教育和技能提升可以使优秀教师更愿意回到农村学校或薄弱学校任教。因此，需要加强学生多元文化教育，培养其在落后地区或民族地区从教的文化适应能力。②

（5）合理使用经济激励。C. Clotfelter 认为可以通过设立专门项目，对弱势学校教师进行补偿，增加教师收入，减少流失。③ R. J. Murnane 建议可以采取其他配套政策措施，如降低对退休收入的限制、减免税费、免除贷款、提供住房补贴等，吸引和稳定教师在落后地区。④

（6）倡导奉献。D. Labaree 指出，利他思想存于我们每一个人，社会应鼓励优秀教师到落后地区和贫困地区支教，提升教师自我思想境界。⑤

3. 已有研究的简要评价

通过对已有研究的梳理和分析，可以看出已有研究有如下基本特点。首先是思辨和实证相结合。早期实证研究对现状的调研主要集中于农村教师学历、职称、生师比等方面，这些方面可以看作农村教师与城市教师质量差距的"显性"指标，后期实证研究对影响教师农村从教因素进行了较为深入的探究。采用思辨对建构农村教师配置制度和国内外政策比较等也有较为深入的研究。其次，研究的重点主要集中在农村教师的培养、培训、激励等方面。近期对农村教师公共知识分子地位的缺失，与乡土社会疏离，成为乡土文化边缘人等特征进行了探讨。最后，从我国关于农村教师配置的研究和实践中推行的政策来看，可以发现其实研究对于政策制定

---

① Lau, K. F., Dandy, E. B., Hoffman, L., "The Pathways Program: A Model for Increasing the Number of Teachers of Color", *Teacher Education Quarterly*, Vol. 34, No. 4, 2007.

② Alvin, C., Proffit, R., Paul, S., Alexander, A. E., Andrew, R. S., "The Appalachain Model Teaching Consortium: Preparing Teachers for Rural Appalachia", *The Rural Educator*, Vol. 26, Nol. 1, 2004.

③ Clotfelter, C., Glennie, E., Ladd, H., Vigdor, J., "Would Higher Salaries Keep Teachers in High - Poverty Schools? Evidence from a Policy Intervention in North Carolina", *Journal of Public Economics*, Vol. 92, No. 5, 2008.

④ Murnane, R. J., Olsen, R. J., "The Effects of Salaries and Opportunity Costs on Length of Stay in Teaching: Evidence from Michigan", *Review of Economics and Statistics*, Vol. 71, No. 2, 1989.

⑤ Labaree, D., "Teach for America and Teacher Ed: Heads They Win, Tails We Lose", *Journal of Teacher Education*, Vol. 61, No. 1 - 2, 2010.

影响还是比较大的，有些具有较强操作性的研究成果已经得到了政府的采纳，体现在了相关政策之中。

已有研究比较系统，这为本研究奠定了基础。但已有研究还存在如下几点不足。首先，已有研究主要从教育学角度探讨，缺乏多学科的审视，而农村教师配置不仅是一个教育问题，也是公共管理问题、社会问题、民生问题，这需要多学科的视角进行剖析。其次，以往研究主要针对教师这一主体展开，缺乏深入政府、学校的深层次的考察。事实上，教师只是影响教师配置的因素之一，而更为主要的则是政府和学校，教师配置属于政府和学校人事问题范畴。而且政府和学校的实际教师配置行为非常复杂，复杂的问题依靠简单的调查统计和数据分析是不能反映问题本身的。浮在面上，没有深入的考察则很难把问题求"真"。简单地依靠政策文本分析无助于了解农村教师配置的政策形成及实施过程，也无法提出有针对性的策略。若不深入学校进行考察，则无法了解学校活动如何影响农村教师"去留"。最后，较少有能解释农村教师配置的本土理论。有些研究重复别人的描述，距实际已经很遥远了，有"闭门造车"，局限于"象牙塔内"之嫌。而理论还主要借鉴国外理论，主要采用证实的方式为理论寻找依据，或借用国外理论解释国内现象，少有采用证伪的思维对国外理论进行检验，拓展国外理论或使国外理论本土化。

国外研究主要以实证为主，重视实证方法对事实性真相的揭示，反对静坐书斋的纯粹思辨。主张对大样本数据的分析，这种大样本数据为研究者提供了审视一些普遍性问题的可能性。另外，也有学者在控制相关变量的基础上开展准实验式的研究，或者深入学校内部采用田野方法进行实地观察或访谈等。研究内容从教师个体特征、政策影响、学校管理等诸多视角进行了全面的研究。国外研究对事实的揭示比较充分，理论体系比较健全。但是，农村教师配置这种人事问题，同中国传统文化以及地方文化有着密切的关联，这种文化差异决定了农村教师配置问题的特殊性，也意味着本研究在实际开展中需要谨慎对待国外理论。

鉴于此，本研究从社会学、管理学、经济学、教育学等多学科视野通过在政府和学校的田野考察，辅之以大范围的实地调研、问卷调查等，对农村学校、农村教师真实情景进行考察，对农村教师的真实存在进行深入探究和比较全面的描述。针对政府、学校、教师几个主体开展研究，对政府官员、学校校长、农村教师进行具体考察，揭示这些主体在教师配置中的价值观念与行为方式，在一定程度上揭示政府、学校教师配置的实际运行，在某些方面打开政府、学校教师配置的"黑箱"，阐释其对农村教师队伍建设的影响，并提炼有一定普遍性的理论。在此基础上提出改进农村教师配置的策略，以期提高农村教师整体质量。

三　概念界定

（一）农村教师

在城乡二元模式下，农村教育与城市教育不仅在发展水平上存在差距，而且在制度设计、运行机制、生活方式等方面都存在极大的区别，因而农村教育与城市教育相比有许多特殊性。在阐释农村教师这一概念之前需要对农村教育的内涵进行简要探讨。

有研究者认为我国农村教育指县及县以下的教育，包括县、乡（镇）、村的教育。① 也有研究者认为农村教育指县以下地区的教育，包括农村小城镇的教育。以上对农村教育的界定主要基于行政区域的角度。杜育红后期认为，上述概念的界定比较简单空洞，没有考虑到二元结构下生产方式、生活方式与社会制度等方面，没有抓住农村教育的关键特征。农村教育的内涵包含几个关键特征：一是农村教育是以自然经济为主体，以生产效率低下的传统农业为基础；二是农村教育与传统的、在自然状态下形成的分散居住方式相联系；三是农村教育与低收入群体相联系；四是农村教育与特定社会制度密切相关。② 温恒福结合行政区划和农村教育特征，认为农村教育是以农业为主要产业区域县以下的乡（镇）、村里的教育。这一概念有两个特征，一是从行政级别看指县以下区域的教育；二是指以农业为主要产业的区域，不包含工业为主要产业的区域。③ 邬志辉认为在城乡教育一体化发展下，农村教育内涵已经经历了深刻变化，经历了区域论、对象论和功能论三次重大变化。④ 综观以往对农村教育概念的叙述，主要从行政区域、产业形态、服务对象、社会制度等方面进行界定。

---

① 李少元：《农村教育论》，江苏教育出版社 2002 年版，第 2 页。
② 杜育红：《农村教育：内涵界定及其发展趋势》，《华南师范大学学报》（社会科学版）2013 年第 1 期。
③ 温恒福：《农村教育的含义、性质与发展规律》，《教育探索》2005 年第 1 期。
④ 邬志辉、张培：《农村教育概念之变》，《高等教育研究》2019 年第 5 期。

本研究中的农村教师主要指乡（镇）及村落范围的教师。结合前面农村教育内涵对这一界定做几点说明。一是随着经济发展和城市化推进，县城在发展程度上更接近城市，也与传统农村渐行渐远，因此农村教育侧重乡（镇）及以下的教育更为合适，由此，农村教师主要应指乡（镇）及村落范围的教师。二是从产业发展形态视角审视农村教育确实有利于揭示其特征，但对农村教师却有所不同，因为从实际看，即使在沿海东部地区，工业的发达和经济的发展并没有改变传统农村地区和城市学校教师配置基本格局，农村教师整体质量不高，农村骨干教师城市流动的基本局面仍没有改变，因此界定农村教师没有必要考虑产业结构因素。三是从教育层级来看，由于义务教育在教育均衡发展方面更具有强制性特征，义务教育公平是整个教育公平的起点，因此本研究中的农村教师侧重义务教育阶段教师。四是农村学校根据产权归属的不同可以分为公立学校和私立学校，这两类学校教师配置有较大差异，政府在教师配置中的作用也有很大区别，本研究中的农村教师主要指公立学校教师。

（二）教师配置

辞海将配置解释为配备、安排。也就是首先要按照需求配备所需人、财、物，然后将其合理安排使用，实现效用最大化。但相较于财、物而言，人力资源配置非常复杂。人力资源管理理论一般把人员的配置分为两个方面，一是在岗位需求分析的基础上招募到适合某岗位的人员，二是根据选拔到的人员特征和岗位特点，采用合理有效的手段实现人员的优化使用。

本研究中的教师配置指采用有效手段，把教师吸引到农村地区并能在一定期限内稳定在农村地区，从而建设高水平农村教师队伍。这里主要从操作层面进行定义，其内涵包括四个方面。一是采用有效手段，这里主要指通过教师招聘、流动、编制管理、学校管理等多种手段，实现教师在农村学校合理有效的配备。本研究不考虑学校微观层面如学科、性别、年龄等调整搭配问题。二是教师资源配置不同于财物的配置，财物不存在自身的意愿，只要配置主体安排，可以随意进行配置。教师配置必须考虑激励问题，尤其在现实环境下，农村处于不利境地，在废除强制性的分配制度以后，需要建立健全诱致性的激励制度，将合适人员吸引到农村地区。三是配置的教师需要考虑在一定时期内稳定在农村地区。事实上，让教师一辈子在农村当然不现实，教师不是财物，不可能实现永久性配置。社会学研究认为，社会流动是有利于社会稳定的，尤其是畅通的社会下层向上层的流动是社会的安全阀，因此教师流动是正常和必要的。但社会学研究也认为，流动率过高同样不利于社会稳定，更不利于落后区域和弱势组织。过于频繁的农村骨干教师单向城市流动，对农村教育发展造成严重不利影响。因此需要考虑教师配置的时限问题。四是通过合理的教师配置，实现建设高水平农村教师队伍的目标。根据目前情况看，农村教师在数量上已经基本满足需要，农村教师队伍建设当务之急是要提高教师队伍质量，这在国家重要战略规划及任务如《国家中长期教育改革和发展规划纲要（2010—2020 年）》《关于印发乡村教师支持计划（2015—2020 年）的通知》以及 2018 年《中共中央　国务院关于全面深化新时代教师队伍建设改革的意见》都明确提出，今后教育发展的任务是内涵提升。高质量的教师队伍是促进农村教育内涵发展，实现高位均衡的前提。

四 研究思路

农村教师配置涉及的主体主要包括中央政府、地方政府、学校、教师、学生和家长、社会等。从这几个主体来看，中央政府、农村学生和家长是有很大意愿推动农村教师配置的，本课题研究假定这几个主体是不需要激励的，故不做考察。而地方政府在本研究中则是指县级政府，因当前的义务教育管理体制是以县为主，故此对县级政府进行考察。而社会因素更多超出了本课题的范围，这里也不作研究。本课题认为，从农村教师配置主要利益主体来看，县级政府有自身的利益关联和政治运行逻辑，因而可能并不会重视农村教师配置。而学校校长同样会处于复杂的利益格局和面临诸多的两难困境，尽管其有较强的配置优质教师的原始动力，但在利益纷争和两难困境下，校长可能也会忽视农村教师配置质量。此外，教师会有自己的预期效用，不能合理满足这些预期效用，他们会选择离开农村。因此，只有从利益主体的角度深入研究农村教师配置问题，才能揭示农村教师问题的主要原因，也才能由此建立有针对性的机制，解决农村教师配置问题，最终解决农村教师问题。因此，本研究主要考察几个关键主体，即县级政府、学校和教师的行为，试图建立一种激励制度。为此，本课题借用公共组织激励理论和公共选择理论建构考察政府和学校领导的框架，借用管理学的核心个体激励理论建立考察教师行为的框架。① 结合大范围的实地研究、问卷调查以及深入的田野考察方法，在经验检验的基础上，以期能建构本土化的理论或者有一些新的发现，同时建构我国农村教师配置的策略。

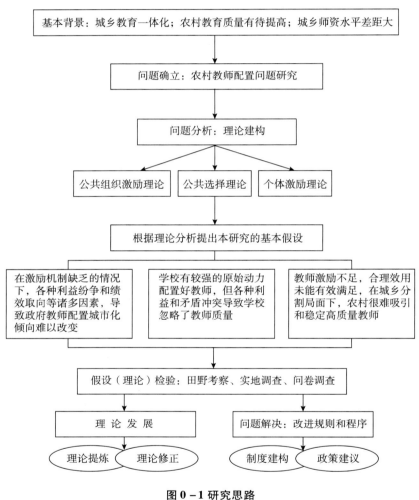

图 0-1 研究思路

_____

① 这些理论在后面的论述中有具体的介绍，同时，这些理论也被用来分析问题，故这里不再进行重复介绍。

五　研究方法

笛卡尔在谈到方法论时，曾经提醒我们："普通人的推理所包含的真理要比读书人的推理所包含的多得多，因为普通人是对切身的事情进行推理，如果判断错了，他的经验结果马上就会来惩罚他，而读书人是关在书房里对思辨的道理进行推理，思辨是不产生任何实效的。"① 笛卡尔并非经验主义者，而是典型的理性主义者，但其哲理告诉我们，教育管理所面临的世界是一个活生生的世界，是具体的，而非是我们在头脑中虚构的世界。因此，坐在书斋里去建构一个教育世界可能是不准确的，得出的结论可能是不可靠的，提出的政策建议可能有较大局限。在国内教育管理学界，张新平教授较早主张采用实地考察进行教育管理研究，他在 1997 年到湖北省嘉鱼县教育委员会，对其工作环境、组织、计划与人事管理等工作进行了为期近百天的田野研究，并对教委工作的未来走向进行了分析和讨论。② 基于此，根据本书的研究需要，笔者打算走出书斋，在真实的教育现场开展研究工作。主要采用田野考察的方法来进行具体考察。

（一）本书研究的方法论问题思考

本书研究试图呈现真实的农村教育、农村教师图景，并探索真实的政府、学校在农村教师配置过程中的行为，以及农村教师对农村从教的一些真实想法。如此需得走进政府实践以及农村教育现场，去理解、认识研究对象。此即柯林伍德（R. G. Collingwood）所说的研究要实现"内在性"的认识，所谓"内在性"就是要达到对一事件中人之思想状态的认识。③柯氏此语指出了人文社会科学必须深入人们的思想之中，去理解他们，感悟他们，否则就谈不上真正认识了一件事。

从哲学层面讲，按照柯林伍德的分析，在研究中时刻要注意两个问题，一是我们能够认识并进而理解社会现象中的其他个体和群体吗？第二个问题是，如果这种理解是可以的，那么怎样才能达到理解社会现象中的

---

① ［法］笛卡尔：《谈谈方法》，王太庆译，商务印书馆 2012 年版，第 9 页。
② 张新平：《教育行政组织的发展与创新：对基层教育行政的个案研究》，南京师范大学出版社 2003 年版，第 262—263 页。
③ 余英时：《文化传统与文化重建》，生活·读书·新知三联书店 2004 年版，第 5 页。

个体和群体呢？

1. 研究者能够理解研究对象吗？

若要揭示农村教师配置的实然状况，就需要理解整个教师配置过程，以及该过程呈现的价值与规范系统，即要对教师配置中所涉及的重要主体的行为方式、价值观念等有深刻的理解，进而作出诠释。如何才能实现这种理解呢？维柯（Vico）较早提出了人文社会科学中"理解"的概念，赫尔德（Herder）称之为"移情"或"同情"。维柯认为，肯定存在一种理解力，其对象是人们的思想、感情和行动所呈现的状态。理解是对意图、感情、希望、恐惧、努力、意识和无意识的认识。这和自然科学是不一样的，对于自然科学而言，我们可以认识自然界，我们能观察或操作而不能理解，不能像行动者那样从内部来把握。① 这就是后来狄尔泰所说的"理解"不同于"认识"。以赛亚·伯林（Isaiah Berlin）认为，维柯揭示了一种构成所有人文社会科学研究之基础的求知意识，正是这种意识，我们明白个人、民族、社会的行为，我们也可以理解一种举止、一件艺术品、一句笑话，一个人的性格是指什么意思。②

2. 理解是如何实现的？

舒茨（Alfred Schutz）指出，抱持自然态度的人，经常借着解释自己对世界的体验来理解世界，包括对无生命事物、动物或他人的体验所进行的解释，这是一种基于"自我"设定的体验。但是，基于"自我"的体验是无法认识他人的，因为在自我体验中，我可以任意删掉一部分，把注意力集中在某些以往未曾留意的部分。基本上我的整个体验之流，也就是我的整个充满体验的时间流程之延续。但这点对于他人体验之流来说，完全不适用。舒茨论述说，"当我认识他人体验之流的时候，我是在自己的意义脉络内组织我所看到的，而他人则是在他的意义脉络内组织他的体验。是故我总是从我自己的观点来诠释'你'的体验，要完全认识他人是不可能的，就好比我和'你'同时看到飞过的小鸟，但我和'你'可能有着完全不同的理解。"③ 在舒茨看来，要认识和理解他人，需要凭借"他我"的

---

① ［伊朗］拉明·贾汉贝格鲁：《伯林谈话录》，杨祯钦译，译林出版社2011年版，第74—75页。

② ［英］以赛亚·伯林：《反潮流》，冯克利译，译林出版社2011年版，第130—141页。

③ ［奥］阿尔弗雷德·舒茨：《社会世界的意义构成》，游淙祺译，商务印书馆2012年版，第127—145页。

一般设定。即从他者的角度去看，基于他人的经验基模来认识他人。那么如何才是基于他人经验基模的体验呢？这需要将他人的目标当成自己的目标来加以构想，想象自己依据这个构想而采取行动的过程。舒茨以伐木为例对此进行了阐释："对树木被砍到的理解，如果只注意砍倒树木这种机械动作，谈不上回归他人心灵。要达到理解他人，就要着眼于伐木者的自我体验。"①

与舒茨持相同看法的维柯认为，人们认识和理解他人和社会现象主要有三种方式：首先是通过个人的体验，但站在他者的立场和基于现象的观察；其次，是因为作为不断密切交往之内容的他人的体验；最后，是因为想象力的作用。维柯进一步指出，要理解个人行为，人们必须"进入"其独特的生活条件，这是一项活动的参与者宣布自己具备，而仅仅作为旁观者的人所没有的知识，是"内幕"知识，而不是从局外人的立场获得的知识，是通过我的"内在"状态或利用同情的眼光看待别人这种状态而"直接得到"的知识，获得这种知识可能需要水平极高的想象力。

"他者"立场为本书研究提供了很好的认识论基础，在农村教师配置问题研究中，研究者需要将自己置身于研究对象（包括教育主管部门的官员、学校管理者、教师、学生以及社会其他阶层人员）的生活世界，融入他们的生活世界，站在他们的立场来理解和认识他们。但这种理解并非像自然科学实验观察者一样完全排除了研究者自身的特性，而是建立在研究者本人与研究对象交往基础之上的，其理解是研究者与共在的他者（研究对象）达成广泛的一致，在自身体验基础上重构他者的经验。唯有如此，研究者才可能认识并揭示深层次的农村教师配置问题，否则只能停留在一种自我想象和推断之中，在研究者头脑中主观建构农村教师配置问题，真正的农村教师配置现象与问题则可能完全不为研究者所知。显然，他者视角并不是说研究者就完全如同一张白纸，完全丧失了个人主观意识。完全排除研究者主观意识的纯粹"他者"体验其实很难做到。哈贝马斯（Harbermas）曾指出，一旦在理解中对研究者主观的影响怀有恐惧之心，事实上就已经接受了实证主义控制观察模式的真理符合论了。而研究者的主观体验同观察有着同等的意义，因此在经验层次上，二者都合乎真理符合论

① ［奥］阿尔弗雷德·舒茨：《社会世界的意义构成》，游淙祺译，商务印书馆 2012 年版，第 153 页。

的标准，它们都保证在一个摆脱主观扭曲的纯意识中对直接既定的重建。①

（二）如何处理好点与面的关系

费孝通先生主张一种"微型社会学"的研究方法，就是指对于社会问题的研究虽然需要揭示普遍性的问题，但具体研究却要以小集体或大集体中的小单位作研究对象去了解其中各种关系怎样亲密地在小范围内活动。②这种小范围的"点"上的研究是田野考察法的基本特点，其不主张大范围的宏大叙事，而强调深入社区的田野工作。通过对小型社会单位的透视，研究者可以更容易深入到研究对象之中，体会和理解他们的生活世界。这要求研究者亲自到某一社区进行一定时期的生活，参与到该社区的社会、经济、仪式等活动中去，并试图以当地群体的思考方式，理解当地的文化，最后的研究成果应论述这种参与的体验和发现。

小范围的田野研究是本研究的主要方法，但是，任何研究方法都有其局限性，田野考察法也不例外。对田野研究方法最大的质疑是作为微观世界的理解能否扩展为具有普遍性的解释力。尽管涂尔干和格尔茨都曾经指出，通过个案的分析，可以洞察整个世界，个案所得出的结论，具有相应的普遍性，可以应用到同类的其他场合。这就好比科学家从最原始的原生生物中成功地发现了生命的秘密，那么借此获得的真理就应该适用于所有生物，甚至是最发达的生物。③"典型的田野考察方法是从极其扩展的方式摸透极端细小的事件这样一种角度出发，最后达到更为广泛的解释和更为抽象的分析。'④ 但是，田野考察并不能取代大范围的数据分析，"点"上的分析与"面"上的分析有时可能会有所差异。研究若要获得更为全面性和整体性的认识，则需要从"面"上拓宽研究区域。"点""面"结合才能达到对研究对象更为全面和深入的认识。⑤

认识到了点面结合的必要性和重要性，但是，如何将二者有机统一起来却非易事。在此，西方政策人类学研究方法很有启发。西方政策人类学

---

① Jürgen Habermas, *Knowledge and Human Interests*, Boston: Heinemann Educational books, 1972. p. 180.
② 费孝通：《江村经济》，上海人民出版社 2007 年版，第 278—285 页。
③ ［法］埃米尔·涂尔干：《宗教生活的基本形式》，渠敬东等译，上海人民出版社 1999 年版，第 548—549 页。
④ 风笑天：《社会学研究方法》，中国人民大学出版社 2001 年版，第 239 页。
⑤ 刘小强：《教育政策研究中的实地研究方法探析》，《河北师范大学学报》（教育科学版）2017 年第 5 期。

认为，人类学方法对政策研究是有益的，但还不够。政策人类学应打破学科固化，克服学科专业化与个人田野研究的不足，广泛开展与其他学科的合作。兼收并蓄的采用其他学科的研究方法，以便对传统人类学进行补充和修正。首先，政策人类学把田野研究与量化方法相结合，将参与观察、深度访谈、日记等与经济学、心理学等学科量化方法结合起来。[1] 一方面，可以在量化研究无法深入探究的政策领域，运用田野研究获得有效的认识与理解，如在使用路径分析（path analytic）框架的研究中嵌入人种志以审视文化和环境的影响；在实验性的量化设计中结合人种志方法，更好诠释因果过程和增强实验结果的解释力。另一方面，通过田野研究还可以检视量化研究结果，如通过人种志方法检验回归分析中出现的极端个案，验证回归分析的准确性，进一步获取极端个案的真实信息，进而达到对整个研究的本质性认识。[2] 这样，田野研究与量化方法相互补充，相互检验，共同服务于政策研究。其次，一些政策人类学者认为单个社区的参与式田野工作在政策研究中具有较大局限性，政策人类学不应过于关注政策在某一社区的特殊情境，而要注重彼此竞争着的广义上的政策空间，政策研究的关键是把握不同社区、不同层级之间政策运行的关联。要做到这一点，需要在不同地方展开人种志研究，从而分析不同区域、不同组织之间的政策关联。[3] 为此，学者们深入田野，通过关注不同区域中政策生成的多种方式，解读不同层级和区域的政策行为主体建构的社会文化逻辑，开展多区域人种志研究，从而提供了一种可以洞察政策跨越时空变化的可能性，揭示在不同时空状态下政策的运行过程。这样，政策人类学者可以通过微观领域的研究，进而达到对更为宏观层面的理解，由对个体的扩展达到对整体的认识，努力造就更合适的架构，在广阔的背景下研究政策，调适小社区与大社会，地方与国家在政策人类学研究中的空间分裂状态，由此弥合宏观与微观之间的裂隙。

借鉴西方政策人类学的经验，本研究注意开展多区域实地研究，通过

---

① Morse, J. M. *Principles of Mixed Methods and Multiple Method Research Design*, In Tashakkori A., Teddlie C., *Handbook of mixed Methods in Social and Behavioral Reaearch*, Thousands Oaks, CA: Sage, 2003, pp. 189 – 208.

② Trend M. G., "On the reconciliation of qualitative and quantitative analyses: A case study", *Human Organization*, Vol. 37, No. 4, 1978.

③ Shore C., Wright S., *Anthropology of Policy: Critical Perspectives on Governance and Power*, London and New York: Routledge, 1997, p. 11.

关注不同区域中教育政策生成的多种方式，解读不同层级和区域农村教师配置问题的文化逻辑，从而提供一种可以洞察农村教师配置问题跨越时空变化的可能性，揭示在不同时空状态下农村教师配置问题。首先以对小范围的深入细致的实地考察，进而获取大范围内农村教师配置问题的真实反映。其次，把田野研究经验与大范围内的研究信息（包括问卷调查结论）进行相互对照和检验。

具体而言，本研究根据需要在全国东、中、西部选择有代表性的省份，作为研究样本，再从这些省份中选择有代表性的市县开展实地调研。尽管这是一种面上的研究，但研究者同样需要深入实地，进行观察、访谈，由此获得较大范围内农村教师配置的真实印象，进而从整体上获得农村教师配置问题的质感。尽管有些时候深入实地并没有获得太多有价值的访谈信息和文本数据，但现场的各种活动，可以给研究者提供鲜活的信息，从而有助于形成研究者的经验判断。另外，本研究在面上的资料收集方法还采用了问卷收集信息，这样可以节约时间，获取更为丰富的数据。

面上的调研大都是通过老师、同学、朋友等联系教育主管部门或学校领导开展调研，对于我这个外来的"陌生人"而言，真正核心的数据是难以收集的，如教师绩效工资分配方案、教师工资花名册，甚至教职工信息名册，只有少数学校会"慷慨"提供，多数学校视为学校非公开资料，并不愿意提供。至于教育局的一些文件和数据，他们更不愿意对外。比如笔者在浙江调研时，试图在某县教育局拿到20世纪八九十年代教师定向招生、定向分配的一些政策性文件以及当时实际的招生和分配情况。一位分管人事的副局长明确告知我，这些东西不知道现在还好不好找，即使找得到，也不可能对外提供，我只好就此作罢。显然，全国性的调研是必要的，尤其是通过在校长、教师中发放的问卷调查可以使本研究更具代表性。但若不深入到点上去获取更为隐秘的问题认识，剖析问题背后的各种因素，显然不能真实全面认识农村教师配置问题。要获得更深入和更真实的认识，仍然需要选取一个小范围区域作较为全面的田野研究，而且同样必须考虑的是所选择的这个区域要具备两个特点：一是具备典型性，即应当是在农村教师问题中具有典型意义，这在前面已经提及。二是要确保在这个区域能够获取真实的数据。由此，笔者选择对四川某县进行深入的田野调研，该县属于国家扶贫开发重点县，农村教师问题具有典型性和代表性。加之笔者在该县学校和政府都有些老熟人，容易获得真实资料。早在2012 年，博士学位论文写作期间，笔者曾经对该县进行了较为细致的田野考察。后来社会科学基金项目研究过程中，笔者发现随着时间推移以及国家农村教师政策的推行，该县推出了一些新的政策措施，如已经施行了农村教师补贴政策，每个农村教师每月可以领到 400—1200 元的津贴；已经施行了农村教师荣誉制度，为在农村从教满 30 年的教师颁发荣誉证书等。而且笔者隐约感觉到从一个县范围看，县城扩张基本完成后，其农村教师稳定性会相对好一些。那么该县在前两年已经完成了新县城搬迁和扩建，这些因素会不会使农村教师问题能在一定程度上得到改善呢？基于此，笔者在后来的课题研究中对该县重新作了一番调研，试图获得对农村教师配置跨时间的认识，从历史视野上把握该问题，获得一种动态的农村教师配置问题认识。

（三）　如何提高收集资料的真实性与有效性

田野研究的深入性、全面性与真实性是田野研究成功的基础，也是田野研究构建理论的最有说服力的论据。它可以说是田野研究的独特魅力所在。[①] 在田野调研过程中，收集真实资料总是让研究者头疼的问题。比如在广东调研时，一位校长在回答问题时总是绕来绕去，不涉及"厉害的问题"。口头上总还会对研究者说，"你尽管放心，反正我把我所知道的都给你讲。"而且在谈话的过程中还在不断表功，自己做得如何如何好，又是如何如何以身作则。校长一方面习惯了讲述学校冠冕堂皇的事情，以表明自己的"政绩"，另一方面对研究者的防备使其与研究者之间隔了厚厚的一堵墙，一些常规的或者说可以公开对外的东西校长会告诉研究者，而深层次的东西则不为研究者所知。2018 年在四川 P 县教育局收集资料时，由于原来的教育局局长已经调离，新的教育局局长笔者并不熟悉，通过我的熟人联系局长，笔者提出收集相关档案数据时，局长找了很多理由，也不明确拒绝，但就是不方便。为了提高资料收集的真实性和有效性，本研究采取了如下几种策略。

1. 合理选择研究者的参与身份

现实看来，在陌生的环境下很难从事教育政策实地调研，无论是教

---

①　风笑天、田凯：《近十年我国社会学实地研究评析》，《社会学研究》1998 年第 2 期。

育行政部门、学校甚至教师都不会接纳陌生人。一个陌生人到教育行政部门或学校恐怕连门都进不去，更不用说从事研究了。因此，多数研究者都会选择"专家"身份进入教育政策研究现场，即研究者作为专家，通过与政府、教育行政部门或学校领导取得联系，借助官方权威在政府、教育行政部门或者学校开展研究。这种通过组织权威开展的实地研究，在刚性的数据收集方面有优势，教育行政部门或学校相关人员由于"上级"要求，会给研究者提供一些真实数据，毕竟这些数据对官方而言都是透明的。但对一些内心深处稍微隐秘一点的问题，研究对象并不会吐露他们的真实想法或做法，因为这些都是他们的秘密，是上级所不知晓的，也就不能与上级部门有关联的权威专家交流，以防专家对上级"泄密"。比如在学校调查教师绩效分配政策时，无论研究者怎么交代研究仅供参考，不会给学校和校长本人带来任何负面影响，校长可能口头上说会实话实说，但谈话总是绕来绕去，不涉"关键"。学校领导也会安排一些"会说话"的老师接受访谈。提供给研究者的信息往往是一些不痒不痛的、在学校看来可以摆在桌面上说的事来敷衍，而背后由人际关系、个人情感等所影响而真实存在的教师绩效分配事实，则不为研究者所知。①

为了克服这一困难，笔者试图努力从"局外人"身份转变为"局内人"，慎重考虑自己的参与身份，尝试了三种进入研究现场的方式。一是利用朋友或同学的关系，在省外农村学校开展调研。由于这些朋友或同学与当地农村学校的校长、老师是一种平等的熟人关系，我可以利用这种机会参与其各种活动，进行观察、开展访谈、收集文本数据等。也正是出于这种平等的熟人关系，他们愿意提供一些真实场景和数据，从而可以获得一些真实资料。二是笔者以前在农村学校工作了较长时间，以前的一些同学、同事、朋友现在依然在农村学校工作。有些已经担任学校中层或校长职务，甚至有些已经在县教育主管部门任职。为了能获得农村教师的真实信息，我很注意与他们的交往，利用与他们吃饭、喝茶等闲聊、吹牛的机会，进行随机观察和访谈。这种场景下，研究对象所谈及的信息常常是真实的，故常被人类学者所采用，如李亦园谈到，躺在庙里的长椅上，听老

---

① 刘小强：《教育政策研究中的实地研究方法探析》，《河北师范大学学报》（教育科学版）2017年第5期。

人们聊天，他们这时已完全无视研究者的存在，常常谈论一些政治派系、政治态度的话题，谈论各种传闻与歌谣。或陈中民讲的，在酒桌上一边喝酒一边听挑夫谈论"聘金纠纷"的故事，恰是获得真实资料的最佳时机。[①]这种场景下研究对象处于一种"无意"状态，但作为研究者，要做一个有心人，把每次的无意交流当成是有意的，在这种自然状态下去观察、体验、理解，把这种随机获取的信息及时记录并整理出来。另一方面，笔者帮助其中两位农村校长在高校研究基地申请了两个课题，把全县近 10 位校长网罗了进来，进行农村教师方面的研究。在帮助他们完成课题资料收集的同时，也把部分资料用到了我的课题研究之中。而且通过这种关系，我所需要的数据，他们都会慷慨提供。三是在读博士期间，为了在县教育主管部门获得真实的一手资料。我曾经以实习为由，利用暑假的两个月，通过县教育局局长的关系，把我安排在教育局人保股（人事保卫股），参与县教育局的日常工作，参与教育局教师招聘等各种活动，以及涉及教育局与县政府、编办、人事局、财政局等单位的各种会议。自 2016 年以后，由于教育局人员变动太大，原来在重要位置上的熟人不少都已经调离了，我便求助于关系一般的一位副局长，尽管没有以前那样方便，但还是可以参与一些活动，获得一些重要信息。另外，教育局档案室的一个工作人员同我关系很好，利用这种关系，这位工作人员帮助我获得一些会议纪要、全县教师数据等资料。

2. 尽量避免一些敏感性的问题

在早期与研究对象交流的过程中，曾经涉及一些敏感的问题。比如在一次同校长的交流中，我问："您对本校教师素质感到满意吗？"访谈者的这个提问本来就比较敏感，校长如果说满意肯定不是他真实的想法，如果说不满意则有可能把全校的教师都得罪了。故校长表现得非常犹豫，语速极慢，不断用"怎么说呢"这些词语来表达自己不大愿意说话。最后说了一句不痛不痒的话："那要看你的要求，要求高的话，你可能就不太满意，要求不太高的话，你就还是满意的。"

又比如，当问到"你觉得教师问题主要出现在哪些方面呢？"校长是这样回答的："这个好复杂哦，不好说。校长是一个方面，校长的管理手段，管理方法，都会影响到这个学校的教学水平。当然，我认为一所学

---

① 李亦园：《田野图像：我的人类学研究生涯》，山东画报出版社 1999 年版，第 106—107 页。

校，校长是最重要的，一个好校长，就有好学校，如果他有先进的理念，有好的制度，老师呢，就不敢偷懒。当然，也不能说学校办得好不好，都是校长的事。所以我个人认为，主要是校长。"

显然，对于比较敏感的问题，校长答非所问，绕开访谈者的问题，答了一些毫无关联的问题。在后期的调研中，研究者需要尽量避免过于敏感的问题。如果确实属于必需收集的信息，需要把问题换一种方式或角度进行切入，避免让被访者感到难堪。

3. 理顺人际关系

在中国开展田野调查，理顺人际关系总是很重要的。无论在农村学校的调研，还是在农村社区的田野工作，并不总是需要借助更高层级的权力支持，尤其在农村社区，只要有熟人引见，讲究传统的待人接物就可以了。在前面的叙述中已经谈到了如何处理好与教育主管部门人员、学校校长、教师等的关系。除此之外，做农村教育研究还需对农村整体状况有一些了解，因此我在村子里调查时，给村委会主任带点小礼品，他便很乐意陪我到小组（他们叫生产队）去联系组长或其他人家。同样，与村上的组长（生产队长）交流之前，一点小礼品同样是很重要的，但并不是要太珍贵的东西，有时递上一支烟就可以融洽关系，他们也就愿意配合开展调查。

（四）本研究的价值立场问题

研究者的价值立场问题常常备受关注，也受到不少的批评。对本研究而言，研究者应摒弃三种心态，一是"看客"的心态，仿佛研究者在心智与地位上高人一等，研究过程不过是凭借自己锐利的眼光在观看一出与自己毫不相干的"现场演出"，并以自己出色的智慧对"演出"进行剖析，进而以自己掌握的话语资本进行品头论足。二是"打捞"的心态，即研究人员带着工具"驾临"教育现场，通过各种方式搜集材料，搜寻有利于完成"课题""专著""论文"的"成果"。① 三是"迎合"的心态，由于政府官员或学校领导自然希望通过研究者的所谓"专家"身份借以让一些自身推行的政策措施披上"合法化"的外衣，或者通过研究者的论证而获取资源。研究者为了迎合政府或学校的需要，常常会失去学者独立自主的学

① 李政涛：《回到原点：教育人类学的本体性问题初探》，《民族教育研究》2014 年第 5 期。

术判断，从而成为政府官员或学校的"工具"。[①]

　　相应，本研究坚持三种基本立场，一是保密，研究涉及的部门或个人的隐秘性问题，都要仔细考虑到各种可能的负面后果，在研究的设计方面尽可能减少潜在的危害，将其控制在最低限度内。资料记录不能采用真实的单位名称或个人的真实姓名，而要采取编码。研究所获信息只能供研究者使用，不能对外公开，防止信息外泄。在成果发表时，避免暴露研究对象或单位的信息，保护研究对象及其单位的利益。二是给予，要真诚对待研究对象，不是一味地"索取"，而要更多考虑"给予"。比如，在县教育行政部门进行调研时，研究者不是看客，而是利用自己的专业知识为研究区域教育发展和改革提供专业知识的帮助。笔者在研究过程中为四川某县的农村学校布局调整、教师绩效考核提供了必要的支持。为贵州及四川两个调研县各做了一次免费教师培训。在学校实地研究中，帮助学校在课堂教学改革、教师专业发展、学校文化建设等诸多方面为学校出谋划策，提高学校的办学水平。三是关爱，研究者一方面要意识到自己的社会责任，怀揣提高教育水平的理想，抱持促进社会良性发展的基本立场，力求通过自己的工作改善教育政策，促使教育在正确的轨迹上运行。另一方面，研究者应秉持公平正义的基本理念，心怀弱势，在整体思考教育政策的基础上，为弱势群体和边缘人群代言。[②] 这是本研究的基本价值取向，也贯穿在整个研究过程之中。

　　（五）研究过程中如何看待理论的问题

　　费孝通早期曾认为，实地研究需要的是事实，而不需要理论，反对带着理论到实地考察中去。他在江村实地调查时也主张调查者不要带任何理论下乡，而是最好让自己像一卷胶卷底片，任由外界事实在上射影。[③] 费先生的思考无疑是极有见地的。事实上，任何理论都有其时间和空间的局限性，并不存在超越时间和空间的永恒真理。也就是说，社会科学理论总是有一定的时间性和空间性，任何宏大的社会科学理论都无法解释任何地域、任何时间的社会现象，毕竟，社会是处于变化和运

---

　　① 刘小强：《教育政策研究中的实地研究方法探析》，《河北师范大学学报》（教育科学版）2017 年第 5 期。

　　② 同上。

　　③ 费孝通：《江村经济》，上海人民出版社 2007 年版，第 313—314 页。

动之中的。① 以往的理论或其他区域的理论由于其各种要素与研究者所面临的研究场景有很大的区别，带着这些理论进入研究现场，常常会使研究者根据以往理论对当下面临的事实进行判断和解释，把面临的事实往已有的理论框架里面套，从而导致按照已有理论筛选信息。这不仅会导致大量有用信息被漏掉，还有可能由于生搬硬套理论而导致研究者所得结论是错误的。如果教育政策研究者头脑里装满了理论，并坚信这些理论都是正确的，研究者就会用理论来验证教育政策事实，也就是说，研究者就会在头脑中用理论来检验实践，把与理论相符的认为是事实，反之则认为是虚假的现象予以摒弃。在这种情况下，已有的经验或理论对研究者就是一种束缚，把研究者引入歧途。因此，以理论指导教育政策研究可能会导致研究走偏，反而成为研究的羁绊，尤其是我国的教育政策有着深刻的民族文化背景，而现有教育政策理论主要还是借鉴西方理论，也就更需要慎重对待以往理论。② 换言之，若以轻浮的心态对待以往理论，随意地将西方理论套用到中国教育政策问题研究，必然引起对中国教育政策现实问题的误读。

但是，如果认为以往理论对研究者毫无益处，恐怕也有失偏颇。费孝通先生后来也意识到，在实地调查时没有理论作指导，所得到的材料是零星的，可能意义不大。因此，并不是说以往理论没有意义，而是应该如何对待以往理论。以往理论固然不能指导研究，但至少在两个方面对实地研究是有帮助的。一是可以为实地研究者提供一个认识框架，让研究者有所

---

① 当然，也有研究者认为，宏大理论如理性选择理论、周易八卦理论等与经验研究联系不大。宏大理论本来就不打算接受经验资料的检验，而是根据效用来评判。从这个意义上讲，它们不受时空限制，具有普遍适用性。（参见彭玉生《"洋八股"与社会科学规范》，《社会学研究》2010 年第 2 期）波普尔则指出，具有更大解释力和预测力的理论，是可以通过把预测事实同观察加以比较而经受更严格、更精确检验的理论。形而上学的宏大理论无法通过经验加以检验，从一定程度上讲其不受时空限制，具有普遍适用性，但其实际解释力与预测力并不强。（参见［英］卡尔·波普尔《猜想与反驳——科学知识的增长》，傅季重等译，上海译文出版社 2005 年版，第366—369 页）基于此，默顿认为，形而上的宏大理论因其过于普遍化和抽象化而陷入了空洞无物的弊端。在社会科学领域，这种理论由于远离特定类型的社会行为、社会组织和社会变迁，而难以解释所观察到的事物。默顿认为，应当有一种理论，这种理论能够对实践事实有确实的应用性和指导性，能够指导经验研究，并通过经验加以检验。这种理论被默顿称为"中层理论"。（参见［美］罗伯特 K. 默顿《社会理论和社会结构》，唐少杰、齐心等译，译林出版社 2008 年版，第51 页）

② 刘小强：《教育政策研究中的实地研究方法探析》，《河北师范大学学报》（教育科学版）2017 年第 5 期。

聚焦，而不至于漫无目的。二是以往理论可以作为提出假设的依据，研究者可以通过实地考察对以往理论进行检验，从而修正和发展以往理论。本研究积极借鉴以往理论，但注意处理好既有理论与本研究的关系：一方面借助既有理论搭建研究框架，提出研究假设；另一方面将既有理论作为一种参照，在实地研究中检验以往理论，拓宽研究的视角，深化研究者对研究领域的认识，在不断批判、检验前人的理论基础上拒斥和修正以往理论，从而推动本研究领域理论的发展。① 同时，本研究注重通过现象的揭示，做出事实判断，提炼能够解释现实的结论，并将结论与以往理论进行对照分析，构建本研究的理论体系。

（六）具体资料收集方法

本研究采取点面结合的研究方法，选择一个县进行深入田野考察，同时结合大范围的实地考察和问卷调查，具体研究方法有以下几种。

1. 田野考察

参与观察。参与县级教育主管部门和学校教育教学实际活动，如教育主管部门和学校日常工作、会议、相关活动等，考察相关主体在各种场景下的行为及其情感、价值判断等。

深度访谈。对政府部门尤其是教育主管部门官员、学校领导、教师、家长以及其他人群进行深度访谈，以获取这些主体对农村教师配置的态度与倾向。

文本资料搜集。在县、市档案馆、教育局、学校等部门收集有关档案、文件、县志、年鉴、管理规章条例、各种花名册、报表等资料，作为观察的辅助分析。

实地调查。参与观察、深度访谈和文本资料分析主要倾向于质性分析，但农村教师配置研究尚需要一些有说服力的量化数据，实地调查可以解决这一问题。而且实地调查数据在一定程度上还可以对访谈、文本数据进行核实检验。

2. 问卷调查

在东、中、西部分层抽样，分别选取6个样本省（直辖市）和18个样本县区为调查区域，针对县级政府、农村学校、农村教师等主要主体就

---

① 刘小强：《教育政策研究中的实地研究方法探析》，《河北师范大学学报》（教育科学版）2017年第5期。

农村教师配置问题开展问卷调查，收集一手数据材料，把大样本数据与田野考察数据进行相互对照与检验。

六 调研区域及过程

（一）调研区域

1. 东中西部样本选择的基本考虑

本研究主要选择东部的浙江、广东、中部的山西、湖北以及西部的四川、贵州等省为主要区域。区域的选择基于如下考虑，首先，由于我国幅员辽阔，各地文化传统、风土人情、教育政策执行、农村教师配置都会有很大差异。东、中、西部地区由于区域地理特征、人文传统等都存在较大的差异，加之改革开放以来经济发展的不平衡，使得东、中、西部地区教育发展、农村教师问题有了更多的不同之处。要获得农村教师配置问题较为全面和整体的认识，就需要对东、中、西部地区综合考察，在大范围农村教师配置的宽泛感知的基础上，剔除一些局部的、不具代表性的现象。当然，这种"面"上的认识与归纳不可能穷尽东、中、西部所有地方，只能选取适当的省份，抽取样本县进行考察。之所以选择东部的浙江和广东，是因为这两个省经济较为发达，城市化在前些年已经进行了加速推进，这样可以考察在经济发展较好、城市化发展程度较高的区域农村教师问题。中部的山西和湖北经济社会发展区域特点等诸多方面在中部具有一定代表性。西部的四川和贵州虽然近年来城市加速发展，经济条件得到了较大改善，但农村劳动力大量转移，加之农村多为山区，经济欠发达，地理交通不变，农村问题、农村教育问题都比较突出，是研究农村教育问题必须认识的重点。

2. 四川 F 县作为田野考察点的几点说明

（1）研究贫困地区教师配置问题更具典型性和代表性。

选择贫困地区作研究区域，才具代表性和典型性，因为农村教师问题比较突出的地区还主要集中在贫困区域。四川 P 县是近十年国家扶贫开发重点县，属于乌蒙山区连片扶贫开发的项目县。该县有 8 个镇、7 个乡（含两个彝族乡），辖 261 个村，13 个居民委员会（其中社区委员会 11 个），1805 个村民小组，112 个居民小组。2015 年末，全县人口 313038 人，其中非农人口 41519 人。年末全县常住人口 25.61 万人，城镇化率

26.33%，低于全市平均水平 19 个百分点，为典型农业县。①

P 县经济总量仅占其所在市的 2.6%。2015 年城镇居民可支配收入 19933 元，低于全市平均水平 6274 元，农民人均纯收入 8302 元，低于全市平均水平 1913 元。若与全省相比，2015 年城镇居民人均收入低于全省 24 个百分点，农民人均纯收入低 19 个百分点。

农业主要是种植业，属于靠天吃饭。2015 年粮食作物播种面积为 41.68 万亩，总产量 11.75 万吨。2015 年油料播栽 6.47 万亩，实现产量 0.68 万吨。经济作物主要有茶叶、水果、蚕桑以及烤烟。2015 年全年产茶 1.5 万吨，由于地理条件合适，茶叶质量较好，远销省内外，是 P 县的主要经济作物。水果种植总面积达到 13 万亩，产量达到 7.4 万吨，产值达 1.83 亿元。全县蚕茧产量 9.1 吨，蚕桑业综合产值 26.3 万元，较之以前已经大幅下降了。蔬菜种植 8.77 万亩，总产 9.69 万吨。发展烤烟 14070 亩，产烟 34886 担。② 同时，畜牧业也是重要组成部分，主要包括生猪、山羊、黄牛、肉兔以及家禽等。

P 县工业项目主要有化工、水泥、酿酒以及农产品加工等。工业发展起步晚、层次低、规模小，产品附加值也不高，现代服务业落后。2015 年全县规模以上工业企业有 34 户，工业总产值为 30.4 亿元。从工业收入来看，还是有一定的规模，但所有工业企业都属劳动密集型企业，产品的附加值很低。因此，全县工业仅实现利润 7794 万元。③ 2011 年，全县完成财政收入 18298 万元，比上年增长 37.45%，而增长主要来自耕地占用税的征收，该项税收达到了 8452 万元，可见财政也算得上"土地财政"。④ 就财政支出来看，多数支出项目需要国家转移支付，否则无法运转。仅教育投入支出一项就达到 13801.73 万元，几乎可以吃掉全县财政收入的大半，因此，该县财政又属于"吃饭财政"。在地方政府大量土地出让的背景下，其后几年财政收入大幅增加，2015 年达到了 5.83 亿元，但支出也大幅增加，当年地方财政支出达到了 189878 万元，是地方财政收入的两倍多。

（2）考虑代表性和典型性还要审视选择研究区域的城乡分割状况。

---

① P 县人民政府主办：《P 县年鉴（2016）》，2016 年，第 80 页。
② 同上书，第 229 页。
③ 同上书，第 83 页。
④ P 县人民政府主办：《P 县年鉴（2012）》，2012 年，第 265 页。

从农村教师配置问题较为突出的区域来看，有一个特点就是城乡分割比较严重。四川 P 县地处小凉山边缘，县内多数区域属于山区，是典型的农业经济及手工业经济。由于国家大型水电工程建设的需要，老县城整体搬迁，新搬迁的县城地理位置较好，距其所在的市只有二十多公里，而且新修建的县城从规模及规格上都是其所在市较好的。同时，近年来，P 县大幅度推进工业化，2007 年，县上主要工业企业迁入新建的工业新区。2009 年，工业区进一步扩张，由原来的 3 平方公里扩展到了 14 平方公里，共有 21 户规模以上工业企业落户在此。① 到 2012 年，P 县开始新建另外一个工业园区，占地达 12 平方公里。2016 年，规模以上工业企业进一步增加，工业园区占地面积进一步扩大。因此该县处于比较典型的城乡分割局面。不仅如此，P 县所在的 Y 市城市化扩张也是比较迅速的。这种明显的城乡二元结构为研究农村教师问题提供了典型。

（3）选择研究区域要考虑研究者能获得真实可靠信息的条件。

罗伯特·斯特克（Robert E. Stake）曾指出，研究者在区域选取时需要综合考虑多方面的因素，包括他个人的兴趣以及是否有从事研究的途径和条件等，特别是要注意选择那些令研究者认为会使自己获得最大收获的区域。② 因此，如前所述，要考虑材料获取的真实性和可靠性，并能够得到所考察地区教师、学校管理者和教育行政主管部门的支持和配合。笔者本人曾经在该县农村基础教育领域工作长达 12 年，其间担任行政职务四年，该县很多校长和老师都同笔者比较熟悉。近几年虽然在城市工作，但每到假期都会长时间住在老家农村，上班期间每隔一两个月便会回到 P 县，经常到学校、教育局了解教育发展情况，与在农村从教的朋友、同学交流、沟通。因此很多访谈事实上并不是在正式场合，而是在茶余饭间所观察到的，这可以使田野考察更加真实、可靠。在交流上不会有什么障碍，也容易记录到比较真实的现状。

需要指出的是田野研究中，在一个熟悉的环境也不是完全就没有问题的，里奇（Leach）教授曾经说过："在亲自具有第一手经验的文化情景里从事田野作业，可能同样会遇到很大的困难，因为田野研究者的视野容易

---

① P 县人民政府主办：《P 县年鉴（2010）》，2010 年，第 188 页。

② Robert E. Stake，"Qualitative Case Studies"，In Norman K. Denzin N. K.，Lincoln Y. S，*The Sage Handbook of Qualitative Research*（3rded），London：Sage Publications，2005，p. 444.

被个人经验或他人的成就所扭曲。"① 当然，这种说法遭到了费孝通先生等学者的反对，在费孝通先生看来，本土人研究本土文化会更占优势，至少从语言优势及融合度来讲是如此，本土人同研究对象进行交流可以毫不费力。② 就此而言，费孝通先生谈道："我实在不能同意里奇所说的在熟悉田野里工作比在不熟悉的田野工作更困难的说法。"③ 费孝通先生的这一观点也是"定县调查"的一个基本经验，也就是重视非正式权力资源即传统社会关系，亦如汤茂如指出的，"在我们中国社会，向来重视人情，讲究面子，如调查员和被调查者有几分交情的话，则调查易于进行。因此，调查员以熟于本地情形，而为本地人所推重者为宜。"④ 但是，记住里奇教授的提醒也是有必要的，即研究过程中不能完全套用自己以往的经验框架，而是将自己以往的经验和新接触的事物相比较，已有经验的主要作用是起参考作用的。换言之，经验主要是在认识新事物中起到比较的作用，由相同引路，着重注意差异，经验是作为认知的依傍，而不是范本。如果遇到超出已有经验范围之外的完全新鲜的事物，可以肯定为新事物，从而作为新的经验来接受，扩大已有知识的范围。

（二）调研过程

1. 四川 P 县的田野研究

2011 年至 2013 年间，笔者曾经就农村教师配置问题在四川 P 县开展了田野研究。其后，在 2016 年 10 月、2017 年 6 月、2018 年 5—6 月，在 P 县开展了一段时间较为集中的田野考察。此外，我一直都保持一种习惯，每隔 1—2 个月，便会到该县农村社区、农村学校去实地了解。也常常通过与同学、朋友、亲戚的交流，了解该县农村、农民、农村学校、教师、学生等情况。具体过程及主要考察点如下所示。

---

① 费孝通：《江村经济》，上海人民出版社 2007 年版，第 287 页。
② 事实上，著名人类学家博厄斯（Boas）似乎更早地意识到了这一点。早期人类学集中在那些不需要语言的文化因素上，比如对物质文化的研究或在翻译的帮助下完成研究。1911 年博厄斯在《美国印第安语言手册》（*Hanbook of American Indian Language*）中开创性的指出语言在人类学田野研究中的重要性："对（某部落）语言的掌握是一种获取精神和全面的知识不可或缺的手段，因为只有倾听当地人的交谈和参与到他们的日常生活中去才有可能得到很多信息，而这对那些没有掌握这种语言的观察者来说是望尘莫及的。" 参见 Franz Boas, *Hanbook of American Indian Language*, Netherlands: Anthropological Publications, 1969, p.60。
③ 费孝通：《江村经济》，上海人民出版社 2007 年版，第 288—289 页。
④ 汤茂如：《定县农民教育》，中华平民教育促进会，1932 年，第 97 页。

（1）参与观察

对四川 P 县农村教师配置中的主要主体，即政府官员、校长、教师等行为的观察，主要包括：

①参与了 2013 年度及 2017 年度 P 县教育主管部门新教师录用及在职教师调动全过程。主要考察了新教师录用以及在职教师调动中相关决策部门，包括人社局、教育局、编办、学校等就录用新教师的选拔方案、程序以及最终名单是如何达成的；考察了整个教师录用中各种人际关系等非正式规则是如何运作的；考察教师录用及调动中的实际决策权力分布和博弈等。

②参与了 2013 年 7、8 两个月四川 P 县县政府、财政局、教育主管部门、人社局、编办等各家单位关于教师配置的多场会议，观察体会政府各部门对农村教师配置的观点、行为等。

③参与了 2013 年 7、8 两个月四川 P 县政府部门和教育主管部门的一些日常活动，观察在什么情况下能有强大的动力以推动某项政策的实施。

④2011 年 3 月到 2013 年 6 月，2016 年 3 月到 2018 年 6 月，分别参与了 YC 初中、DC 镇初中、XF 初中、LD 初中、SL 小学、DC 小学等学校管理活动，考察学校校长在教师配置观念和行为，校长为了稳定和吸引教师所采用的正式与非正式管理办法。观察不同类型农村学校校长管理行为，并考察不同管理和教师流失之间的关联。观察农村学校校长在教师配置中自主权问题，同时考察校长在教师配置时的主要关注点。观察学校领导在什么情况下会表现出极高的积极性和强大的动力去推动工作任务（体察教师配置动力机制）。

⑤2011 年 3 月到 2013 年 6 月，2016 年 3 月到 2018 年 6 月，观察了 P 县 9 所单设中学和 14 所中心校及其附属小学农村学校教师生活方式、教学情况等。

⑥2012 年 3 月到 2013 年 12 月，2018 年 3 月到 6 月，在特岗教师主要分布的 MS 乡、PB 乡和 XS 镇观察了特岗教师现状及该政策的实践效果。

（2）深度访谈

访谈主要针对政府部门工作人员、校长、教师、社会人士等。主要包含如下几个方面。

①采用正式访谈和非正式聊天等形式和县政府、财政局、编办、人力资源和社会保障局、教育局有关负责人交流，了解农村教师配置全过程，教师配置中的各种潜规则，政府官员对农村教师配置的态度、行为等。

②以非正式访谈为主要形式和农村学校校长交流，了解农村教师配置中的情况，包括正式规范和非正式规范。

③以非正式访谈为主和农村教师交流，了解他们的生活状况、观念、价值意识、态度、对农村教育环境、自身待遇、工作任务、学校管理、事业发展、是否安心农村从教等方面的看法。

④以采访的形式或日常交流的形式听取了广大教师、校长、教育行政主管部门官员对教师配置相关事项的回忆。

⑤以非正式访谈为主了解了 P 县农村经济发展、社会发展、农村群体收入、农村群体对待教育的态度等。

（3）文本资料收集

文本资料主要包含各种文件、档案、讲话、统计报表等。

①到 P 县县志办收集了 P 县 1982 年到 2002 年县志，2003 年到 2017 年 P 县年鉴。

②到 P 县教育局收集教师配置 1993 年到 2018 年各种文件。

③到 P 县档案馆收集 1978 年到 2005 年教育档案资料。

④到 P 县教师学习资源中心收集 1991 年到 2018 年有关教师资料。

⑤到 P 县招生考试办公室收集 1985 年到 2018 年有关教师资料。

⑥到 P 县政府、组织部门、人社局、编办收集 1993 年到 2018 年各种教育类讲话、报告、文件、统计数据等。

⑦到 P 县 9 所单设中学及 13 所小学资料室、教务处、办公室、总务处等收集 1982 年到 2018 年各种资料，包括学校留存的乡镇政府教育资料。

（4）实地调查

实地调查主要包括以下几种。

①到 P 县 13 个乡镇小学及其附属村小和 9 所单设乡镇初中调查了近十年来教师流失情况，包括流失教师的职务、职称、学历、年龄，班主任工作等情况，评优评奖情况及教学工作情况等。

②调查了近十年来新进教师情况，包括职称、学历、年龄、教学工作情况、班主任工作情况、评优评奖情况、教师住房情况、往返学校情况等。

③调查了长期在农村从教的教师信息。

④调查了教师及农村相关群体真实收入。

⑤调查了不同层次农村学校教师教学工作任务。

⑥调查了代课教师生活情况、待遇收入、教学情况等，特岗教师待遇

收入、生活情况、个人基本情况、服务情况等。

⑦调查农村校点撤并和学龄人口变动带来的农村教师配置变化。

⑧调查不同农村学校教师编制情况。

⑨调查学龄儿童空间变化情况及由此引发的农村教师转移情况、农村学校校点撤并情况及其校点撤并所带来的农村教师配置情况。

⑩P 县目前的城乡教师交流状况。

2. 东中西部样本区域调研

（1）实地调研过程

2016 年 3 月，在一个朋友的帮助下，我在山西省 P 县的 3 所村小和 5 个中心校开展实地调研。其后又在晋中 X 区进行调研，随机抽取了 4 所村小和 1 所中心校。这次调研通过熟人引荐，对校长、学校中层管理人员、教师的访谈和资料收集都比较顺利，也获得了较多真实有效的数据。2016 年 6 月，我到浙江中部某市调研，主要在其中的两个区，由于浙江很多区县已经没有村小，我便根据距区政府所在地远近不同的乡镇收集资料，包括 H 区 4 所乡镇中心校和 3 所乡镇初中，F 区 3 所乡镇中心校和 3 所乡镇初中，进行实地调研，收集到了来自校长、中层管理人员、教师有价值的访谈资料。同时，H 区在一位有影响力的校长支持下，收集了大量关于教师教学工作任务、收入、生活等诸多方面真实数据，这些数据基本都是各校财务处、办公室或教务处提供的原始数据。

2016 年 11 月，在广东省西部某市农村学校调研。广东调研是在我一个同学引荐下完成的，我的这个同学在广东某高校做培训，与很多农村学校校长都很熟悉。有了同学的牵线，使我得以在粤西某市的两个县顺利开展调研，选择了有代表性的 2 个区县，共 7 所农村小学和 3 所农村初中，7 所小学中有 4 所为村小，其余三所为乡镇中心校。2017 年 6 月，在湖北省西部 X 县进行了为期一周的短期调研，主要在该县的 4 所乡镇学校和 5 所村小收集资料。

在山西、湖北、浙江和广东的调研主要在农村学校进行，没有到教育局开展调研，主要由于我的友人和同学同当地学校相对接触较多，可以让我在学校得以顺利调研，但他们对区县教育主管部门都不太熟，也就无法到区县教育主管部门收集有价值的资料，也无法与教育主管部门工作人员进行更多的交流。鉴于此，2017 年 4 月，我找到了一个在贵州省教育厅工作的同学，让他帮忙找了一个有代表性的县开展调研。尽管我的这个同学

"官"并不大，但县教育局还是很给面子。一方面，教育局现有资料我可以比较容易获取，该县教育局局长比较慷慨，不仅教育局档案室资料供我查阅，教育局直属单位如教师培训中心的数据我也可以随时获取。这当然离不开我同学的帮衬，同时我自己也费了些功夫，帮该县免费做了两场教师培训。① 另一方面，局长还专门派一个工作人员每天派车送我到农村学校调研，我便抓住这个机会与教育局管理人员进行了较多交流。同时，在该县 5 所村小、4 所中心校以及 2 所乡镇初中进行调研。当然，亦如我在研究方法部分所指出的，这种带有官方权威的调研对于获取文本资料比较容易，但真正到学校开展调研时，要想在访谈中获取校长、教师们的真实想法是比较困难的，他们始终把我当成是"上面"派下来检查工作的。甚至在很多时候极力展示他们办学的困难，希望我能给予帮助（大概认为我能帮他们争取资金、项目，事实上我完全无能为力）。

以上几个地方在友人和同学的帮助下，调研总体比较顺利，时间也比较充裕，在每个地方停留了大概半个月左右，有时一所学校花半天时间，有些学校则花了两天时间。另外，2016 年和 2017 年，我还在重庆市、河北省等地进行过短时间的调研，但时间不长，一般就 2—3 天。

（2）问卷调查情况

本研究共发放教师问卷调查 862 份，回收 840 份。发放校长问卷调查 317 份，回收 301 份。具体包括，在山西 6 所学校发放教师问卷 135 份，回收 131 份，发放校长问卷 28 份，回收 27 份；在广东 3 所学校发放教师问卷 89 份，回收 81 份，发放校长问卷 22 份，回收 20 份；在浙江 3 所学校发放教师问卷 121 份，回收 119 份，发放校长问卷 30 份，回收 22 份。在贵州 4 所学校发放教师问卷 120 份，回收 117 份，发放校长问卷 29 份，回收 26 份；在四川 4 所学校发放教师问卷 158 份，回收 153 份，发放校长问卷 22 份，回收 20 份。另外，在成都师范学院 2 次（分别来自湖北省和广东省）乡村教师培训班发放教师问卷 239 份，回收 239 份，在乡村校长培训班发放问卷 96 份（校长来自湖北省），回收 96 份。在广东岭南师范学院乡村校长培训班发放问卷 90 份，回收 90 份。

① 政府官员并不会轻易信任外人，即使有我同学大力帮助，他们依然需要我出具单位的信函，以表明真实性。另外，教育局局长也不会把自己的关系活动随意强加给其他人，局长通过会议，将我的调研作为上级（教育厅）安排的任务分派给各个部门。

七　体例说明

按照学术界的惯例，为了不给所考察县及其他单位和个人造成影响，笔者以 P 县或 C 区等指称本研究所考察的区域。为了避免给所选地域及人群带去负面影响，这里的字母并非真实的拼音首字母代称，但所有乡镇、学校、被采访人员等均以其真实名称的首字母代替，如龙水乡（化名）则为 LS 乡，教师张勇（化名）则为 ZY。

为了便于读者查阅，行文时把参考文献的出处、数据和资料的来源均以脚注的形式放在本页下方，同时把主要参考文献附在文后。参考书目主要按照作者与责任方式、书名、出版社、出版时间、版次、页码的格式，参考书目中译著书目注明了作者的国别。参考论文主要按照作者、所引文章名、所载期刊名、年期（或卷期、出版年月）的格式。外文书目按照责任者与责任方式、书名、出版地、出版社、出版时间、页码格式进行安排，书名用斜体，其他内容用正体。外文期刊采用作者、论文题名、所载期刊名、卷期、出版时间顺序排列，期刊名称采用斜体，其他内容用正体。另外，文中收集了文件、档案、数据等。文件主要注明了发文机关、发文字号、标题、发文日期等。如"P 县教育局：P 县教育局文件（P 教发〔2006〕37 号），《P 县教育局关于全县义务教育学校管理体制调整的通知》，2006－06－30"。表示这份文件是在 P 县教育局查询，发文机关为 P 县教育局，发文字号为 P 教发〔2006〕37 号，标题为"P 县教育局关于全县义务教育学校管理体制调整的通知"，发文日期为 2006 年 6 月 30 日。档案资料如果是文件的，主要按文件的格式，其他档案资料注释主要包括档案储存地、保管期限、资料名称以及资料形成日期等。如 P 县档案馆长期存档资料，"《P 县大学中专招生录取情况统计表》，1980－07－05"表明这份资料来自 P 县档案馆，保存期限为长期，资料名称为 P 县大学中专招生录取情况统计表，形成日期为 1980 年 7 月 5 日。数据资料注明了收集地、单位以及日期等。

主要访谈材料注明了采访日期，如 2013 年 10 月 9 日在文后注明为"20131009"，同时为了与行文论述相区分，采用了楷体字的形式呈现。由于本研究采用了大量的非正式访谈，即与采访对象进行聊天式访谈，故除主要采访附注时间外，部分访谈没有注明时间。

第一章　走进农村学校

在研究每个现象时，应对其具体表现做尽可能广泛的研究，仔细考察研究所涉及的所有方面，审查每个方面的一致性和秩序，这样有利于把各方面连成一个统一的整体。① 在呈现农村教师基本状况之前，需对农村教育基本现状进行概要描述，以便有一个背景性的了解，同时可以对农村教师有一个整体性的分析。但农村教育涉及甚为宽广，尽管本研究试图把捉其所有方面，但事实上无论如何这是做不到的。因此，本书主要针对时代急剧变化过程中农村教育急速变迁的一些主要方面，以刻画出时下农村教育的基本轮郭。

第一节　加大投入：农村学校办学条件普遍改善

在相当长的时期内，我国教育经费一方面存在投入不足的问题，另一方面还表现为明显的经费投入城市化倾向。自20世纪末开始，国家加大了对农村教育的投入，已经扭转经费投入的城市倾向，农村学校办学条件也已经得到了很大改善。

一　改善农村学校办学条件的政策脉络

自1995年起实施的"国家贫困地区义务教育工程"项目，重点支持

---

① 研究中的这种原则被马林诺夫斯基称为整体性原则，即在田野工作中要阐述研究对象生活的所有规律和规则，所有永恒和固定的东西；剖析他们的文化；描述他们的社会结构。（参见［英］马林诺夫斯基《西太平洋上的航海者》，弓秀英译，商务印书馆2016年版，第20—28页）这当然是一个美好的愿望，事实上，我们的认识能力总是有限的，对某一事物的认识是不可能穷尽的，所谓的整体性也只能是在自我研究框架内尽可能努力探寻那些与研究对象相关的主要方面。

贫困地区农村学校校舍建设、改善办学条件，实质性地推进了农村尤其是贫困地区农村办学条件的改善。1995 年 9 月 14 日，国家教委、财政部印发了《关于进行"国家贫困地区义务教育工程"项目规划和可行性研究的通知》（教财〔1995〕71 号），确定了中央专款分配额度。1996 年 2 月 15 日，国家教委财务司、财政部文教司印发了《关于进行国家贫困地区义务教育工程规划修订工作的通知》（教财司〔1996〕27 号），针对项目前期工作的主要问题，进行了修订。同年 8 月 14 日 国家教委、财政部印发《关于进行"国家贫困地区义务教育工程""三片"地区试点项目规划和可行性研究的通知》（教财〔1996〕68 号），扩大了项目实施的范围。在接下来的几年中，国家不断调整和完善政策，从试点地区扩大到全国范围，收到了较好效果。

2001 年《国务院关于基础教育改革与发展的决定》，把加大农村教育投入，改善农村学校办学条件摆在了突出位置。要求各级人民政府切实承担起农村教育办学经费，促进农村学校健康发展。2005 年中央政府出台《关于深化农村义务教育经费保障机制改革的通知》，提出了更为明确的政策目标，就是要"加大财政投入，提高保障水平"，从而解决农村义务教育投入不足的问题。按照财政部的统计，"十一五"期间，全国财政累计安排农村义务教育经费保障机制改革资金达 4588 亿元，其中中央财政部分 2510 亿元，地方财政部分 2078 亿元。预算内农村义务教育经费占农村义务教育总投入比重从 1999 年税费改革前的 67% 提高到 2009 年的 93%，实现了义务教育真正纳入公共财政保障范围的历史性转变。[①] 也使得农村学校办学条件有了明显改善。

2011 年底，财政部、教育部联合下发了《关于实施农村义务教育薄弱学校改造计划的通知》，对中、西部 23 个省份以及东部福建、山东、辽宁等省薄弱学校建设进行专项支持。重点是集中连片特困地区、贫困地区、革命老区以及边疆地区和民族地区。具体建设内容包括以下四点。①图书配备，一是按照《教育部关于图书馆（室）规程（修订）的通知》（教基〔2003〕5 号）的有关要求，使项目学校生均图书小学达到 15 册，初中达到 25 册。②教学实验仪器，在整合集成农村薄弱初中原有教学仪器设备的

---

① 财政部教科文司：《保障农村义务教育经费，促进教育公平发展》，《中国财政》2010 年第 3 期。

基础上，依据《中小学理科实验室装备规范》（JY/T0385－2006）和《初中理科教学仪器配备标准》（JY/T0386－2006）的基本配备要求，根据实际缺额，逐步配齐教学实验仪器。二是小学科学实验室。在整合集成农村薄弱小学原有教学仪器设备的基础上，依据《中小学理科实验室装备规范》（JY/T0385－2006）和《小学数学科学教学仪器配备标准》（JY/T0388－2006）的基本配备要求，根据实际缺额，逐步配齐教学实验仪器。三是农村薄弱学校音体美器材。依据教育部、卫生部、财政部《关于印发〈国家学校体育卫生条件试行基本标准〉的通知》（教体艺［2008］5号）、《教育部关于印发九年义务教育阶段学校音乐、美术教学器材配备目录的通知》（教体艺［2002］17号）中的必配要求，整合集成农村义务教育薄弱学校原有音体美器材，满足正常的教育教学需要。③多媒体远程教学设备。结合中小学信息化的需求，为农村义务教育薄弱学校配置多媒体远程教学设备，满足教师运用信息化手段教学的需要。④农村学校食堂及宿舍等附属设施建设。结合实施农村义务教育学生营养改善计划等要求，为食宿条件较差的县以下农村寄宿制学校建设食堂、学生宿舍、厕所等生活设施，为规模较小的农村学校和教学点改造、配备相关设施，并因地制宜地利用沼气技术，辅以太阳能设施等建设，切实改善农村学校学生的食宿和卫生条件，确保建设一所、达标一所。

该文下发后，教育部又于2013年下发了《教育部、国家发展改革委、财政部关于全面改善贫困地区义务教育薄弱学校基本办学条件的意见》，对农村义务教育薄弱学校改造做了进一步要求。这些政策的推进及经费的安排，究竟对农村学校办学条件起到了多大改善作用，农村学校办学条件是什么状况呢？本研究首先对农村学校办学条件进行较大范围的描述，再选取两所学校进行深入分析，以对农村学校办学条件有一个基本认识。

二　东、中、西部农村学校办学条件扫描

根据笔者目力所及以及同学校管理人员、教师的交流，多数农村学校的教学用房、生活用房、运动场馆、办公用房、音乐器材、美术器材、体育器材、实验设备、信息化设备等基本可以满足教学的需要。以广东PT区GD镇来说，中心校各类设备设施基本配齐。该镇所辖的GL村小除了钢琴外，具备常用的音体美器材，教学楼三间教室有多媒体设备，

每个教师都有办公电脑，学校还配备了一间简单的图书室，尽管图书资料还很不齐全，但配置了教师教育教学类常用辅助用书以及常见课外读物。浙江 HY 区农村学校条件更好一些，乡镇中小学教学楼、综合楼、行政办公楼等不同功能性用房比较齐备。学校管理人员、教师办公室设备设施齐全，其中几个校长、副校长办公室显得比较气派。多数学校还有大小会议室、心理健康室等。学校运动场馆设施比较先进，多数学校的运动场已经铺上了塑胶。至于现代信息技术教育设备设施、学校安全防范设施等也比较先进。

西部学校在国家各种项目支持下，硬件建设取得了很大成效，以贵州省 CG 县为例，在国家薄弱学校改造项目支持下，近年来硬件设备设施改造几乎覆盖了全县所有农村学校，包括新建或改扩建教学楼、综合楼、学生食堂、学生宿舍、厕所等，以及新建和改扩建运动场馆、配置各种仪器设备、音体美器材等。经过改造以后，CG 县农村学校办学条件已经得到了很大改善（见表 1-1）。

表 1-1   贵州省 CG 县 2014—2018 年"薄弱学校改造计划"项目建设汇总

项目学校名称	建设内容
KL 乡中心小学	扩建运动场
LT 镇中心小学	扩建运动场
SY 镇第一小学	扩建学生食堂
YQ 土家族乡中心小学	扩建教学综合楼、学生宿舍、学生食堂、运动场等
SY 镇 QJ 小学	设备购置
SY 镇 MP 小学	新建教学楼、学生宿舍、学生食堂、厕所、综合楼、运动场等
SY 镇第二小学	新建教学楼、综合楼、学生宿舍、食堂、学生厕所、运动场等
DY 乡小学	扩建教学楼、学生宿舍、食堂、学生厕所、运动场等
TM 镇中心小学	扩建运动场
TM 镇 ML、LGT、BYP 小学	设备购置

项目学校名称	建设内容
PZ 乡中心小学	运动场
YL 小学	设备购置
PZ 乡 GYC 小学	设备购置
YQ 土家族乡 LP 小学	扩建运动场
YQ 土家族乡 CH 小学	设备购置
YQ 土家族乡 LH、YL 小学	设备购置
T 乡中心小学	扩建运动场
DY 乡 MZ 小学	设备购置
LT 镇 AP 小学	设备购置
KB 乡中心小学	扩建学生食堂
SW 镇中心小学	新建教学综合楼、学生厕所、运动场等
KB 乡 KY 小学	设备购置
KB 乡 PY 教学点	设备购置
LT 镇 JT、LYY 小学	设备购置
ZX 乡 XB 小学	设备购置
SW 镇 JA、XB、HH 小学	设备购置
ZX 乡中心校、DL 小学	改扩建运动场
XX 中学	新建教学综合楼、学生宿舍、学生厕所、学生食堂等
XY 镇初中	改扩建综合楼、学生宿舍、运动场等
DY 乡初中	改扩建教学综合楼、学生宿舍、运动场等

续　表

项目学校名称	建设内容
TM 初中	新建教学楼、学生宿舍、学生食堂、学生厕所、运动场等
SW 镇初中	新建教学综合楼
ZX 乡初中	新建教学楼、综合楼、学生宿舍、食堂、学生厕所、运动场等

数据来源：原始数据来自 CG 县教育局。

相对来讲，东部地区地方财力雄厚，可以为本地农村义务教育提供较为充足的经费。西部地区在国家支持下，农村学校办学条件已经得到了很大的改善。中部学校条件在某种程度上还显得比较简陋。笔者在山西省 PY 县调研时发现，一些中心校运动场地还没有硬化，厕所还很简陋，甚至有的学校厕所还是 20 世纪八九十年代的样子，小学低段学生上厕所尚具有很大的安全隐患。一些办公室和教室门窗也比较简陋，门是用布帘代替，窗户也很显陈旧。尽管如此，学校教学所需的主要设备设施还是具备的，而且信息化建设做得较好，乡镇学校和村小多数有电脑和网络，很多教室都有多媒体设备。

另外，东部和中部由于大多数教师每天都要在学校和县城之间往返，以前很多教师中午吃饭都是几个人一起搭伙，自己做饭吃。现在学校条件改善之后，很多学校都已经修建了食堂，多数教师可以在学校食堂吃午饭。有些学校还为教师提供一些便利。以山西省 PY 县 ZK 乡为例，教师基本上都在学校吃午饭，学校也为教师提供一些福利和方便，水、电、燃料、厨师的工资都是学校出，油、盐、米、调料由教师自己出。

接下来再对农村教师周转房情况进行简要考察。2010 年 9 月，教育部办公厅、国家发改委办公厅联合印发了《关于实施农村边远艰苦地区学校教师周转宿舍建设试点项目的指导意见》（教育厅〔2010〕7 号），提出要在"十二五"期间，从最边远、最艰苦、最困难、最急需的地方做起，重点支持省内经济社会发展滞后、自然条件恶劣、地理交通不便的县，新建和改扩建一批布局合理、实用适用的农村学校教师周转宿舍，努力改善边远艰苦地区农村学校教师工作和生活条件。周转房建设 2010 年先期在河北等 8 个省区试点，2011 年从 8 个省区扩大到 25 个省区。

从本研究的调查来看，多数农村学校已经修建了教师周转房。广东省PT区乡镇学校都有教师周转房。以GD镇中学来说，教师周转房为单间，配有办公桌、盥洗间等。由于周转房套数有限，主要照顾在学校没有住房的教师（部分教师在学校有住房，包括两室一厅和三室一厅的套间，是以前集资修建的教师住房）。该镇的村小也修建了周转房，房源充足，面积也比较大。如GL村小有9名教师，学校有12套教师周转房，可以满足全校教师需要。该校周转房为两室，大概50平方米左右。PT区GL镇有些村小没有修建专门的教师周转房，但由于生源减少，教室有富余，就把教室改建为教师周转房。

山西不同地区教师周转房建设有很大差异，在中部的PY县，多数乡镇已修建了教师周转房，以ZK乡为例，该乡中心校和另外两处基点校都建有教师周转房。教师周转房为单间，每间17—18平方米。学校每位教师都有一间。但在XZ市XF区，教师周转房建设却相对滞后。以该区NTP小学为例，学校仅有一间单身教师宿舍，是以往的老教室腾出来的。由于只有一间，学校正式教师都没有住在这里，专门留给支教的学生住。XZ师范学院来这里支教的学生（他们是亦生亦师的，在大学里是学生，在支教学校是教师）都住在这间宿舍，正因为只有一间，上面安排的时候也会考虑，要么都是男生，要么都是女生。

西部教师周转房多数建在乡镇中学或中心校，村小由于比较分散，加之教师人数有限，基本都没有周转房，如贵州省CG县XG村小学有12个教师，办公室也就是休息室。所以该校女教师一间办公室，男教师一间办公室。这样中午休息时比较方便，在办公室的椅子上就可以休息了。

三　农村学校办学条件案例分析：以四川P县两所学校为例

为了对国家投入和农村学校办学条件变化有更为深入的认识，本研究选取了四川P县SL镇小学和DC镇初级中学作为个案，对近三年国家投入硬件设备设施改造进行较为详细的说明。

（一）SL镇小学近三年国家经费投入及设备设施改造

1. 主要项目经费投入

SL镇小学2017—2018学年度共有在校生1428人（含中心校、基点校和村小），教师 71 人。2015—2017 年三年间，国家对 SL 镇小学各种项目经费投入达到 556 万元（不含生均公用经费拨款，营养餐补贴等），主要用于学校教学用房、生活用房改造、学校操场及厕所改造、教师周转房建设、教学仪器设备配置、图书配置等。按 2017—2018 学年度学生数计算，近三年各种项目专项经费生均投入达 0.39 万元。

表 1 - 2 四川 P 县 SL 镇小学 2015—2017 年改善办学条件经费投入 单位：万元

项目	经费	合计	生均经费
中心校外墙整治	75		
全镇小学教学仪器设备配置	70		
全镇小学图书配置	33		
XZ 基点校教师周转房	66		
XZ 基点校运动场及厕所改造	111	556	0.39
XC 基点校"改薄"工程	90		
ZZ 村小"改薄"工程	43		
GT 村小"改薄"工程	30		
LH、GH 村小"改薄"工程	21		
XD 村小"改薄"工程	17		

注：教学仪器设备配置和图书配置部分经费来自生均公用经费。

数据来源：根据笔者调查整理。

2. 各类硬件设备设施基本情况

在国家经费投入保障下，SL 镇小学教学及辅助用房、运动场馆都已达到国家标准。教学仪器设备也基本达标，音体美器材无论种类和数量达标率都在 90% 以上。每 100 名学生有计算机 6 台，生均图书达到 16 册（见表 1 - 3）。

表 1-3　　　　四川 P 县 SL 镇小学 2018 年各类设备设施配置情况

项目	数量	达标率（%）或情况
教学及辅助用房	4.62 平方米/生	110
运动场馆	8.42 平方米/生	106
数学仪器设备种类	53 种	92.9
数学仪器设备件数	1523 件	92.1
科学仪器设备种类	155 种	92.8
科学仪器设备件数	2858.5 件	91.7
音乐器材种类	44 种	97
音乐器材件数	176 件	95
美术器材种类	44 种	93.6
美术器材件数	419 件	93.4
体育器材种类	67 种	97
体育器材件数	732 件	97.9
计算机总数	56 台	6 台/100 名学生
图书	13750 本	16 册/生

数据来源，根据笔者调查整理。

（二）DC 中学近三年经费投入及设备设施改造情况

1. 近三年经费投入

DC 中学 2017—2018 学年度共有学生 868 人，教师 62 人。2015—2017 年三年间，各级政府共投入办学条件改善经费 800 万元，主要用于校园环境整治（含教学楼改造）、教师周转房建设、新建食堂、新建综合楼、购买电脑、课桌、监控、食堂刷卡系统等。按 2017—2018 学年度学生人数算，三年间生均办学经费投入达 0.92 万元（见表 1-4）。

表 1-4　　　四川 P 县 DC 中学 2015—2017 年改善办学条件经费投入　　单位：万元

项目	经费	合计	生均经费
维修环境整治	85		
教学仪器设备配置	30		
教师周转房	80		
"改薄"工程(电脑、床、课桌、仪器、新建综合楼等)	350	800	0.92
新建食堂	230		
设备设施采购(监控、刷卡系统等)	25		

注：这里的经费未包含公用经费、营养餐开支等。
数据来源：根据笔者调查整理。

2. 各类硬件设备设施改造基本情况

DC 中学 2018 年教学及各类辅助用房已经达标，运动场馆由于受地理位置的限制达标率只有 84%，但运动场馆的设施条件比较先进。数学、物理、化学、生物各类仪器设备达标率均在 90% 以上，多数达到了 98%。音体美各类器材达标率也都在 90% 以上。每 100 名学生有计算机 8 台，生均图书达到了 26 册（见表 1-5）。

表 1-5　　　四川 P 县 DC 中学 2018 年各类设备设施配置情况

项目	数量	达标率(%)或情况
教学及辅助用房	4.53 平方米/生	102
运动场馆	7.82 平方米/生	84
数学仪器设备种类	21 种	91.3
数学仪器设备件数	453 件	93
物理仪器设备种类	168 种	98.8

项目	数量	达标率(%)或情况
物理仪器设备件数	1749 件	95.2
化学仪器设备种类	174 种	98.3
化学仪器设备件数	6395 件	98.6
生物仪器设备种类	169 种	98.2
生物仪器设备件数	3974 件	95.5
音乐器材种类	31 种	91.2
音乐器材件数	161 件	97
美术器材种类	37 种	90.2
美术器材件数	467 件	90.3
体育器材种类	66 种	97
体育器材件数	891 件	97.9
计算机总数	71 台	8 台/100 学生
图书	23964 本	26 册/生

数据来源：根据笔者调查整理。

　　有必要指出的是，P 县农村学校硬件设备设施的改善除了相关政策激励外，近几年国家推动的教育均衡检查也起到了很大的促进作用。SL镇小学校长私下里给笔者讲述了这样一件事：2017 年 11 月 P 县接受省上的教育均衡检查，按照要求，全省各市地州实行交叉检查的方式，到P 县检查的是另外一个市的专家。专家组到 P 县后，实行临时抽签决定重点检查学校，SL 镇小学被抽选为重点检查学校。在专家检查过程中，SL 镇小学在两个方面出了问题，一是按规定科学仪器中的酒精灯应配 15个，但检查中只能提供 11 个，达不到要求。二是数学用的三角板应该是

9 副，学校提供给专家是 9 副另加一块。当专家问及所缺另外一块时，学校说有教师借用了，没有还，于是专家便查看使用记录，但记录本上所有借用都是已还。结果专家认为学校基本条件不达标，不予通过。不仅如此，专家组对全县乃至全市检查不给结论。这让 P 县政府颇为焦虑，想办法在 2 天之内配齐了所有设备设施，并将过程及配置结果通过照片发给专家组成员，这才最终通过了检查。按照 SL 小学 H 校长的说法，该校并不靠近公路，以前的重要检查很少涉及，检查中随机抽选的情况也不是很常见，而且很多检查只要接待工作做得好，好吃好喝准备充分，并且给专家准备各种土特产之类，至于通过都没有多大问题。可是最近两年来，随着政府风气的转变，在一定程度上要按条款办事，很多东西开始逐渐"逗硬"了。

显然，在国家强制性检查要求下，各级政府和学校都会想办法完成硬件建设任务。因为检查一旦不达标或不通过，政府官员和学校领导的政治声誉会受到很大影响。这种高位推动的检查方式，对于农村学校硬件配置是有效的。

客观上讲，国家对农村学校办学条件投入是巨大的，农村学校办学条件已经较以前有了很大的改进，必须看到政府和社会为农村教育所做出的努力和成就。但在了解基本硬件设备配置情况过程中，老师们也谈到了教师配置的问题，山西省 PY 县 ZK 乡 SH 小学的 Z 校长这样说道：

> 教育均衡只是喊的，你看我的学校，有了（好的）器材，没有（好）教师。（学校）钢琴放在那里，不会用，没人用得来。足球有一堆，从来没有用过。（20160309）

这句话多少有点个人情绪，却反映了一个现实问题，那就是在硬件设备大幅度改善的情况下，教师资源的不足或者素养不够，可能不会使用既有设备，优质的设备设施在这种情况下可能就是一种摆设。无独有偶，在广东调研时，一位小学校长表达了大致相同的说法：

> （我们）设备设施逐渐改善。音乐器材看要达到什么标准，常用的器材我们是有的。现在学校没有钢琴，有钢琴我们也用不了，没有

人会用。体育器材也不少，但没有专业老师来进行管理和使用。我们这里没有专业的体育老师，不要说我们这里，中心校也没有几个专业的图音体老师，体育老师好像只有 1 个，但几十个班，你 1 个人怎么可能上得下来。（20161108）

第二节　集中办学：农村学校校点变化

农村校点撤并是城市化加速推进以来农村教育领域发生的一件大事，考察农村学校校点撤并，有利于更加深入认识农村教育。

一　农村学校校点撤并进程

一般认为，农村校点撤并主要从 2001 年开始。这一年，国务院颁布了《关于基础教育改革与发展的决定》，提出要"适应城镇化进程和学龄人口波动的需要，合理规划和调整中、初等学校布局"。这一政策性举措似乎直接成为农村学校撤并的源头。但事实并非如此，早在 20 世纪 80 年代初，东部的一些省份农村学校就进行了大规模的撤并。以浙江省为例，从 1978 年以来，小学数量一直在减少，1978 年全省小学数为 4.45 万所，到 1988 年为 3.36 万所，10 年间减少了 24% 。此后开始进一步加速，到 2012 年，全省小学数仅有 0.37 万所，与 1988 年的 3.36 万所相比，90% 的小学都已经被撤并了。若与 1978 年相比，原有的 4.45 万所小学已经撤并了 4.08 万所，小学撤并率高达 92% （见表 1 - 6）。所撤并的学校基本上是农村学校，因为这一时期是城市化加速推进的时期，城市学校数量可能并没有减少，反而会有所增加。2012 年以后小学数稳定在这一水平，没有再进行更多的撤并，2015 年浙江省小学数依然是 0.37 万所。这个变化趋势与笔者在浙江的抽样调研基本吻合，所调查的 HY 区在 20 世纪 80 年代初有 100 多所村小，90 年代中期开始大规模撤并，目前仅存 9 所村小，大多数乡镇已经没有村小，如 SB 镇原有的 5 所村小已经全部撤除，MS 乡目前还有 1 所村小。

表 1 - 6　　　　　　浙江省 1978—2015 年小学数变化情况　　　单位：万所

年份	1978	1980	1982	1984	1986	1988	1990	1992	1994	1996
学校数	4.45	4.17	3.94	3.75	3.56	3.36	3.18	2.73	2.37	2.14

年份	1998	2000	2002	2004	2006	2008	2010	2012	2015	
学校数	1.69	1.18	0.90	0.67	0.55	0.44	0.40	0.37	0.37	

　　数据来源：《浙江统计年鉴》，中国统计出版社 2014 年版，第 254 页。《中国教育统计年鉴》（2016）。

　　再将西部学校校点撤并与东部作对比，首先以四川省为例，1980 年小学数为 9.35 万所，其后开始逐渐减少，但幅度不大，直到 1995 年还有小学 7.37 万所，15 年间减少了 1.98 万所，减少了 21%。其后开始加速减少，20 年后的 2015 年，仅存小学 1.52 万所，撤并了 5.85 万所，撤并率高达 79%。同 1980 年相比，撤并了 7.83 万所，撤并了 84% 的小学（见表 1 - 7）。

表 1 - 7　　　　　　四川省 1980—2015 年小学数变化情况　　　单位：万所

年份	1980	1985	1990	1995	1998	2003	2007	2011	2015
学校数	9.35	8.78	7.75	7.37	5.26	3.78	2.58	1.77	1.52

　　注：这里的小学数包含教学点。
　　数据来源：《中国教育统计年鉴》（1978—2015）。

　　接下来以贵州来看，1980 年小学数为 3.51 万所，从 1980 年到 1985 年，小学数呈上升趋势，1985 年达到了 3.64 万所。其后开始下降，但幅度不大，到 1998 年为 2.99 万所，减少了 0.65 万所，减少了 18%。1998 年以后开始迅速减少，到 2003 年小学数为 1.98 万所，5 年间减少了 1.01 万所，减少了 34%。其后又进入了一个平缓的过程，到 2015 年，尚存有小学 1.20 万所，比 1998 年减少了 1.79 万所，减少了 60%，与 1980 年相比较，减少了 66%（见表 1 - 8）。

表 1 - 8		贵州省 1980—2015 年小学数变化情况						单位：万所
年份	1980	1985	1990	1995	1998	2003	2007	2011	2015
学校数	3.51	3.64	3.28	3.14	2.99	1.98	1.82	1.54	1.20

注：这里的小学数包含教学点。

数据来源：《中国教育统计年鉴》（1978—2015）。

对比三个省份的校点撤并进程，可以发现，每个省份的进程在时间轴线上有所差异，东部的浙江起步较早，在 20 世纪 80 年代后期就已经开始加速撤并，到 2010 年前后，撤并浪潮已经基本结束。西部省份起步较晚，大体从 20 世纪 90 年代中期开始进入了加速撤并的轨道，2010 年以后，撤并进程还在继续。而同处西部的四川和贵州撤并进程也有所差异，相对来讲，四川略早一些，贵州更晚。若把校点撤并进程放在一个更为广阔的社会发展背景下来看，似乎与城市化进程有所关联，东部浙江城市化进程较早，人口较早从农村转移到城市，农村学生人数较早开始减少。而西部的城市化进程稍晚，人口转移略迟于东部，也就使得校点撤并与城市化进程有了更多相似之处。

二　农村校点撤并的动因

政府对农村校点撤并有较强的内在动力，从本研究调查看，一是降低办学成本，减少教育支出。二是推动教育布局向城市集中，助推城市化进程。

（一）降低办学成本，减少教育支出

地方政府需要开支的项目名目繁多，教育是政府财政支出的一个重要方面。通过撤并农村学校，实现较高程度的集中办学，从而减少财政支出，对政府而言有着内在的驱动力。这里以对四川 P 县的考察为例进行说明。2001 年，四川 P 县人民政府印发了关于 P 县农村义务教育阶段学校布局调整和校点撤并的规划。该县农村校点撤并随即展开，从 2001 年到 2003 年，进行了大规模的撤并。在撤并前的 2001 年，四川 P 县共有农村义务教育校点为 208 所。2001 年撤并 30 所村小及教学点，2002 年又撤并了 11 所，2003 年撤并 8 所，三年下来，共撤并农村中小学校及教学点 49

所，这已经相当于撤并了全县四分之一的农村义务教育学校（见表 1 - 9）。到 2005 年，P 县再次提出，要合理调整村小布局，对撤并后学龄儿童依然能够实现较近入学的村小，要予以撤并。[①] 这个文件下发后，2006 年全县原有的 22 所乡镇中心校调整为 16 所，原来的完小和这一次撤并的中心校都设置为基点校。这样，P 县全县农村义务教育阶段学校校点再次调整为 153 所。[②] 到了 2007 年，P 县所在的市再一次提出，对于生源不足、教育质量低、办学条件差、人口逐渐减少的薄弱学校，可以适当调整和撤并。[③] 其后，2010 年，P 县再次撤并了 9 所村小及教学点，到了 2012 年，尚存农村义务教育学校校点 144 所，包括 135 所小学，8 所单设初中，1 所职中附设初中。

表 1 - 9　　　　　　　P 县 2001—2010 年农村校点撤并情况

年份	2001	2002	2003	2006	2010
撤并	30	11	8	6	9
保留	178	167	159	153	144

数据来源：根据 P 县农村学校撤并文件统计整理。

P 县撤并校点的真正用意，在相关文件中可以看出，如 P 县 YC 乡 2001 年给县政府学校撤并的请示报告中提到："我乡现有中小学 19 所……布局不合理，严重浪费资源……为了节约开支……经乡党委政府研究决定撤并 DB 等 7 所村小。"[④] 而 P 县政府给该乡镇政府的批复也表达了大致相同的意图："进行中小学布局调整……有利于优化教育资源配置，避免资源浪费，提高办学效益……"[⑤]

---

① P 县教育局：P 县人民政府办公室文件（P 县府办发［2005］72 号），《关于进一步加强村小建设和管理的通知》，2005 - 10 - 11。

② P 县教育局：P 县教育局文件（P 教发［2006］37 号），《P 县教育局关于全县义务教育学校管理体制及布局调整的通知》，2006 - 06 - 30。

③ P 县教育局：Y 市市委办公室文件（Y 市委办［2007］87 号），《Y 市市委办公室、Y 市人民政府办公室关于切实推进城乡义务教育均衡发展的实施意见》，2007 - 10 - 26。

④ P 县 YC 乡人民政府：P 县 YC 乡人民政府文件（Y 乡府函［2001］9 号），《YC 乡人民政府关于撤并 DB 等 7 个村小的请示报告》，2001 - 03 - 07。

⑤ P 县人民政府：P 县人民政府文件（P 县府函［2001］92 号），《P 县人民政府关于全县校点撤并的批复》，2001 - 09 - 25。

应当看到，在校点撤并加速推进的 2000 年前后，当时的教育经费是非常短缺的，这不仅因为当时经济远不如现在发达，而且不少地方农村教育还由乡镇人民政府主管，尚没有上收到县级政府。财力的紧张，各级政府都希望集中办学，降低成本，这也就是政府为什么如此热衷于撤并农村校点的缘由之一。

客观上看，校点撤并在当时的现实条件下具有一定的必然性，各级政府和教育主管部门具有较强的撤点并校的动力，2001 年国务院颁布的《关于基础教育改革与发展的决定》（国发〔2001〕21 号）为各级政府提供了政策性依据，助推了短期内农村学校校点的加速撤并。

（二）助推城市化进程

政府推动农村校点撤并的另一个原因是提高城市化率，推进城市化进程。以贵州省 CG 县为例进行说明。该县小学数自 2000 年以来逐年减少。从表 1－10 可以看出，2000—2007 年，小学从 117 所减少到 98 所，减少幅度不大。此后该县校点撤并加速推进，到 2010 年，已经减少到 79 所，与 2000 年相比，减少了 32%。2012 年以后校点撤并速度进一步加快，到 2015 年，全县学校仅 39 所，与 2012 年的 80 所相比，减少了一倍，与 2000 年的 117 所相比，仅有当年的三分之一。

表 1－10　贵州省 CG 县 2000—2015 年小学数及在校生数变化情况

年份	学校数（所）	学生数（人）
2000	117	27908
2005	112	24804
2007	98	24317
2010	79	21965
2012	80	19243
2014	54	17003
2015	39	16490

数据来源：部分数据根据笔者调查整理，部分数据来自《贵州统计年鉴》。

　　有研究认为，政府进行农村校点撤并主要是因为学生人数减少。如果对 CG 县学校撤并进行更为深入的分析，可以发现，学生人数总体确实呈减少趋势，从 2000 年的 27908 人减少到 2015 年的 16490 人。学生人数的变化，确实有合理布局并适当撤并校点的必要，但从 CG 县学生人数变化看，并不能完全解释校点撤并的真正缘由。政府撤并校点的真正另一个重要动因则是为了实现城市扩张，助推城市化进程。通过 CG 县相关的政策表述可以明确看出，CG 县 2017 年出台的《教育发展三年行动计划（2017—2019 年）》推行所谓"小学进乡镇，初中进县城"。《计划》要求："根据城镇化推进需求积极探索初级中学集中在县城办学的模式，除保留 YQ 土家族乡初级中学以外，2017 年撤并 KL 镇初级中学、PZ 镇初级中学和 TX 乡初级中学，2018 年撤并 ZX 初级中学、KB 镇初级中学、TM 镇初级中学、LT 镇初级中学、SW 镇初级中学，争取在 2019 年条件成熟的情况下优化整合 SY 镇初级中学、DY 镇初级中学。乡镇小学高年级学生集中到乡镇寄宿制中心校就读……分步撤并 12 所村级完小……三年内再撤并 10 所农村小学，实现 90% 的小学生在乡镇或县城就读，90% 的初中生在县城就读。"[①] 实际上，CG 县在此之前出台了《CG 县中长期教育改革和发展纲要（2010—2020 年）》。[②]《纲要》对义务教育发展进行了安排，除了撤并农村校点，以及原有县城中小学大规模扩容外，另外新建初中 1 所，小学 2 所。从这里的描述不难看出，政府加快撤并农村学校，推动农村学校的城市集中，其目的之一是要推动教育的城市集中，实现城市教育的扩容，从而推动城市化进程。若进一步追问，究竟政府为什么极力助推教育城市化，本书在后面将会再行探讨，此处暂不展开论述。

三　农村校点撤并带来的问题

　　农村学校校点撤并是一个很有争议的话题，学术界对此有不同的看法，一方面，随着农村人口的迁移，学龄儿童的减少，撤并校点，集中办学，可以扩大学校办学规模，从而节约办学成本，提高办学效益。但是，校点撤并后无疑增加了学生家庭的负担，在一些地方由于学生上学和回家

---

　　① CG 县人民政府：CG 县人民政府文件（CG 县政府发［2017］4 号），《CG 县教育发展三年行动计划（2017—2019 年）》，2017 – 03 – 13。
　　② CG 县人民政府：CG 县人民政府办公室文件（CG 县府办发［2010］1 号），《CG 县中长期教育改革和发展纲要（2010—2020 年）》，2012 – 01 – 11。

路途遥远，带来了上学的困难。对于中小学一线的管理人员，他们对此有深刻的认识。广东省 ZJ 市 PT 区 HG 镇有 2 所小学，HG 中心校和 HG 二小。该镇把所有学校分为上片和下片，上片村小撤并后，学生进入 HG 镇中心校。下片村小撤并后，学生并入 HG 二小。在与 HG 二小校长交流中，他谈到了两个问题，一是部分学生上学路途远，交通不便，家庭成本增加了。

> 现在（村小）很多都撤并了，撤并之后就到乡镇里边来了。撤了之后又发现那里还有学生，就叫到其他点去。但是这里又有问题了，又发现交通啊之类的不方便。就说还比不上以前，（以前）每一所村庄都有一所学校。搞到现在有点乱。（20161104）

二是农村校点撤并后，部分学生要在学校住宿。对于初中生而言，因其年龄稍大，自我管理能力要强一些，在学校借宿问题不大。可是对于小学生不一样，其自我管理能力弱，这样学校增加了很多负担，而且不能很好解决学生的生活问题。

> 二小这里没有校车，学生三年级以上的要在这里住。学生很小他不会管理，你学校没有哪一所的服务做得很到位，是不是？生活的服务不可能贴心的。你一个四年级的学生，住、吃都在那个学校，对吧。四年级的学生 10 岁左右吧，这么小，不会洗衣服，谁来管。所以现在家长意见非常大，都想把学生撤回来。但政府又不肯，政府呢，想这样集中办学更节省。现在的农村啊，搞到现在，政府好像也没有什么有效的办法。都是走一步看一步了。所以有些家长也没有办法，就把小孩带到城区去读了。（20161104）

东部和中部地区地势平坦，人口密集度高，村小撤并后学生上学相对还是比较方便，应该讲，问题还不是特别突出。可是西部就不一样了，山区地方上学翻山越岭，村小撤并后一些学生上学非常困难。以贵州省 CG 县 TI 村小来说，有些学生走路单程就要两个多小时。并不是说孩子小，走路慢，确实因为路途遥远。该校的教师去过一些学生家里扶贫，即使成年人，也要走两个小时。春夏季节还好些，冬天路滑难行，天亮也晚，孩子们上学非常麻烦。这些学生来到学校的第一件事就是打瞌睡，尤其是低年级的学生，他们根本控制不住。在老师看来，他们实在是太累了，课堂上睡觉也是可以理解的。正因如此，这个群体孩子的学习成绩非常糟糕，因为从一年级开始就没有学懂，到后来很难补起来。

在四川 P 县调研时，一个学校的老师告诉笔者，学校单程路程在半小时以内的学生约占四分之一，一个小时以内的约占一半。有七八个学生每天单程要走三个小时以上，每天实际要走最少六小时，学生主要来自该片区最远的两个组。另外，这七八个学生早上一般要五点前就必须从家里走，下午放学一点也不能耽搁，尤其是在冬天，稍有耽搁，学生就到不了家。有个一年级的小女孩曾经有好多次稍微走慢了点，都没有按时回家。

对于这些问题，已经引起了教育主管部门的关注，早在 2006 年，教育部已经意识到了这些问题，并在当年下发的《关于实事求是地做好农村中小学布局调整工作的通知》中指出，有的地方工作中存在简单化和"一刀切"情况，脱离当地实际撤销了一些交通不便地区的小学和教学点，造成新的上学困难，要求在交通不便的地区仍需保留必要的小学和教学点，校园、校舍等办学条件较好，又具有一定生源的学校，要尽量予以保留。但教育部的文件似乎并没有能阻止地方政府如火如荼的撤并潮。2009 年教育部再次重申，在条件不成熟的情况下，停止所有校点撤并工作。到 2012 年，教育部发布了《规范农村义务教育学校布局调整的意见（征求意见稿)》，文件要求，坚决制止盲目撤并农村义务教育学校，并要求已经撤并的学校或教学点，确有必要的应当恢复。教育部这个文件措辞显示了强硬的姿态，对愈演愈烈的农村校点撤并起到了一定的遏制作用。很多省份都已经开始恢复撤并了的农村教学点。如福建省教育厅在 2012 年要求，现有农村小学和教学点原则上不再撤并；而新疆、云南等很多山区省份则明确要求，凡因校点撤并引发新的上学难者，撤并的学校和教学点应予恢复。四川省政府 2013 年也出台了《四川省人民政府办公厅关于规范农村义务教育学校布局调整的实施意见》（川办发〔2013〕13 号），要求对某些有必要恢复的农村教学点，应按程序恢复办学，对因学校撤并不当引起严重不良后果的，依照法律和有关规定严肃追究责任。

显然，由于地理条件、经济发展情况等差异所限，校点撤并需进行差别对待。在山区地方，校点分散，成本高是必然的，不可能像地势平坦和经济发达地区，寄宿制便于落实，实行校车接送制度也便于推行，这在山区学校几乎是不可能的。盲目加速推进校点撤并，搞"一刀切"，会给农村学生上学带来很大的不便。

四　农村校点撤并后教师的转移

农村校点撤并后，学生都转移到了什么地方呢？随着学生的转移，这些教师又是如何转移的呢？据本书的调查，校点撤除后，学生主要转移到了附近的基点校，也有部分转移到了中心校，还有少数学生随家长外出到城市的打工子弟学校就读。以 P 县 DC 镇 YM 基点校来说，前些年这一片区共撤除了 3 所村小，其后，村小的学生集中到了 YM 基点校，还有部分学生到了 DC 镇中心校。这样，随着农村小学分布从分散转变为了集中，乡村小学教师配置也相应地由分散到了集中。笔者曾经对 P 县 YC 乡校点撤并后教师变动情况进行了调查，该乡 2001 年到 2003 年共撤并了 7 所村小，校点撤并以后，该乡 QP 村小学的两位教师安排到了附近规模较大的 YH 村小学；DB 村小学的两位教师调整到了附近的 LX 村小学任教；ZJ 村小学的两位教师则调整到附近的 ZH 村小学任教；ML 村小学的一位老师调整到 YH 完小任教，GM 村小的两位教师则安排在了 WF 完小。另有两名代课教师被解除了。由此可见，农村小学校点的撤并，教师主要调整合并到了临近的村小或者完小，还有部分代课教师被解除了。

教师调整从分散到集中的转变，带来的结果是，农村学校教师的同质化和老龄化。由于农村小学教师大都是代课教师，或者由代课教师所转正的编制内教师，这种所谓同质化，体现在他们身上大都具有一个共同的特点，即多数教师都由代课教师转正而来，他们教学理念显得过时，教学方法和手段单一，知识更新比较缓慢。而且农村教师总体上看年龄也比较大，集中到一起后，整个教师年龄结构自然就偏大。加之基点校或村小暂时不缺人，也就很难输入新鲜人才以改变同质化和老龄化状况。就教育均衡而言，校点调整合并后由于资源整合，客观上讲，农村学校硬件设施水平确实提高了，城乡学校硬件建设也更加均衡，但就教师质量的角度而言，很难说有多大提高。

五　对农村校点撤并的进一步思考

近年来，结合课题研究需要，笔者跑了很多农村小学，全国东、中、西部都有所涉及，也去过一些非常偏远的村小和教学点，以笔者去过的四川 P 县 LB 教学点来说，该教学点只有 15 名学生，年龄 6 - 10 岁，主要是小学低龄段。这里不通公路，从乡政府所在地到该校需近 2 小时。学校上学的孩子每天上学也需要步行 1 个小时以上，有些孩子甚至早饭都顾不上吃。这个教学点马上面临撤并的命运，但撤并之后，这些孩子有辍学的危险。笔者问过附近的村民，村民还是希望该教学点能够保留。其间也有些无奈，他们说如果教学点撤除，他们也没有办法，只好等到孩子 10 岁左右再到街上（指中心校）去就读。当地的村支书认为，如果孩子 10 岁再到街上就读，那就像一头长过头了的牛一样，在该教其耕田时没有教，过了头就再也教不会了。这话通俗，却蕴含了一个教育上大家都明白的道理，即人的发展是有阶段性的，尤其是 3 - 6 岁无论在口头语言和书面语言方面的发展，这些关键期一旦错过，人的一生很难弥补。

同样，在 YP 村小，交流中教师们也谈到以前打算 2013 年撤并两个年级，合并到中心校。但家长意见很大，大都持反对意见，而且提出如果撤除的话可能大多数撤并年级的孩子可能就不上学了。因为到中心校就读意味着家长经济负担的增加，毕竟这些地方坡高路陡，到中心校路途遥远，孩子走路极为不便，如果乘车的话，成本就高了，笔者去该校调研时，单程也花费了 45 元钱的"摩的"费。① 对于这些收入微薄的农民而言，很难供养孩子在乡镇上学。

农村校点撤并和停止撤并背后存在两种观念之间的争论，大力推进国家实现城市化的观点一般认为需要以城市为依托，实现资源的规模整合，以城市群带动整个经济的发展。那么这种过程中城市逐渐扩大，农村逐渐被吞噬。但另一些观点则认为，城市化无论在西方还是在中国都已经带来了严峻的问题，问题的解决不能通过城市化本身，而是反向通过建设新农村来解决，这是新型城镇化的基本观点。学界如著名经济学者吴敬琏、温铁军等都倾向于这种观点。

而与城市化观点一脉相通的就是教育是否城市化的问题。倾向城市化的一边认为应该扩大城市教育，并使农村教育逐步实现城市化。其典型的提法就是扩大城市学校，并提出"小学向乡镇集中，初中向县城集中"。而还有一些学者则认为农村教育永远是城市教育所无法取代的，

---

① 山区公路崎岖，摩托车是主要的交通工具，载物、载人都主要依靠摩托车，当地称"摩的"。

农村教育有其自身的优点和特点，极力反对农村教育城市化，这不仅因为我国是农业大国，而且因为西方城市化过程中也主张保留农村教育自身特点。

党的十八届三中全会通过的《中共中央关于全面深化改革若干重大问题的决定》，提出坚持走中国新型城镇化道路，严格控制特大城市人口规模，全面放开建制镇和小城市落户。城市化和城镇化一字之差，却意味着两种不同的发展模式。意味着国家不是一味鼓励城市的无限扩大，农村的更加萧条甚至消失，而是鼓励农村发展，以小城市和建制镇消化部分农村转移人口，促进其市民化。

本书既不倾向于激进，也不主张保守，而是主张以稳妥的方式，渐进革新。城市化确实有利于资源集中和经济发展，这是任何人不能否认的。但"去城市化"也已经形成一种趋势，表现在有些中产阶层逐渐向郊区、乡村转移。乡村宽敞的农家小院、生机盎然的自然环境、安全的蔬菜食品、便捷的交通、闲情逸致的生活对这些中产阶层有很大吸引力。城市化方兴未艾之际，"逆城市化"也渐成潮流。

简言之，城乡教育一体化不是城乡教育的同质化，更不是农村教育城镇化。城乡教育一体化的核心要义是扭转城市倾向的经费投入、教师管理、教育评价等，但不能用城市发展的眼光看待农村教育，农村教育有自身的优势和特色，有自身的发展逻辑，不能用城市思维发展农村教育，让农村教育永远追随、模仿城市教育，更不能抱持城市教育消灭农村教育的思维。我们反对"小学向乡镇集中，初中向县城集中"，或者农村教育城市化，用城市教育代替农村教育这些观点。如此看来，东北师范大学农村教育研究所所长邬志辉教授的观点是值得我们深思的，"对于条件艰苦的山区，分散的教学点虽然导致教育成本上升，但对于条件艰苦的山区地带，确是一种无奈的最好选择"。

第三节　弱势留守：农村学生家庭阶层分析

有学者通过调查发现，农村家庭结构差异、家庭经济富裕程度决定其教育选择能力。经济富有的家庭，包括一些养殖业大户、种植业大户、村干部家的孩子大多在县城，至少在镇上上学，而贫困户等乡村底层家庭的孩子则几乎都在本乡本村上学。① 这种说法是很有洞见的，从全国范围看，这也是一种普遍现象——家庭经济条件稍好或者多少有点背景的农村家庭都把自己的孩子送到城市就读，不仅城市家庭的孩子不会到农村学校就读，条件稍好的农村家庭也会设法远离农村学校，农村学校成了农村弱势人群子女的集中地。

一 农村阶层分化情况

在讨论农村学生家庭阶层背景时，需要考察一下农村人群经济条件和阶层结构。阶层划分主要有两个理论，一是马克思的阶级划分理论，亦即经济基础决定人们的阶层地位，经济收入是划分社会阶层的主要依据。二是韦伯的多元分层理论，按照韦伯的看法，影响阶层地位的不限于经济因素，还包括权力、声望等，由此衍生出其他的分层，如收入分层、职业分层、消费分层等。国内较早且有代表性的对农村人群进行阶层划分的当数陆学艺，他将农村人群分为 8 个阶层：农业劳动者阶层、农民工阶层、雇工阶层、农村智力劳动者阶层、个体劳动者和个体工商户阶层、私营企业主阶层、乡镇企业管理者阶层、农村管理者阶层。② 可以看出，陆学艺的划分是以农村地域空间维度进行的划分，将教师、乡镇干部等也包括在内，主要是按职业标准进行的阶层划分。近来王春光等研究发现，与十多年前相比，农村一些阶层已经消失了，如乡镇企业家阶层基本已不存在，但另产生了一些阶层，如兼业者阶层。总体看来农村阶层从高到低分别是农村干部、农村企业主、农村个体户、打工者、兼业务农者、纯务农者和无业者。③ 刘成斌等根据浙江省 2004 年的家庭收入情况，将农村人群分为五个阶层，10000 元及以下为下层，10001—20000 元为中下层，20001—30000 元为中层，30001—50000 元为中上层，50000 元以上为上层。④

本书根据四川 P 县农村人群情况，以农民为分析对象，排除农村工作的教师、乡镇干部等，以经济收入为分析依据，将农村人群分为

---

① 范先佐：《义务教育均衡发展改革的若干反思》，《教育研究与实验》2016 第 3 期。

② 陆学艺：《当前农村社会分层研究的几个问题》，《改革》1991 年第 6 期。

③ 王春光、赵玉峰、王玉琪：《当代中国农民社会分层的新动向》，《社会学研究》2018 年第 1 期。

④ 刘成斌、卢福营：《非农化视角下的浙江省农村社会分层》，《中国人口科学》2005 年第 5 期。

四个阶层。

第一个层次为农村富有阶层，主要包括外出或在本地办厂的工厂主，在外打工但逐渐发展起来的经营商铺、饭店或其他销售业务的老板，工程包工头，农村种植业和养殖业大户等。也有跑运输、在集镇上行医等这样一些阶层，他们的资产一般在数百万元，上千万元的也不乏其人。笔者在调研中接触了一位被认为是 YC 乡最富有的农民——HJW，他在贵州承包煤矿开采。HJW 小学都没有毕业，算账和识字都成很大问题，后来国家放开煤矿的开采权，私人可以开采煤矿。HJW 便到山西、内蒙古等地的煤矿打工，由于 HJW 胆大，不怕事，据说煤矿上经常出现黑吃黑，而 HJW 这种人恰好适应这种环境，后来便混成了老板。据他讲，他其实是一个小老板，主要负责产量，也就是在农村组织人工，进行开采，按每开采一吨煤多少钱进行提成。他每年可以获得 300 万元左右的收入，这不要说在农村，即便在城市来说，已经是非常富有的了。但 2018 年笔者再次追踪了解，发现随着国家政策的改变，小煤窑多数已经被关闭，HJW 在煤矿上已经难以为继，回到老家承包点小工程，收入已大不如从前，但凭其前期积累，已经在市里买了五套房产，也算是当地的有钱人。

WK 目前在重庆从事冷冻品销售，WK 初中毕业后就外出打工，开始在餐馆里帮忙，后来买了一辆面包车，为一些餐馆送货。由于 WK 头脑灵活，善于与人交往，加之前期在餐馆打工积累了不少的人脉，生意越做越红火。现在已经雇请了近 10 名员工，自己也做起了老板，不再每天开车送货。据他本人讲，每年可以收入上百万，当然，在 WK 周围的熟人看来，每年收入不止 100 万元。发展到现在已经在重庆买下了两间铺面，三套房产。

LXW 则是常年在本地从事各种农业水利工程或乡村道路修建的承包。近年来，农村乡村道路建设加速推进，即使在山区，已经基本上实现了村村通公路。而且最近两年路面的硬化比例也大幅提高，因而 L 某承包了很多乡村道路建设工程。另外，由于国家重视农业水利工程建设，农村小水利工程每年有大笔资金。以四川 P 县来说，2013 年小型农田水利重点县工程专项资金投入了 3983 万元，2015 年 4213 万元，主要用于新建、整治沟渠、山坪塘，建蓄水池等。但是目前这些资金的使用并不规范，LXW 与乡政府关系很好，承包了不少的"小农水"工程。笔者在调研中了解到，这种"小农水"工程利润很高。该乡 LX 村一个小型水库堤坝加固工程政府拨款 8 万元，但实际成本只要 1 万多元，加上人工成本也不超过 3 万元。这样，LXW 每年挣几十万元是很容易的，在当地也算是富人阶层了。

第二个阶层为中间阶层。这一阶层人数相对要多一些，主要包括在外打工但头脑较为精明的这样一群人、技术工人、农村种植业和养殖业搞得较好的农户、集镇上的一些小商贩，这个阶层主要依靠技术和个人劳动致富，他们的收入，根据 2012 年的调查一般每月在 3000—4000 元，2018 年已经翻番。以 DC 镇的 CYK 为例，CYK 早年在农村做木工，后来城市建筑业大发展，CYK 便在城市搞装修。在 20 世纪后期至 21 世纪初，收入都很一般。据他讲，大概从 2005 年开始，人工成本大幅攀高，他的收入也大幅增加，目前每年十多万没有问题，当然，自己要勤劳，不能干一天耍一天。该镇的 WQB 则在本地从事种植业，该镇自 2003 年以后鼓励发展水果种植，WQB 将自家土地全部改种李子，另外还承包了近 100 多亩别人的土地。由于这里土壤和气候适合种植李子，所产的李子不仅果粒较大，而且味道很好，加之在当地已经形成了较大规模的产业，当地的李子远销省内外很多城市。按他自己的计算，以 2013 年为例，当年他的李子收获 8 万多斤，平均每斤可以卖到 2.5 元，这样一年下来收入近 20 万。当然，这里需要扣除农药、化肥等各种成本开支。但是，农村种植业有很大的风险，不仅在年份上有些年会丰收，有些年会歉收，而且所种植的农产品还有销售渠道是否畅通的问题，若是遇上所种植的农产品卖不出去，即使丰收，也换不回好收入。以 2018 年为例，P 县全县李子都卖不出去，WQB 的李子起初 5 毛钱一斤也没人要，他一气之下倒掉了 1 万多斤。后来在政府多方努力下，外地老板纷纷进入该县收购，但价钱也就 1 斤 1 元钱左右，比前些年价格低得多。按照 WQB 的计算，若每斤 1 元钱的话，除去各种成本性支出，没有多少盈余。

第三个阶层为贫困阶层。主要是完全依靠农业收入、种植业和养殖业形不成规模的农民，也包括部分低收入的进城务工人员，这是当前农村中的贫困阶层。以 YC 乡 ZCJ 一家为例，其女儿嫁到了外地，儿子也与其分开居住。老两口靠种地为生，自己再种点果木，喂点牲畜。勉强够基本生活开支。但对于农村红白喜事的人情支出无能为力，稍微有点疾病之类的，就会变得非常贫困。

第四个阶层为特困阶层，主要包括一些生性懒惰，不愿积极劳动的人，膝下无子女的孤寡老人，以及因残疾、疾病而部分丧失劳动能力的这样一些人群。以 P 县 YC 乡 DB 村为例，这几种类型的特困阶层都存在，在此试举几例。LXW 目前单身一人，其母亲在世时为其抱养了一个女儿。LXW 已经 50 多岁了，劳动不积极，也不善于经营自己的农林果木，每月的收入除了 100 多元的低保外，加上自己每年能够收获 1500 斤左右水稻、500 斤左右玉米，别无其他收入来源，年收入不超过 4000 元（加上国家提供的低保）。由于抱养的女儿要读书，加上家里的必备开销，LXW 偶尔还要抽点烟，喝点酒，家里很贫困。房屋是 20 世纪 60 年代的土墙，下雨时家里到处漏雨。

LCX 早年是村上为大家痛恨的对象，因其不务正业，还经常小偷小摸。20 世纪 90 年代后就出去了，一直在外飘荡。但也没有挣到钱，年近六十的时候回到了老家。但家里房屋早已破败，无法住人。由于没有正常的经济收入来源，无法承受修盖新房的经济负担，LCX 只好住在村上早已废弃的小学教室里，这里的教室由于早年村小撤并已经年久失修，破败不堪，教室里早已杂草丛生。但像 LCX 这类特别贫困阶层的人也只好寄居于此，完全靠政府的低保收入维持简单的生活。由于没有子女照顾，偶尔村上有好心人送一点吃的，以及床单、被褥等。2018 年后在政府帮助下，LCX 被安排在乡养老院，总算食宿无忧了。

LZQ 一家则是典型的因病因残致贫的家庭，她已经快满 70 岁了，早年在广东打工时不小心在操作过程中整个手掌被机器锯掉了，现在只能靠一只手做点简单的农活。家里有一个残疾儿子，能够帮忙做一些事情，但无法像正常人一样完全承担农村劳动。其丈夫又患有严重的哮喘，同样无法承担重活。家里非常拮据，尽管一家人非常节俭，也难以承担家庭的基本开支，不用说负担名目繁多的人情开支，家里吃饭都是问题。

好在政府这些年加大了对农村的扶贫工作，农村特困阶层基本都有低保，这笔钱虽然不多，在 P 县一般每人每月 300 元左右，年终政府还会送点米、被褥之类，也算解决了他们的基本生存问题。农民是一个懂得感恩的阶层，相对其他阶层，农民是比较容易满足的。很多农民对政府的做法心存感激。在四川 P 县 LX 村调研时，一位农民讲道：

> 现在的政府真好啊，我们不仅不用再交"皇粮"，家里头穷的，政府还要给钱。我都活到 70 岁了，还头一次碰到。（20180728）

作为一个淳朴的农民，且年满七十了，自然不会去说些冠冕堂皇的话，也根本没有必要，而是其切身感受。

需要说明的是以上分析主要针对西部农村，就全国来看，则会有所不同。以中部的山西为例，笔者在晋中调研时，顺便与当地一位农民进行了交流。当地农民以种植玉米、苹果、梨为主，养殖业则主要是养羊。农民外出打工的很少，加之本地资源有限，本土的暴发户也不多。所以整个阶层分化不严重，农民整体收入比较平均。这与山西其他地方不一样，山西很多地方有煤矿，这也成就了一部分高收入的人群，从而拉大了农民之间的收入差距，扩大了整个农民群体的阶层分化。另外，东部农村人群阶层又有明显差异，就本研究在浙江和广东考察看，纯粹农村务农的低收入阶层要少很多，外出务工人员也相对要少。但从事商品经营的中间阶层人数明显偏多，办厂、经营公司的富裕阶层人数也比中西部多。

二　农村学校学生家庭阶层简析

近年来，农村学生大量外流，村小学生主要流向镇上或县城，而乡镇学校学生则主要是流向县城。以山西省 XZ 市 XF 区 SIJ 小学为例，该校所在地是一个大村，全村有 4000 多人，6—12 岁儿童村里的有近 200 人。但学校学生只有 42 个，大多数到镇上就读，少数到县城就读。即使条件很好，离市区很近的农村学校，其生源也主要是农村经济条件一般，或城市低收入人群子女。广东省 ZJ 市 LS 镇小学所在的位置原来是郊区，相当于城乡接合部。随着城市的扩张，这里目前已经变成了城区。但是经济条件较好的无论是农村学生还是城市学生，都不会选择这里就读。经济条件一般的公务员或教师子女也同样会选择私立学校或城里面的学校。

小学生由于年龄太小，父母愿意让其留在身边，农村小学会有少数教师子女和公务员的子女。初中阶段学生年龄稍大，离家较远上学可以住在学校，因而初中阶段农村学生进入城市就读更为普遍。广东省 ZJ 市 MZ 镇初中位于城乡接合部，这里优秀生源竞争激烈，除了市区优质公办学校外，还有 7 所私立中学也在招收初中生。该校校长比较详细地介绍了学校生源基本情况：

> 我们是郊区，是一个镇，家里有钱的、有背景的都到城里去了，我们这里 90% 都是农村的。今年小学毕业 1100 多，我收了 500 多。

我们收的 500 多人还包括相当部分不是 MZ 本地的，属于外地务工人员子女。好的生源要么去读城区中学，要么到 BD 附中、PC 等私立学校去了。老师子女有个别在我们这里读，今年有 1 个，公务员子女今年也有 1 个，他妈妈是我们学校的校友。其余的老师，包括公务员都不会把子女放在这里。（20161103）

那么留在农村学校的学生家庭主要是什么状况呢？以广东省 ZJ 市 LS 镇小学为例，由于是城乡接合部学校，家长身份大致可以分为如下几类：一是本乡镇的农民，住在城乡接合部，在当地做点小生意或者打工，这种情况最多，估计有 70%；二是本乡镇或其他乡镇农民，没有住在城区或城郊，但现在在城里打工，早上将子女带到学校读书，下午又接回去，这部分人员大致占 20%；三是外来务工人员，这部分人数相对不多，大约在 5%；另外，纯粹务农的占了少部分。

广东省 ZJ 市 GD 镇小学则是一所离市区大概 40 公里左右的农村小学。以该小学三年级一个班学生来看，该班有学生 51 人。家庭背景大致有以下几种情况：一是父母纯粹务农的有 8 人，接近 1/6；二是父母外出打工的有 28 人，大约占总数的 55%，其中超过一半的学生家长都在外面打工，地点除本地外，在广州、佛山等地的较多；三是父母做点小生意、小买卖，主要在市场上卖菜、卖杂货之类的有 12 人，约占总数的 24%；还有 1 名学生父母在镇上医院上班，另 2 名学生父母背景不详。

再就浙江省来看，笔者在浙江省调研时，对 HY 区 SB 镇中心校四年级一班学生家庭背景进行了调查。该班现有 43 个学生，学生家庭背景主要有如下几种情况。一是父母在家务农的学生有 24 个，占总数的 56%。与广东类似，这些农民不是纯粹务农，农忙的时候在家务农，其余时候就在本地厂里干活。有些白天务农，晚上在厂里干活，做点小手工之类。这类农民中纯粹在家种田地的不多，多数属于工匠型的比如砌砖、搅混泥土、搞室内装潢等。二是父母外出打工，这类农民主要是到上海、义乌等地种西瓜，把孩子留在家里，父母属于这种类型的有 8 个，占总数的 19%。三是父母属于外来务工人员的学生有 8 个，这些学生的家长大多数在一些作坊里务工，少数能够在企业管理层。另外有 3 个学生父母在本地做小生意。

由于后面将对西部农村学校学生家庭背景进行更为详细的分析，这里仅先对东、中部农村学生家庭背景作简要描述。受调研资料的局限，更多集中于对东部农村学校的分析。从前面的描述可以发现，东部农村学校学生父母主要属于如下情况：一是本地的农民，在当地做点小生意或在本地务工；二是到外地（大城市）做小本生意或务工；三是中西部地区到东部务工人员中，部分人员也将子女安排在农村学校（包括部分城乡接合部学校）就读。

从农村学生父母阶层看，主要是相对弱势的阶层。农村经济条件更好的家庭，包括在当地经商、办厂或外出经商、办厂，有较强经济实力的，都把子女送到城里学校就读。本地社会地位稍高的公职人员，包括公务员、教师、其他事业编制人员，基本上也不会让子女在农村就读，多数也送去了城里。浙江 TZ 市 HY 区 SB 小学 M 校长的一席话把这种现象说得比较清楚，有经济实力或有人脉关系的家庭，都会设法将子女送到城市条件更好的学校就读：

> 本镇公务员和教师子女没有在本地就读的，都在教学水平更高的市区学校或者送到更远的杭州甚至上海去了。我自己的儿子大学都已经毕业几年了，以前也没有在这里上初中，我把他送到市区学校读的，当时需要按照户口来（读书），我以前户口是本镇的，我就在市区买了房，想办法把户口迁到市区去了，我自己的孩子也就能在那边上学。（20160530）

三 农村学生家庭背景深度透视

为了对农村学生家庭背景进行较为深入的分析，本书选择了 2 所学校，分别对一个班的学生进行调查，主要对其父母所从事的行业、年收入，以及学生的爷爷奶奶等家庭主要成员从业（学习）等情况进行调查，以图反映农村学生家庭结构、经济现状等。

（一）四川省 P 县 WF 小学学生家庭背景

四川省 P 县 WF 小学是一所基点校，以前的乡中心校。该基点校辐射区域较宽，周边 4 个村的儿童主要在此就读小学。学校所在区域人口较密，人员外出务工较多，经济条件相对较好。从六年级 43 名学生家庭背景看，父亲主要是外出务工和在当地务农，外出务工的有 26 人，其中进厂的 12 人，占学生家长总数的 28%；建筑工地 8 人，占家长总数的 19%；矿上打

工的 3 人，占家长总数的 7%；另有 3 人在外地餐馆打工、搞装修和在新
疆种地。剩下的 17 名学生父亲在家务农，占学生家长总数的 40%。从 43
名学生的母亲情况看，外出务工的 11 人，其中进厂的 5 人，占家长总数的
12%；在建筑工地和餐馆务工各 2 人；酒店服务员和快递公司工作人员各
1 人。相对来讲，母亲在家的比例更高，在家务农的有 25 人，占家长总数
的 62%；在当地农产品加工厂做零工的 4 人，占家长总数的 10%。另外，
有 3 名学生没有母亲，其中 1 名学生母亲去世，1 名是继父抱养，1 名学生
在 3 岁时母亲就改嫁了（见表 1 - 11）。

表 1 - 11　　　　四川省 P 县 WF 小学六年级学生父母就业情况

		父亲情况		母亲情况	
		人数	比例（%）	人数	比例（%）
外出务工	进厂	12	28	5	12
	建筑工地	8	19	2	5
	矿上	3	7	—	—
	餐馆	1	2	2	5
	房屋装修	1	2	—	—
	酒店服务	—	—	1	3
	快递公司	—	—	1	3
	种地	1	2	—	—
在家务农		17	40	25	62
当地做工				4	10
总计		43	100	40	100

数据来源：根据笔者调查整理。

再就学生家庭年收入看，1 万元以下的有 2 名，占学生家庭总数的
5%；1 万—3 万元的有 9 名，占 21%；3 万—10 万元的 32 名，占 74%。
年收入最高学生家庭为 15 万元，该生父亲在外地建筑工地上当小包工头
（见表 1 - 12）。

表 1－12　　　　　四川省 P 县 WF 小学六年级学生家庭年收入情况

年收入	1 万元以下	1 万—3 万（含）	3 万—10 万元（含）	10 万元以上	总计
人数（人）	3	9	19	1	43
比例（%）	5	21	72	2	100

注：家庭年收入根据与学生和班主任老师的交流，结合当地经济水平，对学生父母收入进行的估算，其间可能存在误差。收入包含家庭所有农作物收入及务工收入，没有排除农作物成本及外出务工所需的交通、食宿之成本。

数据来源：根据笔者调查整理。

（二）四川省 P 县 YC 初中学生家庭背景

四川省 P 县 YC 初中在 20 世纪八九十年代是一所戴帽初中，后来随着"普九"任务的推进，学生人数急剧增加，在 2003 年，每个年级都是 4－5 个班，全校学生 700 人左右，学校也随之改成了单设初中。城市化快速推进以后，学生大量外流，目前每个年级 2 个班，全校学生 280 人。该校八年级一班学生总数 33 人，从学生父母背景看，父亲外出务工较多，达到了 15 人，占总数的 46%；外出务农即在新疆种地的 3 人；在家务农 12 人，占总数的 36%；当地打零工 2 人；另有 1 人外出打工致残后一直在家养病。再就学生母亲就业情况看，12 人外出务工，占总数的 39%；外出在新疆种地的 2 人；13 人在家务农，占总数的 42%；4 人在当地打零工。另有两名学生目前母亲没在身边（见表 1－13）。

表 1－13　　　　四川省 P 县 YC 初中八年级一班学生父母就业情况

	父亲情况		母亲情况	
	人数	比例（%）	人数	比例（%）
外出务工	15	46	12	39
外出务农	3	9	2	6
在家务农	12	36	13	42
当地打零工	2	6	4	13
打工致残在家休养	1	3	—	—
总计	33	100	31	100

数据来源：根据笔者调查整理。

从家庭收入看，33 名学生中，3 名学生家庭收入在 1 万元以下，占总数的 9%；1 万—3 万元的 9 人，占总数的 27%；3 万—10 万元的 20 人，占总数的 61%；10 万元以上的 1 人（见表 1 – 14）。

表 1 – 14　　　　四川 P 县 YC 初中八年级一班学生家庭年收入

年收入	1 万元以下	1 万—3 万(含)	3 万—10 万元(含)	10 万元以上	总计
人数(人)	3	9	20	1	33
比例(%)	9	27	61	3	100

注：家庭年收入根据与学生和班主任老师的交流，结合当地经济水平，对学生父母收入进行的估算，其间可能存在误差。收入包含家庭所有农作物收入及务工收入，没有排除农作物成本及外出务工所需的交通、食宿之成本。

数据来源：根据笔者调查整理。

结合前面农村人群阶层分析，可以发现，农村学校现就读的学生实际上来自部分中间阶层、贫困阶层和特困阶层。父母属于中间阶层的家庭、收入主要依靠外出打工，多数是父母都在外打工，部分是父亲或母亲一方在外务工。所从事的主要是劳动强度较大且具有一定危险性的行业如进厂、建筑工地、餐馆、砖厂、矿山等，个别在新疆种地。这部分学生家庭收入一般在 3 万—10 万元左右。父母属于贫困阶层的主要是在家务农或在当地打点零工，这类家庭年收入在 1 万—3 万元左右，基本可以满足家庭生活性开支，稍有大病或其他大笔开支，可能会成为特困阶层。父母属于特困阶层的主要有两种情况，一是虽然父母都在，但其中一方因生病或重大事故如打工、车祸等致残丧失劳动能力。二是属于单亲家庭，通常只有父亲，这种孩子属于抱养或早年母亲改嫁的，这种家庭中的父亲很多人劳动能力不强，无法撑起一个家庭，收入微薄，家庭生活非常拮据。以 WF 小学为例，该班 2 个学生来自特困家庭，一个是 ZL，该生原来在家排行第 3，前面还有 2 个姐姐，由于其父母想要继续生儿子，又因为计划生育限制，便将其送给其现在的父亲喂养。ZL 现在与继父一起生活，其继父年龄近 60 岁了，没有外出打工，也没有其他技能，就在家种点庄稼，也就每年收获 1000 斤左右的水稻，换算成现金不到 1500 元，靠政府的低保勉强可以维持家庭生活开支。另外一名学生 HM 现在也和父亲一起生活，其母亲早年改嫁到了外县，HM 从小就没有与母亲生活。父亲没有一技之长，只能在家干点农活，收入微薄，一年下来就两三千元收入，家里经常入不敷出，也只能依靠政府低保维持基本生活。

　　农村富裕阶层，家里经济条件较好的，要么在城市务工，就将子女带到城市就读；要么送到县城或市里学校就读。地位稍高的阶层如公务员、教师子女在农村就读的也很少，多数都送到城里就读。在一定程度上看，农村经济条件较好、社会地位稍高的阶层，能够凭借社会关系或承担经济支出的，都不会将子女留在农村就读，纷纷送进城里。留下来在农村学校就读的学生家庭大多没有多少办法，只能接受现实的安排。弱势留守是农村教育的现实写照。

第二章 探访农村教师

改革开放以来，尤其是市场经济加速推进以来，中国社会发生了剧烈的变化与转型。社会变迁无疑会对农村教师这一群体产生深刻的影响。本章将从社会变迁这一视角，审视农村教师的基本状况。

第一节 流动性：农村教师生活方式变迁

这里的流动从概念上讲不同于教师配置的流动，这里的流动主要指教师的生活在不同地方的空间转换。

一 农村教师的两栖生活

传统看来在乡镇集镇所在地任教的农村教师大都住在镇上，村小任教的教师多住在集镇和村上。但随着城镇化的推进，住房制度市场化改革以后，很多集镇上的教师都在城里购房，村小教师也在集镇或城里购房，加之交通条件的改善，农村教师在一个地方教书，住在另一个地方已经成为常态，这种从稳定到流动的转变使农村教师成了典型的"两栖人"。

（一）东部农村教师的流动生活

本书选择浙江省 HY 区 SB 镇初中及 XY 小学为例进行分析，选择样本的主要依据是距城区的远近，相对来讲，SB 镇初中距城区较远，XY 小学则距城区较近，属于郊区学校。从表 2-1 看，SB 镇初中全校 37 名教师，2 位教师在学校有住房（学校成套的住房有 3 套，以前建房时，学校资金不够，这 2 位老师集了资，建起来以后就归他们长期居住）；2 位老师在本镇有住房，还有 2 位老师在本县其他乡镇有住房，这样共有 6 位教师在集镇上有住房。多数教师在城里购房，37 名教师中有 28 名老师在城里购房。另有 3 位年轻人目前还没有购房。相应，住在学校的 2 位老师及本镇的 2 位老师常住本地，1 名未购房的年轻教师住在学校的单身宿舍，每周回另一个县的老家，其余 32 位老师每天从城里（包括其他乡镇）到学校上班，下午放学又回家。①

　　YX 小学全校教师共 52 人，其中 1 名老教师临近退休，在城里有住房，在村上也有房。另有 1 名教师只在镇上有住房，其余 50 名教师在城里有住房。从教师往返学校情况看，只有 2 人长期住在本地，包括在村上有住房的这位教师，其与别人不同，临近退休的他更愿意在村上养老。其余 50 名教师都是每天从城里往返学校。从交通工具看，多数教师每天开车上班，部分教师则拼车或坐公交车，距城区较近的 YX 小学还有少数教师每天骑自行车上班（见表 2 - 1）。

表 2 - 1　　　　　　浙江省 HY 区 2 所学校教师购房及往返学校情况

学校	人数及比例	总计	购房情况				往返学校情况			
			村上	集镇	城市	其他	常住本地	每天	每周	其他
SB 镇初中	人数	37	0	6	28	3	4	32	1	0
	比例(%)	—	0	16	76	8	11	86	3	0
YX 小学	人数	52	1	1	50	0	2	50	0	0
	比例(%)	—	2	2	96	0	4	96	0	0

　　注：1. 调查时间为 2016 年 6 月。

　　2. HY 区所在的市目前被划分为三个区，这里的城区实际上也是以前的市。

　　3. 事实上，在城里有住房的教师中有很大部分在镇上也有住房，这在全国都比较普遍。

　　4. 按理，这里统计的在村上和城里都有房的这位教师本该按城市处理，但考虑其常住村上，故将其划入村上处理。

（二）中部农村教师的流动生活

　　山西省 XZ 市 XF 区 LIY 小学是一所村小，该校共有 11 名教师，5 名

---

　　①　未购房的 3 位年轻人中 2 人随父母住在城里，另 1 位年轻人随父母住在另一乡镇。

公办教师，4 名代课教师，2 名教师属于支教。从购房情况看，2 名教师在县城购房，1 名教师在镇上购房，6 名教师在村上有自住房，2 名支教教师住学校单身宿舍。住在县城和镇上的 3 名教师每天从城里或镇上到村小上班，2 名支教的教师也每天从读书的 XZ 师范学院到 LIY 小学上课。村上有自住房的 6 名教师常住村上（见表 2 - 2）。

表 2 - 2　山西省 XZ 市 XF 区和 PY 县三所学校教师购房及往返学校情况

学校	人数及比例	总计	购房情况				往返学校情况			
			村上	集镇	城市	其他	常住本地	每天	每周	其他
XF 区 LIY 小学	人数	11	6	1	2	2	6	5	0	0
	比例(%)	—	55	9	18	18	55	45	0	0
XF 区 NTP 小学	人数	7	3	1	0	3	3	1	3	0
	比例(%)	—	43	14	0	43	43	14	43	0
PY 县 ZK 中心校	人数	18	6	0	12	0	6	12	0	0
	比例(%)	—	33	0	67	0	33	67	0	0

数据来源：根据笔者调查整理。

该区 NTP 小学有 7 名教师，其中公办教师 2 人，代课教师 2 人，3 名教师属于支教。7 名教师中 3 名教师在村上有自住房，1 名教师在镇上有住房，3 名支教教师住在学校单身宿舍。住在村上的 3 名教师常住本地，镇上的 1 名教师每天从家里往返学校，另外 3 名支教教师每周从派出的 XZ 师范学院到 NTP 小学。从交通工具看，有些村小教师每天走路上下班，也有些教师骑自行车或电动车，少数教师开车上班。

PY 县 ZK 中心校现有教师 18 人，其中 12 个老师在县城买了房，住在县城，另外 6 位老师则是在村上自建房，住在村上。住在村上的老师距离学校也不是很远，有三五里路，其中 4 位属于民办教师转正，2 位还没有成家，刚参加工作，暂时在老家与父母一起住。按他们的话来说，没有成家，还没有定下来，不知道以后究竟在哪里买房。ZK 中心校的 18 名教师中，6 名教师常住本地，他们离学校都在 4 公里以内，每天步行或骑车到学校上班。12 名住在县城的教师每天从县城到学校，由于该乡离县城有 20 多公里，没有公交车，住在县城的老师多数是开车到学校上班，也有少数教师骑电动车。

（三）西部农村教师的流动生活

由于资料相对翔实，在此将四川 P 县教师购房及学校往返情况按距县城远近从不同空间维度进行考察，然后再从不同时间维度进行分析。早在 2012 年，笔者对 P 县距县城较近的 3 所乡镇中小学、8 所村小和基点校教师进行了调查。由于距县城较近，加之这个区域地势相对平缓，经济比较发达，人口较为集中。教师在县城和市里购房的都比较多。从 3 所乡镇学校教师情况看，在县城购房的达到了 65.3%，在市里购房达到了 12.4%。当然，很多教师既在县城或市里购房，也在本地集镇有住房，仅在本地集镇购房的只有 14.9%，没有在任何地方购房的占 7.4%。从往返学校情况看，乡镇教师每天从县城或市里往返学校的已经占到 24.0%，每周往返的达 36.4%，经常住在集镇上的只有 25.6%，其他尚有 14.0% 的教师不太规律（见表 2－3）。

表 2－3　四川 P 县 2012 年距县城较近学校教师购房及往返学校情况

学校	人数及比例	总计	购房情况					往返学校情况			
			村上	集镇	县城	市里	其他	常住本地	每天	每周	其他
3 所乡镇中小学	人数	121	0	18	79	15	9	31	29	44	17
	比例(%)	－	0	14.9	65.3	12.4	7.4	25.6	24.0	36.4	14.0
8 所基点校、村小	人数	62	4	28	22	2	6	4	44	9	5
	比例(%)	－	6.5	45.2	35.5	3.2	9.6	6.5	71.0	14.5	8.0

注：3 所乡镇中小学包括 1 所乡中心校、1 所乡单设中学、1 所镇单设中学。8 所基点校及村小包括 3 所基点校和 5 所村小。

数据来源：根据笔者调查整理。

基点校和村小的教师购房主要在集镇和县城，分别占 45.2% 和 35.5%。他们很少住在基点校或村小，仅有 6.5% 的教师住在村上，主要是以前半耕半教的代课教师，现在多数已经转正了。住在集镇和少数住在县城的教师基本上每天往返学校，因此每天往返学校的教师达到了71.0%，每周往返学校的教师也达到了14.5%，经常住在村上的仅有6.5%。

P县距县城较远的学校所处区域经济落后，大山环绕，其教师购房和往返学校情况都与距县城较近的学校不同，根据对2所9年一贯制的乡中心校的调查，尚有少数教师在村里购房，主要是由代课教师转正的公办教师。在县城购房的教师仅占21.4%，这一数据在距县城较近学校中为65.3%，前者远低于后者。有45.5%的教师没有在本地集镇、县城或市里购房，这一数据在距县城较近学校的为7.4%，前者远高于后者。究其缘由，一是这些区域有经验的教师都不会来，新增教师只能靠新公招的年轻教师，这些年轻人大都没有购房；二是这类学校教师本地人较少，来自外县甚至外市的教师比较多，他们大都没有长久定居的打算，也不准备在工作地购房，而且他们在外县也常常有房产。与此相应，这类学校教师流动特征也与距县城较近学校有明显差别。每天往返学校的教师只有8.0%，远低于距县城较近学校的24.0%，每周往返的教师占33.9%，这与距县城较近学校差不多。由于外地人多，他们有些两周跑一次，有些三周、一个月、两个月甚至一学期不等，往返学校并不规律，这种情况占到了32.2%，远高于距县城较近学校的14.0%（见表2-4）。

表2-4 四川P县2012年距县城较远学校教师购房及往返学校情况

学校	人数及比例	总计	购房情况					往返学校情况			
			村上	集镇	县城	市里	其他	常住本地	每天	每周	其他
2所中心校	人数	112	3	30	24	4	51	29	9	38	36
	比例(%)	—	2.7	26.8	21.4	3.6	45.5	25.9	8.0	33.9	32.2
9所基点校、村小	人数	59	9	29	7	1	13	18	16	16	9
	比例(%)	—	15.3	49.2	11.9	1.7	21.9	30.5	27.1	27.1	15.3

注：这里的2所9年一贯制学校的中心校包含初中和小学，因P县距县城较远学校学生人数较少，其初中没有单设。9所基点校和小学包括3所基点校和6所村小。

数据来源：根据笔者调查整理。

　　而就 P 县距县城较远的基点校和村小来看，教师中代课教师比东部多，这些教师大都是本地农村人，因此有 15.3% 的教师在村上自建房。在集镇购房的也比较多，达到了 49.2%。同样由于外地人和年轻人多，未购房或在其他乡镇购房的达到了 21.9%。从往返学校情况来看，由于这些地区山高路远、道路崎岖，邻近村庄的教师也只能临时住下来，每周跑或者隔段时间回家，每天跑的教师就只有 27.1%，这远低于距县城较近学校的 71.0%，经常住在村上的教师达到了 30.5%，远高于距县城较近学校的 6.5%。

　　到 2018 年，农村教师的城市倾向更进一步显现出来，这里以 2012 年曾调查的四川 P 县距县城较近的 3 所学校为例。从表 2 - 5 可见，所调查的 3 所中小学 2018 年共有教师 116 人，从购房情况看，在集镇购房 8 人，占教师总数的 6.9%；在县城购房 74 人，占教师总数的 64.0%；21 人在市里购房，占教师总数的 18.1%；其他 13 人主要是新教师，尚没有购房。再以往返学校情况看，20 人常住本地（集镇），占教师总数的 17.2%；每天从家里往返学校的 38 人，占教师总数的 32.8%；每周往返的 44 人，占教师总数的 37.9%；其他 14 人没有太多规律。与 2012 年比较，乡镇中学和中心校教师在城市购房的比例略有提高。但教师往返学校则有了明显变化，常住本地的教师进一步减少，每天和每周往返学校的教师进一步增多。

表 2 - 5　四川 P 县 2018 年距县城较近学校教师购房及往返学校情况

学校	人数及比例	总计	购房情况					往返学校情况			
			村上	集镇	县城	市里	其他	常住本地	每天	每周	其他
3 所乡镇中小学	人数	116	0	8	74	21	13	20	38	44	14
	比例(%)	–	0	6.9	64.0	18.1	11.0	17.2	32.8	37.9	12.1
5 所基点校、村小	人数	44	0	17	18	2	7	0	37	7	0
	比例(%)	–	0	38.6	40.9	4.6	15.9	0	84.1	15.9	0

　　注：3 所乡镇中小学包括一所乡中心校、一所乡单设中学、一所镇单设中学。调查时间为 2018 年 1 月到 7 月。另外，2012 年时的 8 所基点校和村小已有 3 所被撤并，目前还剩下 5 所。

　　数据来源：根据笔者调查整理。

再就基点校和村小教师看，到 2018 年，教师购房主要在集镇和县城，在调查的 5 所基点校、村小学 44 名教师中，17 人在集镇购房，占教师总数的 38.6%；18 人在县城购房，占教师总数的 40.9%；2 人在市里购房；另有 7 人尚没有购房，主要是刚参加工作不久的新教师。与 2012 年比较，教师在城市购房比例略有提高。与 2012 年不同的是，随着民办教师的退休，已经没有教师常住村上了，44 名教师中，37 人每天从家里往返学校，占教师总数的 84.1%；每周往返的 7 人，占教师总数的 15.9%。

二 一个特殊群体：县城周边的"半边户"

县城周边学校有很多"半边户"教师，这是一个流动性很强的群体。所谓"半边户"是指这些教师多是县上政府或其他单位工作人员的配偶。在实行教师流动考试调动制度以后，很多政府工作人员或县上多少有些背景的人员，其配偶因为多种原因无法调进县城学校工作，便选择距县城较近的学校任教。有些"半边户"则是暂时在县城周边学校待一段时间，以图日后再想办法调进城里。这些教师基本上每天往返学校和家里，极少住在学校。由于每天往返，时间上没有保证，加之不少教师责任心不强，县城周边学校常常是教学成绩不好的学校。四川 P 县县城搬迁之前，其郊区的两个学校——JP 镇初中和 JP 镇小学几乎每年都在全县垫底。如 2010 年根据县上的排名，JP 镇小学综合得分 30.12 分，居于全县倒数第二位。JP 镇初中得分为 29.15 分，比全县平均低了 28.32 分，列全县倒数第一位。[①]

多年来教学成绩最好的三个学校——GP 初中、XF 初中和 DC 镇初中。随着县城的东迁，三所学校成了离县城最近的初中，这三所学校面临极大的考验，一面是本校教师流失进入城市，一面是依靠关系的"半边户"大量涌入。如 DC 中学 2012 年调入 7 名教师，有 6 名都是县城的"半边户"，2013 年调进 11 名教师，有 8 名都是县城"半边户"。

随着"半边户"的急剧增加，多数教师也开始"走教"，校长似乎也感到有些焦虑。距县城最近的乡镇初中——XF 初中，这是原来教学成绩很好的学校，但"半边户"增多后，学校教学成绩开始走下坡路，教学风

---

① P 县教师学习资源中心：《P 县 2010 年春期统考学校综合评价表》，2010－07－01。

说明：该县将小学各年级成绩评价权重按一至四年级，各占 15%，五、六年级各占 20% 进行综合评价；单设中学、九年一贯制初中各年级成绩评价权重按一、二年级各占 25%，三年级占 50% 进行综合评价。

气也不如从前了，在闲聊中，校长告诉笔者：

> 我们这里最近两年基本都是调进的教师，大多是城里的"半边户"。这些"半边户"很多都每天跑，早上来学校，上了课就走。我们这里原来的风气是很多老师自愿下午留下来给学生辅导，要知道有些孩子如果能够适当给予指导，成绩就会好得多，所以我们的成绩一直都在全县靠前。现在来的这些"半边户"很多以前都是要惯了的，教的平均分也就四五十分，到我们这里教到六十多分，他们就很满足了，但要知道，这和我们是有差距的，我们这里平均分一般在七八十分以上。这些教师中很多人工作并不认真，有些人经常请假，水平也不算高，因此教学成绩大都不好。原来多数人干，少数人不干，大环境在那里，这些不干的也得努力，现在不一样了，现在不干的人增多了，一些的老师都是近几年来的。每年七八个七八个的换，把我们原来的人都换得差不多了，大换血啊！现在是这些新来的不干活的感染其他人，很多坏习气把我原来的这锅汤给搅浑了。但你还不敢逼得太紧，这些人中很多人的家属都是有头有脸的，弄不好自己给自己找麻烦。唉，反正现在的成绩是看到的滑下去，我这全县一二位的学校，最多看还能不能再保持一两年啊！这杆旗帜快要倒了，只要风一吹就会倒。（20130512）

看来，学校离县城近并不一定是件好事，如果学校在新增教师这个问题上把关不严的话，离县城更近反倒成了一个问题。

三　农村教师的离散对乡土社会文化再生产的影响

农村校点的撤并使得教师这种文化人在一些农村区域逐渐消失，加之农村教师生活方式的变化，其"离农性"更渐增强，势必会对乡土社会文化再生产造成影响，这里简要进行阐释。

中国自东周以后，"以吏为师"的传统断裂了，同时打破了学在官府的局面。学术开始流落民间，散布乡土，于是便出现了"天子失官，学在四夷"。一些乡间文化人一面办学设教，一面传播礼俗文化。这些文化人大体有三类。一是早年进入仕途，退休后返回乡间设教。如《尚书大传·略说》有所谓"大夫七十而致仕，老于乡里，大夫为父师，士为少师"之说，按照郑玄的理解，"古者仕焉而已者，归教于闾里"。说明退休官员回归乡间自办村塾设教实为事实，后世中国社会致仕回乡继而设教的也不在少数。二是一批学术造诣深厚，但仕途不得志，归隐回乡或罢官归田的学者。如孟轲周游各国，其意不能用，遂"退而与万章之徒序《诗书》，述仲尼之意"①。董仲舒在经历了官场风雨后，晚年自知直言招忌，便"去位归居，终不问家产业，以修学著书为事"②。还有些士人则不愿攀附权贵，遂归隐设教。如清高密单氏族人单可虹，乾隆进士，复试时因不愿意趋附权臣和珅，竟被以"平仄不调除名"而未能做官。单可虹还乡后，"以经术教后进，四方名士多师之"③。三是一批不求功名，坚守学术信仰之士为了提高学术地位，扩大学术影响，甘愿在乡间治学设教。《后汉书·张曹郑列传》载郑玄师从张恭祖、马融十余年，学成之后，"乃归乡里。家贫，客耕东莱，学徒相随已数百千人"④。《游北山赋》说隋代的王通隐居山林，专意著书讲学，"门人弟子相趋成市"⑤。不仅培养出了董常、程元、贾琼、薛收、姚义、温彦博、杜淹等十余"俊彦"，还培养出了房玄龄、魏征、杜如晦、窦威、陈叔达、王珪等唐初名臣。《明史·儒林列传》记载吴康斋（名与弼）"中岁家益贫，躬亲耕稼，非其义，一介不取。四方来学者，约己分少，饮食、教诲不倦"⑥。这些学者尽管家贫，却不愿收受不义之财，而亲身躬耕于农田。与诸生在田间地头辨明经义，畅谈学术。

　　与一些声名显赫的鸿儒相比，中国乡土社会之教化实际上离不开大批默默无闻之士，他们可能有较高的学术涵养，在乡土社会进行经学传播。也有可能学术水平并不高，但可堪道德楷模，在乡间传承礼俗，涵化德性修为，感化乡里民众。如《资治通鉴》载东汉时期陈留郡隐士仇香不愿入仕为官，专行教化乡里："陈留仇香，至行纯嘿，乡党无知者。……民有陈元，独与母居，母诣香告元不孝。香惊曰：'吾近日过元舍，庐落整顿，耕耘以时，此非恶人，当是教化未至耳。'……香乃亲到元家，为陈人伦

① （汉）司马迁：《史记》卷十四《孟子荀卿列传》，中华书局 2008 年版，第 1514 页。
② （汉）班固：《汉书》卷五十六《董仲舒传第二十六》，中华书局 2012 年版，第 2195 页。
③ 民国《高密县志》卷十四上，《清代硃卷集成》第 220 册，第 195—204 页。
④ （南朝宋）范晔：《后汉书》卷三十五《张曹郑列传》，中华书局 2012 年版，第 955 页。
⑤ 陈启智：《王通生平著述考》，《东岳论丛》1996 年第 6 期。
⑥ 张廷玉：《明史》，中华书局 1974 年版，第 7240 页。

孝行，譬以祸福之言，元感悟，卒为孝子。"①

当然，乡土社会的文化传播并不限于民间士人的乡间设学，执政者通常会在地方上延请学识丰富、德行高尚的人士在乡间推行教化。如《汉书》卷十九《百官公卿表上》称："乡有三老：有秩、啬夫、游徼。三老掌教化。"② 据此看来，汉代设置"三老"，职责是教化民众，助成乡里的风化，即充分利用各地乡里礼俗，教化百姓。而三老的选拔，有明确的制度性规定：《汉书》卷一上《高帝纪》说："三老"的选拔需"举民年五十以上，有修行，能帅众为善，置以为三老，乡一人。择乡三老一人为县三老。与县令丞尉以事相教，复勿繇戍"③。《后汉书·循吏列传·秦彭》又说："（乡间）有遵奉教化者，擢为乡三老。"④ 可见，三老的选任乃是通过相关选任程序和待遇，从地方精英年满 50 周岁以上，有德行的长老中，遴选出在当地有影响力，为官方认可，能够服众之人，推行地方教化。至宋代，范仲淹主持"庆历兴学"，要求县有士子 200 人以上皆设学，教官则选本地宿学硕儒充任。这次兴学虽说由于范仲淹受到排挤而中途夭折，但其影响甚大，为后世乡土社会大规模设学提供了范本。其后自元代开始在乡间大规模设置的社学，其雏形亦源于宋代，所以梁启超说："社学主教育，宋明以来，所在多有。"⑤ 当然，社学真正受到官方重视，得以大规模的、实质性的发展，则是在明代。明洪武八年，太祖诏令天下立社学。弘治十七年，"令各府、州、县建立社学，选择明师，民间幼童十五以下者送入读书"⑥。明代社学规模宏大，乡间生徒入学者甚众。社学的教师来源，《新元史·食货志》说："令社众推举年高通晓农事有兼丁者，立为社长。……择通晓经书者为学师。"另据光绪《大清会典事例》记载，社学教师由各地地方官"择生员学优行端者"充任。⑦ 据此可以看出，社学教师大体由民间延请，一般挑选地方上有学行的长者担任。

需要指出的是，统治者力主推行的乡间教化，实为政治手段，其目的是通过乡土教化维护王朝稳定。当时颁发的诏谕明确昭示此意，如唐玄宗

---

① （宋）司马光：《资治通鉴》卷十四《汉纪四十七》，中华书局 2009 年版，第 2182 页。

② （汉）班固：《汉书》卷十九上《百官公卿表第七上》，中华书局 2012 年版，第 684 页。

③ （汉）班固：《汉书》卷一上《高帝纪第一上》，中华书局 2012 年版，第 29 页。

④ （南朝宋）范晔：《后汉书》卷七十六《循吏列传》，中华书局 2012 年版，第 1981 页。

⑤ 梁启超：《梁启超论中国文化史》，商务印书馆 2012 年版，第 107 页。

⑥ 张廷玉：《明史》卷六十九《选举志一》，中华书局 1974 年版，第 1690 页。

⑦ 张杰：《清代科举世家与地方教育——以北方地区为例》，《中国文化研究》2002 年秋之卷。

开元二十六年颁布《亲祀东郊德音》："古者乡有序，党有塾，将以弘长儒教，诱进学徒，化人成俗，率由于是。斯道久废，朕用悯焉。宜令天下州县，每一乡之内，别各置学，仍择师资，令其教授。"洪武二年，明太祖谕中书省臣曰："朕惟治国以教化为先，教化以学校为本。京师虽有太学，而天下学校未兴。宜令郡县皆立学校，延师儒，授生徒，讲论圣道，使人日渐月化，以复先王之旧。"①

　　在晚近的乡土文化传播中，大批的乡村社会工作者承担了乡土社会教育的任务，学者们不仅在乡村教育、乡村教师培养方面进行了深入的理论探索，而且身体力行，积极投身实践。陶行知创立晓庄师范学校，面向乡村培养教师，终其一生致力于解决农村教育与农村社会问题。晏阳初、梁漱溟、黄炎培、余家菊等为乡村教育理论做出了开创性的贡献，并在实践中开展了大量卓有成效的实验，为乡村教育发展与文化传播做出了不可磨灭的功绩。这一时期国共两党都着眼于农村，乡村教育受到两党的重视。为培养乡土教师，国民政府1928年拟定了三年间促进乡村师范学校发展的计划。其后的1930年，第二次全国教育会议通过决议案，将乡村师范学校列入正式学制，制订了五年内主要在县一级建立1500所乡村师范学校的计划，并提出恢复师范生公费制度。②

　　中华人民共和国成立以后，首先在农村开展了声势浩大的扫盲运动，教员多是本乡的高小毕业生，也吸收了一些富农家庭出身的知识分子。而农村全日制学校发展成效更为显著，1962年农村专任教师已达198.5万人，是城市教师32.8万人的6.1倍。③这一时期农村教师的"向农性"非常明显，尤其是1958年9月中共中央、国务院颁布了《关于教育工作的指示》后提出，党的教育方针要实现教育与生产劳动相结合，故很多农村教师都扎根农村教学与劳动。除全日制小学外，农村还推行了一种"半农半读"的"耕读"小学，到1965年，"耕读"小学已经发展到40万所，学生1360万人。④"耕读"小学教师是"半耕半教"的，他们在农村务农，

---

① 张廷玉：《明史》卷六十九《选举志一》，中华书局1974年版，第1686页。

② 缪劝言：《第二次全国教育会议始末记》，转引自刘克辉《民国时期乡村教育问题研究综述》，《史学月刊》2007年第11期。

③ 中华人民共和国教育部计划财务司：《中国教育成就（1949—1983）》，人民教育出版社1984年版，第221－222页。

④ 王炳照：《中国教育通史·中华人民共和国卷（下）》，北京师范大学出版社2013年版，第90页。

属于典型的乡土教师。

从 20 世纪 50 年代起开始启用的民办教师，到"文化大革命"时急速增长，到 1977 年已经达到近 500 万人，占全国中小学教师总数的近 50%。到 1992 年民办教师依然高达 240 万，占全国中小学教师比例的 26%。[①] 民办教师主要集中在农村。随着国家对民办教师问题的重视，民办教师逐渐减少，并最终退出历史。同时，在农村又形成了大量代课教师，尤其是在民办教师取缔以后，20 世纪 90 年代代课教师人数达到 55.24 万人，1996 年上升到 91.86 万，到 1997 年已经突破百万大关，达到 100.55 万人。[②]

民办教师和代课教师，其特点是亦农亦教的，他们一半的时间在学校承担教学任务，是教师身份，一半的时间则是扎根于乡土社会，是农民身份。每逢乡土社会婚丧嫁娶、民俗节日之际，他们充当司仪、记账先生；遇到张家长李家短的纠纷，他们的身份是调解员；过去农时季节、开工动土择日等需要读懂"黄书"，都会求教于教师这种文化人。直到今天，我们依然能看到民办教师和代课教师的历史功绩，他们不仅教书育人，也促进了乡土文化的进步。

即使是 20 世纪八九十年代分配到农村的中师毕业生，还能融入乡土社会。这些中师生基本都是本地农民子弟，正因其为本地人，才可能在偏远的乡村长期任教。他们从小就在乡土社会长大，具有乡土社会成员的特质。学校附近的农户很多时候是他们的家，平日无事在这里闲谈吹牛，其实这正是传播文化知识，革新乡土风气的最好方式。来个朋友上街不方便可以在农户家买只鸡鸭款待，顺便也把农民朋友一起喊上。农民修房造物算个平方也向他们请教，这些都有利于加深教师这种文化人和农民之间的情感。而农民是懂得感恩的一个阶层，过年杀年猪总不忘给老师送上一大块腊肉，平时家里蔬菜、水果总会叫学生上学时给教师带上一书包。

通过简要的历史梳理，不难看出，农村教师的角色绝不仅限于教室之内，而是整个农村文化传播的媒介。其功能不仅是知识的继承，更多是文化传统的传承与传播。通过广大乡土精英在乡间的文化再生产，铸就了乡土社会稳固的文化根基。这种文化再生产事实上对于乡土社会的和谐稳定，进而对整个中国社会的长期繁荣稳定，起到了金字塔底层稳定的作

---

① 李友玉：《基本解决民办教师问题面临的经济困境与对策》，《教育与经济》2000 年第 1 期。
② 孟庆瑜：《近百万农村中小学代课教师面临抉择》，《瞭望》1998 年第 37 期。

用。因此，长期以来农村并非依靠国家强制权力的统治，而是依靠以礼教为核心的中国儒家文化为准则，规范和限制人们的意识和行为，从而维护农村的社会秩序。梁启超把这个道理说得很清楚，他指出，在乡土社会，"盖立法及一切行政乃至教育等，皆不借官力自举焉。乡治之善者，往往与官府不相闻问"①。在城市化进程中，农村学校不断撤并，农村教师大量减少，农村优质教师大量流入城市。中国农村社会长期以来形成的文化精英不断减少，即使在农村任教的教师也已经逐渐远离乡土。由此势必造成农村这片广袤领域中传统文化引领人的空缺，农村社会千百年来铸就的传统文化根基可能会受到影响，使农村社会在文化与意识观念上无所依靠，任由外来芜杂的文化与价值体系的侵扰，造成农村社会传统文化的削弱与意识形态的混乱。农村地区文化观念体系变得非常脆弱，稍有不良思想的侵入，便会造成整个农村人群价值体系的坍塌，从而使得农村这个原本平静有序的社会结构，失去其稳固的文化基础，引发出种种的社会乱象。正如有些学者担心的，乡村教育的急剧消失，对于村落社会的影响必然是巨大的。这就好比将已经长成在身体里的器官或骨骼突然拿走，对于身体的运行必然是很大的打击。如果认定功能主义对于结构和文化的强调是正确的话，那么乡土社会学校的消失，必然导致或加速乡村社会的解组。中国社会可能越发走向一种单面社会，这种社会将因为缺乏一种多面向而变得很脆弱。②

第二节　本土化：农村教师地缘结构特点③

研究农村教师地缘结构，揭示农村教师空间配置特征，进而探讨农村教师地缘结构背后的一些影响机制，可以为优化农村教师资源配置提供政策依据。为此，本书在实地考察基础上，重点探究以下几个问题：第一，农村教师在地缘结构上有什么特征？第二，农村教师地缘分布背后的影响

---

① 梁启超：《梁启超论中国文化史》，商务印书馆 2012 年版，第 106—108 页。
② 熊春文：《"文字上移"：20 世纪 90 年代末以来中国乡村教育的新趋势》，《社会学研究》2009 年第 5 期。
③ 本节内容可参见刘小强《教师资源空间分割下的农村教师地缘结构特征及影响机制研究》，《教育与经济》2019 年第 3 期。

机制是什么？第三，农村教师地缘结构特征及其影响机制对优化农村教师资源配置有何政策含义？

一 已有研究简要回顾

受劳动力市场分割理论的影响，西方学者认为，由于多种因素的使然，教师资源被分割为不同的市场。如克洛特费尔特（C. T. Clotfelter）、兰克福德（H. Lankford）等指出了种族、阶层所形塑的教师资源市场分割，在少数民族学生和低收入人群子女聚集的学校，是少数民族教师、低质量教师所形成的市场；而在白人子女和高收入人群子女集中的学校，是白人教师和高质量教师集中的市场。[①] 安克哈拉多夫（Ankhara – Dove）和克利特加德（Klitegaad）等通过对发展中国家的研究发现，教师资源被分割为城市和农村两个市场，即使城市地区学校教师过剩，也不会"溢出"到农村地区，农村地区很难吸引到优质教师。[②]

多年来，一些学者注意从教师地缘结构入手分析教师资源的空间分割问题。博伊德（Donald Boyd）等在《回归故里——城市薄弱学校教师的就近择业偏好》一文中，对纽约公立学校教师的地缘结构及其动态变化进行了追踪调查，发现大多数教师选择的第一份教职都靠近其家乡，61% 选择离家乡 15 英里以内的学校任教，85% 在离家乡 45 英里范围内任教。相应，家乡在市区的教师其选择市区就业的可能性是郊区教师的3 倍，家乡在郊区的教师选择郊区就业的可能性是市区教师的 4.8 倍。至于究竟什么因素影响了教师择业的"家乡偏好"，博伊德认为可能是由于学校和学区文化因素所造成的。[③] 恩格尔和雅格布（Engel M. & Jacob B. A.）通过芝加哥 2006 年近 2 万名教师择业分析，发现更多教师选择了芝加哥北面和西北面的学校，即使控制其他人口学因素如学区富

---

① Clotfelter, C. T., Ladd, H. F., Vigdor, J. L., "Teacher - Student Matching and the Assessment of Teacher Effectiveness", *Journal of Human Resources*, Vol. 41, No. 4, 2006. 另见 Lankford, H., Loe, S., Wyckoff, J. "Teacher Sorting and the Plight of Urban Schools: A Descriptive Analysis", *Educational Evaluation and Policy Analysis*, Vol. 24, No. 1, 2002.

② ［瑞典］T. 胡森、［德］T. N. 波斯尔斯韦特主编：《教育大百科全书：教育经济学卷》，杜育红等译，西南师范大学出版社、海南出版社 2006 年版，第 360 页。

③ Boyd, D., Lankford, H., Loeb, S., "Wyckoff J. The Draw of Home: How Teachers' Preferences for Proximity Disadvantage Urban Schools", *Journal of Policy Analysis and Management*, Vol. 24, No. 1, 2005.

有程度、学生学习成绩、种族构成等后，地缘分割依然是教师资源市场中的一个稳定和显著的因素。恩格尔等人认为教师资源地缘分割可能与一些难以观察到的学校及居住地等因素有关，如学校所在区域安全情况、社区对教育的态度、学校领导方式等；也有可能与学校离教师故土较近，减少了上下班时间等因素有关。① 哈努谢克（Hanushek E. A.）也注意到了教师资源的空间分割问题，在他看来，教师资源市场不同于一般经济体的人力资源市场，在很多情况下，教师对工作地点的偏好胜过其他诸多因素。②

我国由于长期以来的城乡二元结构，教师资源在城乡之间存在显著的空间分割。这种分割自然会使得农村教师在诸多方面存在着很大的特殊性，其中农村教师地缘结构也会有其特点。国内对农村教师地缘结构的研究可以追溯到李景汉对定县的社会调查，在其著名的"定县社会概况调查"中，李景汉对定县东亭乡 62 个村小学教员的地缘结构进行了详细考察，发现 78 名教员中 73 人都来自本县，占教师总数的 93.6%，而且相当部分教师来自本村庄。③ 近来王安全对海原县农村中小学教师地缘结构进行田野考察，并对其变动情况及其原因进行了分析。④

笔者在东部的广东、浙江，中部的山西，西部的四川、贵州等地选择有代表性的部分区县中 40 所农村学校开展了实地调研，收集教师在地缘结构方面的数据，进行实地观察及深度访谈，并结合调研县教育局、学校收集的相关档案、文件、报表等资料，分析农村教师地理偏好背后的价值倾向。通过这种田野式的实地研究，走进农村教师工作、生活，与他们近距离接触，从而理解调查数据背后深刻的含义，亦如晏阳初在《定县社会概况调查》一书序言中所言："从事农村调查的工作人员，必须有到民间去的认识与决心。在与农民共同生活之下，才能了解农民生活的真相，才能得到正确数字，才能亲切地了解数字背后所含有的意义，才能做规划实际建设的方案。"⑤

---

① Engel, M., Jacob, B. A., "New Evidence on Teacher Labor Supply", *Nber Working Papers*, Vol. 51, No. 1, 2011.

② Hanushek, E. A., Rivkin, S., *Constrained Job Matching: Does Teacher Job Search Harm Disadvantaged Urban Schools?*, Cambridge, MA: National Bureau of Economic Research. 2010. p. 4.

③ 李景汉：《定县社会概况调查》，上海人民出版社 2005 年版，第 2、212 页。

④ 王安全：《海原县农村中小学教师地缘结构变迁研究》，《教育学报》2011 年第 4 期。

⑤ 李景汉：《定县社会概况调查》，上海人民出版社 2005 年版，第 2 页。

二 农村教师地缘结构实地调查

（一）东部农村教师地缘结构

本书在浙江 HY 区选取了 6 所乡镇学校，在广东 PT 区选取了 5 所村小为样本进行考察。这里先就浙江 HY 区的 6 所乡镇学校教师地缘结构进行分析。其中 3 所距市区较远的乡镇学校教师共 159 人，60 人来自本乡镇，占教师总数的 38%；96 人来自区内其他乡镇，占教师总数的 60%；区外教师 3 人，占教师总数 2%。距市区较近的 3 所乡镇学校教师共 192 人，65 人来自本乡镇，占教师总数的 34%；区内其他乡镇教师 121 人，占教师总数的 63%；区外教师 6 人，占教师总数的 3%（见表 2 – 6）。

表 2 – 6　　　　　　　浙江 HY 区 6 所乡镇学校教师地缘结构

学校	总数	本乡镇		区内其他乡镇		区外	
		人数	比例（%）	人数	比例（%）	人数	比例（%）
距县城较远	159	60	38	96	60	3	2
距县城较近	192	65	34	121	63	6	3

注：1. 这里 6 所乡镇中 5 所为乡镇中心校，1 所为乡镇初中。

2. 区外教师含 2 名省外教师，分别在距县城较近和较远的 2 所学校中。

数据来源：根据笔者调查整理。

再就广东 PT 区 5 所村小教师地缘结构看，村小教师基本上来自本区，而且主要来自本乡镇。5 所村小教师共 49 人，其中 42 人是本镇人，占教师总数的 86%，区内其他乡镇 6 人，占教师总数 12%，区外教师 1 人（见表 2 – 7）。

表 2 – 7　　　　　　　广东 PT 区 5 所村小教师地缘结构

总数	本乡镇		区内其他乡镇		区外	
	人数	比例（%）	人数	比例（%）	人数	比例（%）
49	42	86	6	12	1	2

数据来源：根据笔者调查整理。

（二）中部农村教师地缘结构

本书在中部山西 PY 县分别选取了 8 所乡镇中心校和 8 所村小进行分析。8 所乡镇中心校中，4 所距县城较远，教师总数共 143 人，其中 69 人来自本乡镇，占教师总数的 48%；34 人来自县内其他乡镇，占教师总数的 24%；县外教师 35 人，占教师总数的 24%；另有省外教师 5 人。距县城较近的 4 所乡镇学校有教师 98 人，40 人来自本乡镇，占教师总数的 41%；县内其他乡镇 35 人，占教师总数的 36%；县外 19 人，占教师总数的 19%；省外 4 人（见表 2－8）。

表 2－8　　　　　　　山西 PY 县 8 所乡镇中心校教师地缘结构

学校	总数	本乡镇		县内其他乡镇		县外（不含省外）		省外	
		人数（人数）	比例（%）	人数（人数）	比例（%）	人数（人数）	比例（%）	人数（人数）	比例（%）
距县城较远	143	69	48	34	24	35	24	5	4
距县城较近	98	40	41	35	36	19	19	4	4

注：这里的中心校包含幼儿班。

数据来源：根据笔者调查整理。

再就村小看，8 所村小共有教师 127 人，其中本乡镇教师 73 人，占教师总数的 57%；县内其他乡镇教师 33 人，占教师总数的 26%；21 人来自县外，占教师总数的 17%（见表 2－9）。

表 2－9　　　　　　　山西 PY 县 8 所村小教师地缘结构

总数	本乡镇		县内其他乡镇		县外	
	人数（人数）	比例（%）	人数（人数）	比例（%）	人数（人数）	比例（%）
127	73	57	33	26	21	17

数据来源：根据笔者调查整理。

（三）西部农村教师地缘结构

本书在西部的四川和贵州选取样本县，再根据距离县城的远近各选取

3 个乡镇学校进行考察。就四川 P 县来看，距县城较远的 3 所学校共有教师 172 人，其中本乡镇教师 71 人，占教师总数的 41%；县内其他乡镇教师 53 人，占教师总数的 31%；县外教师 48 人，占教师总数的 28%。距县城较近的 3 所乡镇学校共有教师 248 人，其中本乡镇 77 人，占教师总数的 31%，县内其他乡镇教师 164 人，占教师总数的 66%，县外教师仅 7 人，只占教师总数的 3%（见表 2 – 10）。

表 2 – 10　　　　　　　　四川 P 县 6 所乡镇学校教师地缘结构

学校	总数	本乡镇		县内其他乡镇		县外	
		人数(人)	比例(%)	人数(人)	比例(%)	人数(人)	比例(%)
距县城较远	172	71	41	53	31	48	28
距县城较近	248	77	31	164	66	7	3

注：6 所乡镇学校包含 1 所单设初中，其余为乡镇小学，小学包括中心小学、基点校及村小，其中一个小学有九年一贯制的初中。

数据来源：根据笔者调查整理。

从贵州东南部 CG 县 6 个乡镇学校来看，距县城较远的 3 所学校教师共 227 人，其中本乡镇 122 人，占教师总数的 53%；县内其他乡镇 67 人，占教师总数的 30%；县外 38 人，占教师总数的 17%。距县城较近的 3 所学校共有教师 252 人，其中本乡镇教师 112 人，占教师总数的 45%；县内其他乡镇 124 人，占教师总数的 49%；县外 16 人，占教师总数的 6%（见表 2 – 11）。

表 2 – 11　　　　　　　　贵州 CG 县 6 个乡镇学校教师地缘结构

学校	总数	本乡镇		县内其他乡镇		县外	
		人数(人)	比例(%)	人数(人)	比例(%)	人数(人)	比例(%)
距县城较远	227	122	53	67	30	38	17
距县城较近	252	112	45	124	49	16	6

注：本表数据主要是乡镇小学，包含中心校、基点校和村小。

数据来源：根据笔者调查整理。

三　农村教师地缘结构特征及影响机制

（一）乡土社会熟人环境影响下的农村教师本土化现象

无论东部、中部还是西部，农村教师在地缘结构上的一个共同特点是教师主要来自本县，其中来自本乡镇的占了较大比例，农村教师本土化现象明显。本研究在此尝试对农村教师这种本土化现象进行探讨。费孝通先生指出，中国乡土社区的单位是村落，村落构成了乡土社会特殊的地缘边界，这种地缘划分使乡土社会的生活富于地方性，人们的活动范围有地域上的限制，区域间接触少，各自保持着孤立的社会圈子。[①] 由地缘界分所形成的熟人社会，对本土教师而言，选择本地从教，显然更容易融入本土生活。以 20 世纪的民办教师和代课教师来说，由于本乡本土的缘故，乡里每逢婚丧嫁娶、民俗节日之际，他们充当司仪、记账先生；遇到张家长李家短的纠纷，他们的身份是调解员；过去农时季节、开工动土择日等需要读懂"黄书"，都会求教于教师这种文化人。显然，本土教师处在一个熟人环境中，能够深刻地理解与领悟本乡本土的"地方性知识"，对久已形成的本土观念与行为方式都熟稔于心，为他们融入当地生活提供了条件。

除了生活上的方便，熟人环境同样可以为教师教育教学工作提供帮助。熟人环境更好办事，所谓"在家千日好，出门万事难。"亲戚、儿时的朋友、同学都在身边，工作上遇到问题，总是有人帮衬。毕竟乡村社会与城市不同，存在各种地方势力，在民风淳朴、治安环境好的地方，教育教学工作尚好开展。可是在一些治安环境不好、地方势力错综复杂、教育被漠视、教师不受尊重的地方。当遇到一些麻烦时，外地教师常感到孤立无助。在四川调研时，一位乡镇教师讲到，学校曾经有一位外地教师与学生之间发生了冲突，由于人生地不熟，学生及家长伙同社会青年对该教师进行殴打、辱骂，导致教师身体和心理上受到极大的伤害，无奈之下只好调离，选择"回家任教"。即使对校长而言，同样存在本地人好开展工作的现象。在广东调研时，一个乡初中校长谈道：

我就是这里的人，以前就是在这个学校读的书，现在在本地各个单

---

① 费孝通：《乡土中国》，《上海人民出版社》2007 年版，第 9 页。

位都有很多熟人，社会上的人也熟悉，如果家长在这里搞什么事，我就找人出面，所以这些家长一般的话也不敢来闹事。（20161116）

显然，本地人在熟人圈子内，这个熟人圈子里面不仅有单位上的公职人员，还有社会上的其他人员，当然也包括自己的亲戚圈子。这样各种关系就好处理，如果遇上一些冲突性事件，单靠学校的力量，无法处理，如果能借助其他单位如政府、派出所等力量，甚至于当地社会中的地方势力，则麻烦可以大大减小。因此在校长看来，也就敢大胆管教学生，不怕家长到学校闹事。

当然，还需认识到，由于熟人环境的缘故，我们中国人始终对故土怀有特殊的感情。教师们也不例外，外地农村教师大多希望能够回到自己的老家。贵州一位外县的特岗教师的想法有一定代表性：

我家在 TR 市的 JK 县，在这里感觉自己是个外乡人，缺乏归属感，而且这里很不方便，回趟家太折磨了，至少要放三天以上的假才回去，因为这里坐车到县城要一个多小时，县城又没有车直达我们那里，需要转好几趟车，才能到，就特别麻烦。我们外地来的都有回老家的想法，但是我们都签了合同，等转正以后，再考虑考公务员或调回老家的学校。（20170408）

（二）教师流动机制影响下的农村教师地缘结构"差序格局"

农村教师地缘结构还有一个较为明显的特征是以县城或市区为中心，由内向外形成层级性的"差序格局"，距县城或市区越近，本乡镇教师越少，外乡镇教师越多，反之，距县城或市区越远，本乡镇教师越多，外乡镇教师越少。这种现象在西部尤其明显，以四川 P 县为例，距县城较近的学校本乡镇教师只有31%，距县城较远的学校则达到了41%；而县内其他乡镇学校教师在距县城较近的学校高达 66%，距县城较远的学校只有31%。这种现象可能与教师流动机制有关，农村学校教师流动有明显的层级制，即距离县城较远的乡镇教师往县城附近乡镇调，距离县城较近的乡镇往城里调。而距县城较远的学校教师流失后主要靠新来的大专院校毕业生补缺。如四川 P 县规定："县城学校及县城周边的 4 个乡镇需要补充教师时，实行招考制度，在县内其他乡镇考调，新分配毕业生则通过公招补充到边远乡镇。"① 这样距县城较近的学校聚集了一些无法调进县城，只好选择县城周边学校的县内其他乡镇教师，使得县城附近的学校外乡镇教师比例更高。

也正是由于这种教师配置机制，在一些县出现了距县城较远的学校外县教师比例更高，距县城较近的学校外县教师比例更低。以四川 P 县为例，距县城较远的学校外县教师比例为 28%，距县城较近的学校只有 3%。这种现象在贵州也比较明显，可能是由于距县城较远的学校新教师补充依靠公招和特岗教师，而公招和特岗教师中外县教师占了较大比例；在教师流动过程中，本县教师愿意往县城周边学校流动，外县教师则要么流动进入县城，要么选择调回老家，往县城周边调动的教师数量不大。

（三）教师补充机制影响下的农村教师地缘结构整体性变动

若一个地方在短期内大量补充新教师，教师队伍结构会发生整体性变化，相应教师地缘结构也会发生整体性变动。以山西省 PY 县为例，其教师地缘结构与其他地方有明显差异，无论是中心校还是村小，外县教师比例都更高。这与该县 2008 年以后补充了大量教师有一定关系，如 PY 县XY 乡共有教师 192 人（含学前、小学和初中），其中 74 位教师都是 2008年以后新补充的。由于该县所在的市教师补充机制取消了只允许本县教师参考的限制，很多县外教师被补充进来，从而使外县教师占了很大比例。按照当地教师的说法：

> 我们这里青年教师很多，原来只有本县的考，现在都可以来考，我们这里就是"八国联军"（意思是教师地缘结构多元化）。（20160315）

另外，笔者还注意到，该县所在的周边市县目前教师流动没有实行考调制，刚参加工作不久的外县教师教学业绩还不够好，人脉关系积累也不够，没有考调政策，靠申请调动回到老家学校的机会要小得多。而且该县所在的市还规定教师不准报考公务员，这样一来，外县教师改行调出的概率也就更小了，也就会使得外县教师比例偏高。

---

① P 县教育局：P 县教育局文件（P 县教发［2014］45 号），《关于认真贯彻某县教师流动管理办法精神做好有关工作的通知》，2014 - 04 - 24。

四 攻策启示

地理空间不仅具有地理性意义，更重要的是地理空间与人们的价值认同、行为方式等密切关联。农村教师本土从教，熟悉本土文化，不仅为他们的生活和施教提供了方便，也顺应了他们的价值认同。就教师配置政策而言，需要认识到，农村教师与城市教师不同，受乡土环境、文化习惯等诸多因素的影响，农村教师配置有其自身的内在逻辑，教师配置政策应适应农村教师的文化认同。在四川调研时，利用档案馆数据以及当年农村教师的口述史分析，笔者发现 20 世纪八九十年代推行的"定点招生、定向就业"政策使得很多农村优秀毕业生能够回到本土任教而且能够较长时间在农村从教，保证了当时农村教育的质量，一个很重要的因素是考虑了本土教师的文化适应性。其实这种有针对性的政策安排不仅在我国推行，在国外也颇常见。如美国为了解决贫困地区师资不足，专门推行了"家乡教师"（Grow on your own）项目，从本土学生中挑选优秀学子接受师范教育，毕业后回到家乡从教，实现了本土教师整体质量的提高。就当下一些具体政策设计来看，专项农村教师政策需考虑师范生的生源地与就业地的挂钩，如免费师范生尽可能实行定向招生、定向就业。目前以地市州为地域范围划定的免费师范生招生政策，有必要调整为把免费师范生名额分配到县，以县为单位实行定向招生、定向就业。同样，特岗教师应尽量根据属地原则就近安排，尽可能安排在家乡附近就业。

但是，也需要认识到，适应农村教育需要，尽量培养本土优质教师，尽可能按属地原则安排教师就业，减少本土优质教师流失，并不等于把农村教师资源视为一个封闭的市场。当下的中国正在经历深刻的社会变革与转型，城乡之间教师资源市场不应该是两个相互独立、二元分割的市场，而应该相互交流，相互融通。从本文前面的分析来看，教师流动机制可以在很大程度上影响教师资源区域配置。但是，当下教师流动是单向度的农村优质教师向城市流动。从制度理论视角看，已经产生了路径依赖（path dependence）和锁入效应（lock in）。如何才能走出这种困境呢？这需要针对不同区域特点采取不同的策略，因为同一措施在不同区域会有完全不同的效果，以教师交流为例，浙江某县推行了较大范围的教师交流制度，强制要求城区优质教师向农村流动，而且取得了一定的效果；但四川某县在 2014 年也曾经推行过教师"县管校用"，并要求一定数量的教师流动，最后却根本无法施行，而且还引起了教育秩序一定程度的混乱。究其缘由，东部地区地理和交通条件较好，教师住在县城，自己开车或坐公交车到乡镇上班都比较方便，这样教师交流是有条件的；但是西部山区从县城到一些乡镇动辄几个小时的车程，教师不能每天往返，需要在任教学校重新"安家"，情况就大不一样了。因此，要在一定程度上改变教师从农村到城市的单向流动现状，要根据不同区域地理特征及文化差异，合理确定教师流动的空间范围和时间限定，创新教师流动机制，实现教师资源城乡双向合理流动。

第三节 表象化：农村教师学历提高

中华人民共和国成立后一段时期内，我国农村教师学历层次偏低。20世纪50—70年代，农村小学教师主要毕业于初级师范学校。80—90年代，农村小学教师则主要毕业于中等师范学校。与此同时，民办教师成为农村教师的主力军。其后随着国家政策调整，民办教师大量减少，随之而来的是大量代课教师又进入了农村教师队伍。进入21世纪，教师培养层次不断提高，新教师学历大幅提高，原有低学历教师通过继续教育，也普遍从中师学历提高到了专科甚至本科层次。

一 农村教师学历提高情况

为了对农村教师学历情况有直观的了解并能够对学历背景进行深层次分析，本书选取了两个个案作为研究对象，一个是浙江省 HY 区 SB 镇小学，另一个是四川省 P 县 SL 镇小学。

（一）浙江省 HY 区 SB 镇小学教师学历提高情况

从原始学历看，[1] 浙江省 HY 区 SB 镇小学 67 名教师中，13 人本科毕业，占教师总数的 19%；专科毕业 22 人，占教师总数 33%；中师毕业 25人，占教师总数 37%；另有 3 人高中毕业，4 人初中毕业（见表2-12）。

---

① 本研究所指的原始学历即教师刚参加工作所取得的学历。

表 2 - 12　　　　　浙江省 HY 区 SB 镇小学 2016 年教师原始学历

原始学历	本科	专科	中师	高中	初中	合计
人数（人）	13	22	25	3	4	67
比例（%）	19	33	37	5	6	100

数据来源：根据笔者调查整理。

从现学历看，浙江省 HY 区 SB 镇小学 67 名教师目前本科学历已达 37 人，是原始学历 13 人的近 3 倍。专科学历 25 人，比原始学历的 22 人略有增加。中师学历人数大幅下降，从原有的 25 人减少到 4 人。高中学历教师全部实现了学历提高，初中学历教师尚有 1 人（见表 2 - 13）。

表 2 - 13　　　　　浙江省 HY 区 SB 镇小学 2016 年教师现有学历

学历	本科	专科	中师	高中	初中	合计
人数（人）	37	25	4	0	1	67
比例（%）	55	37	6	0	2	100

数据来源：根据笔者调查整理。

（二）四川 P 县 SL 小学教师学历提高情况

相对而言，西部农村学校教师原始学历比东部要低很多。四川省 P 县 SL 镇小学共有教师 69 人，从原始学历看，没有本科层次。专科层次教师 9 人，占教师总数的 13%。中师学历教师最多，达到 31 人，占教师总数的 45%。高中学历教师 18 人，占教师总数的 26%。初中学历 10 人，占教师总数的 15%。另有 1 名教师小学毕业（见表 2 - 14）。

表 2 - 14　　　　　四川省 P 县 SL 镇小学 2017 年教师原始学历

原始学历	本科	专科	中师	高中	初中	小学	合计
人数（人）	0	9	31	18	10	1	69
比例（%）	0	13	45	26	15	1	100

注：1. 高中 18 人中含职高 1 人。

2. 教师共 69 人，其中还有 1 名小学及 1 名中专学历教师未统计在内。

数据来源：根据笔者调查整理。

从表 2 - 15 可以看出，经过不断提高，SL 镇小学教师的现有学历已经有了大幅提升，69 名教师中，本科学历教师达到 21 人，占教师总数的 30%；专科 36 人，占教师总数的 52%；中师学历 12 人，占教师总数的 18%。为什么中师学历教师还有 12 人呢，通过进一步了解，这 12 名教师情况则比较复杂，只有 2 人是直接从中等师范学校毕业，另外 10 人分别是高中、初中、小学毕业后代课，然后进入中等师范学校或县教师进修校短期学习毕业（简称短师班），这部分教师学历提高相对不大。

表 2 - 15　　　　　　　四川省 P 县 SL 镇小学教师现有学历

学历	本科	专科	中师	合计
人数（人）	21	36	12	69
比例（%）	30	52	18	100

数据来源：根据笔者调查整理。

对农村教师表面学历进行考察，实际是在浅表层次分析问题。教师学历提升的目的是要丰富教师知识，提升教师专业能力，形成专业技能，这才是学历提高的本质要义，亦即学历提高的过程应该是随着学历层次的提高与教师水平提高相一致，使教师质量从一个较低水平发展到一个更高的、与其取得学历相适应的水平。那么现有农村教师在学历层次大幅提高的背景下，是否意味着农村教师整体质量已经大幅提升了呢？这需要更深入的考察。

二　农村教师现有学历取得形式

从表 2 - 16 可见，浙江省 HY 区 SB 镇小学现有 37 名本科学历教师，其中有 24 人通过函授取得学历，另外 13 人是直接毕业于本科院校。专科学历 25 人中有 18 人通过函授取得学历。中师 4 人直接毕业于中等师范学校。

四川省 P 县 SL 镇小学 69 名教师中，21 名本科学历教师有 18 人通过函授取得学历，另有 3 人通过自考，没有直接从本科院校毕业的教师。专科的 36 人中，27 人通过函授取得学历，2 人通过自考，7 人直接从本专科院校毕业（见表 2 - 17）。

表 2 – 16 　　　　浙江省 **HY** 区 **SB** 镇小学教师现有学历取得形式

学历	人数	取得形式		
		函授	直接毕业	其他
本科	37	24	13	0
专科	25	18	7	0
中师	4	0	4	0

数据来源：根据笔者调查整理。

表 2 – 17 　　　　四川省 **P** 县 **SL** 镇小学教师现有学历取得形式（本专科）

学历	人数	取得形式		
		函授	自考	直接毕业
本科	21	18	3	0
专科	36	27	2	7

数据来源：根据笔者调查整理，中等师范学校学历未统计在内。

无论东部的还是西部的农村学校，教师学历提高主要通过函授取得，相对而言，东部学校直接从大学毕业的本、专科教师更多，西部农村教师起点相对要低，通过函授提高学历的比例更大。

三　农村教师学历取得学校

（一）原始学历取得学校

就原始学历看，浙江省 SB 镇小学 67 名教师中，本科学历的 13 名教师主要毕业于地方本科院校、民办高校；院校类别比较繁杂，除师范院校外，还包括工商类、财经类、电子类等高校。专科学历的 22 名教师有 15 人毕业于本科院校，4 人毕业于师范专科学校及教育学院。中师学历的 25 名教师中有 20 人毕业于中等师范学校，5 人毕业于县教师进修校（见表 2 – 18）。

表 2－18　　　　　浙江省 SB 镇小学教师原始学历取得学校　　　　　单位：人

原始学历	人数	毕业学校					
		本科院校	师专/教院	职院	中师校	进修校	高中/初中
本科	13	13	—	—	—	—	—
专科	22	15	4	3	—	—	—
中师	25	—	—	—	20	5	—
高中	3	—	—	—	—	—	3
初中	4	—	—	—	—	—	4

数据来源：根据笔者调查整理。

再就四川省 P 县 SL 镇小学看，专科学历教师 9 人，主要是学校相对年轻的教师，其中 8 人毕业于新建本科院校，1 人毕业于教育学院。中师毕业 31 人，主要从中等师范学校及县教师进修校毕业。高中 17 人，初中 10 人，这些教师是高中或初中毕业后开始代课，通过其他途径获得学历或满足相应条件转正成为正式编制教师（见表 2－19）。

表 2－19　　　　　四川省 SL 镇小学教师原始学历取得学校

原始学历	人数	毕业学校					
		本科院校	电大/教院	中师校	进修校	高中	初中
专科	9	8	1	—	—	—	—
中师	31	—	—	28	3	—	—
高中	17	—	—	—	—	17	—
初中	10	—	—	—	—	—	10

注：1. 高中 17 人中含职高 1 人。

数据来源：根据笔者调查整理。

（二）现有学历取得学校

浙江省 SB 镇小学 4 名中师学历教师及 1 名初中学历教师的提高学历与原始学历没有太大差异，这里仅就其本专科学历教师情况进行分析。从表

2-20 可以看出，浙江省 SB 镇小学现有本科学历教师主要毕业于本科院校和广播电视大学，37 名本科学历教师中，29 人在本科院校以直接或函授的方式毕业，8 人从广播电视大学毕业。专科学历教师则主要毕业于本科院校和教育学院，25 名专科学历教师中，16 人毕业于本科院校，7 人毕业于教育学院。

表 2-20　　浙江省 HY 区 SB 镇小学教师现有学历取得学校（本专科）

现学历	人数	毕业学校			
		本科院校	电大	教育学院	其他
本科	37	29	8	0	0
专科	25	16	0	7	2

数据来源：根据笔者调查整理。

四川省 P 县 SL 镇小学的教师现有学历取得学校情况较浙江省 SB 镇小学有所差异，通过表 2-21 可见，该镇小学本科学历 21 名教师中，20 人都是在本科院校函授取得学历，1 人通过教育学院函授取得学历。专科学历主要通过本科院校函授或自考取得学历，36 人中有 21 人都属于这种情形，另有 9 人通过广播电视大学函授毕业，4 人从教育学院毕业，还有 2 人属于"大自考"，没有明确标注学校。①

表 2-21　　　　　四川 P 县 SL 镇小学教师现有学历取得学校

现学历	人数	毕业学校					
		本科院校	电大	教育学院	中等师范	县进修校	其他
本科	21	20	—	1	—	—	—
专科	36	21	9	4	—	—	2
中师	12	—	2	—	7	3	—

数据来源：根据笔者调查整理。

――――――――――

① 通过高校所办的类似函授的自考班取得学历，这在当地学校俗称"小自考"，而完全依靠自身学习，不依靠任何组织培训的自考，俗称为"大自考"。

四　农村教师学历提高表象化现象解析

若从表面看，无论是浙江省 SB 镇小学，还是四川省 P 县 SL 镇小学，教师学历都已经达标。① 从高一级学历看（指专科及以上），浙江省 SB 镇小学本专科学历教师共 62 人，高一级学历教师比例达 92%。四川 P 县 SL 镇小学教师本专科人数也达到 57 人，高一级学历教师比例达到 82%。

但是，单纯看教师的学历层次，实际上只是看到了一种表象。在我国现实背景下，不同生源学校间学生的基础学力，在校所接受的教育质量有较大的差异。尽管一些层次较低的学校也存在一些高水平的毕业生，但总体而言，高层次的学校毕业生质量会相对更高。以毕业学校作为衡量教师质量的一个指标是有效的。同时，学历取得的形式不同，也意味着教师质量可能会有较大差异。毕竟从我国多年的情况看，函授这种途径对教师专业知识、专业能力的提升，较之于扎根学校的脱产学习还是有一定差距的。

就此而论，首先，农村教师毕业学校层次不高。浙江省 HY 区 SB 镇小学 67 名教师，其原始学历中具有本科以上学历的都毕业于地方本科院校或者民办高校，没有重点大学毕业生，这部分教师主要是 2000 年以后新进入学校相对年轻的教师。而四川 P 县 SL 镇小学教师原始学历最高为专科，没有本科层次，教师原始学历取得学校主要是教育学院、中等师范学校、高中（含职高）、县教师进修校、广播电视大学等。至于现有学历，从表面看，少数教师毕业于重点大学，实际上是重点大学开设的函授教育或远程教育。如四川 P 县 SL 镇小学的 ZXM 毕业学校显示为北京师范大学，经进一步确认，这是当地广播电视大学与北京师范大学联办的学历提高班。

其次，就农村教师学历取得形式看，主要是通过函授实现了学历提高，如前所述，四川 P 县 SL 镇小学本科学历的 21 名教师全部是通过函授或自考取得学历，专科学历 36 名教师也主要是通过函授实现学历提高。

为什么自 2000 年以后高等教育大量扩张，高校毕业生就业难已经成为

---

① 所谓达标，指小学教师需具备中等师范以上学历。SB 镇小学虽然有 1 名初中学历教师，但实际上是兼职，主要从事学校医疗卫生工作，所以就专任教师而言，学历都已达标。

社会问题，但农村高水平的大学毕业生还是很稀缺呢？首先，高质量的生源进入师范院校的不多，成绩好的高中毕业生在选择大学时大多不愿意报考师范类院校或专业。关于这一点，浙江省 HY 区招办 H 主任看得很清楚：

> 现在很少有人愿意读师范，每年第一志愿填师范的人很少。在我们 HY 中学，成绩好的高中生毕业时填师范的人很少，往往是成绩并不是太好的（才填）。从全区来看，报考师范院校的情况也不好，根据我们的统计，前些年我们全区前 100 名报考师范的还有 10—20 个，但最近几年每年只有几个人，大概是 2－5 个人。有些学生刚上本科线，多了几分，其他（专业）录不了，只好到师范院校。很多人都不愿意当老师，觉得主要是老师辛苦，每天要备课、上课、照看学生娃娃，教师行业又没有前途，谈不上多大事业发展。教师待遇低，说是说教师工资比公务员高，（这种说法）全是假的，实际上在我们这里国企、公务员的待遇都比教师高。当然，也有少数人愿意当老师，有些农村学生也考师范，对他们来说，没有好的背景，拼爹是拼不赢的，还不如找个工作。还有就是现在就业不在好就，有些毕业生就业无望，也选择当个老师。（20160530）

另外，师范院校高质量的毕业生要么改行从事其他工作，要么留在城市学校教书，能够到农村任教的少之又少，本书将在后面做进一步探讨，此不赘述。

第三章　农村教师配置制度变迁

改革开放以来，农村教师配置制度发生了急速的变化，在培养、录用、流动、编制管理、补偿等诸多制度规范方面都经历了深刻的调整与变革。这种变化，无疑对农村教师队伍建设产生着深远的影响。本书对改革开放以来的农村教师配置制度进行梳理，探讨急速的制度变革对农村教师配置的影响。以期透过农村教师配置制度的历史轨迹，认识农村教师配置制度变迁，进而理解农村教师配置制度变迁的内在逻辑。

第一节　农村教师配置制度变迁解析

一　从定向制到项目制：培养制度变化

从培养环节入手，为农村培养素质较高，进得去、留得住的教师，是改革开放以来国家解决农村教师问题的重要方略。改革开放初期主要推行农村教师定向培养制度。1983 年，教育部发布《关于中等师范学校招生工作的通知》提出，为解决农村特别是山区、边远地区农村教师缺乏问题，各地可安排一定的指标，采取定向招生、定向分配的原则。该文下发后，很多地方开始推行农村教师定向培养。这段时期的定向培养模式大体是：指标到县，定向到乡（区）；按县划线，采取分类型定乡（区）、分层次定降分幅度，照顾贫困山区和少数民族地区；定向招生的县，在文化统考之后，根据生源情况，在全省规定的降分幅度内，分层次确定降分；定向乡（区）按审批的降分幅度，仍出现招不满额时，县有权调整定向名额到临近乡（区）。定向培养与定向分配合为一体，定向培养的师范生毕业后必须按照合同规定，回到定向地区或定向学校。

不仅是中等师范学校，高等师范学校在改革开放后的 20 世纪八九十年代也普遍实施定向制度。如 1989 年四川省普通高校招生就规定，师范专科学校的招生计划全部或大部分实行定向招生，学生毕业后回到区乡中学任教。即使是教育部直属院校西南师范大学在四川的招生计划也必须拿出 20% 的名额作为定向招生，毕业后回到县及县以下的学校任教。

定向招生制度在 20 世纪 90 年代中期市场化加速推进以后，就逐渐淡出了政策范围。进入 21 世纪，国家推出了一系列针对农村的教师培养项目。2006 年教育部等《关于实施农村义务教育阶段学校教师特设岗位计划的通知》，要求公开招聘高校毕业生到西部地区"两基"攻坚县、县以下农村义务教育学校任教。2007 年，国务院办公厅转发教育部等部门《关于教育部直属师范大学师范生免费教育实施办法（试行）的通知》，提出从 2007 年开始，在教育部直属的六所重点师范大学培养免费师范生，承诺在中小学工作 10 年以上；到城镇工作的，应先在农村义务教育学校工作 2 年。2009 年　教育部《关于做好 2010 年"农村学校教育硕士师资培养计划"实施工作的通知》，决定进一步扩大农村学校教育硕士师资培养计划，并与"特岗"计划结合实施。

从形式上看，改革开放前期针对农村和边远山区的教师培养策略比较单一，进入 21 世纪以后则形式更为多样，推出了一系列的项目。但是，改革开放初期师范院校具有较强的"向农性"，能够结合农村教育特点进行有针对性的培养师范生，这在当时有明确的制度性要求。如 1987 年原国家教委办公厅印发的《中等师范学校面向农村培养合格小学师资座谈会纪要》提出，能不能面向农村是衡量中等师范办学方向是否正确的重要标志；要把培养坚定献身农村小学教育、"下得去、留得住、教得好"的学生作为坚定不移的办学方向，要加强专业思想教育，针对不愿做农村小学教师的思想做耐心细致的工作；在教学内容方面，要适当增加一些农业生产技能的内容。[①] 1994 年原国家教委印发的《全国师范专科学校面向农村，深化改革座谈会纪要》也提出，师范专科学校要面向农村培养合格师资，为社会主义新农村建设服务；要将培养热爱教育、志在山乡、德才兼备、一专多能的农村初中教师作为根本任务。[②] 因此，尽管当时手段较为

---

① 何东昌：《中华人民共和国重要教育文献》，海南出版社 1998 年版，第 2640 页。
② 同上书，第 3600 页。

单一，但由于大环境的缘故，整个中等师范学校和师范专科学校坚定地面向农村培养师资，其毕业生具有良好的农村教育适应性，师范院校从源头上解决农村教师问题起到了至关重要的作用。然而，当改革开放进入21世纪以后，师范院校的"向农性"迅速退去，"向城性"日渐增强，国家虽然采取一系列制度性措施，但效果却很有限，本书将在后面进一步探讨。

二 从分配制到公招制：录用制度变化

改革开放初期，我国农村新教师录用沿袭了中华人民共和国成立以来的分配制度。到1989年，国务院批转国家教委《关于改革高等学校毕业生分配制度报告的通知》指出，以统和包为特征的毕业生分配制度存在一些明显的弊端，不利于调动学校办学、学生学习及用人单位合理使用人才的积极性。因此，需改革毕业生分配制度。改革的目标是在国家就业方针和政策指导下，逐步实行毕业生自主择业，用人单位择优录用的"双向选择"制度。1994年《国家教委关于进一步改革普通高等学校招生和毕业生就业制度的试点意见》提出，需改变毕业生由国家安排职业的做法，引导学生毕业后参与劳动力市场竞争，国家不再以行政分配而是以方针政策指导、奖学金制度和社会就业需求信息来引导毕业生自主择业。到1997年，原国家教委印发《普通高等学校毕业生就业工作暂行规定》，规定毕业生就业实行供需见面及双向选择，经供需见面和双向选择后，毕业生、用人单位和高校应签订毕业生就业协议书，作为制定就业计划和派遣的依据。这个规定基本奠定了我国高校毕业生就业模式，其后的高校毕业生，也包括中等学校毕业生，基本沿袭这种办法。

在1994年之后的几年里，实行的是国家分配就业和自主择业两种模式。即1994年之前按国家任务计划招收的学生，毕业时仍由国家分配就业，在一定范围内实行"双向选择"制度，自费生自主择业。而从1994年以后招收的学生，毕业后将实行自主择业。在这种制度之下，实际上对于按合同招收的毕业生，国家并没有鼓励那些履行合约的毕业生，而对于那些违反合约的毕业生也没有给予较多的责任追究，客观上讲，这段时间违反合约的成本是极低的。鉴于这种情况，1997年原国家教委印发《普通高等学校毕业生就业工作暂行规定》，该规定对违反就业合同的处罚明显严格得多。规定要求，对不履行定向、委托培养合同的毕业生，按协议书或合同书的有关条款办理，并依法承担赔偿责任。

自 21 世纪以来，我国推行了相当长时间的分配制度废止，开始实行市场化背景下的自主就业制度。按照 2005 年人事部《事业单位公开招聘人员暂行规定》，事业单位新录用人员实行公开招聘，采取考试或考核的形式。2012 年教育部等《关于大力推进农村义务教育教师队伍建设的意见》则要求农村新教师录用要全面实行公开招聘制度。在实践中，农村教师录用一般有两种形式，一种是考核，即偶尔在政府人才政策支持下到高校考核新教师，与教育局签订就业合同，进入教师行业。第二种也是农村新教师录用的主要形式，即参加教师公开招聘考试，从而进入教师行业。

对比分配制和公招制下配置的农村教师，总体上讲，改革开放后的 20 世纪八九十年代分配到农村的高（中）等师范院校毕业生生源素质较高，大批优秀的师范毕业生回到了农村任教。而 21 世纪初期的一段时间内，公招到农村学校的部分教师专业素质还不够高，很多高素质的师范生不愿回到农村学校任教。究其缘由，分配制是一种强制性的配置制度，公招制是一种诱致性的配置制度。在强制性的分配制度下，师范生就业按照国家需要进行配置，很多高水平的师范生被安排到了农村地区，而且较长时间内稳定在农村地区。公招制度实行的是毕业生双向选择，师范生就业更多按照个人意愿进行配置。在强制性的制度规范打破以后，诱致性制度的施行需要建立一套激励性政策，以鼓励和吸引高水平的师范生到农村任教。但事实上，在分配制度废止后的一段时期内，相应的诱致性制度并没有建立起来，导致农村无法吸引和稳定优秀教师。[1] 当然，近几年国家和地方都出台了一系列激励性政策，对吸引和稳定农村教师起到了一定的作用。

三　从任调制到考调制：流动制度变化

这里所谓任调制指教师调动时，主要由调动教师自己写出申请，由县教育主管部门讨论决定，然后行文调动的方式。[2] 这实际上是一种行政任命制度，故本书称之为任调制。考调制主要指通过考选的方式实现教师的流动。改革开放后的一段时间内，农村教师流动采用的是任调制。按 1978 年国务院批转《教育部关于加强中小学教师队伍管理的意见》的通知要

---

① 刘小强、杜洪琳：《农村教师配置的深层困境——基于川南 H 县的实地考察》，《教师教育研究》2014 年第 4 期。

② 一般说来，调动主要是教育主管部门、学校等通用的说法，流动更多是学界的用语。当然，如果深究，其内涵会略有差异，本书不做深入区别。

求，中小学公办教师的调动，需经县以上教育部门同意后实施。这也就是所谓的任调制，亦即教师调动需经教育主管部门讨论决定，然后行文调动，这实际上是一种行政任命制度。其一般的程序是先由教师本人填写调动审批表，由调进、调出双方学校签具意见后，把材料交县教育局，由教育局讨论是否可以调动。当然，不同类型的教师调动存在不同权力格局，跨县调动的教师一般还需要人事局讨论认可；跨乡镇调动的教师主要由县教育局讨论决定，然后行文调动；而乡镇内的教师调动一般由乡镇学校自己确定，然后报教育局，由教育局行文调动。[①]

由于缺乏制度约束，任调制存在很大的随意性，容易引起混乱。如1978年国务院批转《教育部关于加强中小学教师队伍管理工作的意见》的通知指出，教师被随意借用、调出，比如，湖北省其他部门借调半年以上的教师就占教师总数的15%，每年约有20000名教师没在学校工作；广东省各级行政部门随意占用教师编制多达4000余人。[②] 1984年中央组织部、中央宣传部、教育部党组《关于制止不适当地抽调中小学干部和教师问题的通知》又指出，任意抽调中小学教师到其他部门工作的情况很突出，而且还有继续发展的趋势，严重影响了教师队伍的建设，给中小学教育工作造成很大困难。不仅如此，教师调动的讨论决定含杂了太多的人情关系，教师若想要调动，总要想办法托人情、拉关系，否则很难调动。这是一种依靠教师"先赋性"因素获得的工作调整，如果教师在决策层有亲戚、朋友，工作调动也就很容易，因而这种制度存在很多不公平之处。

进入21世纪以后，全国很多地方都开始通过考核或考试实现教师流动。教师从农村偏远地区流动到条件更好的区域，或从农村学校流动进入城市学校时，一般采取考核或考试的方式。如四川某市2017年城区面向农村公选教师，便通过考试选拔。这种选拔方式比较复杂，一般在条件审查环节有严格的要求，需要县级以上优秀教师、骨干教师等荣誉称号，教学成绩在全县（区）排名靠前，参加县级以上教学比赛并获奖，具备中级或副高以上职称等。具体方式主要通过考试、说课、面试等环节选拔教师。

通过考调制实现流动，教师个体的"获致性"因素起到了较大作用。

---

① 这里只针对多数地区而言，不同地区人事权有较大差异，教师流动的权力分配也会有所不同。

② 何东昌：《中华人民共和国重要教育文献》，海南出版社1998年版，第1590页。

如上所述的各种教师荣誉称号、获奖、成绩等一般说来需要教师在教学工作中潜心教学，辛勤付出，依靠自身努力才能获得。而要在考试、说课等环节中胜出最终实现流动，需要自身不断磨炼，奠定扎实的基本功。因此，考调制对个体而言更加公平，也有利于建立一种教师流动秩序。但毫无疑问，这种制度也存在严重的弊端。通过考调这种有效的教师流动"筛选"制度，把大量确有教学实绩的高水平教师选拔进入了城市，这对农村教育而言，无异于"釜底抽薪"。城市可以源源不断地从农村抽选优秀教师充实教师队伍，而农村则成了为城市培养优秀教师的基地，在城市教师整体水平得到提高的同时，却侵蚀和掏空了农村教师队伍的根基。

值得注意的是，本书在调查中发现一种隐性的惩罚性教师交流制度——"县管校用"的教师管理制度。根据我们的认知，学术界及国家政策提出教师县管校用实际上是为了推动教师的均衡配置，由于优质学校不愿把高水平的教师交流到薄弱学校，那么推行教师县管校用则是为了打破教师为某一学校专属的局面，推动教师的交流和均衡配置。但在一些地方具体实施中显然不是从这个角度来审视问题，而是对教师形成一种压力，即如果工作表现不好，教学成绩差，那么原学校就不愿聘用，而把这种教师交流到其他学校去。甚至还有可能出现某一个教师由于业绩不好，工作也不勤奋，那么原学校不愿聘用，其他学校也不会聘用的局面，把这种教师"悬置"起来，以此给教师施加压力。如 2013 年四川 P 县关于推进教师"县管校用"工作的意见要求："设立县教师服务管理中心，将现有在职教师（含以后新招聘和引进人员）的个人编制、身份从学校剥离出来，统一纳入县教师管理服务中心进行管理，双方签订聘用合同，建立聘用关系。县教师管理服务中心根据学校需求，统筹对教师实施派遣。学校按照教学实际安排教师岗位，与教师签订工作岗位聘用管理协议。对考核不合格，不能胜任教学工作的教师以及双向选择后落聘人员实行待岗培训。经培训合格的人员，县教师管理服务中心提供两次及以上的竞争上岗机会，如仍未受聘的，可实行调岗或另行安排，对不符合教师资格要求的人员依法调整出教师队伍。"[1] 推行这种制度，按照 P 县校长们的一致观点就是，"今后哪个教师要是不听招呼或教学成绩落后，就可以将其赶出本校，交流到其他学校，对于个别教师，就

———————

[1] P 县教育局：《P 县人民政府关于推进教师"县管校用"工作的意见》，2013 – 10 – 26。

可能出现没有哪个学校愿意聘用的局面"。

由此看来，推行"县管校用"策略并不是推进农村教师均衡配置的一剂良方，反而造成了实践中的误解而带来问题。笔者认为，为了推行交流就打破教师单位制，这种考虑是不全面的，最后的结果恐怕是解决了一个问题，但会产生更为严重的问题。因为尽管单位制可能会造成教师对单位的依附关系，打破单位制会有利于城市教师流动到农村。但我们也要看到，单位制使教师有很强的集体荣誉感和归属感。一旦打破这种单位制，教师会感到无所依靠。与此同时，实行教师管理"县管校用"后，学校对教师只有使用权，那么学校并不会去关心教师的发展，也不会去打造高水平的教师队伍，因为在"县管校用"体制下，培养出高水平的教师队伍并不是自己的功绩。而且和教师联系最为紧密的学校一旦放手教师的管理，最后有可能形成几不管的局面，这势必会引发教育秩序的混乱。

四　从经济激励为主到多种举措并举：补偿制度变化

为了吸引和稳定大批教师在农村，提高农村教师配置的整体水平。改革开放以来的不同时期，国家采取了一系列针对性的补偿性策略，支持农村教师队伍建设。1983 年《中共中央　国务院关于加强和改革农村学校教育若干问题的通知》提出，为鼓励教师到农村，特别是老、少、边、穷地区任教，要适当增加生活补贴，还可保留城市户口，定期轮换。对坚持在上述地区任教 20 年以上、业务水平高的教师，各地在可能条件下，还可给予某些特殊照顾。1988 年原国家教委办公厅印发的《困难地区普及初等教育研讨会纪要》中提出，要采取经济政策措施和思想工作措施，引导教师到困难地区任教。1988 年原国家教委、财政部、人事部《关于农村老病残民办教师生活补助费的暂行规定》规定，对男年满 60 周岁、女年满 55 周岁，且连续任教 15 年或丧失工作能力的，以及因公致残丧失工作能力的，享受民办教师生活补助费。可以看出，改革开放早期的农村教师补偿制度总体上以经济激励为主，琐碎地出现在相关政策文本中。

进入 21 世纪以后，国家注意采取多种措施吸引和稳定教师在农村。2003 年国务院《关于进一步加强农村教育工作的决定》提出，要落实农村教师津贴、补贴，建立城镇中小学教师到乡村任教服务期制度，适当提高乡村中小学中、高级教师职务岗位比例。2015 年国务院办公厅印发的《乡村教师支持计划（2015—2020 年）》在生活待遇方面除了生活补助外，还提出要做好乡村教师重大疾病救助，加快周转房建设，将符合条件的乡村教师住房纳入当地住房保障范围，统筹予以解决；职称评审方面不做外语、论文等刚性要求；建立乡村教师荣誉制度，对长期扎根农村的教师给予鼓励。

相对改革开放早期的补偿制度，21 世纪以后的农村教师补偿制度则更为系统。从经济激励、住房福利、职称评审、荣誉授予、疾病救助等多方面入手，初步建立了比较系统的农村教师补偿制度。尽管补偿制度的某些方面力度不够，而且实践中落实不够好，但总体而言，对严峻的农村教师队伍建设问题，无疑起到了积极作用。相关研究也表明，农村教师配置效果与获得补偿呈正相关，教师获得补偿水平越高，配置效果越好。①

五 从城市倾向到城乡一体：编制管理制度变化

长期以来，我国教师编制存在明显的城市倾向，即城市教师编制宽松，农村教师编制从紧。1984 年教育部《关于中等师范学校和全日制中小学教职工编制标准的意见》规定，城镇初中每班平均教职工为 3.7 人，农村 3.5 人；城镇小学每班平均教职工为 2.2 人，农村 1.4 人。2001 年《国务院办公厅转发中央编办、教育部、财政部关于制定中小学教职工编制标准意见的通知》和 2009 年《关于进一步落实〈国务院办公厅转发中央编办、教育部、财政部关于制定中小学教职工编制标准意见的通知〉有关问题的通知》规定，高中教职工与学生之比按照城市 1∶12.5，县镇 1∶13，农村 1∶13.5 的标准进行配置；初中按照城市 1∶13.5，县镇 1∶16，农村 1∶18 进行配置；小学按照城市 1∶13.5，县镇 1∶21，农村 1∶23 进行配置。

随着城乡一体化政策的推进，教育领域的城乡一体化呼声越来越高。为了大力促进教育公平，统筹城乡教育资源均衡配置，急需对以前分裂的城乡教师编制进行调整。2014 年 11 月，中央编办、教育部、财政部联合下发《关于统一城乡中小学教职工编制标准的通知》，将县镇、农村中小学教职工编制标准统一到城市标准，即高中教职工与学生比为 1∶12.5、初中为 1∶13.5、小学为 1∶19。城乡一体化的编制制度体现了国家对农村教育的重视。但是，统一城乡教职工编制并不意味着很好地解决了农村教师编

---

① 李玲、卢锦珍、李婷：《西部农村教师补充的模型建构与实证分析》，《教师教育研究》2015 年第 6 期。

制问题。事实上，随着农村学龄儿童的大量外流，农村小规模学校和小班额现象比较突出，若以师生比作为编制依据，很可能一个教师需要同时承担几个班级的教育教学工作，导致农村教师工作量大幅增加，这将不利于农村教师学习、工作、生活，也不利于提高农村教育质量。故有学者建议，为了打破农村小规模学校低水平发展的陷阱，政府要高度重视农村小规模学校的独特需求，改变既有编制管理制度，构建需求本位的农村小规模学校教师配置机制。[①]

第二节　农村教师配置的制度变迁逻辑分析

一　时代适应：农村教师配置制度创新求变的主题

我国教育发展与经济社会发展紧密相关，每当国家经济和社会战略转型之际，都对教育发展提出了新的要求。改革开放以后，国家实行以经济建设为中心的基本方针，这是我国经济快速发展，社会加速转型的时期。经济发展召唤教育的变革，以适应和促进经济发展。这种要求被写进了国家大政方针，如党的十三大报告提出，要把发展科学技术和教育事业放在首要位置，使经济建设转到依靠科技进步和提高劳动者素质的轨道上来。科教兴国成为国家的重要战略，教育摆在了推动经济发展的首要位置，要自觉地服从和服务于经济建设这个中心。

正是由于大环境的深刻变化，促使农村教师配置制度经历了不断调整和变化。以分配制度到公招制度的转变为例，分配是计划经济时代的产物，带有浓厚的计划经济印痕。而到 20 世纪 90 年代中期，我国已经步入市场经济阶段，改革计划经济时代的各种制度规范已经势在必行。因而在 20 世纪 90 年代末期打破农村教师配置的分配制度，实行市场化的双向选择制度是时代的必然。

同时，社会急速变革时期，人们的思想观念也在发生深刻的变化。而这种变化，按照诺斯的解释，会对制度变迁产生巨大影响。诺斯曾举例，

---

① 雷万鹏、张雪艳：《农村小规模学校师资配置政策研究》，《教育研究与实验》2012 年第 6 期。

随着时代的进步，人们形成了对"人拥有人"现象的憎恶，于是世界范围内兴起了废除奴隶制的运动。[①] 诺斯的制度理论可以在一定程度上解释农村教师配置的制度变迁，以流动制度变迁为例，前面已经讨论，任调制是通过决策者讨论决定教师的流动，教师能否流动与教师本人没有多大关系，取决于政府官员或学校校长。改革开放深入推进中，人们追求公平，希望个人通过努力获得改变，依靠基于个人能力的"获致性"因素实现流动深刻影响人们的心智构念。从而促进了教师流动从"任调制"向"考调制"的转变。

二　文化适应：农村教师配置制度不变的根基

通过对农村教师配置制度变迁考察，可以发现，成功的、能够提高农村教师水平的配置制度，往往契合了中国传统文化以及当地特殊文化。反之，缺乏文化适应基础甚至容易产生文化冲突的教师配置制度，往往在实践中难以收到成效。以改革开放后推行的农村教师定向制度来说，总体看来，定向制度是有效的，这种有效，可以从两个方面说明，一是当时定向招生的生源素质较高，二是定向生初次分配基本都回到了定向单位，到了条件艰苦的边远山区小学，而且较长时期内稳定在了这些地区，对于解决边远地区农村教师资源的不足，提高农村师资整体水平做出了巨大贡献。本书在后面将会进一步展开分析，此不赘述。

为什么定向政策能够成功推行？这主要由于该制度具有较好的文化适应基础，因为定向的生源都是以当地的农村学生为主，回到当地农村学校也就是回到了自己的老家，因而他们是情愿的。这就好比费孝通先生所说，乡土社会是生于斯、死于斯的社会，常态的生活是终老还乡。不但每个人不常抛井离乡，而且每个人住的地方常是他的父母之邦。[②] 乡土社会的人对本乡本土有很强的适应性，他们一辈子也不愿意离开自己的故土。中国落叶归根的传统为乡土社会保持着地方人才。这些人即使跃登龙门，也并不忘本，不但不损蚀本乡的元力，而且对于根源的保卫和培养时常看成一种责任。这是中国乡村长期繁荣的根本保证。[③] 正因如此，回到家乡

---

①　[美] 道格拉斯·C. 诺斯：《制度、制度变迁与经济绩效》，杭行译，上海三联书店 2008 年版，第 117 页。

②　费孝通：《乡土中国》，上海人民出版社 2007 年版，第 9—21 页。

③　同上书，第 296 页。

任教，契合了师范生的文化适应性，即使条件不好，他们也可以忍受。不仅如此，每个区域小环境也会有自己独特的语言表达、人际交往、饮食习惯等诸多要素，这些要素构成了当地独特的文化内涵。定向配置的教师大都是本地人，他们能够适应这种独特的地域文化，能够很快和本地人融在一起。这样，他们也就能很快适应当地的教学工作，并能够较长时期安心在农村从教。

相比之下，2007 年推行的免费师范生政策，并没有很好地实现政策目标。据 2011 年《人民日报》对全国 17 个省的免费师范生就业调查，免费师范生到农村学校就业的比例非常低，仅占总数的 4.1%。[①] 如若从文化视角进行分析，可以发现，很多免费师范生来自外地，甚至来自城市，他们远走他乡到农村去任教，很难适应有较大文化差异的他乡环境。正是由于政策对免费师范生文化适应性考虑不够，使得政策最终在一定程度上偏离了原初目标。文化之所以对正式制度产生重要影响和约束，主要由于文化会决定人们的行事方式和行为准则，如卡希尔所言："个体从他最初的行为开始，便知晓他自身是被一些自己无法以一己之力量影响的事物所决定和限制的。而那对他加以约束的，就是风俗习惯的力量。"[②] 王亚南通过考察中国官僚制度后明确阐明了这一点："（在中国）制度如其不能与社会文化事像相适应、协调，它即刻就会显出孤立无助的狭窄性来；反之，如能与社会文化事像相配合，其作用和影响会相应增大。"[③]

---

① 蔡华伟：《调查万余毕业生去向——首届免费师范生去了哪?》，2011 年 9 年 × × 日，http：//edu. people. com. cn/GB/15770803. html。

② ［德］恩斯特·卡西尔：《人文科学的逻辑》，关子尹译，上海译文出版社 2004 年版，第 2 页。

③ 王亚南：《中国官僚政治》，商务印书馆 2013 年版，第 32—37 页。

第四章　农村教师配置的困境

20世纪八九十年代，师范院校生源素质好，很多优秀师范生毕业后进入农村地区，这个时期农村教师流失不大，教师总体水平较高。进入21世纪，随着教师配置市场化的推进，城市化加速发展，优秀师范生农村从教的比例不高　而且教师流失率提高，农村教师问题不断积聚。随着一些针对农村的教师项目施行，一定程度上缓解了农村教师问题，但农村教师配置依然困难重重。

第一节　新增教师专业性不强

长期以来，我国农村新教师录用主要采用分配制度。进入21世纪以后，我国推行了相当长时间的分配制度废止，开始实行市场化背景下的自主就业制度。那么在公招制度下，新增的农村教师是什么状况呢？从分析新增农村教师情况我们又能得出什么经验呢？为了回答这些问题，本书试图通过两种制度下新增教师情况进行对比，以进行分析说明。

一　分配制下的新增教师

在20世纪八九十年代的分配制度下，所有毕业师范生，无论是本专科毕业生还是中等师范毕业生，按要求都需要回到农村，而且事实上当时的师范毕业生也基本上都回到了农村任教，故当时农村新增公办教师以全日制的师范院校毕业生为主，包含各层次的师范毕业生。笔者以1993年和1999年四川P县新增教师为例进行说明。1993年P县新增62名公办教师，其中本科生2名，占新增农村教师的3.2%，专科生9名，占新增教师的14.5%，本专科毕业生全部到了乡镇中学。其余为中师毕业生，共51名，有 6 名中等师范毕业学生进入"戴帽初中"班任教英语,这主要由于当时英语学科教师紧缺,其余毕业生全部进入了农村小学(见表 4-1)。

表 4-1　　　　四川 P 县 1993 年和 1999 年新增农村教师情况

年份	1993			1999		
毕业学校	人数	进入学校		人数	进入学校	
师范本科	2	乡镇中学		1	乡镇中学	
师范专科	9	乡镇中学		17	乡镇中学	
中等师范	51	其中:乡镇中心校	6	67	其中:乡镇中学	4(体师)
		村小	45		乡镇幼儿园	3(幼师)
					乡镇中心校	10
					村小	50

数据来源:1993 年原始数据来自 P 县教育局:P 县教育局文件(P 县教人〔1993〕134 号),《P 县文教局关于 1993 年高、中等师范院校毕业生工作分配的通知》,1993-08-24;1999 年原始数据来自 P 县教育局:县教育局文件(P 县教人〔1999〕84 号),《P 县教育局关于 1999 年高中等师范院校毕业生分配的通知》,1999-09-09。

到 1999 年,当年 P 县共新增公办教师 85 人,其中师范本科毕业 1 人,占新增教师的 1.2%,专科 17 人,占新增教师的 20.0%,本专科毕业生都进入了乡镇中学。新增教师中中等师范毕业生为 67 名,其中 4 名体师毕业生进入了乡镇中学任教,3 名幼师毕业生进入了乡镇幼儿园,中等师范普师毕业 60 人中,有 10 人分到了边远乡镇中心小学任教,其余 50 人全部到了村小。[①]

那么回到农村任教的师范毕业生素质怎样呢?由于回到农村,尤其是偏远农村小学的教师以中等师范毕业生为主体,这里便考察一下四川 P 县 20 世纪八九十年代中师毕业生。从表 4-2 可知,1986 年,P 县中师统招考试科目为 5 门,单科总分满分 100 分,统招中师生各科平均分达到了

---

① 刘小强、杜洪琳:《农村教师配置的深层困境——基于川南 H 县的实地考察》,《教师教育研究》2014 年第 4 期。

91.6分，定向中师生也达到了89.2分。如此高的分数，表明了当时中师学生扎实的学力基础。不仅如此，这一时期中师生高分集中，分数差距不大，统招中师生最高分473分，最低分也达到了447分。到1988年，成绩相差不大，统招中师生各科平均分88.9分，定向中师生平均分88.1分。进入20世纪90年代以后，除了国家计划内招生以外，增加了社会调节性计划招生，1994年以后，定向招生逐渐取消，社会调节性计划招生明显增多。到1996年，统招最高分依然达到488分，但这个时期中师招生开始变得良莠不齐，最高分虽达488分，而最低分却只有385分，委托培养招生最低分只有329分。到世纪末的1999年，中师已经不包分配，报考人数逐渐减少，成绩明显不如以前，优秀学生也开始转向报考高中。

表4-2 　　　　　　　　　四川P县不同年份中师录取情况

年份	1986		1988		1996	
招生类别	统招	定向	统招	定向	统招	委培
录取人数	23	15	29	18	36	39
最高分	473	449	485	468	488	421
最低分	447	443	434	444	385	329
平均分	458	445.8	462	458	445	395
各科平均分	91.6	89.2	88.9	88.1	74.2	65.8

注：1. 1988年录取应届生和往届生分开录取，同时男生和女生分开录取，因此男生往届生最高分达到了485分，而最低的应届生女生成绩只有434分，低于定向招生的最低444分。2. 1986年考试科目为五科，分别为语文、数学、政治、物理、化学，总分为500分。1988年英语成绩按20%记入总分，总分为520分。1996年考试科目为政治、语文、数学、英语、物理、化学，总分共600分。

数据来源：P县档案馆：长期存档资料，成绩和录取人数分别来自1986年、1988年、1996年Y地区中专（中师）招生进入送档线考生简明登记表（P县中师），报考人数来自Y地区招生统考成绩分类统计表（P县中师）。数据经笔者统计整理。分数一栏中教师子女和三好学生加分未计入其中。

还可以对比一下20世纪80年代末90年代初中师录取倍率和大学本专科录取倍率。这段时间内，四川P县中师报考人数与录取人数之比基本保持在 20：1 左右，其中 1986 年中师报考人数 890 人，录取人数为 38 人，竞争倍率达到 23.4。1988 年报考人数 879 人，录取人数 47 人，竞争倍率达 18.7。进入 20 世纪 90 年代中期以后，社会性调节计划开始增多，1996 年四川 P 县中师报考人数为 725 人，录取人数 75 人，竞争倍率下降到了 9.7。就当时大学录取来看，竞争倍率要小得多，1986 年四川 P 县大学报考人数为 83 人，录取 12 人，竞争倍率为 6.9。1988 年报考人数 93 人，录取了 19 人，竞争倍率 4.9。1996 年的竞争倍率为 8.3（见表 4 - 3）。尽管 20 世纪八九十年代高等教育并未扩招，其录取率是比较低的，当时上大学有千军万马过独木桥的说法，和今天很容易可以上大学的情形大不相同。但相对而言，中师则更加难考，竞争更加激烈。

表 4 - 3　　四川 P 县不同年份大学本专科与中师招生报考和录取情况

年份	1986		1988		1996	
类别	中师	大学	中师	大学	中师	大学
报考人数	890	83	879	93	725	141
录取人数	38	12	47	19	75	17
竞争倍率	23.4	6.9	18.7	4.9	9.7	8.3

数据来源：中师报录情况资料同表 4 - 2，大学报录情况来自 P 县档案馆：长期存档资料，《P 县大学中专招生录取情况统计表》，1977—1998 年。

当时中师录取激烈的竞争甚至还可从录取学生的性别反映出来。和当前师范院校女生居多的情形有所不同，20 世纪八九十年代中师生中男生居多，甚至由于男生过多，四川 P 县及其所在的地区都出台了文件，增加录取学生中的女生名额，如 1984 年 P 县所在的地区中师招生文件就规定，当年普师招生名额中的女生所占比例不能低于 35%。[1] 此后中师招生开始实行男女生分开划线，降分录取女生，以保证一定数量的女生。

[1]　P 县档案馆：Y 地区大学中专招生委员会文件（Y 地招［1984］015 号），《Y 地区一九八四年中等师范学校招生工作意见》，1984 - 05 - 05。

二　公招制下的新增教师

接下来需要考察一下四川 P 县近年来在公招制度下配置的农村教师状况。根据对 P 县 14 个乡镇小学和 9 所单设乡镇初中 2009 – 2011 年新增教师调查来看，三年间全县共新增农村中小学教师 268 人。从学历看，本科 56 人，专科 180 人，中师 13 人，中专 5 人，高中 8 人，初中 6 人。从数字来看，本科学历教师占到了近 21%，专科学历占了 67%，本专科合计共占了新增教师的 88%（见表 4 – 4）。①

表 4 – 4　　　　　　　四川 P 县 2009 – 2011 年新增教师学历情况

学历	本科	专科	中师	中专	高中	初中	总数
人数(人)	56	180	13	5	8	6	268
比例(%)	21	67	5	2	3	2	100

数据来源：根据笔者调查整理。

仅看表面数据，新增教师学历本专科学历已经达到 88%，这当然比较高了。但从新增教师毕业学校看，包含了本科院校、教育学院、广播电视大学、职业技术学院、中师中专、高中、初中。其中重点大学 10 人，占总数 3.7%。一般本科院校（包括二本和三本）有 143 人，占 53.4%。广播电视大学 55 人，占 20.5%。教育学院 13 人，占 4.9%。职业技术学院 12 人，占 4.5%。另外，中师中专 18 人，高中学校 14 人，其他情况有 3 人（见表 4 – 5）。②

表 4 – 5　　　　　　四川 P 县 2009—2011 年三年新增教师来源情况

学校类别	重点大学	一般本科院校	广播电视大学	教育学院	职业技术学院	中师(含中专)	高中及以下	其他	总数
人数(人)	10	143	55	13	12	18	14	3	268
比例(%)	3.7	53.4	20.5	4.9	4.5	6.7	5.2	1.1	100

数据来源：根据笔者调查整理。

---

①　刘小强、杜洪琳：《农村教师配置的深层困境——基于川南 H 县的实地考察》，《教师教育研究》2014 年第 4 期。

②　同上。

　　进一步考察来自重点大学和一般本科院校教师。一本院校毕业的 10 人中，经过笔者深入了解，其中专科 7 人，这 7 人主要通过函授途径取得学历；① 另外 3 人属于本科毕业，其中 2 人为函授，只有 1 人是全日制本科，属非师范专业。一般本科院校 139 人，其中专科函授 37 人，占一般本科院校毕业人数的 26.6%，全日制专科 59 人，占一般本科院校人数的 42.4%；本科函授 16 人，全日制本科 27 人，为本科院校毕业人数的 19.4%（见表 4-6）。②

表 4-6　四川 P 县 2009—2011 年新增教师毕业于本科学校的学习形式和学历层次

学校类型	一本院校				一般本科院校				
学历层次	本科		专科	总数	本科		专科		总数
学习形式	全日制	函授	函授	10	全日制	函授	全日制	函授	139
人数（人）	1	2	7		27	16	59	37	

　　注：这里的本专科人数会小于全县新增教师本科人数，因为没有包含广播电视大学、教育学院、职业技术学院等毕业教师在内。

　　数据来源：根据笔者调查整理。

　　为什么新增教师会有这么多函授毕业呢？主要有三种情况，一是部分代课教师通过函授取得学历转正为公办教师；二是一些社会人员函授取得学历后参加县上的招考成为教师；三是有些学生初中或高中生毕业后参加成人高考，通过高校的成人学习获得学历，然后参加县上的招考后成为教师。

　　2017 年，笔者再次来到 P 县，对该县 2015—2016 年新增农村教师进行了调查。从新增教师学历看，已经有较大幅度的提高，在新增的 93 名教师中，本科学历 40 人，占教师总数的 43%；专科学历 52 人，占 56%；另有中师毕业 1 人（见表 4-7）。

---

　　① 很多大学都与地方广播电视大学联办学历提高班，这种函授班毕业的人员通常在档案上填写联办大学名称。

　　② 刘小强、杜洪琳：《农村教师配置的深层困境——基于川南 H 县的实地考察》，《教师教育研究》2014 年第 4 期。

表 4 - 7　　　　　　四川 P 县 2015—2016 年新增教师学历情况

学历	本科	专科	中师	总数
人数(人)	40	52	1	93
比例(%)	43	56	1	100

注：新增的 93 名教师为农村初中和小学教师，城市学校、高中和幼儿园教师未统计在内，但有部分小学附设幼儿园，这类小学含有少数幼儿园教师。

数据来源：根据笔者调查整理。

虽然教师学历层次有一定提高，但新增教师毕业学校层次依然偏低。以本科层次的 40 名教师为例，只有 24 名教师毕业于一般本科院校（事实上，多数是新建本科院校），占本科毕业教师的 60%。另外，有 5 名教师毕业于师范专科学校，占 13%；2 名教师毕业于广播电视大学，占 5%；7 名教师毕业于职业技术学院，占 18%；还有 2 名教师毕业于广播电视大学与本科院校联办点（见表 4 - 8）。

表 4 - 8　　　　四川 P 县 2015—2016 年新增本科学历教师来源情况

学校类别	一般本科院校	师范专科学校	广播电视大学	职业技术学院	联办学校	总数
人数(人)	24	5	2	7	2	40
比例(%)	60	13	5	18	4	100

数据来源：根据笔者调查整理。

为什么本科学历教师毕业学校会如此繁杂，主要是这些新增本科毕业教师虽然参加公招时学历是本科，但并非表明他们是全日制本科毕业。事实上，毕业于师范专科学校、广播电视大学、职业技术学院等学校的教师的本科学历都是后来通过自考或函授获得，包括一些毕业于一般本科院校的教师实际上读的是专科，通过在学校参加自考最后取得了本科学历。正因为如此，40 名本科毕业教师中，13 人通过自考获得本科学历、10 人通过函授，只有 17 人是全日制本科毕业（见表 4 - 9）。

表 4 - 9　　四川 P 县 2015—2016 年新增本科教师学历取得形式

学历	全日制	自考	函授	总数
人数（人）	17	13	10	40
比例（%）	43	33	24	100

数据来源：根据笔者调查整理。

三　专业性有待提高：农村新教师配置反思

人们一般认为，分配制度下新增农村教师质量是不高的，因为当时新增教师学历以中师为主，包括部分专科学历毕业，少数本科毕业。但根据本书的考察，当时新增农村公办教师具有较强专业性的，基本为师范院校所培养，而且当时新增的农村教师经过了严格和高强度选拔，应该说，这些教师具有较高的个人素质和比较扎实的基础教育学力。

反观近年来新增农村教师情况，如果单看学历，绝大部分新增教师都在合格学历以上，而且大多具备本专科学历。但若深入分析取得学历途径及毕业院校，可以发现很多教师都是通过函授取得学历，有些表面上看来是重点大学毕业的教师，认真考察实际是通过远程教育取得重点大学文凭。而且通过教育学院和职业技术学院取得学历的教师也占了不小的比例。因此，近年来新增教师专业性并不强，这就好像是一个"大熔炉"，混杂了各种类型的新进入者。本书在此不敢断言说近年来新增农村教师质量下降了，因为没有严格的质量指标来进行检验，是不可以这样得出结论的。但新增教师专业性不强，则是指新增教师中混杂了很多未经严格师范教育训练的教师，同时还有很多是来自办学专业性不强的院校。[①]

本书并不否认市场化机制下教师配置方式之优越性，更无意表明分配制度比市场化配置制度优越。但单就农村教师配置而言，20 世纪八九十年代教师行业尚能在农村吸引大量的优秀生源报考师范学校，农村教师有着稳定且高质量的生源保障。而且原有的分配制度属于一种强制性制度，教师原则上需要服从安排，即使分在偏远村小也要服从。因此不管出于情愿甚或不情愿，师范院校毕业学生尚能够进入边远山区农村学校，这对于缩

---

① 刘小强、杜洪琳：《农村教师配置的深层困境——基于川南 H 县的实地考察》，《教师教育研究》2014 年第 4 期。

小城乡教师差距是有好处的。①

　　而当下的农村教师配置，存在着基础教育阶段高素质的学生不愿意进入教师行业。这一点在前面从县级招生部门角度已经进行了说明。事实上，长期在农村一线工作的教育工作者对此同样有清楚的认识。广东一位乡镇小学校长的说法很有代表性：

　　　　（农村）老师素质的提高这个东西啊，不是说一年两年可以搞好的。原来我们八九十年代的中师，成绩是很好的，都是很优秀的学生，这拨人那个时候如果读高中，一本肯定是可以上的。我们那个时候考上了就去读了。然后过了90年代，2000年以后的高考，（报考师范专业学生）成绩就不好了，学生素质不是很高的，就来报考师范吧。这就是一个讽刺，就说你不怎么会读书的人，当了老师。你读书都不行，怎么可能教得好书呢？（20161115）

　　不仅如此，师范院校较高素质的毕业生并不愿意回到农村，这已是众所周知的事实。我们在农村看到，多少有点能耐的教师，都会选择离开，而稍有水平的师范院校毕业生又不愿进来，这就造成了贫困地区农村教师配置难。②

　　相对而言，东部和中部省份一些地方近年来招录的人数有限，报考的人数较多，能够在一定程度上选拔一些相对优秀的人才。如山西省PY县2015年招聘教师110人，有2000多人参加考试，2016年招105人，3000多人参加考试。

　　但是，从深入的调研来看，尽管愿意当教师的人可能会有所增加，这并不能说明新招教师专业水平很高，质量已经大大提升了。以山西省PY县四个乡镇近年来新进教师为例，2011—2016年六年间，共新进了101名教师，从学历来看，69名本科生，32名专科生，学历层次还是比较高的。但如果就毕业学校来看，没有重点大学的毕业生，比较好的是山西师范大学，大多数学生毕业于2000年后新建的本科院校。不仅如此，一些新进人员专业并不对口，有经济学、地理、计算机等学科毕业生。在调研中，一

---

　　①　刘小强、杜洪琳：《农村教师配置的深层困境——基于川南H县的实地考察》，《教师教育研究》2014年第4期。
　　②　同上。

位乡中心校的 W 校长对这种专业不对口也感到很无奈：

> 这些新来的老师专业不对口，你比如说学中文专业的吧，回来可能没有上语文。可是（比如说我们学校）有个学计算机的，在我们这里计算机课都没有怎么开，一个年级（一个年级只有一个班）只有一节课，全部上完都只有 6 节课，就只有上点数学。地理专业我们这里也不怎么对口，缺语文教师，就安排教语文。经济学的我们更没有办法，只有上语文。专业不对口的，他们自己也要多花些时间，自己去揣摩。（20160323）

笔者与一名经济学专业毕业的教师进行了沟通，该教师名叫 HYL，老家就是本地的，从本乡初中毕业后考到高中，再到大学。2012 年 7 月太原师范学院毕业，毕业后考了好几次公务员、银行职员之类，但都没有考上。2014 年通过 PY 县编制教师考试进入 ZK 乡教书。当问及为什么选择当老师时，H 老师说：

> 外面就业压力比较大，不好找工作，我们这里小地方（要好考点）。加上我的闯劲没有别人大，后来没办法就考了个教师资格证，然后考老师，就这样（进入了教师队伍）。（20160323）

其他行业不好进入，回过头来当老师更容易，这是当下很多地方的现实情况。校长们对此有深切感受，对一些新教师基本功不合格的现象很不满意。PY 县 SH 小学的 Z 校长就这样说：

> 近几年走的都是好老师，年轻教师，2012 年给我弄走了 2 个好老师，新来了 2 个，我跟你说现在啥人都可以考老师，啥专业都可以考，弄得现在教师参差不齐，有些纯粹教不来书。差得很，不如以前的中师生。（20160323）

第二节　优质教师大量流失

在相当长时间内，农村教师流动实行任调制。近年来，很多地方推行了农村教师流动的考调制。在这种考调制下，农村教师流失是什么状况？

农村教师流动又会呈现什么特征呢？为了回答这些问题，本书首先从整体上进行描述，然后选择两个案例县进行深入分析，对农村教师流失去向、流失趋势、流失农村教师职称、学历、年龄以及教学水平等诸多方面进行阐述。

一 基于县级层面的整体性分析

西部教师流动政策比较开放，教师流动比较频繁，加之流动机制不够健全，农村教师外流比较严重。这里以四川省 P 县近年来教师外流为案例进行分析。

（一）县外流失的教师

我们先来考察 P 县教师流失到县外的情况。从表 4 – 10 可以看出，2009—2010 年两年间，P 县流失到县外的农村教师 41 名（不完全统计）。从流失教师所在学校看，乡镇初中 16 名，占流失教师总数的 39%。其余 25 名是小学教师，其中 18 名来自乡镇中心校，占流失教师总数的 43%，另外 7 名为基点校和村小教师。从流失教师所进入部门看，其中近一半（21 名）教师流失到了 P 县所在市的城区教育系统，还有 7 名教师流失到了 Y 市其他区县教育部门，占流失教师总数的 17%，3 名教师流失到了 Y 市的公务员系统，还有 10 名教师到了 P 县所在市外工作，主要是教育部门，这部分教师占总数的 24%。

表 4 – 10　　　　四川 P 县 2009—2010 年农村教师调出县外情况

	流失学校			进入部门			
	乡镇初中	中心校	基点校	市区学校	县外学校	政府	市外
人数（人）	16	18	7	21	7	3	10
比例（%）	39	43	18	51	17	8	24

注：基点校包含村小。

数据来源：根据笔者调查整理。

（二）县内教师流动

四川 P 县地处山区，人们习惯把全县乡镇按距县城远近分为上半片和下半片，上半片距县城较远，下半片距县城较近。由于上半片学校与下半片学校教师流动有较大区别，这里将分别进行论述。

1. 四川 P 县上半片学校教师县内流失情况

从表 4 – 11 可以看出，四川 P 县上半片学校教师流出有如下几个特点：一是流向县城学校，2016 年和 2017 年两年流出的 152 名教师中，有 67 名教师流动进入了县城学校，占流出教师总数的 44%，包括县城高中、初中、小学和幼儿园；二是流向下半片学校，有 57 名教师流动到了下半片学校，占流出教师总数的 38%；三是从小学流向中学，有 17 名教师从上半片小学流向了上半片初中，占流出教师总数的 11%。另有 11 名教师属于其他情况，占流动教师总数的 7%。

表 4 – 11　　　四川 P 县 2016 年、2017 年上半片教师县内流出情况

	进入县城学校	进入下半片学校	进入初中	其他	总计
人数（人）	67	57	17	11	152
比例（%）	44	38	11	7	100

数据来源：原始数据来自 P 县教育局。

2. 四川 P 县下半片教师流出情况

P 县下半片教师流动的一个明显特征就是流向县城学校，在 2016—2017 年流出到本县教育系统的 47 人中，有 30 位教师流动进入了县城学校，占统计人数的 64%。包括县城高中、初中、小学、幼儿园、特教学校等。其次，16 名教师流动到了下半片的其他学校，其中城郊的 PSZ 小学、DC 中学、DC 小学占了较大比例。从下半片流动到上半片的只有 1 人（见表 4 – 12）。

表 4 – 12　　　四川 P 县 2016 年、2017 年下半片教师县内流出情况

	县城学校	下半片农村学校	上半片学校	总计
人数（人）	30	16	1	47
比例（%）	64	34	2	100

数据来源：原始数据来自 P 县教育局。

二 基于抽样学校的分析

（一）浙江省 HY 区教师流失的个案分析

浙江省 HY 区 SB 镇距县城相对较远，教师流动性比较大。[①] 从表 4－13可以看出，就 2012 年到 2015 年四年看，2012 年外流 5 人，占当年教师总数的 7.7%；2013 年 5 人，占当年教师总数的 7.8%；2014 年 6 人，占当年教师总数的 10%；2015 年 9 人，占当年教师总数（67 人）的 13.4%。流出的途径不止一种，以 2015 年流出的 9 名教师为例，竞聘型的教师交流考走 2 人，转岗型的交流 6 人，轮岗型的交流 1 人。[②] 竞聘型教师交流主要指考调进入城区，转岗型交流主要指通过讨论决定调往区内其他乡镇学校。SB 镇流动到城区的教师相对不算多，因为该区对城区学校在农村挖教师实行了控制。但 SB 中心校教师流失到其他条件更好的乡镇教师人数是比较多的。

表 4－13   浙江省 HY 区 SB 中心校近几年教师流出情况

年份	2012	2013	2014	2015
流失人数	5	5	6	9
占教师比例(%)	7.7	7.8	10.0	13.4

数据来源：根据笔者调查整理。

（二）四川 P 县部分学校教师外流抽样分析

从农村教师县内流失来看，主要有两种情况。一是进入公务员系统，比如，2009 年，由于该县一个大型电站工期紧迫，移民工作任务很艰巨，

---

① HY 区西北方向最远的是 MS 镇，其次便是 SB 镇。当然，与西部山区相比，即使 SB 镇也是比较方便的，这里地势平坦，交通也很方便，距城区只需半小时。

② 按照 HY 区的规定，教师交流分为四种类型，一是竞聘型教师交流，如果农村教师申请交流到城区（指东城街道、西城街道）的学校，要实行考试，包括笔试和面试。二是转岗型教师交流，指农村教师交流到农村学校，或城区教师在城区内的交流，由本人提出申请，学校推荐交流对象，教育局统筹安排。三是骨干教师轮岗型交流，指农村骨干教师到城区以外学校的短期交流。四是普通交流轮岗型交流，指教师在就近片区内的短期交流。从政策规定可以看出，竞聘型教师交流和转岗型教师交流实际上就是调动，竞聘型教师交流是考试调动，转岗型教师交流是会议讨论调动。

于是在教师队伍中抽调了 11 位教师进入公务员系统，辅助开展移民工作。2011 年，根据 P 县委组织部文件，选拔了 7 位乡镇中小学中层以上干部到乡镇任副乡（镇）长。[1] 二是进入县城学校，这是农村流失教师的主要部分。近年来，随着 P 县县城的扩张，从农村抽、考调教师越来越多，农村学校教师流失也就越来越严重。如 2013 年县城各级各类学校在农村选调的教师就达到了 109 名。

为了对学校教师流失作更为深入的了解，笔者在 P 县下半片和上半片分别选取一所镇初中和一所乡镇小学近十年的教师流失情况进行了较为详细的考察。其中 DC 镇初中是一所老牌的区中学，是全县有名的农村强校，该校教学成绩多年来在全县名列前茅，很多时候超过县城初中（但近年来教学成绩整体下滑明显）。尽管农村学生近几年呈下降趋势，但该校学生并没有明显减少。从表 4－14 我们可以看出，其教师流失是很严重的，2009—2017 年 9 年共流失教师 55 人，该校 2017 年全校共有教师 64 人，9 年间流失的教师已经接近该校全校教师人数。其中 2012 年流失 8 人，占当年全校教师比例的 12.5%，2013 年最为严重，达到了 14 人，占当年教师总数的 21%。

表 4－14　　　四川 P 县 DC 镇初中 2009—2017 年教师流失情况

年份	2009	2010	2011	2012	2013	2014	2015	2016	2017
人数（人）	5	5	4	8	14	4	5	4	6
占教师比例（%）	8.0	7.8	6.7	12.5	21.0	6.0	7.6	6.2	9.5

注：每年学校教师基数是不一样的，因此即使流失同样的教师，其占当年教师的比例是不相同的。

数据来源：根据笔者调查整理。

另一个是 P 县上半片的 XS 镇小学，包括中心校及其所属的基点校和村小。2009 年该镇小学教师流失 6 人，占教师总数的 8.1%；2010 年 9 人，占教师总数 12.7%；2011 年 7 人，占教师总数 10.1%；2012 年 9 人，占教师总数的 13.0%；2013 年 10 人，占教师总数 15.3%；2014 年 5 人，

---

① P 县委组织部：县委组织部文件（P 县委组通［2011］20 号），《关于组织开展 2011 年统筹公选科级领导干部报名工作的通知》，2011－05－18。

占教师总数7.6%，2015年8人，占教师总数13.1%，2016年8人，占教师总数12.9%；2017年9人，占教师总数14.0%（见表4-15）。

表4-15　　　　四川P县XS镇小学2009-2013年教师流失情况

年份	2009	2010	2011	2012	2013	2014	2015	2016	2017
人数	6	9	7	9	10	5	8	8	9
占教师比例(%)	8.1	12.7	10.1	13.0	15.3	7.6	13.1	12.9	14.0

数据来源：根据笔者调查整理。

（三）贵州省CG县部分学校教师外流抽样分析

县城大量招考教师，自然引起农村教师流失，为了对不同农村学校教师外流有一个比较全面的了解，本书选择了贵州省CG县两所村小、一所中心校和一所乡镇初中作为样本进行考察。从表4-16可以看出，TJ村小共有教师11人，上挂1人到县城，交流1人，实际只有9人。从2012—2016年5年间共流出教师5人。XG小学也是一所村小，该校共有教师12人，2012—2016年也流走了5名教师。PZ小学共有教师65人，2012—2016年5年共流出教师43人，差不多可以满足一个中等规模小学的编制。PZ初中教师人数偏少，只有32名教师，但2012—2016年共流出了教师23人，也就是说，5年间学校三分之二的老师都已经流走了。

表4-16　　　贵州省CG县部分中小学2012—2016年教师流出情况　　　单位：人

学校	2012	2013	2014	2015	2016	合计
TJ村小学	1	0	1	2	1	5
XG村小学	1	1	2	0	1	5
PZ小学	7	9	1	10	16	43
PZ初中	2	2	2	14	3	23

数据来源：根据笔者调查整理。

那么流走的教师主要去了哪些地方，从事什么职业呢？TJ 村小学流走的 5 人中，其中 1 人到镇上中心校任副校长，1 人到镇上改行当公务员，1 人改行在县城移民局，还有 1 人通过招考去了县城第三小学，1 人调往 DY 中心校。近 5 年流走了 5 位老师，都是 30 多岁，既有经验，又年富力强。XG 村小流走的 5 名教师 1 人改行到县招商局当公务员，另有 4 个教师考到了县城学校。PZ 小学和 PZ 初中流走教师情况有相似之处，流走教师主要在县城学校从教，PZ 小学有 25 名教师到县城学校任教，另有 7 名教师调到了其他乡镇从教，5 名教师调到县外学校任教，有 6 名教师改行。PZ 初中流走的 23 名教师中，14 名教师考调到县城任教，4 名教师调到了其他乡镇，3 名教师调到县外学校任教，另有 2 名教师改行（见表 4 - 17）。

表 4 - 17　　　　　贵州省 CG 县部分中小学近几年流出教师走向　　　　单位：人

学校	乡镇学校	县城学校	县外学校	改行	合计
TJ 村小学	2	1	—	2	5
XG 村小学	—	4	—	1	5
PZ 小学	7	25	5	6	43
PZ 初中	4	14	3	2	23

数据来源：根据笔者调查整理。

三　外流农村教师是否属于优质教师

另外，我们需要考察的是这些流动到城市的教师是不是属于优秀人才呢？本书对此做进一步的探讨。在城市学校教师选拔中，主要通过考试调动的方式。考调首先要设置门槛，一般要求市级以上优秀教师、骨干教师、优秀班主任、德育工作者、学科带头人，市级以上教学成绩获奖或赛课获奖等。以浙江为例，从表 4 - 18 可知，TZ 市 HY 区 2017 年城区教师招考设置的条件除了年龄与学历限制外，还需具备以下条件之一：相关荣誉称号、教学竞赛奖励、中层管理任职等。相比之下，四川省 CP 区要求更高，需要具备省级以上相关荣誉称号、骨干教师、教学竞赛获奖以及高级职称等。

表 4－18 　　　　浙中 HY 区与四川省 CP 区 2017 年城区教师招聘条件

	浙中 HY 区	四川 CP 区
基本条件	1. 年龄:35 岁以下	1. 年龄:40 岁以下
	2. 学历:本科及以上	2. 学历:本科及以上
条件之一	1. 县级以上名师、教坛新秀称号	1. 省委、省政府或省级以上教育、人社部门联合表彰的教师、班主任、师德标兵、德育工作者等教育类荣誉称号者
	2. 教学大比武、优质课评比县级二等奖及以上教学业务荣誉	2. 省级教育主管部门命名的骨干教师、学科带头人、教学能手
	3. 中小学、担任中层及以上职务两年及以上的教师	3. 省级及其以上教育行政部门及其所属教研职能部门组织的现场赛课一等奖
	4. 音乐、体育、美术岗位个人专业技能获县（市、区）一等奖或地市级二等奖及以上	4. 区（县）及其以上拔尖人才或学术技术带头人
	5. 在全日制普通高校就学期间曾获校级及以上三好学生或优秀毕业生荣誉	5. 具有与岗位对应的学科副高及以上职称者

数据来源：根据 HY 区、CP 区教师招聘公告整理。

　　上述条件仅是城区教师招考的必备条件，一般在资格审查环节进行。正式考试的第一个环节是笔试，笔试有诸多不同的形式，有的地方考教育学、心理学，有的地方考学科知识如高考题、中考题，有的地方甚至加入公务员考试的行测类型试题。笔试通过之后一般还有面试，主要是模拟上课或结构化面试。

　　有些情况下城区教师招聘虽然没有明确的限制性条件，但会把教师的荣誉称号、业绩等作为考核内容，进行量化处理，与考试成绩按照一定比例进行加总，作为招聘考核的最终成绩。比如，四川 P 县县城教师招聘把教学成绩、表彰情况、骨干教师、年度考核情况四个方面考核计分（见表 4－19）。

表 4 – 19 四川 P 县 2017 年县城教师招聘计分项目

主要指标	计分办法
教学成绩	市级(指市教育局或市教科所)县级(指县教育局或者县师训中心)表彰为一等奖、二等奖、三等奖、进步奖、鼓励奖的,分别计 12 分、10 分、8 分、6 分、4 分和 10 分、8 分、6 分、4 分、2 分
表彰情况	获得省、市、县党委、政府表彰(指:优秀教师、名师、拔尖人才、学术技术带头人、优秀人才示范岗、德育工作先进工作者、优秀班主任、优秀教育工作者),按省级 4 分、市级 3 分、县级 2 分计分
骨干教师	省、市、县骨干教师,按照 4 分、3 分、2 分计分
年度考核	每有一学年年度考核结果为"优秀",计 1 分

数据来源:笔者根据四川 P 县 2017 年教师招聘公告整理。

那么流失教师的学历、职称、年龄等又主要有哪些特征呢? 从本书调查的三个乡镇近 5 年教师流失情况看,流失教师总数 82 名,流失的教师年龄主要集中在 31 – 40 岁,该年龄段教师有 58 人,占了被调查人数的 70.8%。30岁以下 13 人,占被调查人数的 15.9%。40 岁以上教师 11 人,占被调查人数的 13.3%。从职称来看,高职教师所占比例较低,只有 3 人,仅占被调查教师人数的 3.7%,中级职称 47 人,占被调查人数的 57.3%,初级职称 32 人,占被调查人数的 39.0%。学历方面,主要是本科,共 54 人,占被调查人数的 65.9%,专科 28 人,占 34.1% (见表 4 – 20)。

表 4 – 20 三个乡镇中小学近 5 年流失教师基本情况

项目	年龄				职称			学历	
	30 岁以下	31—35 岁	36—40 岁	40 岁以上	高级	中级	初级	本科	专科
人数	13	39	19	11	3	47	32	54	28
所占比例(%)	15.9	47.6	23.2	13.3	3.7	57.3	39.0	65.9	34.1

数据来源:根据笔者调查整理得出。另有几位校长交流到其他学校任职,此未作统计。

就年龄段而言，主要集中在年富力强的 30—40 岁之间。这一年龄段教师由于工作了十年以上，教学经验丰富，教学成果比较多，这些都是城市学校看重的，是教师流动的业绩资本。就职称来看，由于大多数高级职称教师年龄都已经偏大了，他们已经在农村落地生根，不愿意再到另外一个陌生的环境中去，而且在职称不能随岗位变动而带走的情况下，他们到城市学校只能享受中级职称或初级职称待遇，他们自然是不情愿的。加之现在很多城市学校教师招考都有年龄限制，这增加了虽有高职称，但年龄已经偏大教师的流动难度。从学历来看，现在很多招考把学历标准限定在本科，因此流失教师多以本科为主。总体看来，尽管考调制度同样牵涉人际关系甚至寻租，有些很平庸的教师也能够通过考调进入城市，但多数经过筛选进入城市的教师还是在农村学校有业绩的优秀教师。①

成熟的优秀教师流走后，新教师靠刚毕业的高校毕业生补充，农村学校就像一个新手实验场，严重阻碍了农村教育质量的提高。浙江省 HY 区 SB 中心校的 Y 校长指出了这一点：

> 我们培养出（骨干教师），比较好了，然后他就跑到城关去了。就相当于我们这里就是培养他们的一个跳板一样。老师来过了三五年，自己有经验了，教学上有成就了，就选择去其他地方了。所以我们学校近几年语文还好一点，数学质量一直止步不前。主要就是骨干教师流失，你像前几年，数学优秀教师我们出了好几个嘛，但是都走了。基本都是到城关去了，"东城"也有，"实验"（学校）也有。（20160606）

不仅是校长，老师们对教师流失也感同身受，该校的 G 老师也道出了这一点：

> 像我这种 9 年了还在这儿吧（都不多了），大部分人都走了。可能他们向往城区的那种（工作、生活），乡下都是为城区输送（教师）的吧，农村老师三五年后都会往城区靠近一点走。（20160606）

---

① 刘小强、杜洪琳：《农村教师配置的深层困境——基于川南 H 县的实地考察》，《教师教育研究》2014 年第 4 期。

当然，从全国来看，农村教师流失随时间和空间的变化有很大差异。同处东部的广东和浙江却不一样。根据本书的调查，广东省前些年农村教师流出比较严重，但最近一些年来，农村教师流动性不大，流失较少。但浙江省很多区县尽管规定了教师流动的比例，对教师流动进行了较为严格的限制，但农村教师流失在一些地方依然比较严重。中部一些省份除了对教师流动进行了较为严格的限制，如山西省 PY 县每年县城学校教师引进人数有限，而且规定教师不得改行进入公务员系统。因此，PY 县农村教师流出情况相对要好一些，但少数学校依然有比较多的教师外流。

尽管在一些城镇学校管理人员看来，农村教师待遇更好，工作量也轻松，他们没有进入城镇的打算。事实并非如此，虽然农村教师待遇提高后，使得农村教师在一定程度上增加了稳定性，但不是说教师就不愿进入城镇了。即使在流动相对较小的山西省 PY 县，ZK 小学的 Z 校长这样评价教师的心态：

> 我告诉你，老教师安心（这里工作），年轻教师都不安心。他们（年轻人）想的是先把职称评上去，评上去之后就想办法调进城。好教师，差的教师，来都想走。这是普遍现象，这不是说 ZK（乡这里），哪儿都一样，城附近的那些教师也是一样的。学校做工作是无法挽留这些老师的，既然他想走，就不在乎其他东西，留不住。走的都是好老师，年轻教师。（20160321）

总体来说，无论东、中、西部，优秀教师、骨干教师从农村到城市的教师流动的趋势没有改变，这涉及影响因素较多，后面章节将适当展开论述。

第三节　"特岗教师"背井离乡

2006 年 5 月，人事部、教育部、财政部、中编办联合组织实施"农村义务教育阶段学校教师特设岗位计划"（简称"特岗计划"），招录高校毕业生到西部"两基"攻坚县、县以下农村义务教育阶段学校任教。截至 2010 年年底，在中西部 900 个县、8000 多所农村学校设有特岗教师，人数已达

12.4 万名。[①] 2012 年中央特岗计划实施范围进一步扩大为《中国农村扶贫开发纲要（2011—2020 年）》确定的 11 个集中连片特困地区（秦巴山区、六盘山区、武陵山区、乌蒙山区、滇桂黔石漠化区、滇西边境山区、大兴安岭南麓山区、燕山－太行山区、大别山区、吕梁山区、罗霄山区）和四省藏区县、中西部地区国家扶贫开发工作重点县、西部地区原"两基"攻坚县、纳入国家西部开发计划的部分中部省份的少数民族自治州以及西部地区一些有特殊困难的边境县、少数民族自治县和少小民族县。

本书所调研的区域中，四川和贵州都有一定数量的"特岗教师"，那么现有特岗教师总体状况是什么样呢？从个体来看，他们怎样看待特岗教师呢？"特岗教师"工作水平如何？他们较长时间内可能安心在当地任教吗？哪些因素可能影响他们放弃"特岗"这种工作机会呢？为了考察这些问题，笔者对"特岗教师"、校长、教育局领导等进行了深入了解。

一 "特岗教师"总体考察

这里以四川 P 县为例对县域特岗教师总体状况进行简要分析。P 县属于乌蒙山区连片特殊困难地区，该县从 2009 年开始招录特岗教师，到 2016 年已经招录了 8 批特岗教师。其中 2009 年招录 34 名、2010 年 22 名、2011 年 20 名、2012 年 42 名、2013 年 28 名、2014 年 29 名、2015 年 43 名、2016 年 35 名。从 P 县招录的 8 批特岗教师来看，本科学历约占 69%，专科学历约占 31%。毕业院校主要为二本院校和专科学校。从就业岗位安排来看，主要是距县城较远的乡镇中学和中心校，2013 年以前没有安排进入村小，2013 年以后有少数进入村小。

特岗教师服务期为 3 年，3 年服务期满，只要年度考核合格，便可以转为正式编制教师。为了简要呈现特岗教师履职情况，这里以 P 县 2009—2011 年招录的特岗教师来作一说明。2009 年招录的特岗教师到 2012 年服务期满，34 名特岗教师有 15 人工作满 3 年并最终留在了 P 县转为正式编制教师，占该批招录特岗教师总数的 44%。11 名特岗教师工作未满 3 年就离开了 P 县，占该批招录总数的 32%。另有 8 人虽工作满 3 年，但最终放弃了在 P 县继续从教的机会，占该批招录总数的 24%（见表 4－21）。

---

① 李芙蓉、董业军、董秀华：《我国教育迈入由大到强的新征程》，《教育发展研究》2011 年第 1 期。

2010 年招录的特岗教师 2013 年服务期满，22 人中有 11 人工作满 3 年并最后转正成为正式编制教师，占招录人数的 50%。有 9 人未到服务期便离开了 P 县，占招录人数的 41%。还有 2 人工作满 3 年但最终也放弃了转正机会，占招录人数的 9%。2011 年招录 20 人，12 人服务期满并最后转为正式编制教师，占该批教师的 60%。6 名教师未到服务期自动离职，占该批教师 30%。2 名教师服务期满放弃转入正式编制。

表 4 - 21 　　　　四川 P 县 2009—2011 年招录特岗教师服务情况

年份		招录总数	未到服务期	服务期满放弃	转入正式编制
2009	人数	34	11	8	15
	比例（%）	-	32	24	44
2010	人数	22	9	2	11
	比例（%）	-	41	9	50
2011	人数	20	6	2	12
	比例（%）	-	30	10	60

数据来源：根据笔者调查整理。

据了解，未到服务期离职以及服务期满放弃转为正式编制的特岗教师主要是因为考公务员、考研以及考调回到老家任教等。从服务期满的 3 批特岗教师看，最后服务期满留在该县教师岗位的比例随时间的推移略有提高，这与近年来大学生就业难有一定关联，如果特岗教师有更好的职业选择或他们能回到自己满意的地点继续从教，他们就会重新做出选择，这样特岗教师流失的比例会更高。反之，更多的特岗教师在服务期满后则会继续选择本县从教。

二 "特岗教师" 个体探访

前面对特岗教师总体情况做了考察，接下来需要对特岗教师个体情况更深入地进行了解，以探究特岗教师的观念和行为。

（一）特岗教师基本情况与选择特岗教师的缘由

笔者较早接触到的特岗教师是四川 P 县 MS 乡中心校特岗教师 ZY，ZY 老师是四川巴中人，2008 年四川省内江师范学院本科毕业。毕业后在一个民办中专干了两年，之后于 2010 年通过特岗教师选拔到 P 县任教。ZY 老师当初之所以选择了 P 县 MS 乡的特岗教师，主要是为了解决就业问题，因为外面工作待遇也不高。而 ZY 老师毕业于内江师范学院，内江和川南的几个市距离都不算远，自己的不少同学也在川南工作，因此 ZY 老师也就来到了川南的 P 县。

与 ZY 老师类似，贵州省 CG 县 SW 小学的 P 老师，2015 年毕业于贵州师范学院，英语专业本科。老家是黔东南州 HP 县，距 SW 小学所在地近 4 小时的车程。P 老师 2015 年大学毕业没有找到工作，在 K 市一家培训机构上课。当谈到为什么报考特岗教师时，P 老师觉得在私人培训机构，老板不按时发工资，感觉特别没有保障，自己就像是飘着的浮萍一样。就这样，P 老师选择了报考特岗教师。P 老师报考特岗教师还有一个因素就是家在农村，家庭条件也不算好，母亲在家务农，父亲在外打工。家里面兄弟姊妹多，有 4 个兄弟姊妹，P 老师是老大，一个妹妹在上大学，一个妹妹读职业技术学校，家里最小的弟弟还在上初二。每月 P 老师还要寄一千多块钱供妹妹读书。这样，能考个工作，挣点钱，父母放心，也能为家里分担些经济压力。

工作不好找，退而求其次勉强把特岗教师作为谋生的手段，或者暂且考个特岗教师，有了好的工作再换，这是不少大学生最初选择特岗教师的缘由。但是，也有些大学生对特岗教师并不了解，稀里糊涂地考上了。四川 P 县 MS 乡特岗教师 RXF 是四川雅安人，2012 年毕业于四川省宜宾学院艺术设计专业。到 MS 乡中心校后，先后担任数学、语文和美术学科的教学。当谈到选择特岗教师缘由时，R 老师告诉笔者，自己当时选择特岗教师并没有经过太多考虑，而是出于一种偶然的选择。因为自己对工作地缺乏了解，在模糊的认识之下进入了特岗教师这个行业：

> 我大学毕业时，父亲认为教书比较好，鼓励我当老师，正好我们辅导员在群里发了一个信息，就是 P 县选录特岗教师，我抱着试一下的心理，没想到就被录用了。其实我对 Y 市挺熟悉的，以为 P 县不会太远，安排在 MS 乡以后，我在网上看了下地图，就不太想来了，而

来过以后，就更不想来了。可是家人认为教书好，就说了很多鼓励的话，父母就说我自己从小也是农村长大的，没有什么艰苦条件不能忍受，就这样，我才来到这里。不过还好，我本人是学艺术的，到这里后，感觉山清水秀，适合创作。（20131104）

当然，也有少数特岗教师在进入工作环境之前对偏远农村有所认识，在心理上对偏远的农村环境有一定的心理准备。P 县 PB 乡特岗教师 WGF，Y 市 CN 县人，2013 年海南琼台师范专科学校毕业，所学专业是美术教育，在 QP 乡承担数学和美术教学工作。在交流过程中，W 老师谈到，在来到 PB 乡之前，自己有了心理准备，知道特岗教师都是去非常偏远的地方，有了这种心理准备，到了 PB 乡后，感觉还可以，条件还不算特别差。

（二）特岗教师农村从教现实状况

四川省 P 县 PB 乡中心校特岗教师 LXZ，来自四川省内江市，2012 年绵阳师范学院本科毕业，所学专业是电器工程与自动化，在 P 县 QP 乡中心校承担初中数学和物理学科教学工作。谈到教学问题时，L 老师认为由于自己学的是非师范专业，所以管理学生很成问题，尤其初一上期没有把学生管理好，造成这些学生后期越来越难以管理。在 L 老师看来，由于 QP 乡有很多少数民族学生，一些学生汉语学得不好，而现在无论初中、小学教师授课都是汉语，所以这些学生小学基础比较差，到了初中后，成绩提高比较困难，每年在全县排名都不好，教育局所搞的薄弱学科教师培训，该乡多数教师都是被培训对象，自己就总是感觉没有多少成就感。加之有些学生行为习惯不好，学生之间还经常发生打架事件，去年发生了这样一件事，由于学生之间的纠纷，造成一个学生跳入江中死亡，学生家长便把灵堂设在乡政府。那段时间县上和乡上很多领导专门到学校处理这事，每天 100 多名政府人员和警察维持秩序，最后学校还是赔了十多万元。诸如此类的事情，再加上学生成绩不好，教师没有成就感，使得 L 老师非常困惑。

2018 年笔者再次到四川省 P 县 MS 乡，特岗教师 ZY 依然还留在这里，被提拔当了教导主任，与其爱人属于为数不多的留守者。在交流中，Z 老师一方面谈到了交通条件已经大大改善，无论回家还是到县城，都比以往方便得多，自己现在住在学校的周转房，在县城买了房，交通条件改善后，每隔两周回到县城也比较方便。但面对上面名目繁多的各种资料，以及每年全县排名总在后面的学生成绩，Z 老师表现出的更多是无奈，只能应付。用 Z 老师自己的话说就是"心累"，只能"混一天算一天"。当然，现在在教导主任的位置上，一方面让 Z 老师多了一点责任感，另一方面也算是对无法在教学上找到成就感的一点弥补。

对多数特岗教师而言，来到一个人生地不熟的地方，对当地语言、习俗等诸多文化方面的差异不够适应。贵州省 CG 县的 P 老师告诉笔者，刚开始来到 SW 小学，还是觉得有些不太适应，比如在语言方面，学生都说本地话，CG 这边的方言蛮浓的，比如这边热水说成"耐水"，一开始来的时候就不大听得清楚。但最大的压力还是来自工作方面，因为刚参加工作，无论是班主任工作，还是教学工作，都让 P 老师觉得难以应对：

> 从来没有当过班主任，一下子当班主任，这 50 多个学生都归你管，我们是寄宿制学校。另外各种表格，什么报名册啊，点名册啊，一点头绪都没有。一天就觉得慌慌张张。然后又上三个班的英语，跨三个年级，然后又备课，就觉得压力蛮大。天天都觉得头要爆炸，就觉得好多事情这种感觉。（20170411）

（三）回到老家：特岗教师的普遍心态

相对讲，特岗教师的流失率是比较高的。根据对四川 P 县特岗教师统计，2009—2011 年共招录的 76 名特岗教师，三年后留下来最终成为编制内教师的有 38 人，刚好占招录特岗教师的 50%。在 MS 乡中心校，2012年到 2016 年共招录了 11 名特岗教师，2010 年、2012 年、2013 年各 2 人，2014 年 3 人，2015 年和 2016 年各 1 人。到 2018 年，共有 4 位特岗教师留了下来，包括 ZY 老师夫妻俩，另外两个留下来的特岗教师都与本校教师成了家。

特岗教师普遍存在的一个心态就是希望能够回到老家，或者任教或者从事其他行业。如四川 P 县 PB 乡的 W 老师表示如果能够考回去的话还是要考回去，这是自己今后努力的一个方向。该县 MS 乡 L 老师也表达了大致相同的意愿，L 老师考过几次公务员，但都没有考上，所以以后不想再考了，加上父母也认为当老师好，今后还是打算就当老师，只是条件成熟时，换个环境，离家近一点。

至于为什么想要回到老家工作，四川 P 县的 RXF 老师认为一是可以更好照顾家人，二是自己所任教的 MS 乡地处偏远，回家不方便：

> 以后随着父母年龄大了，还是要回到老家，毕竟自己是独生子女，照看父母是需要的。而且自己的爱人也远在成都，所以以后能否较长时间在 MS 乡工作，还很难说。以前觉得 P 县所在的市很好，城市也比较漂亮，但没有想到 P 县的 MS 乡这么偏远，回趟家太麻烦了。（20131104）

贵州省 CG 县的 P 老师认为自己不是本地人，要经常回家，但由于交通条件的不便，每次回家总是很麻烦，希望能够调回自己老家：

> 现在很少回老家，至少要放三天以上的假才回去。回趟家太折磨了，因为这里坐车到县城要一个多小时，县城又没有车直达我们那里，需要转好几趟车，才能到，就特别麻烦。我们外地来的都有回老家的想法，但是我们都签了合同，等转正以后，再考虑考公务员或调回老家。（20170411）

上面所提及的一些缘由实际上都是一些外在表现，特岗教师之所以努力想要回到自己老家，说到底，是我们中国人的文化使然，关于这一点，本书在前面已经进行了较为详细的阐释，此不赘述。在调研中，四川 P 县的 ZY 老师直接揭示了这一点，由于工作地点离自己老家太远，生活上有很多不方便，缺乏本地人的文化认同：

> 在 P 县都 4 年了，但总感觉自己是个外乡人，缺乏归属感，也因为家在巴中，每回一次家在路上就要耽搁两天。所以如果能回到老家工作的话，自己会毫不犹豫地回到老家。（20131104）

当然，若特岗教师在当地结婚成家，其想法会产生改变，所需要考虑的问题就更多，回家的意愿也没有那么强烈。在同 P 县的 ZY 老师交流中，Z 老师就谈到了这一点：

　　刚到这里时，每天都在想着回家，现在不一样了，去年有一个特岗教师到了这里，我们认识后走在了一起，现在已经结婚了。结了婚想法就不同了，要考虑方方面面的问题，现在自己还是想走，但自己一个人走了，爱人还在这里，不是办法，需要考虑两个人。（20131104）

三　对"特岗教师"的总体评价

　　就本书所考察的特岗教师来看，他们的教学水平基本上还是合格的，可以胜任中小学教育教学工作。如 P 县 MS 乡中心校的校长所指出的，2013 年学校的 6 位特岗教师中，多数还是不错的，工作态度也可以，专业能力比较强，能有条理地完成学校的工作任务，他们有时还主动找到领导安排任务。在该县教育局局长看来，特岗教师总体来说还是可以的，甚至比公招教师水平要高些，也比以前"三支一扶"所招聘的教师要好，所以县上很重视特岗教师，积极筹措经费，解决特岗教师的住房问题。

　　当然，特岗教师也存在一些问题，就个人素质来看，专业知识基本没有多大问题，但教育知识及教学知识都还欠缺。四川 P 县 QP 乡的校长提到了这一点，他认为一些特岗教师学历高，但就是组织教学不行，用该校长的话说就是部分刚来的特岗教师高高大大的，打篮球也不错，就是管不住学生，课堂上学生闹得一团糟。有些新来的特岗教师教学基本功不扎实，"三笔字"没有一样可以过得了关，做题还可以，就是上课学生听不懂，"茶壶里煮饺子，倒不出来"。

　　实际上，不少特岗教师起初并非是喜欢特岗教师这个岗位，往往是因为就业形势不好，感觉特岗教师还算是一个较为稳定的工作，从而进入该行业。他们进入教师队伍以后，觉得刚刚参加工作，教师这份工作收入不高不低的，也愿意投入更多的精力从事教育教学。就教学条件而言，现在农村乡镇学校条件已经大大改善了，他们对教学条件总体还是满意的。但相对而言，比较大的问题在于他们基本都不是本地人，有些在本市的外县，多数是市外的，很多特岗教师都希望离家近一些，毕竟家乡熟人多，大小事情也都有人照应，远在外乡，总是有些孤苦伶仃的感觉。这就造成很多特岗教师难以稳定下来，很多特岗教师不太安心工作，待时机成熟，他们大都希望通过改行换换工作地点，或者调回自己家乡当老师。四川 P

县 MS 乡中心校的校长意识到了这个问题，所以对该校的 ZY 老师，挽留他留下来长期任教的最好办法就是撮合其与另外一名特岗教师的婚姻，并且在适当时候在行政职位上予以提拔，以让其安心留下来。

第四节　代课教师难以聘请

代课教师是农村教师中的一个特殊群体。少数省份已经没有这一群体，如广东省一些市县农村教师普遍超编，已经不再聘请代课教师。但在多数省份仍然普遍还存在这一类型教师。

一　代课教师及其相关政策

教师编制改革以后，国家要求县级政府按照乡镇的学生人数核定编制，具体落到了每所农村学校。换句话说，即使在大多数边远地区的农村小学，都已经安排了公办教师编制。但是从一些地方来看，农村依然缺教师，加之一些编制在村小的教师却没有去，而是被安排在了集镇所在的中心校任教。这样，在教师不够的村小又聘请了代课教师。一些地方为了规避政策风险，将代课教师称为"临时顶岗教师"，实际"换汤不换药"，只是换了一种称谓而已。

代课教师由来已久，1984 年以前，农村学校存在大量民办教师。1985 年为了提高基础教育师资队伍整体水平，要求逐步解决压缩减少民办教师。但现实看来，当时农村教师数量严重不足，公办教师非常有限，农村学校不得不聘请大量的代课教师。到 2001 年国务院《关于基础教育改革与发展的决定》首次明确提出要逐步清退代课教师。2006 年教育部已表示："代课教师是以不合法的形式和不合规的形式存在的。"要求要把余下的 44.9 万代课教师全部清退。实际上，在国务院文件和教育部下发意见之前，一些省份已经出台政策要求清退代课教师。以四川为例，早在 1998 年，该省就开始要求坚决清退代课教师，要求 1998 年必须清退 1981 年以后各地、各校自行安排的代课教师。主要包括以下几种类型：满编、超编学校聘请的代课教师；县（市、区）政府所在地城区学校代课教师；国家级和省级贫困县以外的其他区县乡镇政府所在地代课教师以及不具备教师资格，教学效果差，学生、家长意见较大的代课教师。① 山西省 2016 年出台的《关于印发山西省乡村教师支持计划实施办法的通知》，提出于 2018 年底前建立年度教师补充机制，及时招聘、调整和补充乡村学校教师，满足乡村学校教育教学需要。严禁"有编不补"、长期使用临聘人员，对长期有编不补的县要严肃问责，并要求乡村中小学校不得使用代课教师。

2006 年教育部意见出台之后，很多省份市县一级也进一步出台文件，形成具体清退措施。如 2007 年，四川 P 县所在的 Y 市已经提出，要在三年内清退所有代课教师。② 其后的 2009 年，P 县印发《关于印发 2009 年教育工作要点的通知》，提出 2009 年要清退所有锁定的代课教师，主要采取公开招考和定点招考、辞退等方式，完成清退 112 名锁定代课教师的任务。③

二　代课教师的来源

尽管各级政府出台文件，并配套措施和资金解决代课教师问题，要清退代课教师，但直到目前为止，代课教师在全国多数农村地区依然广泛存在。其来源各有不同，大体有如下几类。

（一）传统的代课教师

传统意义上的代课教师在中、西部比较普遍。以山西省 XZ 市 XF 区 LIY 小学为例，该校共有 11 名教师，其中公办教师只有 5 人，除了 2 名支教教师外，④ 另外的 4 名教师都是传统意义上的代课教师。L 老师是其中的一位，她已经代课 5 年了，当初主要就是为了自己的孩子，因为自己的孩子有点调皮，在学校代课可以照顾孩子，回家也好监管孩子，该校另一名代课教师 Y 老师代课时间更长，已经代了十多年了。说到为什么代课，Y 老师提到主要由于家里父母年纪大了，身体也不好，就没有外出打工，在村上代课，方便在家里照顾父母。

---

① P 县教育局：四川省教育委员会文件（川教人［1998］137 号），《关于清理清退代课教师的通知》，1998 - 08 - 31。

② P 县教育局：Y 市委办公室文件（Y 市委办［2007］87 号），《Y 市委办公室、Y 市人民政府办公室关于切实推进城乡义务教育均衡发展的实施意见》，2007 - 10 - 26。

③ P 县教育局：P 县教育局文件（P 县教发［2009］1 号），《P 县教育局关于印发 2009 年工作要点的通知》，2009 - 03 - 02。

④ 本书在后面将支教教师也列入代课教师，但这并非传统意义上的代课教师。

尽管四川省在 1998 年就出台文件要求清退代课教师，但到 2013 年，笔者在四川省 P 县 YP 村小调研时，该村小 7 名教师中仍有 4 名代课教师。其中 3 名都是代课时间较长，年龄较大的老教师。其中的 LGY 老师已经代课 20 多年了，按规定，2009 年的公办教师招考中可以转正，但由于他以前违反了计划生育政策，因而没有转正。另外一位 W 老师由于常年有病，虽已经代课近 20 年，但没有取得合格学历，也无法转正，只能长期代课。还有一个代课教师 W 老师，他也已经代课近 20 年了，而且教学成绩还不错，几次获得全乡教学质量评比二等奖的荣誉称号。但 P 县 2009 年所转正的代课教师是锁定在 2006 年代课的人员，那意味着只有在 2006 年代了课的教师，才可以转正，可是 W 老师恰好在 2006 年没有代课，因而也无法转正。新聘请的代课教师 D 老师，高中毕业后外出打工，她有两个子女，近两年回家带小孩，也觉得闲着事不太多，就到学校来代课。2018 年笔者再次到该村小调研，3 名年长的代课教师已经退了，较为年轻的 DP 老师也已外出打工了。

（二）尚未找到正式工作的大学毕业生

随着时间的推移，传统意义上的代课教师逐渐退休，代课教师数量有所减少，如上面提及的四川 P 县 YP 村小 2005 年 6 位教师全是代课教师，到 2018 年，仅有 1 名代课教师。这名代课教师也已经不再是传统意义上的代课教师，传统代课教师一般是一边在农村劳作，一边在学校上课，与乡土社会融为一体。但时下的代课教师很多已经不是传统意义上的代课教师了，YP 村小新聘请的这名代课教师，是邻近 PB 乡人，在四川水利职业技术学院读书，学的是设计测量，马上毕业，先行在 YP 村小代课，准备毕业后就参加 P 县的教师公招。

这种类型的代课教师在浙江较为普遍，浙江省尽管师资水平总体较高，但在一些区域代课教师还广泛存在。如 TZ 市 HY 区 SB 镇中心校目前由于缺编较多，教育局没有及时补充教师，主要由代课教师填补，该校目前聘请了 11 名代课教师。这些代课教师学历以本科为主，基本都具有教师资格证，他们都是刚毕业不久的大学生，由于毕业后没有顺利找到工作，便进入学校代课。在代课的同时，准备以后考教师或公务员等。

（三）顶岗支教的大学生

中部一些省份代课教师中一个比较大的群体是顶岗支教人员。所谓顶岗支教就是师范院校根据农村学校需要，派出在校大学生到师资短缺的学校临时支教，时间一般为一学期。顶岗支教教师是双重身份，一方面他们是师范院校的在校学生，另一方面，他们又是所在农村学校的教师。顶岗支教教师数量较大，仅 XZ 市 XF 区就有 130 多人，占据了代课教师的半壁江山，是农村学校师资的一个重要方面。笔者在 XF 区和 PY 县调查了 4 所学校，教师总数 53 人，其中在编教师 33 人，顶岗支教代课 9 人，传统代课教师 11 人（见表 4 – 22）。

表 4 – 22　　　　　　　　山西省 XF 区、PY 县部分学校教师情况

学校	教师总数	在编教师	顶岗支教	传统代课教师
XF 区 NTP 小学	7	2	3	2
XF 区 LIY 小学	11	5	2	4
PY 县 XY 小学	18	13	2	3
PY 县 SH 小学	17	13	2	2
总计	53	33	9	11

数据来源：根据笔者调查整理。

顶岗支教教师的基本情况，在此以 NTP 小学的 3 位支教教师 LH、SH 和 JXX 来说明。他们来自 XZ 师范学院教育系，其中学前教育 2 人、心理学 1 人。3 人都是女生，这是因为村小住宿不方便，没有单身宿舍，几个人需要住在一起，换句话说，支教教师要么都是男生，要么都是女生，否则无法解决住宿问题。生活方面，吃饭要靠自己做，3 个女生都会一点，一些基本的生活用品如米、面、油等由学校提供，她们自己可以在学校附近超市（当地称超市，实际是小商店）买点菜。

支教的临时顶岗教师，在教师紧缺的情况下，也算是解了学校的燃眉之急。XZ 市 XF 区 NTP 小学的 X 校长提到：

> 2008 年的时候我校还有好几个公办教师，后来退休的退休，调走的调走，（就成了现在这样的格局）。近年来，大概从 2008 年开始，

很大程度上就靠支教的了。（20160309）

这种情形不仅是 NTP 小学，在其他很多村小，普遍存在类似情况，XZ
市 XF 区 SIJ 小学 T 校长也说到了这一点：

> 我们没有办法，就是没有人，整个学区都没有公办教师（可以调
> 过来），就只能这样，没有办法，也是无奈的选择，每学期开学，就
> 盼支教的学生过来，要不就课都无法开。（20160309）

但是，依靠顶岗支教建设教师队伍是很成问题的，主要因为顶岗支教时
间只有半年，半年之后又要轮换，农村学校教师长期处于一种频繁变动状态
中。正是为此，家长有很大意见。NTP 小学一位教师在交流中提到了这
一点：

> 老师们换得太快，家长意见比较大。有的班上六年，就换了 12 个
> 老师。有些学生就去城里了，这也是一些学生流失的原因。
> （20160309）

三 代课教师的教学

客观上讲，一些代课教师由于知识储备不够，在教学过程中缺乏必要
的提升，有时在教学中显得力不从心。比如，山西省 XZ 市 XF 区 LIY 小学
的 L 老师由于早年没有学过英语，自己班上的英语教学就显得很困难：

> 现在依然是包班，我所有的科目都在上，"全能教师"，什么都
> 干，英语俺们也上。英语单词记得一点，记不得就自己学一点，查字
> 典，字典中学嘛，边学边教。（说完这番话，L 老师也忍不住笑了起
> 来。）（20160310）

该校代课教师 Z 老师的情况也差不多，Z 老师在学校代课已经好几年
了，自己在一些科目教学上也感到很困难，也是边学边教。老师则是自己
的儿子，儿子在上高中，回家就教 Z 老师，Z 老师学会后再教学生。

代课教师不仅以前基础不够牢实，在任教过程中也没有参加培训提升的

机会，知识缺乏更新，难以做到与时俱进，正如 LIY 小学的 L 老师所言：

> 冒昧地说一句，现在教材上的很多东西我们以前没见过，什么汉堡包啊，我以前读书，二十多年前，没听说过。我哪里知道，人家现在（小学）三年级英语单词就有。（20160310）

顶岗支教教师都是大学在校生，他们在学科知识方面没有多大问题，甚至一些村小教师无法胜任的科目他们都能应对。XZ 市 XF 区 NTP 小学的 H 老师谈到，她早年参加工作，以前是代课教师，上语文、数学这些科目还可以，可是英语、美术等学科就无能为力了，所以 H 老师班上的这些课程都是顶岗支教的教师在上。

但经验的欠缺，是顶岗支教教师的一个主要短板。对实践教学认知的不足，加之在学校所学理论过于抽象，使她们难以把在学校所学习的理论运用到实际教学中来，在工作中很难做到得心应手，亦如 JXX 所说：

> （我们）技能还有一点点，知识方面完全不接轨，感觉和实践对应不起来。在学校学的理论特别多，但是在实践中用不上，感觉跟理论上有点相背。有一个学校老师曾经问，你们在学校里头究竟学了些什么，为什么很多都不会呢？他就是这样说我的，他都知道怎么样去解决学生的问题，我们就不知道，后来我就注意观察这些孩子，觉得自己有了一些进步。我们现在有些问题也多给老师们请教。我们没有经验，这些需要长期积累。（20160309）

在校长看来，一些顶岗支教教师班级管理能力不强，山西省 XF 区 NTP 小学的 T 校长指出了这一点：

> 去年我这里来了一个支教的大学生，学数学专业的，五年制的大专生，四年级的英语都教不了。你在教室外面听着就知道（教室里）很混乱，进去我就给他说你教他们读嘛，他说不会。（20160309）

四 代课教师的待遇

代课教师一般工作在环境比较艰苦的地区，工作量也不小，但实际工资待遇是很低的。2005 年四川省 P 县代课教师每个月只有 250 元，其后有所增加，但总体待遇还是很低。YP 村小代课教师 L 回忆说：

> 我 2005 年代课时工资是 250 元，就 10 元他们（政府）也不涨上去，你 260 元说起来多好听，不至于 250 元啊！（20131126）

到 2012 年，四川 P 县代课教师的工资涨到了 650 元，2013 年代课教师工资再次提高，每人提高 200 元，每月工资为 850 元。到 2018 年，P 县代课教师的工资有所增长，每月可以拿到手的工资 1500 元左右。

中部的山西省代课教师工资更低，以山西省 PY 县 XY 乡 HD 村小为例，2016 年代课教师工资每月只有 1000 元，每年 12000 元，这笔经费来自教育局，村上不给补贴。但在 XZ 市 XF 区，代课教师工资仍然由村上支付，工资还会受到拖欠，该区 SIJ 小学代课教师 H 老师已经大半年没有领到工资了。原因是村里和学校扯皮，村上原本说为聘请代课教师支付 1 万块钱，但后来没有兑现。经过村上与学校讨价还价，学校和村上各出 5000 元，但还是拖了很久没有兑现。①

相对而言，浙江的代课教师待遇要高很多，他们每月可以领到 3000 元的工资，对于刚毕业未找到正式工作而参与代课的学生来讲，已经不错了。

如何看待代课教师的待遇问题呢？在 20 世纪八九十年代，代课教师尽管工资很低，但由于当时农村人群流动并不大，很多农民也就在自己的出生地度过一辈子。现在农村人群的流动性已经大大增强了，多少有点文化知识的年轻人都会设法离开交通不便，经济落后的农村。现实看，村里的

---

① 从笔者调研来看，XF 区是笔者目前唯一碰到代课教师工资由基层村乡负责的地方。2001 年国务院《关于基础教育改革与发展的决定》规定：县级人民政府要强化对教师工资的管理，从 2001 年起，将农村中小学教师工资的管理上收到县，为此，原乡（镇）财政收入中用于农村中小学教职工工资发放的部分要相应划拨上交到县级财政，并按规定设立"工资资金专户"。但该文件同时也要求：乡（镇）人民政府要承担相应的农村义务教育的办学责任，根据国家规定筹措教育经费，改善办学条件，提高教师待遇。2001 年《国务院关于进一步做好农村税费改革试点工作的通知》所提出的税费改革，取消了农村教育费附加，这样看来，乡政府不仅无须学生负担公办教师的工资，也不再负有安排民办和代课教师工资的责任。但是，周飞舟的研究也表明，"以县为主"的义务教育经费投入保障模式实施以后，教师工资主要由县级人民政府统筹划拨，但在行政费用资金不足情况下仍然由原来的行政体制运行解决（即县政府要求乡镇政府分担解决，后者有事权但没有财权），致使问题依旧。（周飞舟：《财政资金的专项化及其问题——兼论"项目治国"》，《社会》2012 年第 1 期。）

文化人都进城打工去了，聘请代课教师是非常困难的。不仅如此，传统农村人除了土地能带来收入以外，其他方面的收入是非常微薄的。在这种环境下，代课虽然工资低，但对于他们来讲，与土地所得收入相比，代课也是一笔不错的收入。但现在农村人群外出打工的收入已远远超过代课所得，这更增加了聘请代课教师的难度。在四川 P 县 SL 镇 SG 村小学，该校的 Z 老师 2013 年曾经患上了严重的腰椎间盘突出，需要做手术，期间必须请假。该校负责人想尽办法到处聘请代课教师，无奈最后也没有找到人。实在想不到办法，负责人的爱人在农村务农，临时在该校代了一个多月的课。在大多数人看来，代一个多月的课，每天就二三十块钱，现在农村的年轻人看不上这点薪水，更不用说那些有些知识的文化人了。

五　对代课教师的简要评说

一些传统代课教师长期代课，对农村教育本身有了较深的情怀，甘愿留在农村教师岗位上。山西省 PY 县的 Z 老师在农村代课多年，他深知农村孩子求学之不易，对农村孩子深怀同情之心：

> 你（老师）站在教室里，（面对）娃娃们的时候，农村条件差，娃娃们都很可怜，这些孩子都是家里经济条件差，（家长）文化水平低，只有这些（家庭）的娃娃才留在农村，其他人家都送到城里面去了。（20160315）

尽管工资不高，出于对农村孩子的同情，对农村教育的执着，他们多年来在农村代课教师这个岗位上奉献着自己的青春和热情，Z 老师说得好：

> 咱也没什么能耐吧，这些娃娃咱也差不多能教他，干一行爱一行，也就专这一行。要说干点别的话，一两千块钱能挣。面对娃娃们的时候，咱没有想到钱的问题。你要是说钱呀什么的，（教书这事）就不能干。校长我们关系也挺好的，我们是每学期聘用，开学的时候校长就问来呀还是不来。其实每学期一开学这个时候就在矛盾中，是干还是不干。一看到孩子们，咱就得认真干。一天一天学生要学习新的知识，咱也得按部就班。（20160315）

四川省 P 县 QP 乡 LB 教学点不通公路，要在崎岖的山路上步行一两个小时才能到达，公办教师是没有人愿意去的，该教学点只有一名代课教师——HFQ 老师，他已在这里代课 20 多年了，由于违反计划生育政策而未能转正，便长期代课，维持着该教学点的存续，解决了周围两个村小学低段孩子的教育问题，避免了孩子们每天翻山越岭到更远的学校就读。常年在艰苦条件下工作生活，H 老师于 2013 年被评为四川省最美乡村教师。

顶岗支教教师尽管还存在一些不足，但他们年龄不大，农村孩子也比较单纯，他们能够和学生打成一片，相处比较融洽，山西省 NTP 小学的 SH 老师就提到了这一点：

> 感觉这些孩子特别听话，课下不管怎么闹，课上都特别听话。城里的学生思想比较独立，这里的孩子感觉还是特别单纯。你（老师）对他好吧，他就会对你特别热情，（我们）平时做饭，（学生）还会跑过来问，老师需不需要帮忙啊？五六年级的学生不是大一些嘛，我们做饭要烧炭，这些学生帮我们砸碳。有时候炉子烧不着，他们帮我们烧炉子，特别好。（20160309）

另外，一些顶岗支教教师兴趣爱好较广，常在学校组织一些手工、剪纸之类的活动，课堂上也经常组织一些游戏，给学校带来了不少的活力。他们所任教的班级音乐课、美术课也比较有特色。

最后，应当看到代课教师之所以长期存在的合理性，聘请代课教师实际上是一种弹性的教师配置机制。在一些地方由于学龄人口数量的急剧变化，当学龄人口处于波峰时，自然会出现教师数量的短缺。或者某个学校短期内教师流失、退休、请假等导致教师不够，但正式的教师招聘程序比较复杂，一时半会难以到位，也就只好聘请代课教师。当然，地方政府财政吃紧，没有足够的财政经费支撑教育运行，就只好收紧正式教师数，聘请代课教师，减少成本支出。笔者曾经在山西调研时与校长们讨论过这一问题，在他们看来，正是由于财政缺钱，造成了代课教师的大量存在，如 PY 县 SH 小学的 Z 校长说道：

> 我们到县上反映过教师缺口问题，可是都没有解决。我告诉你，缺编主要就是县里面财政紧张，他们（县上）要给你（学校）核算，

觉得你还可以了，过得去了，为了节约点财政开支，也就只给你这么点老师。（20160315）

需要指出的是，笔者承认代课教师的存在有其合理性，并不等于认同代课教师现状的合理性，相反，代课教师在身份上、待遇上与他们对教育事业的贡献是不相称的。对于奉献在偏远农村地区的这个特殊群体，迫切需要提高其待遇以及社会地位，改善他们的生活条件，并使他们的工作得到社会的尊重。

第五节　农村教师配置问题的几点理论发现

一　教师培养与配置之间的非线性关系分析

一般认为，只要扩大培养师范生的数量，随着师范毕业生人数增多，由于城市就业紧张，这些师范生便会自动进入农村就业。如有研究指出，就业压力越大，师范毕业生去农村从教的意向就越强。理由是师范毕业生很难在城市找到工作，就有可能选择到农村从教。① 顺着这种思路延伸到国家政策，便认为要解决农村教师问题，关键问题是要解决培养问题，也就是需要培养出更多更优秀的师范生。

但是从全国来看，每年师范院校录取人数众多，而且造成了事实上的城市就业困难。资料显示，从 2006 年到 2010 年，全国师范毕业生人数分别为 66.9 万人、75.8 万人、76.1 万人、72.04 万人以及 72.96 万人，平均每年毕业 72.8 万人；从教师需求看，2006 年到 2010 年，全国中小学录用毕业生人数分别为 29.9 万人、27 万人、24.9 万人、25.9 万人以及 24.8 万人，平均每年新录用毕业生为 26.5 万人。② 最近几年师范生毕业人数及每年录用人数大体维持在这一水平。

由此看来，每年培养的师范生远远超过需求，城市能够容纳师范生的数量也很有限，但事实上也并没有把师范生"挤"到农村地区。根据本书

---

① 齐梅、马林：《师范生农村从教个体决策意向的分析》，《华南师范大学学报》（社会科学版）2011 年第 5 期。

② 许涛：《教育部教师工作司工作通报》，2011 - 12 - 27。

前面的调查，2009年到2011年三年间，四川P县共新增农村中小学教师268人。虽然从学历看，本科学历教师占近21%，专科学历占67%，本专科合计共占新增教师的88%。但多数教师来自三本院校及专科院校，其中教育学院、广播电视大学以及职业技术学院毕业生占了相当大的比例。而且从教师取得学历形式来看，集中了较大数量的函授毕业生。而本书通过历史考察发现，20世纪改革开放后的分配制度时期，虽然当时师范生培养的数量总体并不算多，和实际需求尚有一定差距。但当时大量高质量的师范生还能够配置到农村学校，包括偏远的乡村小学。

安克哈拉多夫（Ankhara - Dove）与克利特加德（Klitegaad）等人通过发展中国家的研究在一定程度上可以解释我国的这种现象。他们研究指出，发展中国家农村地区因为生活条件和工作条件艰苦，即使城市学校教师过剩，也很难吸引优质教师去农村任教。① 根据本研究以上分析来看，我国农村教师配置也大体如此，只是就其背后的因素而言，诚如本书后面分析所指出的，农村难以吸引高水平教师并非仅是生活条件和工作条件艰苦那么简单，即便改善生活条件和工作条件，恐怕还是难以吸引高质量教师到农村任教。

看来，农村教师问题更主要是一个配置问题，培养和配置之间并非是一种直线性关系，并不是培养多了，城里容不下那么多毕业生，他们就会自动"溢出"流入到农村地区。因为在缺乏强制性约束机制下，如果诱致性激励机制不健全的话，培养出来的毕业生就可能会转行放弃从教的机会，甚至可能待在城市待业也不愿到农村就业（本书后面展开论述）。因而很难使他们进入农村学校，即使农村本地的大学生也不愿回到农村任教，更不用说城市生源的毕业生了。这就如当年费孝通先生所描述的：

> 中国落叶归根的传统为我们乡土社会保持着地方人才。……但当前乡村培养的人才已不复为乡村所用。……因为乡村是容不下大学生的。在学校里他们即使什么学问和技术都没有学得，可是生活方式、价值观念却发生了深刻的变化，足够使他们觉得自己已异于乡下人，而无法再和充满土气的人为伍了。不仅大学生如此，中等教育同样如此。那些中学毕业的人赋闲在家，整天无所事事的鬼混，在城里造就了一批新的

---

① ［瑞典］T. 胡森、［德］T. N. 波斯尔斯韦特主编：《教育大百科全书：教育经济学卷》，杜育红等译，西南师范大学出版社、海南出版社2006年版，第360页。

"流氓"。其结果是乡村社会所包含的维持其健全的习惯、制度、人才等经受了不断的冲洗和损蚀，结果剩下了贫穷、疾病和痛苦。[①]

二　农村教师流失的"旋转门"现象与"倒 U"型特征

学校教师严重流失，需要不断补充新教师，英格索尔（Ingersoll）认为这好比是一扇旋转门，不断有人频繁进出。我国的农村教师流失同样呈现"旋转门"现象。即一面是不断新招教师补充缺口，一面是成熟优质教师不断流失。这就像是一扇旋转门，不断有教师进来，但同时又不断有教师出去，农村学校呈现一种优质教师长期短缺的状态。就本书调查的多数地方来看，这种现象在不同区域、不同层级之间的学校有不同的特点，一般是新招录的教师被安排在距县城较远的偏远地区学校，待逐渐成熟后有的进入距县城较近、条件较好的乡镇学校，有的进入城市。而条件较好、距县城较近的学校教师主要是流动进入了城市。总体看来，农村学校主要靠录用新手以弥补教师的不足，而待工作一段时间，集聚了一定教学经验，并取得一定的教学成绩之后，便流失进入城市。

接下来对我国农村教师流失的"倒 U 型"特征作进一步阐释。我国教师流失在诸多方面与西方有很大差异。对流失教师究竟是高质量的还是低水平的，在西方尚有很大争议。[②] 西方学者和政策制定者在界定教师质量时，通常有两个标准：一是职前教育质量，如教师资格类型和层次、各种

[①]　费孝通：《乡土中国》，上海人民出版社 2007 年版，第 296—300 页。

[②]　教师的哪些素质影响学生学习成绩？一些经验研究表明，教师的表达能力强、大学入学考试成绩分数高、能顺利通过研究生入学考试选拔等因素与学生学习成绩明显正相关。（参见 Ehrenberg R．, Brewer, D．, "Did teachers' verbal ability and race matter in the 1960s？Coleman revisited", *Economics of Education Review*, Vol. 14, No. 1, 1995.）教师职前教育水平显著影响学生学习成绩，以不同水平的教师资格证来说，Goldhab 等发现，高中教师持有正规教师资格证书或者应急教师资格证书（Emergency Teaching Credentials）其学生在数学和科学标准化考试成绩没有明显差异。但是，没有教师资格证书以及持有私立学校教师资格证书的教师，与持有普通教师资格证书和应急教师资格证书教师相比，前者学生学习成绩明显低于后者。（参见 Goldhaber D．, Brewe, D．, "Does Teacher Certification Matter？High School Teacher Certification Status and Student Achievement", *Educational Evaluation and Policy Analysis*, Vol. 22, No. 2, 2000。）很多研究者指出，教师教学经验丰富，可以提高学生学习成绩，Fetler 研究发现，数学教师教学经验年限与学生考试分数之间明显正相关。Fetler, M．, High school characteristics and mathematics test results. In Cuavin G. M．, Santibanez, L．, Daley, G. A．, "Teacher Recruitment and Retention：A Review of the Recent Empirical Literature", *Review of Educational Research*, Vol. 76, No. 2. Rowan 等研究发现，教学经验对三年级到六年级的学生数学学习成绩都是正面的影响。Rowan, B. Correnti, R．, Miller, R．, "What large - scale survey research tells us about teacher effects on student achievement：Insights from the Prospects Study of Elementary Schools", *TeachersCollege Record*, Vol. 104, No. 8, 2002.

考试成绩、教师本科或研究生毕业学校水平等；二是教师实践表现，如教学经验、所任教学生取得的成绩等。[①]

但是，这两种标准下的教师流失却有不同的情形，很多研究都表明，具有较高职前教育水平的教师容易流失到其他学校或者转行离开教育行业。如博伊德（Don Boyd）等通过 2006—2007 年及随后 2007—2008 年对纽约中小学追踪调查显示，接受了更高水平职前教育的教师更容易流失。控制教师其他特征和学校因素，在教师资格考试中获得高分的教师以及从更有竞争力的大学毕业的教师更容易流失，教师在教师资格考试中分数每高一个标准差，其申请离开的可能性增加了 1.06—1.08 个系数；毕业于有竞争力大学的教师其申请离职的可能性增加了 10%—20%。[②] 博伊德（Boyd）对此解释认为，高质量职前教育的教师拥有一些显性的可以证明其能力的资质，可以使他们在教师资源市场中有更多选择机会，如果其对原学校不满意，就很容易离开。

但研究表明，西方教师流失主要是没有经验的教师，相比较而言，有经验的教师和在教学整体水平高、学生成绩好的学校的教师却不容易流失。戈德哈贝尔（Goldhaber）等研究认为，学校里最有效的教师在校所待的时间最长，无论在学生成绩好的学校还是在学生学习成绩低下的学校都是如此。[③] 博伊德的研究也揭示，有经验的教师申请离职的概率远低于新教师，其中工作一年的教师申请离职的是其他教师的 1.5 倍。同样，学生学习成绩更好的学校，教师离职的概率更低，学生学习成绩每增加一个标准差，其教师离职的概率就会减少 10%。博伊德认为，这可能是由于学生良好的学习成绩，可以增加教师的满意度，他们更容易满足于当下的教学和学校，也就不愿意选择离开。

由于上述因素的作用，西方教师流失呈"U 型"特征，这也被其他大多数研究所认同。所谓"U 型"特征即年龄相对偏小的年轻教师流失率高，有多年工作经验的教师离职率低，但到退休年龄时，伴随教师退休又

　　① Boyd, D., Lankford, H., Loeb, S., Ronfeldt, M., Wyckoff, J., "The Role of Teacher Quality in Retention and Hiring: Using Applications to Transfer to Uncover Preferences of Teachers and Schools", *Journal of Policy Analysis and Management*, Vol. 30, No. 1, 2011.

　　② ibid. .

　　③ Goldhaber, D., Gross, P., Player, D., "Are Public Schools Really Losing Their 'best'? Assessing the Career Transitions of Teachers and Their Implications for the Quality of the Teacher Workforce", 2007 – 06 – 16(https://files. eric. ed. gov/fulltext/ED509666. pdf.) .

会有大量教师离职。一般说来，年轻教师（30 岁以下）和年长的教师
（50 岁以上）流失最为严重（年龄大的教师流失主要由于退休所导致）。
哈努谢克（Hanushek）等通过 30 多万教师 1993—1996 年动态情况分析揭
示了这一点，教师离职主要出现在参加工作前 2 年以及退休年龄。[①] 英格
索尔（Ingersoll）指出，新入职的教师在 5 年之内要流失一半，其中刚入
职一年的新教师流失最严重，达到了 29%，而薄弱学校教师流失远远高于
这个数字，在薄弱学校，入职一年的教师流失率达到 61.9%。相比较而
言，有经验的教师流失率要小得多。[②] 科比（Kirby）等研究发现，新教师
工作第一年离职率为 16%，工作两年后的离职率为 26%。[③]

与西方教师流失不同的是，我国教师流失呈现明显的"倒 U 型"特
征。这种"倒 U 型"特征主要体现在流失的农村教师一般为教学技能娴
熟，有一定教学经验，且已经在教育教学实践中取得了一定教学业绩的教
师。这种类型的教师，根据前面调查看，年龄主要集中在 31—40 岁。30
岁以下及 40 岁以上教师流失比例要小得多。

为什么在我国新入职教师和年龄较大的教师流动很少，而富有教学经
验且有教学成果的中青年教师容易流动呢？前面作了简要说明，这里就笔
者考察所发现的几个主要因素作进一步分析：第一，我国多数地方规定了
新入职教师的最低服务年限，一般为 5 年，在服务期内一般不得流动；第
二，诚如前面分析，如果要考调进入城里，没有教学业绩是不可能的，刚
入职的教师基本不具备这些条件；第三，工作了一段时间的教师已经积累
了相当的人脉关系，这增加了流动的可能性；第四，年龄较大的教师一方
面自己不太愿意流动，另一方面目前的考调制通常还有一定的年龄限制，
故年龄较大的教师流动也会少得多。

国内相关研究也可以印证这种判断，如有研究者通过对县域教师资源
配置调查认为，农村新教师在掌握了娴熟的教学技能之后，纷纷选择调到

---

① Hanushek, E., Kain, J., Rivkin, S., "Why Public Schools Lose Teachers", *Journal of Human Resources*, Vol. 39, No. 2, 2004.

② Ingersoll, R., Smith, T., "The Wrong Solution to the Teacher Shortage", *Educational Leadership*, Vol. 60, No. 8, 2003. 参见刘小强、王德清《美国吸引高质量教师到薄弱学校的新举措》，《外国教育研究》2011 年第 3 期。

③ Kirby S., Berends M., Naftel S., "Supply and Demand of Minority Teachers in Texas: Problems and Prospects", *Educational Evaluation and Policy Analysis*, Vol. 21, No. 1, 1999.

城市学校，农村学校始终成为优质教师的短缺之地。[①] 还有研究者对省会城市、地级城市、县级城市、乡镇学校和村小教师年龄结构进行的调查表明，省会城市和地级城市教师从年龄看以中年教师为主，35—45 岁之间的教师分别达到了 50% 和 53.23%，35 岁以下的仅有 25% 和 26.47%，45 岁以上的也只有 25% 和 26.47%。与此不同的是，乡镇学校则呈现年轻教师偏多的局面，小于 35 岁的教师占到了 55.81%，35—40 岁的教师只有 30.23%。村小教师则呈两极分化的状态，中年教师偏少，年轻教师和年龄偏大的教师所占比例都比较高。[②]

三　强制性的分配制度打破以后需要建立诱致性的激励制度

通过前面对分配制和公招制下新增农村教师分析，总体上讲，改革开放后的 20 世纪八九十年代分配到农村的高（中）等师范院校毕业生生源素质较高，大批优秀的师范毕业生回到了农村任教。而 21 世纪初期的一段时间内，公招到农村学校的部分教师专业素质还不够高，很多高素质的师范生不愿回到农村学校任教。究其缘由，分配制是一种强制性的配置制度，公招制是一种诱致性的配置制度。在强制性的分配制度下，师范生就业按照国家需要进行配置，很多高水平的师范生被安排到了农村地区，而且较长时间内稳定在农村地区。公招制度实行的是毕业生双向选择，师范生就业更多按照个人意愿进行配置。在强制性的制度规范打破以后，诱致性制度的施行需要建立一套激励性政策，以鼓励和吸引高水平的师范生到农村任教。但事实上，在分配制度废止后的一段时期内，相应的诱致性制度并没有建立起来，导致农村无法吸引和稳定优秀教师。[③] 当然，近几年国家和地方都出台了一系列激励性政策，对吸引和稳定农村教师起到了一定的作用。

---

① 安雪慧：《县域内城乡义务教育教师资源配置差异和政策建议》，《教育发展研究》2013 年第 8 期。

② 刘善槐、史宁中、张源源：《教师资源分布特征及其形成》，《教育发展研究》2011 年第 15 - 16 期。

③ 刘小强、杜洪琳：《农村教师配置的深层困境——基于川南 H 县的实地考察》，《教师教育研究》2014 年第 4 期。

第五章　农村教师配置的主要
影响因素分析

农村教师配置的影响因素多样而复杂。本书在导论部分已经进行了简要分析，从涉及主体看，主要包括政府、学校和农村教师。本章将对这几个主体的影响从理论上进行阐释。另外，还有一个不可忽视的因素即是城市化所带来的影响，囿于研究条件限制，本书后面不对城市化因素的影响作进一步的实证分析，但在本章的讨论中，将从理论上作粗浅的论述，留待今后作更进一步的调查研究。

第一节　城市化对农村教师配置的影响

城市化对农村教师配置会造成很大的影响。伴随城市化进程，农村人口大量进入城市，城市人口比重增加，加之人们对城市优质教育的追求，城市学龄儿童大量增加，对教师的需求量也随之增加。相应，随着农村人口减少，农村学龄儿童也不断减少，对教师的需求也减弱了，不少教师在此过程中开始进入城市，这些都会对农村教师配置造成很大影响。当然，城市化还会刺激人们对城市生活的追求，促使农村教师向城市流动。本节主要从人口流动视角讨论城市化对农村教师配置带来的影响。

一　城市化进程中农村人口大量进入城市

城市化的进程是人口从农村迁移到城市转变为城市人口的过程，在此过程中，首先是产业结构的调整，农村第一产业迅速减少，随之而来的是城市第二产业和第三产业大幅增加，城市就业岗位随之增加，加之第二产业和第三产业收入会远高于第一产业，这样大量农村劳动力人口涌入城市。所以城市化通常即人口的城市化,包括城市人口集聚与增长所形成的城市人口比重上升的过程。①

改革开放以后,中国城市化进程急剧加速,农村人口加速流向城市。从表5-1可见,1980年到2015年,中国城镇人口从19140万人增加到77116万人,城市化率从19.39%上升到56.10%。在这期间,由于人口总量的增加,从1980年到1995年,虽然农村人口总量呈增长趋势,从79565万人增加到85947万人,但所占比重在不断下降,从80.61%下降到70.96%。同期城市人口从19140万人增加到35174万人,城市人口增加了83.7%,城市化率从19.39%提高到29.04%,提高了近10个百分点。1995年以后,中国城市人口开始急速增加,1995—2015年,城市人口从35174万人增加到77116万人,增加了1.2倍,城市化率更是加速提升,从29.04%提高到56.10%,将近翻了一番。同期农村人口则开始明显下降,从1995年的85947万人减少到60346万人。

表5-1 　　　　　　　 1980—2015年中国城乡人口数及比重

年份	城镇人口(万人)	比重(%)	农村人口(万人)	比重(%)
1980	19140	19.39	79565	80.61
1985	25094	23.71	80757	76.29
1990	30194	26.41	84142	73.59
1995	35174	29.04	85947	70.96
2000	45844	36.22	80739	63.78
2005	56212	42.99	74544	57.01
2010	66978	49.95	67113	50.05
2015	77116	56.10	60346	43.90

数据来源:《中国统计年鉴》(1981—2016年)。

---

① 冯云廷:《城市化过程中的城市聚集机制》,《经济地理》2005年第6期。

二 农村人口城市转移带来农村学龄人口城市转移

随着劳动力人口从农村到城市的转移，学龄人口也在城乡之间发生转移。城市的学龄人口大幅增加，农村学龄人口大量减少。从全国看，1980年全国城市小学生1028万人，进入20世纪90年代中期以后，尤其是21世纪以来，随着城市化加速推进，到2014年，城市小学在校生人数已经达到3071万人，是1980年的3倍左右。同样，县镇小学生人数也从1980年的832万人增加到2014年的3655万人，是1980年的4.3倍。相反，农村小学在校生人数大量减少，从1980年的12768万人减少到2014年的2966万人，2014年农村小学在校生人数不及1980年的四分之一（见表5-2）。

表5-2　　　　1980—2014年全国城乡小学在校生变化情况　　　单位：万人

年份	1980	1985	1990	1995	2000	2005	2010	2014
城市	1028	1086	1341	1711	1681	1604	2607	3071
县镇	832	1198	1305	2178	2258	2432	3254	3655
农村	12768	11076	9596	9306	8605	6676	4065	2966

数据来源：《中国教育统计年鉴》（1981—2015年）。

初中在校生人数在城乡间的变化趋势与小学类似。从表5-3可以看出，1980年全国城市初中在校生人数556万人，2014年达到1441万人，后者是前者的2.6倍。县镇初中在校生人数增长更快，从1980年的463万人增长到2014年的2168万人，后者是前者的4.7倍。农村初中在校生人数则大幅下降，从1980年的3519万人减少到了2014年的702万人，2014年的农村初中在校生人数仅有1980年的五分之一。

表5-3　　　　1980—2014年全国城乡初中在校生变化情况　　　单位：万人

年份	1980	1985	1990	1995	2000	2005	2010	2014
城市	556	598	601	830	1064	950	1254	1441
县镇	463	669	701	1168	2246	2424	2175	2168
农村	3519	2699	2566	2660	3121	2564	1026	702

数据来源：《中国教育统计年鉴》（1981—2015年）。

三 学龄人口变动引发农村教师城市流动

学龄人口在城乡间的流动自然会引发教师的城乡变化，随着农村学龄人口的城市转移，农村教师也大量流向城市。1980 年城市小学专任教师461302 人，2014 年增加到了1019553 人，后者是前者的2.2 倍。县镇小学专任教师增长幅度更大，从 1980 年的 312520 人增加到了 2014 年的2029591 人，2014 年是 1980 年的 6.5 倍。同期农村小学专任教师大量减少，1980 年为4725581 人，到2014 年只有2035974 人，后者不及前者的二分之一（见表5-4）。

表 5-4　　　　1980—2014 年全国城乡小学专任教师变化情况　　　　单位：人

年份	1980	1985	1990	1995	2000	2005	2010	2014
城市	461302	555313	685549	849028	874957	828197	1216744	1019553
县镇	312520	528423	632970	987878	1129312	1238757	1644012	2029591
农村	4725581	4293086	4263291	3827151	3793477	3520603	2303126	2035974

数据来源：《中国教育统计年鉴》（1981—2015 年）。

再以初中专任教师城乡变化看，1980 年城市初中专任教师344306 人，2014 年增加到1111803 人，后者是前者的3.2 倍。县镇初中专任教师增长幅度更大，1980 年为230094 人，2014 年达到1718633 人，后者是前者的7.5 倍。农村初中专任教师则大幅减少，从 1980 年的 1874623 人减少到2014 年的645200 人，后者仅为前者的三分之一左右（见表5-5）。

表 5-5　　　　1980—2014 年全国城乡初中专任教师变化情况　　　　单位：人

年份	1980	1985	1990	1995	2000	2005	2010	2014
城市	344306	40298	473937	586566	638342	607972	992318	1111803
县镇	230094	362285	446736	698362	1157748	1356263	1675519	1718633
农村	1874623	1394633	1549682	1498793	1552306	1499243	856680	645200

数据来源：《中国教育统计年鉴》（1981—2015 年）。

从以上的分析可以看出，城市化对农村教师配置有很大影响。在此过程中，随着人口向城市集聚，城市在校生人数大量增加，农村在校生人数急剧减少，农村教师随之大量流向城市，在"选优"机制的作用下，农村教师不仅在数量上急剧减少，优质教师也随之大量流向城市，造成了农村教师在数量和质量上急速下滑，进而形成一种恶性循环，高质量师范毕业生不愿到农村去，优质的教师留不住，农村教师队伍建设面临困境。

第二节　政府对农村教师配置的影响

政府是影响农村教师配置的最为关键的因素，政府若有强大的意愿做好农村教师配置，便会积极行动，采取强有力的措施做好农村教师配置。相反，政府意愿不强烈，或者政府在农村教师配置方面缺乏动力，那么政府可能就不会努力去做好农村教师配置。政府主要通过如下方面影响着农村教师配置。

一　制定农村教师配置的法律规范

农村教师配置是整个教师配置的重要范畴，毫无疑问，农村教师配置是在更上位的教师配置法律框架内运行。我国已经制定了教师配置的相关法律法规，如《教育法》规定，国家实行教师资格、职务、聘任制度，通过培养、培训、考核、奖励等手段提高教师素质，以加强教师队伍建设。《教师法》也规定，国家对教师实行准入制度，推行教师资格制度，中国公民具备《教师法》规定的学历或者经国家教师资格考试合格，有教育教学能力，经认定合格的，可以取得教师资格。《教师法》还规定，学校和其他教育机构应逐步实行教师聘任制度。教师的聘任应遵循双方地位平等的原则，经学校和教师签订聘任合同，明确规定双方的权利、义务和责任。其他相关法律如《义务教育法》等也对教师配置做了相应规定。

二　出台有利于农村教师配置的政策

（一）出台吸引和稳定农村教师的政策

现实看来，政府在统筹城乡教育和均衡发展的环境下，出台吸引和稳定农村教师的政策主要包括以下三大类。一是吸引优质师资为主的政策，需考虑如何吸引优质师范毕业生到农村从教，如经济激励政策，包括贷款免除、学费奖补、提高农村教师补助等；事业发展激励，包括评优晋级倾斜、进一步的攻读学位等。二是稳定现有农村优质教师，需要从诸多方面入手，如提高待遇、改善工作条件、激励教学成就等。这两点是吸引和稳定农村教师的重点，是农村教师配置有效的内生机制。三是一些外围性的辅助机制，包括制定专项计划，鼓励大学毕业生到农村任教，出台各类城乡教师交流制度，引导城镇教师支援农村教育工作等。

（二）出台强制性的农村教师配置政策

从各国实际政策看，政府要提高落后地区教师整体水平，一般会出台强制性的规定。如美国"不让一个孩子掉队"法案中设有高质量教师条例（HQT），规定所有公立学校教师都必须具有学士学位并具有扎实的学科知识，所有从事核心课程教学的教师在 2007 年以前都必须通过包括听、说、读、写等基本技能考试以及学科知识领域考试在内的州级考试。同时，参与"不让一个孩子掉队"法案中规定的"第一条款"（Title Ⅰ）项目学校，2002 - 2003 年结束时，新招聘的教师必须达到高质量教师的标准。从这些制度条文的用语可以非常明确地看出，条文均使用"必须"，也就表明这些要求没有讨价还价的余地，没有政策回旋的空间。

我国 2005 年教育部《关于进一步推进义务教育均衡发展的若干意见》规定，县级教育行政部门需加强辖区内教师资源的合理配置和统筹管理。严格按照有关规定，保质保量地为所有中小学配齐合格教师。并且要求，教师编制核定时要向农村学校倾斜，新增教师优先满足农村学校。采取多种有效措施，建立区域内紧缺专业教师流动教学、骨干教师巡回授课、城镇教师到农村学校任教服务期等制度，引导超编学校的富余教师向农村缺编学校流动，切实解决农村学校教师不足及整体水平不高的问题。从《意见》的规定可以看出，对农村教师配置要求的强制性并不够，一定程度上还属于一种鼓励性的倡导。

（三）组织实施农村教师配置政策

就当前的教育管理体制来说，基础教育体制按以县为主进行管理，具体实施教师配置的主体是县级政府。从县级政府具体实施情况来看，首先需通过新教师录用实现农村教师配置。主要包括两种方式，一种是选录，这种方式主要由教育主管部门、纪委、人事部门、学校等组成招聘小组，到高校引进大学毕业生。另外一种方式为公开招聘，具体由县上出台招录公告，符合条件的人员均可参加考试，由教育局等单位考试录用。就此来看，新教师录用的具体实施由编办、人事部门、县级教育部门和学校等负责。编办首先核定编制，确定全县需要招录教师的数量，人事部门负责拟定招录人员的条件设定，教育局再具体组织招考。

其次，对教师流动施行具体管理。出台教师流动措施，规划教师流动指标，决定教师流动人选，一般由县上主要部门包括编办、人事部门、教育主管部门等具体负责。另外，县级政府还需出台配套政策，鼓励不同区域、不同层级、不同类型学校教师的流动，打破不同教师资源市场间的隔离，实现教师资源的相互流动。

三　政府行为不当会导致农村教师配置问题

政府对农村教师配置影响很大，但政府行为常常会出现一些偏差，从而导致农村教师配置问题。

（一）政府行为偏好会导致农村教师配置问题

公共选择理论认为，政府官员由具体个体组成，官员会按照个人偏好的效用函数进行决策，官员效用函数变量主要包括：工资收入、津贴、个人声誉、权力、奖金、官僚机构的输出、变革的难易度、管理官僚机构的难易度，在某个官员在位期间，除了最后两个变量以外，其他所有变量都是该官僚机构总预算的正相关函数，这里的预算包括集体组织赞同的预算和直接出卖服务获得的收入。[1] 当然，集体选择中的这种理性是有限度的。因为任何私人决策的责任，都取决于选择者，利益和成本都是有选择的，个人往往会更细心地考虑摆在他面前的各种取舍。与之形成对照的是，在集体选择中，即使结果被正确地预见到了，在个人行动与结果之间也不可能有那样精确的一种关系。[2]

从这一角度看，政府官员有自己升迁和其他利益考虑，由此使得政

---

① ［美］威廉姆·A. 尼斯坎南：《官僚制与公共经济学》，王浦劬等译，中国青年出版社2004年版，第37页。

② ［美］詹姆斯·M. 布坎南、戈登·塔洛克：《同意的计算——立宪民主的逻辑基础》，陈光金译，中国社会科学出版社2000年版，第41—42页。

府行为有自己的政治逻辑和利益逻辑。政府在教师配置中同样包含个人价值判断，对个人利益和部门利益进行权衡。这样，在农村教师配置中就会产生行为偏差，进而导致农村教师配置问题。首先，政府在教师配置中可能会重城市轻农村，从而影响了教师资源的配置。比如政府在教师配置过程中，对城乡学校实行教师编制标准不一致（重城市轻农村）的不恰当政策。其次，各种腐败和寻租行为会破坏教育资源配置的制度规范，比如我国没有一个对全体教师实用的、统一的教师流动制度，教师流动乱象频出，造成大量教师向城市学校或重点学校无序流动，而未能流动的教师为了实现劳务价值与价格的平衡则选择消极怠工即隐性流失，从而降低了教育工作效率。可见，我国义务教育师资配置的现实问题，包括严重的不公平问题和突出的效率问题，既有市场的原因，也是政府的责任。它是市场失灵与政府失灵的综合产物，但主要矛盾方面在政府。因此，要解决我国农村师资配置问题首先就应从矫正政府的自身问题着手。

（二）政府会因为缺乏激励而忽视农村教师配置

公共组织激励理论认为，出于社会福利最大化的考虑，应该让那些效用最大的消费者优先得到公共物品。但在信息不对称的情况下，公共物品的分配会受到逆向选择的困扰。公职人员需要对潜在的消费者进行甄别，才能有助于提高公共物品的配置效率。但如果显性激励缺位或不足的话，公职人员就会缺乏收集和处理消费者信息的动力。[1] 同时，公共部门外部激励作用有限，主要是由于公共部门很难准确了解公职人员的业绩，也就无法确定衡量公职人员的业绩标准。这样一来，公共部门在强调成本时，常常会忽略质量因素。[2] 而公共物品本身质量难以测定，政府便会关注那些可以测量的要素，忽略不可测量的东西。教育在很大程度上公共产品的属性，教师资源总体看也属于公共资源，也会出现通常公共资源配置的问题。

---

① Banerjee, A. V., "A Theory of Misgovernance", *Quarterly Journal of Economics*, Vol. 112, No. 4, 1997.

② Tirole, Jean, "The Internal Organization of Government", *Oxford Economic Papers*, Vol. 46, No. 1, 1994.

第三节　农村学校对教师配置的影响

按照《全国中小学校长任职条件和岗位要求（试行）》通知规定，我国中小学校长依法拥有人事管理权、教育教学管理权、校务工作综合管理权和校产管理权。教师配置属于学校人事工作范畴，是农村教师配置另外一个重要的影响因素。

一　学校对教师配置影响的主要研究

（一）学校管理支持缺乏导致的教师流失

学校管理是稳定教师的重要因素，管理支持缺乏时，教师流失的可能性就大大增加了。博伊德（Boyd）等研究发现，教师对学校管理支持评价每增加一个标准差，流失的概率将减少28%，学校支持对于教师稳定的作用非常显著。[1] 总体看来，综合考虑学生构成、工作条件和学校气氛等因素，无论有经验的教师还是新教师，对学校管理支持的认知成为教师流失最重要的表征（predictor）。[2]

学校管理支持主要体现在哪些方面呢？首先，学校要支持教师实现个人专业发展，帮助他们取得事业成就。哈德曼（Hardman）对阿根廷布宜诺斯艾利斯国家学校的调查发现，合同期满后，有88.5%的教师认为个人专业发展能否得以实现，成为是否愿意继续留下来任教的首要因素。[3] 伊格索尔（Ingersoll）等研究显示，帮助教师提高个人专业水平，进而改进课堂教学并实现学生成绩提高的学校，教师流失率减少了23%。[4]

---

① Boyd, H., Lankford, H., Loeb, S., Ronfeldt, M., Wyckoff, J., "The Role of Teacher Quality in Retention and Hiring: Using Applications to Transfer to Uncover Preferences of Teachers and Schools", *Journal of Policy Analysis and Management*, Vol. 30, No. 1, 2011.

② Boyd, D., Grossman, P., Ingersoll, M., Lankford, H., Loeb, S., Wyckoff, J., "The Influence of School Administrators on Teacher Retention Secisions", *American Educational Research Journal*, Vol. 48, No. 2, 2011.

③ Hardman, J., *Improving Recruitment and Retention of Quality Overseas Teachers*, In Blandford S., Shaw M., *Managing International Schools*, London: Routledge Falmer, 2001. pp. 123 - 135.

④ Ingersoll, R. M., "Teacher Turnover and Teacher Shortages: An Organizational Analysis", *American Educational Research Journal*, Vol. 38, No. 3, 2001.

其次，支持性管理的学校鼓励教师参与学校管理，体现教师的自主，从而增强了教师留下来的意愿。韦斯（Weiss）通过追踪调查，发现教师对自主和自我决断等方面的感知是提高士气的重要因素，也是他们选择留下还是离开的理由。当他们感知对（制定）学校规章制度影响越大，就越是愿意选择留下来任教。[①]

最后，支持性管理要为教师留有足够空间，尤其是个人对课堂教学保有较高程度自治，包括教学内容、教材、教学资料、教学手段以及对课程的安排等。如果管理者对教师采取集权式管理，即使其初衷是为教师提供帮助，教师也会难以接受而选择离开。

（二）学校工作安排不合理导致的教师流失

学校工作安排不合理也会造成教师流失。一方面，工作任务重是教师流失的一个重要信号。斯图伊特（Stuit）等研究发现，工作任务越重教师流失率越高，每周工作超过 60 小时的教师，流失率是低于 60 小时教师的 1.6 倍。[②] 另一方面，一些学校改革往往伴随着大量繁杂的会议、目标设置讨论的博弈、撰写各种报告、开展评估以及大量的资料工作。博伊德（Boyd）指出，尽管这些改革举措确实能在一定程度上改进学校工作，但究竟能改进多少，人们不得而知，但可以确切地说，这些活动耗费了大量本该用于备课、与学生接触的时间，增加了教师的负担，使他们不堪重负，从而选择离开。[③]

有研究者认为，学校工作安排不合理是诱因，由于工作安排不合理，教师会感到身心俱疲、工作压力大，过大的压力如果在短期内得不到缓解，会让教师产生职业倦怠，促使教师离开教师职业。戈达德（Goddard）等在澳大利亚昆士兰对 112 名刚入职 1—2 年的教师进行了深入研究，12%

---

①　Weiss，E.，"Perceived Workplace Conditions and First – year Teachers' Morale，Career Choice Commitment，and Planned Retention：A Secondary Analysis"，*Teaching and Teacher Education*，Vol. 15，No. 8，1999.

②　Stuit，D，Smith，T.，"Teacher Turnover in Charter Schools. National Center on School Choice"，2010 – 09 – 18（http：//files. eric. ed. gov/fulltext/ED543582. pdf. 2017 – 10 – 23）.

③　Boyd，H.，Lankford H.，Loeb S.，Ronfeldt M.，Wyckoff J，"The role of teacher quality in retention and hiring：Using applications to transfer to uncover preferences of teachers and schools"，*Journal of Policy Analysis and Management*，Vol. 30，No. 1，2011.

的被研究者急迫地想要离职，主要由于他们面临一系列与工作相关的压力。①

（三）消极的学校氛围导致的教师流失

每一所学校都有其特殊的氛围，新进入的教师都会在先前已经形成的氛围中改变自己的行为。一些学校是消极的氛围，就会强化教师的冷漠，阻碍教师之间的合作，教师之间常常处于一种公开的敌对状态。相反，一些学校有很强的集体效能，教师之间相互信任，团队之间相互合作，为创造一个积极的学习工作环境共同努力。

很多研究都表明，学校组织氛围越良好，教师流失率越低。卡夫（Kraft）等利用2007—2012年5年间的动态数据，对5万多名样本教师研究发现，持续的学校组织氛围改善将使教师流失减少，而且在组织氛围糟糕的学校通过改善环境氛围将对减少教师流失起到很大的边际效果。② 布莱克和施耐德（Bryk 和 Schneider）花了近10年时间在芝加哥40所学校开展研究，发现学校领导、教师、家长之间的相互信任，可以有效促进学校改革的实施，有利于减少教师的流失。③ 反之，如果学校教师之间隔阂较深，新手常常被漠视而被委以大量杂事，他们就会转而选择其他能够提供组织支持及能够更好地与同事沟通交流的学校。

二 农村学校是具体实施农村教师配置的重要环节

学校是农村教师配置中的一个重要环节。政府是农村教师配置中的一个重要主体，但事实上，教师配置的最终落地，却是在学校的操作层面。首先，在新教师录用中，如果教育局适当放权的话，学校可以作为一个主体参与教师的招聘。在西方，新教师的招募主要由学区和学校具体组织实施。我国目前学校自主权较小，在教师招聘过程中缺乏足够的自主权。但就国家政策导向看，改革教育管理体制，增强学校办学自主权，在诸多重

① Goddard R. , Goddard M. , "Beginning teacher burnout in Queensland schools: Associations with serious intentions to leave", *The Australian Educational Researcher*, Vol. 33, No. 2, 2006.

② Kraft M. A. , Marinell W. H. , Shen – Wei Yee H. , "School organizational contexts, teacher turnover, and student achievement: Evidence from panel data", *American Educational Research Journal* , Vol. 53, No. 5, 2016.

③ Bryk A. S. , Schneider B. , *Trust in schools: A Core Resource for Improvement*, New York: Russell Sage Foundation, 2002: 9.

要政策规定中都有所提及，如 2017 年中共中央办公厅、国务院办公厅《关于深化教育体制机制改革的意见》提出，要深化简政放权、放管结合、优化服务改革，把该放的权力坚决放下去，把该管的事项切实管住管好，加强事中事后监管，构建政府、学校、社会之间的新型关系。就此看来，新型的学校关系将会适当增加学校的人事权，学校在教师招聘中的权力会得以体现。

其次，从当前实践来看，学校是教师流动中的重要组织实施者。从正式制度的规定分布来看，乡镇内的教师调动，主要指从村小调动到中心校，一般由中心校校长决定，报县教育局行文就可以。可以看出，乡镇内的教师流动，主要由校长组织实施。乡镇之间的调动需要进出学校校长签字，教育局讨论通过才行，因此乡镇之间的教师调动权也离不开学校的参与。另外，学校还负责乡镇内的教师交流，即中心校派出教师支教村小。

三　校长行为不当会导致农村教师配置问题

官僚理论认为，科层体制中的官员升迁主要依靠上级提拔，他们多数人都寄希望于通过取悦上级得到提拔，如果他使上级不愉快，他的升迁机会就很渺茫。[①] 因此，在科层管理体制中，官员会重视本部门的工作业绩，重视下属的工作效率，因为他所领导的部门完成任务的情况会影响到自己的地位，对他自己的权力斗争很重要，而且部门的工作业绩也可以显示自己的工作业绩，可以吸引上级的眼球。但另一方面，官员常常会按照上级的好恶行事，或者按照能够得到领导奖励的方式行事，而不考虑如何按照实际将事情本身做正确。

根据以上分析可以认为，校长是公共利益的代表，但他们可能并不会按照公共利益要求来做好农村教师配置，他们的行为偏差可能会导致农村教师配置问题。首先，作为校长，为了提高学校的地位，彰显自身的业绩，校长会很看重教师的能力，他也希望能配置高水平的教师。但是，由于校长个体利益掌握在政府部门手中，当政府在农村学校配置的教师水平低下甚至不合格时，校长也不会提出太多反对意见，因为在农村配置高水

---

① ［美］戈登·塔洛克：《官僚体制的政治》，柏克、郑景胜译，商务印书馆 2010 年版，第 31 页。

平教师属于公共利益，政治前途才是个人重要利益，没有必要与政府尤其是教育主管部门的做法"相左"。其次，正是由于上述缘由，农村学校校长在实际教师配置中更多是迎合县政府或教育主管部门的需要，对于国家政策要求并不会关注，不会给予重视，即所谓"县官不如现管"，这会导致国家政策在实践中执行异化。由此，即使中央政府高度重视农村教师配置，学校并不会按照中央政府的意愿行事，而是更多按照其直接上级——县级政府要求行事。最后，校长虽然是公共利益的代表，但他同样也是一个理性的个体，如果教师配置这种公共事务与校长个人利益相冲突，他们可能会关注自己的利益，而忽视教师配置这种公共利益。

第四节　教师认同对农村教师配置的影响

教师认同对农村教师配置的影响已为人们熟知，大多数针对农村教师配置的研究也集中于教师这一主体。本书对此稍作阐释，不过多赘述。

一　物质需求满足程度影响教师农村从教认同

传统中国社会更看重"义"，轻视"利"，孔子讲"君子喻于义，小人喻于利"，见利忘义为君子所不齿，所以孔子说："不义而富且贵，于我如浮云。"《吕氏春秋》也说："临大利而不易其义，可谓廉也。"董仲舒则讲："正其义不谋其利，明其道不计其功。"但在讲究辩证哲学的中国文化背景下，"义"和"利"又是辩证统一的，程颐、程颢提出"义之安处为利"。荀子认为，义与利者，人之所两有也，虽尧舜不能去民之欲利，然而能使其欲利不克其好义也。王安石则指出"义""利"相互促进和转化，即所谓"利者义之和，义固所为利也"。

当代社会的教师被赋予了公共知识分子的使命。教师应当运用自己的学识智慧、社会地位，自觉促使教师职业成为实现教育公平正义的领导力量。教师应积极投入教育改革，关注教育热点问题，批判教育丑恶，揭示教育黑暗，同情教育弱势，维护教育平等，投身于对各种不良教育现象与教育制度的改造之中。教师应走出"象牙塔"，走向教育公共领域与学校公共事务，走向教育大众，积极投入教育的公共生活，怀揣参与教育事务的热情，投入教育改革的事业，并试图成为其中的领导力量。①

　　由此看来，为了提高农村教育水平，教师应不计个人得失，安心农村从教，把自己的一切奉献给农村教育事业，以社会进步为己任，恪守社会基本价值标准，由此达致一种至高的境界。我们认为对教师社会责任的担当倡导是必要的，尤其是在当下人心浮躁，物欲排挤了德性的环境下，更值得大力颂扬。但是对教师的这种责任要求实际上是一种应然描述，教师的实然行为和应然要求往往有很大的差异。现实中的教师作为一个理性个体，他们会把自己的各种需求进行权衡，如果认为在农村任教能够满足他们的主要需求，他们会继续在农村从教，如果不能满足，他们就会选择离开农村或者改行。

　　在现实环境下，有很多物质性条件影响教师的农村执教，在工资待遇上，从公平理论的视野看，他们会将自己的待遇与劳动强度相比，也会与其他教师相比，甚至会同其他行业从业人员相比较，通过比较如果产生公平感，他们会安心从教，反之可能会选择放弃。从条件上看，农村教育水平不高，这本身也会影响教师子女的就学，农村教师放弃将孩子放在农村学校而选择城市学校后，为了方便照顾孩子，他们可能会选择到城市工作。农村医疗条件也很有限，无论医疗设备、医生的技术水平都难以满足人们的需要，教师稍有疾病，会选择到城市就医。城市生活的便利条件也是农村无法比拟的，选择农村任教实际是放弃了城市生活。故前面已经叙述的农村教师工作与生活的分离，农村教师成为"两栖人"，则是现实条件促使下的必然结果。教师农村工作，城市生活，可能在一定程度上缓解了城乡公共服务差异带来的农村教师配置困难，但无法从根本上解决农村生活条件的窘境，更何况尚有大部分教师多数时间生活在农村，尤其是中西部农村地区。

二　精神需要满足程度影响教师农村从教认同

　　精神需要的满足与否会在很大程度上影响教师的去留。很多研究都显示，流失的教师职业的满意度更低，海耶斯（B. Heyns）曾经对 2 万余名教师从 1972 年开始进行跟踪研究，到 1986 年，对仍然在岗位的教师与流失的教师进行了对比研究，发现他们对教师工作的满意度存在明显差异，

---

① 刘建：《教师的社会角色探析》，《当代教育科学》2007 年第 21 期。

有29%的在岗教师认为如果从头再来的话他们同样会选择教师职业，而流失的教师中持该观点的只有18%；三分之二（68.4%）的在岗教师认为他们对教学工作一直都很满意或多数时候感到满意，对流失的教师而言，只有一半（51.1%）的人认为他们对教学工作一直都很满意或多数时候感到满意。[①]

教师有多方面的精神需要，约翰逊（S. E. Johnson）等发现，教师个人因素，如性别、个人教学经验、职业准备（不同方式获得学历、教师职业资格证书）等与教师是否继续留下来在原来学校从教有关联。但这不是影响教师离开还是留下的关键因素，教师们在权衡是否继续留下来从教或者转入其他学校任教，甚至放弃教育转投其他行业时，一个最为重要的因素是能否取得事业上的成功。

另外，如果学校内部教师隔阂较深，新手常常被漠视而被委以大量杂事，他们就会转而选择其他能够提供组织支持的学校，能够更好地与同事沟通交流。有些学校把学生对教师不尊重、不配合视为理所当然和不可避免，教师就会离开原来学校选择那些具有良好尊师重教风气、纪律制度严明、能够协助教师处理好与家长关系的学校。多数老师都会认为，若要长期留下来从教，非常重要的一点是建立规范并内化为全校师生的自觉行为，以形成有序、相互尊重的教学环境。这种环境创造和延续并不是召开一次教师大会，通过一项制度那么简单，而是校长、教师、家长必须对学生的不良行为做出一致的反映，并采取预防措施阻止学生的违纪行为，使其把心思放在学习上。

校长、教师、家长的协同一致，可以增加教师教学的有效性，从而在事业上取得成功。[②] 邓恩（A. H. Dunn）研究发现，教师在学校参加业余课程的学习，其效果与教师是否愿意继续留在教师行业有很大的关联，如果他们认为在业余课程上投入的时间和精力可以促进他们的教育教学，提高教师专业身份，有利于他们长远的职业发展，他们更有可能留在教

---

① Heyns, B., "Educational Defectors: A First Look at Teacher Attrition in the NLS-72", *Educational Research*, Vol. 17, No. 3, 1988.

② Johnson, S. E., Birkeland, S. E., "Pursuing a 'Sense of Success': New Teachers Explain Their Career Decisions", *American Educational Research Journal*, Vol. 40, No. 3, 2003.

师行业。①

　　农村教师自然不会满足于基本的物质性需求，他们都会有更高层次的精神需要。一方面，农村教师个体在专业水平提升上的需要，越是成就感需要强烈的教师，越是需要在专业水平上不断提高，希望自己能够成为一名教学名师。近年来国家加大了农村教师培训，"国培""省培"等项目都主要针对农村教师，使很多农村教师有大量接受新鲜事物、拓展自身专业能力的机会。很多农村教师也在这个过程中实现了自身的发展和提高。但是，农村教研环境的缺乏，同伴之间的促进，显然跟城市比起来，有很大的差距。另一方面，农村教师成就感主要来自学生行为方式的改变、学业成绩的提高。现实看，农村优秀学生流失，很多问题少年留了下来。而且总体看农村学生基础薄弱，家庭教育远不及城市学生，在学业成绩上与城市学生存在极大的差距。这些因素都会影响农村教师成就感。如果教师在农村任教不能满足他们对事业的追求，无法使自己的人生价值得到实现，那么这些农村教师可能就不会安心在农村从教，从而对农村教师配置产生影响。

---

① A. H. Dunn, Downey, C. A. , "Betting the House: Teacher Investment, Identity, and Attrition inUrban Schools", *Education and Urban Society*, Vol. 50, No. 1, 2017.

第六章　政府行为偏差造成的
农村教师配置问题

政府行为指政府为实现其职能而进行的实践活动，是政府履行其职能的过程，亦即政府如何去做，采取什么方式去做。政府教师配置行为即是指政府在教师配置过程中制定政策规范以及组织实施等过程。本书所指的县级政府农村教师配置行为偏差，主要指县级政府在农村教师配置中没有顾及农村人群利益，没有落实在农村配置高质量教师的责任所出现的行为偏差。

第一节　政府教师配置的城市取向

政府教师配置的城市倾向在不同时期都存在，但在 20 世纪 90 年代后期以后更为明显，本书将就田野调查中发现的政府教师配置城市倾向进行事实描述，并对这一现象的深层缘由进行剖析。

一　政府教师配置城市倾向探析

政府政策的城市倾向在很多国家都存在，尤其在城市化过程中，政府政策的城市化倾向更为明显。西方城市倾向理论认为，政府会利用投资、税收、价格、外贸等经济政策，对城市地区实行优惠而歧视农村地区，从而造成城市与农村在生产力水平、消费、工资等方面的分化。① 在相当长的时期内，我国城市化倾向的政策是比较明显的，城市倾向政策形成城乡之间长期存在的不平等交换机制，乡村为城市提供大量廉价劳动力，

---

① 成德宁：《各种发展思路视角下的城市化》，《国外社会科学》2004 年第 6 期。

而政府却把有限的资源更多投向城市居民，错误配置资源，导致城乡之间在消费、工资和生产力水平上的分化。这种城乡发展的不平衡以及城市居民与农村居民生活水平的巨大差距，吸引着农村地区的人口源源不断迁入城市。

在教育领域，资源配置的城市化倾向也很明显。以小学生均预算内教育事业费为例，1993 年城镇小学生均预算内教育事业费为 209.46 元，农村小学生均预算内教育事业费只有 144.79 元，前者是后者的 1.45 倍。到 1995 年，城乡差距扩大到了 1.72 倍。同样，1998 年初中生均预算内教育事业费城乡差距达到了 1.65 倍。再以城乡教师编制为例，2001 年《国务院办公厅转发中央编办、教育部、财政部关于制定中小学教职工编制标准意见的通知》（国办发 [2001] 74 号）和 2009 年《关于进一步落实〈国务院办公厅转发中央编办、教育部、财政部关于制定中小学教职工编制标准意见的通知〉有关问题的通知》（中央编办发 [2009] 6 号），对于中小学教师编制都是按照城市优先的原则制定的。

进入 21 世纪以后，政府逐渐扭转教育资源过度倾向城市的行为，开始逐渐重视对农村的投入，农村在经费投入方面得到了较大支持，农村学校硬件环境已经得到了很大改善。但在师资配置方面尽管高层级政府出台了一系列措施，但农村教师整体水平提升还很有限。从县级政府层面来看，政府官员教师配置的城市化倾向的观念没有根本性改变，甚至可以说，在城市化过程中，由于城市发展指标对官员政绩有很大影响，县级政府官员的城市化倾向更为明显了。

在县级政府看来，农村教师是县城教师的储备，当县城缺乏教师，或者县城缺乏优秀教师时，就会利用农村教师资源，在农村抽选教师。笔者曾参加四川 P 县教师流动办法制定会议，会上很少听到有领导提及教师流动要照顾农村利益，在整个近 3 个小时的会议上，根据笔者统计，只有分管教育的副县长说了一句：

> 我们要想办法把优秀人才吸引到县城来，但也不能放弃乡镇学校，仅有孤立的县城教育对全县教育发展也不好。（20130822）

据笔者了解，这位副县长是某高校中层下派挂职锻炼的，稍提出了一点不同的声音。但副县长的话显然没有引起其他人的共鸣，只是昙花一现就扔到角落无人问津。大多数时间里官员们都是在谈论县城教师的配置，而听到最多的一句话就是"把最优秀的教师弄到城里来"。笔者试图举出几个例子对此加以说明。

在谈到县城学校已经超编，是否需要按照"出一进一"的原则安排教师流动时，常务副县长明确指出，县上目前教育要有亮点，不能到处撒网，要有重点地树立示范。而县城作为全县的窗口，首先应该提升县城学校的档次，为此需要把最优秀的教师弄到县城学校来任教，如果有高水平的教师进来没有空缺岗位，该超编的就超编，编办要配合。

当讨论到如何考查从农村流动到县城的教师业绩问题时，人事部门负责人认为，制定教师流动办法的目的是为了让优秀的教师能够进入县城，因此凡是教学成绩获得全县第一名的教师，可以不参加考试，也不再看其他荣誉，直接调进县城。教育局局长接着进行补充，对人事局局长的意见可行性问题提出了自己的看法，认为县城选拔优秀教师当然没有问题，但是，如果仅仅以一次考试成绩就决定是否进入县城，这并不科学，因为学校始终有好班和差班，全县学校也有好有坏，如果仅是第一名进城的话，那以后谁愿意待在教学成绩不好的学校呢？谁又去教差班呢？毕竟教学成绩好的学校和班级都只是少数。最后讨论决定，本着选优的原则，在选拔教师进城的考核中教学业绩占50%，包括教师的教学成绩以及其他荣誉称号。

在 P 县县城教师招考会议上，笔者也听到了同样的声音。在讨论如何设置条件时，教育局局长提出，县城必须选优，把农村优秀人才选拔到县城来，因此必须要设置门槛，比如取得教学成绩、获得荣誉称号、工作年限等，不能让谁都来参加县城教师考调。

其实选拔优秀教师进入城市本身没有什么问题，对于教师而言，流动是正常的。流动时不选拔优秀教师进入城市，而选拔平庸之辈进入城市无疑是荒谬的。但问题是对于一个问题的审视需要坚持系统思维和整体考虑。本研究在前面的分析已经表明，城市每年在农村抽选大量优质教师，农村成了城市教师的培养基地和"蓄水池"。当下的现实是优秀的大学毕业生不愿到农村任教，再加上骨干教师大量流走，那农村教师质量问题可想而知。

二　博弈能力失衡：政府教师配置城市倾向的一种解释

西方理论认为，政府城市倾向政策的形成主要有两个原因：一是国家为实现赶超型的工业化战略，通过对农业征税等为工业化提供必要的财政支持，实现高速工业化。这样，国家会通过实行诸如"剪刀差"政策，亦即政府通过扭曲产品价格以及生产要素价格，造就一种不利于"三农"的政策环境，获取农业剩余，以补贴工业化。二是发展中国家农民虽然人数众多，但居住分散，参与的意识弱，而且集体行动中沟通成本过高，加之单个农民的农产品只占整个农业产出的微小份额，会造成"搭便车"现象，由此造成农民虽说在人数上多，但缺乏博弈能力，难以发出有力的政治呼声。国内一些学者认为，中国的城乡差距在 1978 年以前主要是由于一套与重工业优先发展的政策所造成的，这一段时期来自利益集团的压力基本上是不存在的。但改革开放以后，城乡差距则主要是利益集团的压力及传统经济体制障碍的双重因素造成的。[①]

若从这一视角来分析政府为什么总要设法挖走农村高水平教师，充实城市教师队伍，则不难发现，农村人群虽然为数众多，但比起城市人群强有力的利益博弈能力，农村人群的利益博弈能力是非常有限的。接下来简单分析关涉农村教师配置的主要利益人群，农村教育质量高低直接受到影响的当然是农村学生及家长，农村学生都是未成年人，涉世未深，基本谈不上为了自身利益去争取好老师，获得好教育。农村学生家长虽然也意识到县上在农村大量抽选优秀教师，优秀教师的流失使他们的孩子学习受到了影响，但很少有人意识到去政府或教育主管部门表达自己的意见，给决策者施加压力。其次是农村教师，在城乡教育环境、生活环境有很大差异的背景下，农村教师自然希望调离农村，考试进入县城的名额越多，机会越大，不能调走就凑合过下去，谁会去关心农村教师水平高低呢？按理，农村学校校长应当成为主要的利益争取者。笔者在调研中也看到，有校长到教育主管部门表达自己的不满。如四川省 P 县 ZD 中学全校教职工 62 人，2013 年县城选调中有 19 人参加考试，最终 9 人通过考试调进县城。该校校长意见很大，向教育局局长讲道：

---

① 蔡昉、杨涛：《城乡收入差距的政治经济学》，《中国社会科学》2000 年第 4 期。

我校今年教师流失太大，而且基本是学校的优秀教师，其中有些科目走了两三个，开课都成问题。而我们学校地处西部（指 P 县的西部）不像东部学校，东部学校教师流失，我们西部很多教师还可以去填补，而我们西部学校教师流失很难补充。这样大的流失，叫我们到哪里去弄教师来填？如果这样下去，学校的正常教学秩序是难以保证的。（20130824）

但是，笔者发现，大多数校长尽管对学校教师流失有很大意见，但一般并不会到教育局或者政府去表达意见，给决策者施加压力，而是选择保持沉默。我们一般认为，如果农村学校校长联合起来，对城市大量在农村选拔教师的体制提出反对意见，可以阻止某些政策的推行，或者至少在一定程度上可以减少城市在农村抽选骨干教师的人数。但事实上这是很难做到的，其中至少有以下两个因素：一是教师流动可以给校长带来好处。因为流走的教师本身需要得到学校的同意，而且农村学校教师流走后，需要补充新鲜力量，条件较差的农村学校教师又顺势流动到条件较好的农村学校。教师流动可以给校长带来好处，这种好处一方面指物质寻租，另一方面则是指校长某些关系圈内的人员借此机会可以进入自己的学校。二是校长本身还要考虑自己的"官帽"，农村学校校长一般由教育局任命，校长需要服从教育局的指令，执行教育局的安排。如果校长的言行和教育局的决策产生严重冲突，这对校长来说有很大风险，甚至有可能导致校长职位不保。

反观县城教育，一些利益群体可以借助自己的社会地位、话语权力、资源占有等为县城教育争取利益，促使在县城学校配置优秀教师。接下来对这些利益群体进行简要分析。首先，政府官员本身是为县城教育争取利益的一个强有力的群体。笔者一次和四川 P 县教育局的一位官员聊天时，这位官员告诉笔者：

县城学校教育质量还不够好，县政府领导是有意见的，现在县上不少领导的子女初中以上很多都没有在本县就读，都送到其他地方去了。一次县上开会，县政府的领导说："如果县城学校发展好了，教育质量提高了，我们的子女才能安心在这里读书，才不至于跑到很远去求学"。作为教育主管部门，我们的压力很大啊。（20130716）

很显然，政府工作人员自己的子女在县城就读，出于自身子女教育的利益，自然希望县城能配置高水平的教师，官员们的这种需要，会将压力传导至政府决策部门，迫使决策部门重视城市人群子女教育。

在四川 P 县，很多领导的子女上了初中以后都在县外上学，因此，在政府官员看来，初中即使差一点，对自身影响不是特别大，毕竟孩子大了，可以送出去读。小学可是不行的，孩子太小了，独立生活的能力不够，还需要留在身边好照看。在这种认识之下，县城小学是必须要办好的，至于初中嘛，即使稍微差一点，也还过得去。

其次是县城学校校长。一般说来，县城学校校长较农村学校校长有更多的话语权和更大的影响力，对政府教师配置决策能产生更大的影响。笔者举出一个事例，对此加以说明。2013 年四川 P 县高中教师招考，招聘公告中有这样一个规定，所有参加考试的教师都必须具备高中教师资格证，也是报名的门槛。但县城高中校长对此表示强烈不满，因为这条规定限制了一些高水平的初中教师参加考试，对绝大多数初中教师而言，并不具备高中教师资格证，高中校长认为初中教师尽管没有高中教师资格证，但他们中确有一批教学能力强，能够胜任高中教学。公告出来之后，高中校长直接找到了教育局局长，表达了自己的反对意见。事后，P 县高中校长对教育局所施加的压力起到了作用，P 县教育局局长表示，将把意见转达人事局，删去此条。

第三个城市利益群体当然就是学生家长了。我们在农村看到，家长忙于自己的活计，无暇顾忌学校的事情，很多家长对学校并不了解，他们甚至不知道学校都有哪些老师，至于这些老师的水平怎么样，更是无从知晓，这种现状，用一句非常通俗的农村话语来说就是"学校大门朝东朝西都不知道"。当然也有一些明白人，主要是农村学校的教师、政府工作人员以及集镇上的一些"好事者"，但这些人并不会对学校教师水平给予太多关心，因为他们是有能力将孩子送到城里就读的，农村学校教师水平高低与他们没有太大关系，如若教师水平太低，大不了将自己孩子转学到城市去读。因此总体上说来，农村家长是一个松散的群体，基本上难以对决策者施加有效的压力。县城家长就不一样了，如果他们认定教师有问题，他们时常会跑到政府或教育局去反映，在一次与教育局官员聊天时谈到了这一点：

　　现在的家长可不好对付，稍不注意就来找教育局的麻烦，他们离教育局近啊！我们教育局经常都有家长来反映教师这样那样的问题，有些简直是鸡毛蒜皮的事，有次有个家长因为孩子座位的问题也跑到这里来了，要求教育局解决。遇到一般的家长还好，只需应付就行了，有些家长有权有势的，就麻烦了。这些家长中有些还是县上的人大代表或政协委员之类，他们的孩子成绩不好，很多认为是老师的问题，也会在正式场合或者非正式场合提出这样那样的问题。（20130813）

　　从以上分析可以发现，城市强大的利益群体不仅具有为了自身利益去争取更好的教师资源的意识，而且他们本身处于社会权力的中心，掌握更多的资源分配权力，拥有获取资源的话语权，具有争取利益的能力。从而使得政府在教师资源配置时常常优先考虑城市，这不仅符合政府官员本身的利益，而且就整个政府而言，向强势利益群体倾斜，也符合基本的政治逻辑。而农村人群是利益博弈的弱势方，他们争取利益的意识和能力都远不如城市人群，政府在教师配置中也就自然表现出城市化倾向，以符合城市人群利益，与此伴随的是农村人群的利益被忽视了。

第二节　政府教师配置权力的偏向运行

　　在上一节的讨论中，对政府教师配置的意识形态进行了审视，并对可能的原因进行了分析。政府官员意识形态的偏差，必然会导致实际行为的走样，使政府公职人员的权力偏向运行。

一　政府教师配置权力运行审视

　　为了加强农村教师队伍建设，国家推出了一系列措施。2015 年国务院《乡村教师支持计划（2015—2020 年）》从乡村教师培养、待遇提高、职称评审、荣誉奖励等方面提出了具体措施。2017 年国家发改委《国家教育月事业发展"十三五"规划》（国发［2017］4 号）提出要加快推进县域内城乡义务教育学校教师编制标准统一，……基本实现县域校际资源均衡配置。完善校长教师轮岗交流机制和保障机制，推进城乡校长教师交流轮岗制度化、常态化。

应该讲，高层政府对农村教师配置的举措是正确的，也具有一定的现实意义和可操作性。但是具体到县级政府操作层面，可能并没有完全按照上级政府的意愿行事，甚至出现真正执行的政策与上级政府政策初衷完全背离的现象。下面以笔者对四川 P 县的考察进行叙述。

在县级政府官员看来，农村教师工作最大的动力是进入城市，那么政府的任务是疏通农村教师进入城市的渠道，并激励农村教师努力工作，只要他们工作有了成绩，就有机会进入城市，这样他们工作才有动力。笔者参加过一次县城教师招考会议，会上就县城教师招考是否允许县外教师报名考试时，教育局局长明确表态：

> 我们县高中和职中教师招考，肯定要面向县外。但是初中和小学就没有必要再面向县外了，为什么呢？我们全县 2000 余名教师，你还选不出优秀的啊？你如果让县外教师来把位置占了，那基层农村教师还有什么想法呢？我们要鼓励这些农村教师安心从教，就要给他们留有进城的机会。不仅县城不应当让县外教师进入，县城周边学校也不能让县外教师进入，县城周边学校要为西部（P 县西部）农村教师留有余地，让不能进县城的西部农村教师能进入县城周边学校。（20130816）

教育局局长的态度很明确，进入县城是教师工作的动力源，那么只要他们能够安心努力在农村工作，他们迟早都有进入县城的机会，这样似乎可以吸引一些大学毕业生到农村从教，也可以鼓励农村教师安心认真工作。笔者注意到，教育局局长的观点得到了包括人事部门在内的所有政府工作人员的一致赞同。

同样，本书在前面提到的由常务副县长牵头的教师流动会议上，人事部门负责人坚持主张凡在学年统考中获得第一名的教师可以不经考试，而是通过面试性质的考核，直接调动进入县城，这一提议得到了常务副县长以及一些部门领导的同意，但由于教育局局长极力反对，最终没有成行。

也许县政府本意还是想通过给教师进城机会从而增加农村教师的吸引力，也有可能政府确实在真心诚意地为农村教师考虑，让他们工作有盼头。但只要稍加思考就会认识到，政府的这种策略其结果会与政府当初的想法事与愿违。因为这种策略并不是在鼓励教师在农村安心从教，而是鼓励教师进入城市。工作的主要动机不是为了其他目的，就是为了能够进入城市。那么只要有进入城市的机会，教师就会努力去争取。平时努力工作，提高教学成绩，其目的也只有一个，就是为进入城市做准备，争取资格。这样一来，教师工作本真的目的完全变味了。教师工作的目的不仅功利，而且极为庸俗。当然，其最终结果肯定也不利于吸引和稳定农村教师。

二 教师质量标准缺乏：政府教师配置权力偏向运行的归因

政府工作人员也是由在认识能力上具有局限性的个体构成。这不仅因为每一个人的认识能力都是有限的，而且就目前的官员任职制度来看，官员主要来自公务员系统，具有深厚专业背景的教师难以成为一个县的教育管理人员，分管教育的副县长或教育局局长往往并不是教师出身，对教育往往并不熟悉。广东一位校长谈到了这一点：

> 现在教育局主要领导是社会上招的公务员，或者在其他局里面调一些人过来当，他们从来就书都没有教过，我们的教育局局长是畜牧局局长过来的，他也不懂教育。还有一种就是以前当过老师，可以说他不热爱教育事业，就去考公务员，然后当上了领导之后，人家看你以前教过书，好，你就过来当教育局局长。反而是学校的校长、老师之类很难在教育局里面当上局长、副局长甚至科长。所以你教育局里面本身这个管理部门都存在业务上不够深入，对教育不了解。现在教育就存在这个问题，你没有办法把他当作一个专业性的事情来做啊，都是外行在管内行。（20161114）

同样，四川 P 县目前教育局局长是从乡镇党委书记任上来的，从来没有接触过教育，是地道的"门外汉"。一次与局长吃饭的过程中，由于在场的都是关系很近的朋友，谈话非常随意，在谈到教育教学工作时，一位副校长对教育局局长这样说道：

> 不是吹牛，我教书比你教得好嘛，比你更懂教学。（20180406）

教育局局长表示认可，认为这位副校长的说法没错：

> 你教书是比我教得好，也比我更懂教育，我没在学校待过，没有教过书。（20180406）

政府官员对教育的不熟，依靠官员自身对教育的认识和理解办教育，显然还不足以能使教育在合理的轨迹上运行。如果从机制的角度审视一下为什么政府没有对农村教师配置给予足够重视，主要还是目前农村教师配置的标准规范不健全。目前农村教师配置除了基本学历要求外，没有强制性的标准。近年来给政府施加的一些强制性考核验收也主要关注农村学校硬件设备设施的配置，对农村教师这个关键性因素的考察没有提到应有的高度。以教育均衡检查验收为例，尽管该项检查验收本应该是促进县域内均衡配置教师的一个最佳时机，可是从很多省的教育均衡检查来看，难以促使政府缩小城乡间教师质量的差距，提高农村教师队伍的整体水平。以四川省教育均衡检查指标设置为例，其一级指标有 4 个，分别是保障机制、入学机会、教师队伍和质量与管理。教师队伍下面有 5 个二级指标，分别是全面加强师德建设、全面实施义务教育绩效工资制度、学科教师配备合理且师生比达到省定编制标准、建立并有效实施县域内义务教育学校校长和教师定期交流制度、落实教师培训经费并加强教师培训。这些指标的设置显然不能反映城乡教师的巨大差距，因而四川省 P 县尽管农村优质教师大量流失进入城市，但丝毫不会影响其在均衡检查验收中的得分，并于2018 年顺利通过省上教育均衡检查验收。同样，贵州省 CG 县尽管每年大量优质农村教师被抽调进入城市，但其在教育均衡检查验收中得到了 94 分的高分，在全省排名第二。

迪克斯特（Dixit）曾指出，委托—代理关系的多重性及代理任务的多维性会对公共部门的外部激励产生不良影响，因为公职人员所从事的任务具有不可观测性和努力成本具有可替代性，显性外部激励经常导致公职人员的行为扭曲。[①] 霍尔斯特罗姆（Holmstrom）研究认为，公共部门公职人员的工作具有多维性和模糊性，影响了委托人对其能力水平的

---

① Dixit, A., "Incentives and Organizations in the Public Sector", *Journal of Human Resources*, Vol. 37, No. 4, 2002.

判断及业绩的评估。加之作为代理人的公职人员有多重不同的任务，代理人对于易于测量、监督的任务会做出更大的努力。而对不易测量和观测的指标并不关心。①

从委托—代理理论视角出发，目前的义务教育学校标准化建设，或者上面提到的教育均衡检查验收，其重点是在学校硬件建设。硬件建设有明确的指标要求，而且便于观测，若没有达到标准，作为委托人的上级政府很容易发现问题，而作为代理人的下级政府也会努力加强硬件建设。同理，教师数量也属于易观测指标，政府在教师数量上无论如何也要按编制配齐、配够。但教师质量很难用明确的指标进行测量，属于较为模糊的指标。换句话说，教师质量高低，由于缺乏科学的指标性要求，并没有纳入教师配置中，即使纳入，也是一些软指标。在缺乏明确的教师质量标准规范和科学指标体系之下，政府显然缺乏配置高质量农村教师激励。

第三节　县城扩张之下的农村教师加速流失

近年来城市化加速推进，各级城市加快发展。加之县级政府教育发展的城市化倾向，县城教育规模在短期内急速扩大，从而在短期内从农村选拔大量教师进入县城，造成较为严重的农村教师流失。

一　县城扩张与农村教师流失

县城扩张是县级政府在城市化推动下的惯性思维。以四川 P 县来说，2011 年，县城刚搬迁，新建的县城是原来县城面积的 3 倍多。2014 年 1 月县长的政府工作报告中提出当年要新增城区面积 0.7 平方千米，城镇化率提高 3.5 个百分点。2015 年的政府工作报告中又提出还需继续扩容城区规模。2016 年 1 月通过的《P 县国民经济和社会发展十三个五年规划》中进一步明确"十三五"期间，县城城区面积要达到 10 平方千米以上。不仅

---

① Holmstrom, B., Milgrom, P., "Multi – task Principal – agent Analysis: Incentive Contracts, Asset Ownership, and Job DeSign", *The Journal of Law, Economics & Organization*, Vol. S1, No. 7, 1991.

如此，在 2015 年县委书记在《加快开发建设 P 县北部新区的思考》一文中提出，P 县规划在距县城约 3 公里外再建一个新区，计划 2017 年投入 60 亿元，建成新区主干道路及管网、变电站、水厂、码头等基础设施，新区城区面积达到 1 平方千米，新增人口 6000 人。到 2020 年，累计投入 120 亿元，新区城市建成区面积达到 2 平方千米，城市人口达到 20000 人。到 2023 年，累计投入 200 亿元，新区城市建成区面积达到 5 平方千米，城市人口达到 40000 人。

但是，与改革开放初期国家重视发展建设小城镇方略不同，近年来国家重视发展大城市甚至特大城市，使得资源不断向大城市集中，人口加速向大城市流动。在大城市因人口过多各种"城市病"大量出现的同时，不仅农村出现了空心化，其实县城一级的城市都显得"人气不足"。尽管 P 县在 2012 年计划 5 年内使人口达到 10 万人，但接下来的两三年县城人口并没有太多增加。于是县政府不得不调整人口发展目标，2015 年县长撰写的《P 县 2015 年经济发展的探索与思考》一文中把县城人口调整到 5 万人。2016 年通过的《P 县国民经济和社会发展第十三个五年规划》又提出在"十三五"期间要使县城人口达到 8 万人。

事实上，P 县新县城搬迁后，尽管城市面积扩大了 3 倍多，可是常住人口并没有多大变化，主要增加了一些新县城所在地的拆迁户及少数生意人。由于常住人口变化不大，加之流动人口也不多，使得新县城显得较为冷清和萧条。人口变化不大，县城的整体消费能力自然也不会有多大变化。在新县城搬迁前夕，很多人都认为商机颇多，各个行业从商人员甚众。曾经一度由省外投资客打造的"国际建材城"，据说投资数亿，当初密集的宣传，宏大的场面，很是震撼，可是到了县城搬迁之后的 2011 年，建材城生意冷清，投资人的跑路，留下烂摊子难以收场。县长 2012 年撰文指出了这种现实："新县城入住率不足 50%，人气短，商气淡。"[①] 到 2017 年，情况没有任何好转，反而更恶化了，原来一向被看好的县城唯一的大型商场，由于惨淡经营，难以为继，也关门歇业。笔者在县城调研时，与一些摊贩聊天中得知，县城餐馆和娱乐场所也至少有三分之一以上关门走人。在这种背景下，县政府感到了"人少"带来的麻烦，加之一些利益群体也常到政府施压，比如房地产开发商就提出，由于房子销售不景气，不

---

① P 县人民政府主办：《P 县强势崛起的路径分析》，《P 县年鉴（2012）》，2012 年，第 278 页。

愿再继续投资，由此促使县政府想办法增加县城人口。

增加县城人口，聚集县城人气商气是 P 县工作重心之一，也常见诸各种重要报告和规划中。县政府为此做了很多努力，主要有两个办法，一是强行要求撤迁户补偿款的一大部分用于县城购房，不在县城购房的不予全额发放补偿款；而且县城房产交易免征一切费用，政府免费帮助所有房产交易者提供相关信息，免费办理过户手续，以此促进县城入住率，增加县城人口。

同时，打"教育牌"也就成了政府的第二招。首先，急速发展高中阶段教育，普通高中和职业高中都大幅扩招。为了实现高中扩张的目标，县政府将任务层层下达。政府要求县教育主管部门按照县上的规划，按期落实相应目标；教育主管部门又将任务落实给学校，实行目标责任制，将每年的生源输送任务划到每个学校，以行政命令的方式要求学校完成。与此同时，加强物质激励，对生源学校校长和教师实行物质奖励。生源学校每向职业高中输送一个学生奖 50 元，单设中学完成职教招生目标任务奖负责人 1000 元，九年一贯制学校奖中心校负责人 500 元。对各生源学校输送学生到县普通高中的，按下列标准给予奖励：完成任务在 10 人以上，奖 500 元；10—19 人奖 800 元；20—39 人奖 1000 元；40—59 人奖 1500 元；60—79 人奖 2000 元；80—99 人奖 2500 元；100 人以上奖 3000 元。① 到 2018 年，县城普通高中每年的招生人数已经超过 1350 人，职业高中招生人数远远超过 2012 年的 600 人，达到了 1400 人。

在幼儿园、小学和初中方面，一项重要的措施就是把城郊的 Z 初中合并到县城初中，但此事遇到了极大的阻力。由于县城所在地是为了建设 P 县新县城而特意征用的另外一个县的土地，即将原来邻近县的一个乡整体划归 P 县。Z 初中原本属于另外一个县，非 P 县所有。县政府提出把 Z 初中合并到县城的方案后，该校领导层和部分教师并不愿意，因为 P 县县城初中口碑不好，Z 初中的教学成绩在全县排名中长期靠前，领先县城初中，用 Z 初中教师的话说就是没把县城初中放在眼里（当然，这种局面在最近一两年已经发生了很大变化，县城初中已经明显超越所有乡镇初中）。加之一些家长也不愿意，因为合并之后他们的孩子只能在城里读住校，既增

---

① P 县教育局：P 县教育局文件（P 县教办［2012］136 号），《P 县教育局关于兑现 2012 年高中阶段学校招生工作目标考核奖励的通知》，2012 – 09 – 19。

加了成本，也不如在家门口上学方便。由于部分教师和家长到县政府提出抗议，合并之事最终搁浅。

尽管 Z 初中合并没有成功，但县城原有学校都进行了扩容，县城初中原来每个年级 6 个班，经过不断扩张，到 2017 年每个年级已经达到 12 个班。县城 2 所小学原来每个年级 4 个班，其后都扩张到 6 个班。另外，新建了 2 所学校，原来的 XS 镇中学整体搬迁到县城，同时在工业园区新建一所九年一贯制学校。

县城学校的短期急速扩张，最终给农村教师配置带来了很大影响。从 2012 年开始，县城在农村引进教师数量开始迅速增加。2013 年，县城各类学校大量引入教师，其中公办幼儿园 12 人，另一所民办公助幼儿园 10 人，两所小学共计 31 人，初中 27 人，职业高中 16 人，普通高中 13 人，一年间县城在农村抽调 109 名教师。2014 年县城学校在农村抽调教师 82 人，其中普通高中 13 人，职中 38 人，小学 23 人，幼儿园 8 人。2015 年县城在农村抽调 34 人，主要集中在小学和初中。2016 年县城在农村抽调 71 人，2017 年 49 人。

同样，笔者在贵州省 CG 县调研时也发现，该县 2012 年印发了《CG县中长期教育改革和发展纲要（2010－2020 年）》，明确提出："为了适应城镇化发展的需要，要扩大县城中小学办学规模，需新建县城第二初级中学、县城第三小学、县城第四小学。"[①] 而 2017 年出台的《CG 县教育发展三年行动计划（2017—2019 年）》则进一步显示了该县在整个教育发展上的城市取向。按照《三年行动计划》的要求，为了适应城市化发展的要求，到 2019 年，全县再减少 10 所农村小学，实现 90% 的小学生集中到乡镇或县城就读，90% 的初中生集中到县城就读。[②] 在这种"大跃进"式的教育城市化发展中，县城短期内需要引进大量教师，这就需要在农村学校去抽调。2015 年 CG 县县城学校共招聘教师 62 人，主要集中在一中和四中。一中是高中，2015 年 CG 县高中加速发展，因而需要新增大量教师。四中是 2015 年由县城所在镇中学扩建的，扩建后的四中师资需求量很大，当年也面向乡镇学校遴选了 25 名教师。到 2016 年，CG 县县城学校面向各

---

① CG 县人民政府：CG 县人民政府办公室文件（CG 县府办发［2010］1 号），《CG 县中长期教育改革和发展纲要（2010－2020 年）》，2012－01－11。
② CG 县人民政府：CG 县人民政府文件（CG 县政府发［2017］4 号），《CG 县教育发展三年行动计划（2017—2019 年）》，2017－03－13。

乡镇遴选教师人数达到了 70 人，主要集中在二中、四中和三小（县城第三小学），二中遴选教师 7 名，四中 20 名，三小是新建的县城小学，遴选教师 14 名。2017 年面向农村学校遴选教师 64 人，主要是 2015 年新建的四中遴选教师 16 人，另外，三小遴选教师达到了 30 人，而职业高中也达到了 15 人（见表 6 - 1）。

表 6 - 1　　　　　贵州省 CG 县 2015—2017 年县城学校教师招聘情况　　　　单位：人

年份	招聘人数	招聘学校人数分配							
		一中	二中	三中	四中	职中	一小	二小	三小
2017	64	1	2	—	16	15	—	—	30
2016	70	14	7	4	20	7	5	9	14
2015	62	20	6	5	25	2	1	3	—

数据来源：根据 CG 县 2015—2017 年县城教师选聘公告整理。

CG 县县城学校短期内在农村学校大量抽调教师，让一些农村学校苦不堪言，PZ 初中 2015 年全校教师 39 人，被抽调了 14 人，全校三分之一的教师被遴选进入县城，学校在新学期开学时基本陷入瘫痪状态。该校校长认为，这种抽血式的教师选调，使学校工作根本无法再正常进行，校长自身宁可考调到县城学校担任一般教师。

二　短期政绩追求：县城扩张之下农村教师流失成为必然

官员追求任期内的政绩，也就看重当下的利益，而不会顾及组织发展的长远目标。周黎安指出，地方政府把绝大部分直接或间接控制的资金和资源投入能够刺激经济增长和财税增长的项目上，如基础设施建设、开发区建设、城市改造和企业支持，因为这些投入可以在短期内获得经济效益。但不愿投入到教育、医疗等，因为这些方面的投资周期长，见效慢，对官员任期内的经济绩效贡献不大。① 当然，对政府官员而言，经济竞争是官场竞争的手段，通过经济业绩其实是为了实现仕途的升迁，短期内经

――――――――――――

① 周黎安：《转型中的地方政府官员激励与治理》，上海人民出版社 2008 年版，第 116 页。

济绩效的大幅提升，自然可以为官员政治前途铺路。其实就历史来看，官员看重眼前所得也胜过长远利益。当初商鞅曾劝秦孝公效法三皇五帝，以天下长远为大计，以成丰功伟业，流芳百世。但秦孝公认为："久远，吾不能等。贤君者，各及其身显名天下，安能待数十百年以成帝王乎？"[①] 看来，即使像秦孝公这样有作为的帝王，也指望在有生之年成就霸业，以功昭天下，彪炳史册，不能等到几十年甚至上百年。更何况作为基层官员，要达到升迁的目的，任期内的政绩至关重要。如果着眼长远，顾及数年或数十年之后的政绩，对于升迁没有任何帮助，官员自然不会有动力。

根据以上的解释，我们能够很好地理解 P 县常务副县长的一席话。在 2013 年 7 月的教师队伍建设会议上，按照教育局草拟的方案，所提出的是到 2020 年的教师队伍发展目标，这属于一个中长期的规划。常务副县长看了之后直接提出反对意见：

> 我认为所有的意见和规划，只要时间长了，就是假的。所有的措施和规划，到 2020 年那都是假的，谁知道那么长的时间以后会是什么情形，一个新的领导来了之后又会有什么举措。如果我们不是要迅速地加强和改进我们的教师队伍建设，那就没有任何意义。所以我建议 2020 年可以提，但重点还要搞一个近三年的规划目标，争取三年内大幅度地改善我们教师队伍建设。（20130710）

从常务副县长的话语中可以看出，站在县级政府的角度来看，教师队伍建设不能花上太多时间，需要在短期内见到成效，否则就没有多大意义。而且常务副县长的讲话还透露了另外一层意思，那就是，每一任领导主要关注自己任期内的工作发展，那么换了领导之后，可能就会有不同的教育发展思路。这表明教育发展，教师队伍建设可能缺乏连续性，领导换届后，继任的领导不一定会按照先前的教育发展思路和规划进行。

同样，笔者在 2017 年参加四川 M 县教师队伍建设规划，包括教育局局长、副局长、办公室主任、基教科科长、负责区教育发展规划的人员等参会讨论。会上教育局副局长谈道：

---

① （汉）司马迁：《史记》，中华书局 2008 年版，第 1396 页。

师资队伍建议规划时间应从 10 年调整到 5 年或 3 年，最多 5 年。时间太久了各种预测就是假的，可能没有多大效果。（20170726）

教育局局长接着进行补充，把话说得更明白：

我插一句，规划时间肯定不能太长，5 年都有点长，5 年以后，（县委）书记都换了，谁还管得到你这些？重要的是说清楚现在有多少学生，有多少大班，究竟需要多少老师。我们县城还有不少大班，化解这些大班究竟还差多少老师。（20170726）

在这种心态作用下，便出现了本文在前面的考察中指出的，县级政府更看重当下问题，并不太关注长远利益。对于县级政府而言，更为关注的是短期内能见效果的城市建设和经济发展。政府也愿意扩张县城教育规模，把大量优质教师从农村吸引到县城，推进突变式的教师配置策略，而其更深层次的目的，则是扩大城市建设规模，提高城市化率形成短期"政绩"。

看来，一般人都明白的道理，难道教育局和政府官员不明白吗？当然不是，而最为关键的是政府官员受到的激励不同。那么政府官员主要受什么激励呢？按照钱颖一、温加斯特（Weingast）等人提出的"中国特色联邦主义"（Federalism，Chinese Style），地方政府的强激励有两个基本原因，一是行政分权，上级政府从 20 世纪 80 年代开始把很多经济管理的权力下放到地方，地方政府拥有相对自主的经济决策权。二是以财政包干为内容的财政分权改革，上级政府把很多财权下放到地方，而且实行财政包干合同，地方可以分享财政收入，财政收入越高，地方的留存就越多。① 显然，相比教育而言，地方官员更看重的是经济发展，推进县城教育扩张本身并不是目的，其背后的真正目的是要促进县城人气的聚集，从而拉动经济的发展。

周黎安提出的"政治竞标赛模式"提出了另外一种颇富解释力的理论模型，该模式认为，与关心地方财政收入比起来，官员更关心个人的升迁。由于中国政府改革开放以后将地方官员的升迁与地方经济发展联系起

① Jin，H. H.，Qian，Y. Y.，Weingast，B.，"Regional Decentralization and Fiscal Incentives：Federalism，Chinese Style"，*Journal of Public Economics*，Vol. 89，No. 9，2005.

来，让地方官员为了晋升而在经济上相互竞争。① 官员总是关心自己升迁的，这一点在多数官员眼里是最为重要的。要顺利实现个人升迁，抛开官场裙带关系等不说，总还需要一些看得见的政绩，官员所关心的当然是短期内可测度的经济绩效，至于长期的经济社会发展和影响，则不是官员所关心的。② 因而短期内大力发展县城学校，优化县城教师配置，不仅可以提振经济发展，还可以在县城形成亮点，积累口碑，为升迁加分。

第四节 农村教师配置的"土政策"

这里的"土政策"主要指个别地方特有的，在实际运行中存在的政策。客观上讲，每个地方都有独具特点的"土政策"，这些政策有些是地方政府自己立定的，更多则是通过改变上级政策而形成。本节就在田野调查中所观察到的县级政府农村教师配置"土政策"进行叙述。县级政府在农村教师配置中的"土政策"较多，在此描述本书所观察到的几个典型案例，以此揭示县级政府在农村教师配置政策中实际行为。

一 缺编进人与扩大编制

2014 年《中央编办 教育部 财政部关于统一城乡中小学教职工编制标准的通知》（中央编办发〔2014〕72 号）要求，坚决贯彻中央严格控制编制精神，确保本届政府财政供养人员只减不增，按照严控总量、盘活存量、优化结构、增减平衡的要求，由省级政府负总责，实行总量控制，确保核定后的中小学教职工编制不突破现有编制总量。具体到县级层面，一般将教师编制具体分配到每一个学校，通常的原则是超编学校不进人，除非有教师调出，实行进一出一。但是，笔者在四川 P 县看到，为了让超编学校进人，县政府采取了一种通过增加超编学校编制，化解超编矛盾的策略。一次由常务副县长、教育局、组织部、人事局、编办、人大主席等负责人参加的关于进一步加强全县教师流动管理会上，

① 周黎安：《晋升博弈中政府官员的激励与合作——兼论我国地方保护主义和重复建设问题长期存在的原因》，《经济研究》2014 年第 6 期。
② 周黎安：《中国地方官员的晋升锦标赛模式研究》，《经济研究》2017 年第 7 期。

常务副县长提出：

> 我们加强教师流动的管理，其目的一是要尽量留住本县教师不外流，二是要吸引县外优秀的教师到我们县来，所以坚持缺编进人、超编学校只出不进的原则是不行的。比如县外中小学教师达到一定高水平后，那么要引进到我们县来，超编就超编嘛！你看县城哪个学校不超编？只要全县不超编就行，把农村的编制拿过来不就行了嘛！你如果只出不进，县城学校哪里去进人？你永远都是满的，新招不行，调也调不进来。（20130708）

但编办主任则指出，按照中央以及各级编制部门的规定，超编单位是要严格限制进人的，如果本县一旦形成超编进人的文件，这是违规的。在2005年P县的有关文件中，已经对此作出了明文规定，所有教职工超编的学校，不得再调入和安排教职工，学校因教育教学工作需要特殊学科的教师，必须按进一出一的原则，调出相同数量的教师。[1]

编办主任认为可以采取一种折中的办法，文件上不写，操作的过程中可以让县城超编学校进人。但常务副县长认为这是不行的，常务副县长认为如果文件一套、操作一套的话，这个文件是没有意义的。人事局长和人大常委会主任提出了另外一种调和办法，即坚持缺编进人的原则，但后边可以附上如果达到了某一级别的教师，可以超编进人。但这一点依然遭到了编办主任的否定，编办主任坚持认为"缺编进人"这是上级一条硬性的规定，如果打破这个规定，是有很大政策风险的。但为了让常务副县长的想法得以落实，编办主任想出了另外一个调整办法：如果超编学校引进教师，我们可以增加超编学校的编制，因为编制本身是动态管理的，但这本身不能说是把其他学校的编制拿过来了，要死死咬住"编制管理是动态管理的"这一原则，是让编制服务教育发展。看来这是一个两全其美的办法，既解决了超编学校可以进人，又是在有编制的情况下合规进人。当然，明眼人可以看出，这是换汤不换药的。

---

① P县教育局：P县人民政府办公室文件（P县府办发〔2005〕80号），《关于进一步加强中小学教师队伍管理的实施意见》，2005 – 11 – 07。

二　两种"凡进必考"

我们再来看教师配置中的另外一种"土政策"，按照四川 P 县农村教师进城的规定，所有教师进城必须坚持"凡进必考"的原则。2007 年，当时的县委书记为了照顾领导干部家属调动，针对副科级以上领导，推行了教师定向考核。定向考核是等额的，参加定向考核流动的教师由进入学校组织的几个教师对其进行考核，考核方式主要是说课，凡是通过的就调动进入县城学校。DC 中学的 YXM 老师和 LY 老师都是通过这种方式调进县城初中的。YXM 老师的爱人原来在 DC 镇当镇长，2008 年调到县水务局任局长，2010 年，YXM 老师便通过定向考核的方式，然后由教育局行文，没有参加考试就调到县城初中了。另外一个 LY 老师是 DC 中学的一名物理教师，离婚后 2010 年和县上移民局的一位副局长结了婚。2011 年，LY 老师也是通过定向考核的方式调进了县城。而对于其他教师，则必须通过教育局、人社局等组织的考试、面试、公示等诸多环节进入县城。因此一面是一般农村教师进城的差额考选，一面是领导干部家属的定向考核，就字面来说都符合文件规定的"凡进必考"原则。但毫无疑问，两种"考"是有极大差异的。

三　不一样的"顶岗教师"

"顶岗教师"多指高校学生到中小学实习或支教，将在职教师置换到高校进修学习。这种做法究竟源自何时，本书无从考证，但早在"文化大革命"期间，这种方式就已经推行，如 1975 年吉林省四平师范学院 68 名学生到伊通县顶岗实习，置换 80 多名教师到该院培训进修。[①] 在四川 P 县，"顶岗教师"是一个频繁被换用的概念，前面提及的代课教师被称为"临时顶岗教师"。此外，该县还有一种"顶岗教师"，这种"顶岗教师"究竟所指为何呢？按照 P 县 2014 年教师流动规定，所有其他乡镇学校教师流入县城学校和 PS 镇、SL 镇、DC 镇、YC 乡实行公选，在空编的情况下，根据工作需要确需补充教师的学校，于每年 7 月 10 日前将流动岗位和公选方案上报县教育局人事师训股，经县教育局和县人社局研究、发布公告，

---

① 院报道组：《为发展农村教育事业做贡献——数学系"顶岗"实习调查报告》，《四平师院》1975 年第 4 期，第 43—46 页。

并组织实施。① 换句话说，所有流动进入县城学校和 PS 镇等四个乡镇的教师都必须通过考试。但在后来的实际执行中，并没有严格按照文件精神执行，无论在县城初中还是小学，都有一批"顶岗教师"，他们是从乡镇借调进入县城学校的，但都没有通过考试形式，而是采取直接调入的方式。按照 JJ 中学一名副校长的说法，这些借调进入的"顶岗教师"学力基础不够扎实，若要通过考试的方式，进入县城学校有很大难度。而且还有少数教师不符合县城学校教师进入条件，如 2017 年进入该校的 Z 老师已经 47岁了，超过了县城学校教师进入的年龄限制，他们已经失去了进入县城的资格，但通过"顶岗教师政策"，他们可以长期在县城上班，将编制保留在乡镇学校。

四　特殊情况之下的例外"开恩"

教师配置政策在具体的执行中，有时会因为外界的压力，迫使教育主管部门官员不顾已有的刚性政策，放弃一些原则性的规范，从而把问题摆平。笔者在四川 P 县教育局调研期间碰到一个案例，该县 LX 乡教师 ZG 想要调动，由 LX 乡调到其妻子工作的 LH 镇中学，但其服务期没有到，而且是从一个较差的学校调到一个较好的学校，按理是不符合文件规定的。一天这夫妇俩一大早就来到县教育局，要求解决其调动问题。他们把自己三个月大的孩子一同带上，说孩子有严重的先天疾病，并提供了医院出具的证明，需要夫妇俩同时照看，一个人照看不了，弄不好的话孩子恐怕今年都活不过，这可是要出人命的，因此需要调动解决两地分居的问题。男教师倒是一直都在求情，而女教师却一直哭个不停，其怀中的孩子也跟着不停地啼哭。这样从早上一直持续到下午，直到下午六点过，出于无奈，人事股长只好和局长商量，想办法解决这个问题。最后，经商量，教育局认为万一孩子有个三长两短，这夫妇俩天天到教育局找麻烦，那更不好应付。因此同意调动，对外说这是一个例外政策，因为孩子先天性疾病，需要夫妻一起照顾，属于特殊情况。

---

① P 县教育局文件（P 教发［2014］45 号），《P 县教育局关于认真贯彻 P 县教师流动管理办法精神做好有关工作的通知》，2014 – 04 – 24。

第五节　政府农村教师配置的理论认识

一　政府教师配置权力偏向运行产生"双重拉力"

前面的分析已经表明，如果缺乏严格的农村教师质量标准，政府常会忽略农村高水平教师配置，甚至设法将农村已有高素质教师配置到城市。这种政府行为失范，会产生政府权力偏向运行，形成农村教师配置中的"双重拉力"现象。

在对本书中"双重"拉力进行解释之前，先对"推拉理论"做简要叙述。20 世纪 50 年代末，唐纳德·伯格（D. J. Bogue）发现，在人口迁移过程中，在迁出地，存在着一种起主导作用的"推力"，把原居民推出常居住地。有多种因素会产生推力，如农业成本增加、自然资源枯竭、经济收入水平低、农村劳动力过剩导致就业不足等。与此同时，在迁入地，还存在"拉"人口的若干因素，将人口从外地吸引进来。产生"拉"力的主要因素包括，较高的工资收入、较多的就业机会、较好的生活条件和交通条件、较完善的文化设施、更好的受教育机会等。

所谓农村教师配置中的"双重拉力"主要指，一方面在市场机制的作用下，城市生活条件、子女教育、事业发展平台等诸多因素的影响，自然会将教师从农村"拉"到城市。另一方面，本书前面的分析已经揭示，由于政府权力的偏向运行，不仅没有有效地解决市场的问题，通过政策调整在农村配置高水平教师，反而通过行政权力把优质教师从偏远的学校"拉"到条件较好的乡镇学校，从乡镇学校"拉"到县城学校，从而形成了教师配置中的第二种拉力。

按理，政府应当在市场不能有效配置资源的情况下发挥应有作用，以弥补市场的失灵。那么在面对城市教师市场对农村教师市场的强大拉力时，政府应设法减少这种拉力造成的影响，而不是顺从市场拉力，任由市场去发挥作用。因为自由市场更多适用于经济领域，而教师资源是一种公共性资源，尤其在义务教育阶段，教师资源具有普惠性，应按均等化的原则进行供给。

但是，政府并没有充当好"守夜人"的角色，解决市场机制所带来的问题。本书特别指出，面对城乡各种条件的巨大差距以及现实存在城乡二元格局，市场机制会产生强大的力量将教师从农村拉到城市，造成城乡教师资源失衡的现实格局。在这种现实下，政府应有力调整政策，采取措施以解决市场机制的不足，在农村配置高水平教师，而不是在本已严重失衡的城乡教师问题上，再动用行政权力将农村教师"拉"到城市。

二 "变通"与"变异"：教师配置政策执行过程的两个分析维度

1997 年，刘世定、孙立平等人的"制度与结构变迁研究"课题组较早提出了政策"变通"这一概念，并认为这既是一种制度运作方式，也是一种制度变迁方式。① 所谓变通即是在制度实施中，执行者在没有得到制度决定者的正式允许、未改变制度的正式程序的情况下，自行做出改变原制度中某些部分的决策，从而推行一套经过改变的制度安排。变通的基本特征是在实施中自行改变某些制度安排，形成准正式制度，这种准正式化制度，通过"正式化制度的提升"和"变通的扩散"两个环节，最终实现正式制度的变迁。这里制度的实际变迁过程就是"变"，而把制度合法性的获得称为"通"，这种适度变迁就是一个"先变后通"的过程。②

通过以上对变通的分析，笔者认为变通更多意味着一种合理的"变"，而且变了之后有可能最终获得合法性依据而成为正式的制度变迁规范。如为了防止本县教师大量流进市区，县上制定的"交钱走人"办法，这实际上是一种教师流动的变通方式，既不强行阻拦教师外流，但也需要对这种严重的流失进行限制。这种方式有其合理性，即使在国际通行的关税条文中，为了保护本国的利益而通过关税抑制国外产品大量流入也是常用手段。但是我们也看到，有时农村教师配置中对上级政策的改变更多恐怕不是"变通"，而是"变异"，这种变并非是一种合理的变化，而是和原有规范意旨相背离的变化，尽管其在实际运行中普遍存在，但最终也不太可能形成一种正式规范。

---

① 孙立平、郭于华：《"软硬兼施"：正式权力非正式运作的过程分析——华北 B 镇收粮的个案研究》，转引自周雪光《基层政府间的"共谋现象"——一个政府行为的制度逻辑》，《社会学研究》2008 年第 6 期。

② 刘玉照、田青：《新制度是如何落实的——作为制度变迁新机制的"通变"》，《社会学研究》2009 年第 4 期。

变异性的政策运作逻辑一般遵循一种"替代性阐释"。县级政府会根据自身的利益选择一种改变了的政策来替代上级的规范性政策，从而形成一个看起来严格和完美的规范实施程序。比如，在主张所有教师进城都要通过考试程序的背景下，官员家属可以直接通过"面试"进城，这便属于变异性政策。这种政策变异并非是合理的，其本身容易造成教育发展的混乱，最终也不可能形成正式规范。

笔者在此试图对政策的"变"作稍微深入的分析。康德曾经提出一种道德和立法上的"绝对律令"原则，他这样表述："不论做什么，总应该做到使你的意志所遵循的准则永远能够成为一条普遍的立法原理。"① 按照康德的逻辑，那么绝对原则就是合理的，而且一旦这些原则得以确立，任何主体必须按照这种原则行动，任何主体不能为了可能更好的结果而改变行动，因为在判断正确与否时，这些后果是不相关的。它强调人类的理性，并强调逻辑，而根据这种逻辑确定的准则在任何时候都是具有一种普遍性的，在同样的情境中对所有人来说都是必须同样履行的或不允许的。比如我们确立了不准撒谎这一原则之后，一个杀人犯在询问受害者时，康德坚持认为不能向杀人犯说谎，这种善意的谎言是不允许的。

如果我们认同康德的这种原则，那么政策似乎不能留有伸缩余地，而是应当确立一种普遍规范，所有地域，所有人都按照统一规范行动。这种冷酷的普遍标准自然并不符合纷繁多样的世界，即使是实践理性的形式也不是普遍的，而是与传统相联系的，是具有特殊性的。我们中国文化传统对"情"和"理"是不分的，我们讲究"合情合理""入情入理""通情达理"和"情理交融"或于情于理如何如何，都是希望人们做事的时候在情和理上都要兼顾。② 王亚南就此曾经指出，秦传及二世而亡，其至亡的原因很多，但至少有一部分要归之于其创立的制度不够周密，缺乏弹性，以致实行起来，格外显得"苛""暴"。③

通过以上分析，笔者认为教师配置作为一种地方教育政策，变通是正常的，而且是必要的，毕竟同一种模式肯定不是适合所有地域的，所有人

---

① ［德］康德：《实践理性批判》，韩水法译，商务印书馆1999年版，第30页。
② 翟学伟：《人情、面子与权力的再生产》，北京大学出版社2013年版，第200页。
③ 王亚南：《中国官僚政治》，商务印书馆2013年版，第58页。

群的。有些时候对上级政策进行适当修改也属必要，但问题是这种改变应该要有利于教育发展，有利于促进社会进步，有利于促进公平正义，"变"了之后要"通"才是好的变化。反之，对于变异的政策笔者并不赞成，因为其容易导致教育秩序的混乱，严重损害教育发展的公平正义，容易变成走歪门邪路，成为为个人牟私的手段。

第七章　矛盾冲突之下的农村学校教师配置困境

学校是教师配置中的一个重要主体，当前中小学推行的是校长负责制，教师配置这种人事管理权主要由校长控制。因此总体来说，教师配置主要取决于校长的观念和实际行为。但是，无论从理论还是实践来看，校长虽然有努力配置优质教师的原始动力，当面临诸多矛盾和利益冲突时，校长会出现行为偏差，形成农村教师配置问题。

第一节　权力冲突导致的农村学校教师配置困境

新教师的录用权力主要集中在教育主管部门、人社局和编办等，学校有少量权力。在职教师的调整则主要集中在教育主管部门、人社局、学校等部门之间，在政府教师配置一章已对教育主管部门、编办、人社局等主体进行了考察，这里主要考察和校长关联较多的教师配置中的权力运行。

一　政府与农村学校教师配置的权力分割

讨论农村学校教师配置权力范畴，首先要分析政府与农村学校教师配置权力是如何分割的。总体来看，农村教师配置的权力主要在教育主管部门，学校相对较小。从东、中、西部不同省份问卷调查结果看，33.6%的校长认为学校在招聘教师方面完全没有自主权，25.8%的校长认为基本没有自主权，17.7%的校长认为有一些，认为完全有自主权的只有5.1%，另有17.8%的校长认为不好说。相应的，只有8.8%的校长认为教师招聘的决定权在学校，34.8%的校长认为在县教育局，26.4%的校长认为在人事局，14.4%的校长认为在区县政府，另有5.6%的校长认为在其他主体。

教师调动与教师招聘大体差不多，在调查中，29.6%的校长认为校长在教师调动中完全没有自主权，31.2%的校长认为基本没有自主权，29.6%的校长认为有一些，认为有自主权和不好说的分别占6.5%和3.1%。在教师调动的权利分配方面，6.4%认为教师调动决定权在学校，58.4%的校长认为决定权在县教育局，19.2%的校长认为在人事局，11.2%的校长认为在各级政府，0.8%的校长选择其他，另有0.8%的校长认为在学校与教育局之间，3.2%的校长认为在教育局与人事局之间。

问卷的结果大体反映了教师配置的权力状况，但事实上，教师配置权力很复杂，常常在不同主体间分割，问卷采用的是单选，被试校长并没有认真思考进行多选判断，只有少数校长认识到了教师配置权力在不同部门间的分割问题。接下来将通过质性分析对教师配置权力在政府部门与学校之间的分割进行阐释。

浙江省近年来推行"阳光人事"，学校将教师需求报区县教育局后，招聘由区县教育局统一组织。至于面试和模拟上课，在校长们看来学校同样没有多少权力，因为面试和试讲由市里组织，考官由市教育局聘请，本市领导或老师原则上不参与，由市外的人进行面试。因此校长们普遍认为，新教师录用实行公开考试招聘以后，校长的权力已经大大弱化，在有些地方校长已经完全没有自主权。同样，在"阳光人事"机制下，教师调动要通过考试。但与新教师招聘不同的是，调动只参加笔试，没有面试和试讲。教师能否调动，根据考试成绩确定。也就是说，学校根据成绩挑选所需教师。如城区某小学要进3名教师，有意愿调入的教师需要参加考试，学校把参加考试的教师成绩进行排名，排在前面的3名教师就可以调进。这种机制下学校对教师配置控制权力很有限，主要在人员需求上可以进行规定，另外，教师要调动，学校要把关，需取得学校同意，学校有教师调动的签字权。

多数地方与浙江不同，学校在教师配置中还是有一定的权力。以山西省PY县为例，乡镇中学和中心校教师招聘虽然由教育局统一招聘，但教育局招聘后将新教师分到各学区，① 至于具体安排到学区内的中心校还是

---

① 山西的学区管理一个乡镇内的所有学校，但对初中主要是业务上的管理，初中人事与财务都由教育局主管。学区对小学则有较大的人事权和财权。2018年以后稍有改革，由中学校长代替原中心校校长职能，负责管理整个学区。

村小，则由学区进行具体安排。这样虽然教师配置权力主要集中在教育局，但学区也掌握了部分权力。因此，在村小负责人看来，学区校长权力不小，PY 县 SH 村小学 Z 校长就认为：

> 我们村小校长在人事上没有权力，但学区校长有不小的权力，新教师由教育局进行统一招聘，然后分配到学区，学区再统一调配。我们村小进老师主要是学区校长说了算。（20160315）

东部的广东似乎与其他省份有所差异，在省内不同区域，学校教师配置权力有不小的差别。ZJ 市 MZ 第二小学 F 校长将其概括为：

> 广东（学校人事权）不平衡，珠三角地区校长的用人权力是比较大的，经济越落后的地区政府行为多，校长没有什么权力。（20161108）

当然，这仅是 F 校长的经验推论，并没有严格的证据支持。单就 ZJ 市来说，校长的感受是自身教师配置权太小了。ZJ 市 MZ 镇初中 L 校长讲到：

> 校长没有人事权，校长就是来这里打工的，反正老师都是上边安排过来。校长没有这个（教师配置）权力。（这个权力）主要是编委、人事局，教育局。如果我看上某个老师，这是没有用的，必须是上面的编委、人事局、教育局定。本片区内教师要调动，我校长也没有这个权力。（20161108）

总体看来，在新教师录用中，校长的权力是很小的，当教育局要安排教师调入某一个学校时，通常要给校长"打招呼"，在大多数时候，校长会"就范"。但少数时候，如果不是教育局局长出面的话，校长也可以"不买账"，从而引发教育主管部门与学校之间的矛盾。

在某些情况下，农村学校可以直接到高校选拔教师。这种方式一般由人社局、编办、教育局、纪委、学校等组成招聘小组。具体的考核录用主要由考核专家组决定，校长是当然的专家组成员。不仅如此，人选的具体确定，在很多情况下要征求校长的意见。这种情况下的权力分割主要在教育局、人社局、编办、纪委、学校等多个部门，但学校有较大权力。近年来，这种方式在多数地方都已经被废除，开始实行统一招聘考试。在少数民族地区和一些贫困地区，依然保留了这种方式。

二 农村学校内部教师配置权力分割

一般说来，校长会把人事权牢牢控制在自己手里，不会通过行政会或其他会议讨论，而主要由校长决定。但若认为学校本身在人事上的权力就有限，校长会独享教师配置权力，那显然是错误的。有时校长也要把部分权力分散给学校中层甚至教师。比如四川 P 县 YC 乡中学副校长的一个同学要从 LX 乡调进该校，副校长找到校长讲明关系，校长爽快地同意帮忙，并找到教育局疏通关系，最后副校长的同学调进了 YC 乡中学。而在 DC 镇初中，LXQ 老师的一个亲戚要调入，也是通过校长找到教育局，最后解决了调动。稍加分析就会发现，校长不仅将学校的这部分权力分给了学校中层或教师，而且校长还会找到教育主管部门，最终解决问题。对于这种形式的校内分权，笔者在后边专门要进行论述，实际上是校长"卖个人情"给学校教师或中层，这样教师或中层会记住这个"情"而对校长做出回报。回报当然会超越请客送礼层面，请客送礼可能是事实，但校长在很多情况下也希望通过这种方式，让学校中层或教师努力工作，提高学校教育教学质量。这种回报部分属于对部门的回报，部分同样应是对校长的回报，因为提高教育教学质量也是校长的业绩。

不仅如此，若校长在教师配置中独断专行，完全置校内其他人的意见于不顾的话，学校中层或教师可能会制造不利于校长的舆论，甚至会到教育局、纪委等部门举报。四川 P 县 ZD 中学发生了这样一件事，该校在 2004—2009 年间每年进了 4—5 个教师。由于当时教育局放权较多，教师调入时学校有很大决定权。学校一些中层和教师对校长进人策略非常不满，一方面是校长个人说了算，另一方面，所进的部分教师后来在学校表现很差，教学成绩在年级上处于倒数，课堂纪律一团糟。于是学校有中层和教师到教育局反映，说校长进人随意，而且有腐败行为。鉴于此，教育局纪委进行了专项调查。最后虽然没有明确的调查结果，校长也依旧继任。但教育局要求学校在人事问题上进行整改，改变学校进人方式，不能校长个人说了算，需组成专家小组，由学校教师担任专家，对调入教师进行考核，根据考核结果决定是否调入。

由此可见，教师配置的权力分配没有明确的边界界定，其间有着很大的自由伸缩空间。权力的边界常常取决于不同领导的个人行事风格，权力欲望比较强的领导会把更多的权力控制在自己手中。如果校长属于这种管理风格，那么学校中层和教师权力空间就很小，也就很难分权。反之，如果校长喜欢把权力更多让下级分享，教师配置中的权力运行就会不一样。另外，如果学校一些群体向校长施加压力的话，可能会改变教师配置的权力格局，学校教师配置权力就会在不同主体间进行分割。

三　收权还是放权：农村学校教师配置的两难

中华人民共和国成立以来我国教育管理体制改革的核心就是如何做好收权和放权，然而这一问题始终没有解决好。这是因为权力的分配本身非常复杂，从教师配置管理权的收放来看，即使在一个小范围内，也不是一个简单的问题。教师配置管理权如果集中在县级政府，校长缺乏配置高水平教师的动力。但如果过多下放给学校，可能会引发更多寻租，也不一定有利于学校教师配置。

近年来，一些地方在教师录用和调动中推行了考试制度，收紧了教师配置管理权限。校长们意见很大，缺乏配置高水平教师的动力，因为在校长看来，学校无法决定教师配置，就坐等上面安排。四川 P 县 GP 中心校的校长所说的话可以清晰地表明这一点：

> 教育局应该把有些权力放给校长，比如学校学科配套所需的教师。我们每年打报告需要哪些学科的教师，但每年来的却不是这些学科的人，需要的人没有来，来的呢，又不是我们所需要的。所以我们现在多数时候都懒心无肠的（P 县方言，意为没有心思），就等嘛，安排就接收，不安排就算了。（20130309）

广东省 ZJ 市 MZ 镇初中 L 校长则进一步指出，在校长没有人事权的情况下，很难处理那些工作敷衍的教师，会加大学校的管理难度：

> 我们当校长的谈不上有多少人事权，老师不怕校长啊，你拿他也没有多少办法。我当校长只能以身作则，带头做好。出了事情，就苦口婆心，做思想工作。（20161108）

但是，即使管理权下放学校，校长同样可能引进质量低下的教师。因为如果权力下放给校长，按照人情关系或利益关系进行教师配置也是很常见的。

四川省 P 县 YC 中学的 Z 老师是笔者以前的同学，在 Z 老师看来，他所在学校校长进人随意，把关不严。不仅如此，校长还在教师进入时存在收取甚至索取金钱和财物的行为。当然，这仅是根据个别教师的讲述，并没有严密的证据。但这种现象在以前教育局放权较多的时期应该不是个案。

正因为此，在调研中，很多校长都认为，如果权力下放，校长就需要有公心，要真正为学校着想，为学校大局来考虑问题。否则放的权越大，就越要出问题。

已有理论已经揭示，如果决策权在上级，下级缺乏做出好的决策的激励，因为下级费力做出的决策最终可能会被否决。如果决策权下放给下级，下级就不会担心自己的决策被否决，因而会增加下级认真决策的激励。所以权力下放有助于增加下级的决策和行动的激励。但是，权力下放存在很大的风险，因为下级会把决策权用于增进私人利益而对公共利益构成损害。①

这种理论在一定程度上能够解释为什么在农村教师配置中校长们对县级相关政府部门收权的不满，抱怨县上公招进来的教师与学校学科不配套、质量低下等。而且校长主动配置高水平教师的意愿也不是很强烈，存在"等、靠、要"的心理。但是，如果教育主管部门放权太多，校长又容易利用权力为自己或关系人捞取好处，甚至"看钱进人"，这是在前些年教师配置放权中常有之事。因此，教师配置的收权和放权可能都会使校长不会顾及学校教师配置的质量，如何在体制机制建设，政策要求中掌握好收权和放权，处理好收权和放权之后的诸多问题，是教师配置中的一个难题。

其实收权和放权本身就是一对矛盾，把握好二者之间的平衡，绝非易事。教育行政体制改革中的收权和放权常常是一收就死，一放就乱。如果放眼中国历史，各代王朝想尽办法处理好收权和放权，尽管经验甚

---

① Aghion，P.，Tirole，J.，"Real and Formal Authority in Organizations"，*Journal of Political Economy*，Vol. 105，No. 1，1997.

多，但都是煞费心机。据王亚南的考证，中国王朝的君王总担心大权旁落，总是想办法把权力集中到自己手中。于是中国王朝有一个趋势就是国家行政大权逐渐集中到帝王亲近的人手中。[①] 在秦代皇帝分设丞相、太尉、御史大夫等分掌政治、军事和监察大权，到汉代先把异姓功臣铲除掉，后又把同姓诸侯分别削弱后，觉得三公权力太大，怕太阿倒持，于是把信心缩小到朝夕共处的内臣。武帝时奏请机事，已以宦者主之，延及光武之世，因宰相德高望重，于是崇以虚名，将政事悉委之于尚书，……到了唐代，索性以中书、门下及尚书三者为相职。但是，很显然，皇帝本人以及皇帝的亲近无论如何也不能把所有大权都控制在自己的手中，总是需要把权力分散给各级官僚。这种收权和放权，始终是王朝发展的一个核心内容，也是王朝兴衰治乱的一个根源。因此，在农村教师配置中要想较好地把握收权和放权，在二者之间寻求一个合理的平衡点，并不是一件简单的事情。

第二节　利益冲突导致的农村学校教师配置困境

一　校长私人利益与公共利益的冲突

从公共选择理论的视角看，利益冲突主要源于每一个人都是理性的。公共选择理论代表人物奥尔森（Olson）认为，一个理性的、寻求自我利益的个人不会采取行动以实现他们共同的或者集团的利益，即使采取行动实现他们的公共利益或目标后能使得所有人都能获益，他们仍然不会自愿采取行动以实现共同的或集团的利益。[②] 同样，汤普森（Thompson）也指出，公共部门的公职人员都是人，是人就会倾向于满足自己的自由和目标。他们具有强烈的自我发展的、无序的、自发的"自然系统"倾向，这些自然系统与人工系统相类似并扭曲了后者的功能。因此，公共组织及其公职人员都高度依赖外部因素的监督，这些外部监督是通过法律、立法监督和官

---

① 王亚南：《中国官僚政治研究》，商务印书馆 2013 年版，第 59—60 页。
② ［美］曼瑟尔·奥尔森：《集体行动的逻辑》，陈郁等译，格致出版社、上海三联书店、上海人民出版社 2011 年版，第 2 页。

僚等级制度表现出来的。①

显然，公职人员在履行公务职责时，一方面，他们是公共利益的代言人，要为公共利益服务。这需要他们坚持道德自律，排除其他因素的干扰，一心为公。但是，也应当看到，每一个公职人员都是不完美的个体，他们不可能做到典范性的道德楷模，而是站在自身的立场，为自身利益考虑。正是在这个意义上，公职人员公共角色与个体角色之间并非是融合的，二者常常会发生利益冲突。

在农村教师配置中，校长作为公共利益的代理人，职责要求他们本人处理事务时需站在公众的立场，为公共利益服务。但事实上，任何一个校长都不可能完全做到这一点。站在个人立场思考问题，为个人利益着想也并不奇怪，由此便会产生利益冲突。校长配置高水平教师的愿望和自身利益之间的冲突便是一种典型的利益冲突。比如在四川 P 县一所镇中学，校长认为高水平的教师队伍对学校发展无疑有决定性的作用。同时，学校教师队伍整体水平高，校长的工作也会更轻松，也更容易出业绩，自然希望能提高学校教师队伍水平。面对优质教师流失，校长也很痛心。但在教师配置时，根据笔者的观察，新学期新进的 10 位教师中，至少有 4 位教师和校长有利益关系，而且总体上看，这些利益关系人确实水平也很一般。

另外，作为公共服务部门的负责人，校长肩负着维护公共规范的责任，如果基于公共理性，校长会坚决维护制度规范，强力阻止各种违反规范的行为，如果上级决定和要求违背制度规范的话，应该对上级部门不正确的意见予以否决。但如果出于自身政治利益等考虑，迫于上级权力，则会屈从于上级权威。根据笔者的观察，在这种冲突之下，校长一般会服从上级要求，即使这样会违反制度规范。

需要指出的是，每一个人都会有自利的一面，但同时也会表现出其公共性的一面，这是人作为一种社会性动物所经过长期历练而养成的。即使在生物界，以往研究早已表明，为了整个族群的繁衍和存续，生物个体常常会以群体利益为目的，放弃个体的需要。因为校长个体有其自利的一面，考虑个人得失也是常有的事，但也并不等于说校长完全不考虑公共利益，完全置公共利益于不顾。

----

① Thompson, V. A., *Without Sympathy or Enthusiasm*: *The Problem of Administrative Compassion*, Tuscaloosa: University of Alabama Press, 1975, pp. 35 – 69.

二　长远利益与短期利益之间的冲突

何为学校的长远利益？当然是要建设一支高水平的教师队伍，这是提高教育教学质量，实现学校发展目标的基础。梅贻琦所谓大学乃大师之谓正是此意，中小学也不例外。尽管自美国"科尔曼报告"之后，人们对教师的作用提出了质疑。近来国内也有研究者认为，学校整体经济社会地位、生源素质、物质资源设备可以更好地促进学生学业成绩的进步。学校的同伴氛围和学习环境也有效促进学生学业成绩。而师资水平对改善学生学业成绩没有显著影响。[①] 但西方一些学者的研究不断证实了教师在学校教育中所发挥的不可替代的作用。教师在学校教育中的作用不能用静止和孤立的方法来分析，否则便容易得出教师对学生学习成绩影响有限的结论。事实上，学校内的一些影响学生发展的因素，诸如学生学习行为、学校学习氛围等，甚至家长对学生教育的方法、态度等无不与教师有直接的关联，优秀的教师自然对学习风气、学生行为有良好的正面影响，而这些因素又与学生学业成绩直接相关。

一般说来，多数校长还是比较重视学校教育质量，也就会注重学校教师队伍的建设，打造学校的骨干教师队伍。尤其是在教师流失非常严重的农村学校，校长对为数不多的留下来的优秀教师常常视为珍宝。贵州省CG县ZX镇初中的C老师，工作非常敬业，教学能力也很强，连续三年的成绩比县城中学还高。前些年去考过一次县城的招考，没考上，最近几年年龄偏大一点了，县上教师招考有年龄限制，就不再去考了。ZX初中的M校长非常重视C老师，在M校长看来，学校能有这样工作敬业、教学能力又强的老师，是校长的福分。教师有什么问题，校长都会想方设法帮助。2016年C老师评市级优秀教师，但在计划生育方面有点问题，不能参评。M校长亲自出马，找了县上一些领导，最后C老师顺利评上了市级优秀教师。

但是，并非所有校长都像这位M校长一样对优秀教师进行不断的打磨、培育，给以相应的荣誉激励教师在工作中不断做出成绩。相反，在很多时候，他们并不愿意给那些有教学业绩的教师更多荣誉，让他们在教育

---

①　谢桂华、张阳阳：《点石成金的学校？——对学校"加工能力"的探讨》，《社会学研究》2018年第3期。

圈子内提高影响力。在四川省 P 县 D 镇初中，校长告诉笔者他的办学理念是为教师的成长铺路，让教师在工作中不断发展。在教学楼上显眼处也挂着学校的办学理念："为学校发展革新，为教师成长铺路，为学生成才奠基。"但事实上，学校对待教师有一种矛盾心态，如果水平太差，校长会不满意。但如果相当优秀，校长同样会有担忧，因为这样的人才迟早都是要调走的。这种心态会直接影响学校的教师培育，在派出教师参加培训、骨干教师的评选、教师荣誉称号的授予等方面都会考虑教师是否能较长时间在学校工作，估计短期要调走的，在这些方面的机会要小得多。

在极端情况下，如果优秀教师获得个人相应称号，提高影响力调走人数较多的话，学校可能会长期不再开展这类荣誉称号的评定。如浙江省 HY 区 SW 镇小学由于 2008 年以前很多评上教育新秀、县级以上的优秀教师都调走了，所以从 2008 年开始，学校不再开展评优活动。到 2016 年，学校已经连续七八年没有评过教育新秀、优秀教师之类的荣誉称号了。

为了防止教师获得重要奖励或荣誉称号就流失的尴尬局面，有些学校出台制度，对评上骨干教师、优秀教师、晋升职称的这些人调动进行限制。如浙江省 HY 区 MS 小学教师流失一直比较严重，流失的教师按照该校 D 校长的说法无论在教学上、管理上不说达到顶峰的话，应该说都达到了一定的层次。2015 年学校报了 2 名教师到教育局，2 名都通过并获得 HY 区教育新秀的称号。这本是好事，可 D 校长却感到很是忧虑，因为在 D 校长看来，这 2 个获得荣誉称号的老师待不长，能够在这里待 3 年就不错了。鉴于此，MS 小学 2016 年出台了一个规定，凡是评上了县级以上荣誉称号的教师，3 年以后才能申请调动。四川省 P 县 DC 中学的校长同笔者聊天时也谈到，学校打算尽快出台教师流动办法，凡是评了骨干教师、优秀教师以及中级及以上职称的，必须在学校服务 3 年以上。反过来，如果打算要走，就不要占用学校评优晋级的指标，把指标给那些安心本校工作的教师。

校长打造优质教师团队，就需要对有潜质的教师进行重点培养，学校固然要平等对待每一位教师，但打造优质教师队伍不可能平均用力。按照二八法则，学校应重点培养部分优秀教师，需要给予优秀教师在教师培训、教学比赛等方面更多机会，在荣誉称号甚至绩效分配等方面给以更多倾斜。但诚如本书在前面的分析已经揭示，农村流失教师多数是教学成绩好、在本县范围内有一定影响力的中青年骨干教师。如果引进或培养的教师由于教学成绩突出，在圈内声誉不断提高而增加了流失的可能，对学校来说，确实是不愿意看到的。

三　劣币驱良币：利益冲突下的农村教师配置现象解析

1558年托马斯·格雷欣爵士（Sir Thomas Gresham）揭示了一种经济学现象，当成色不足的金币（劣币）进入市场后，会迫使成色足的金币（良币）逐步退出流通市场。因为公众对货币的供给怀有疑虑，他们会将"良币"（good money）融化收藏起来，并将"劣币"（bad money）转让给他人，最终就形成了"劣币"充斥整个市场的怪现象。这种现象后来被称为"劣币驱良币效应"，或"格雷欣定律"（Gresham's Law）。

当面临冲突的困境之际，农村教师配置过程中常常会形成"劣币驱良币"现象，即校长配置一大批水平一般的教师，而真正高水平的教师被排斥在外。结合前面的分析，这里对农村教师配置中"劣币驱良币"现象的形成进行简要分析。

一是当校长个人利益需要战胜公共理性后，校长看重的是个人利益获取，这种利益包括经济上的收入、政治上的升迁、人情上的回报等。一旦校长受个人利益驱使，就不会看重教师的水平而随意配置教师。至于通过配置高水平教师来促进学校发展，提高学校教育质量，实现公共利益的最大化，则会被校长抛于脑后。在一次聊天中，四川P县YC乡的LSH校长的一席话将这个道理说得很清楚：

> 校长会这样想，进一两个"次品"不会有太大的影响，毕竟校长自己得了好处的。在满足校长利益的情况下，自然会进入一批不合格的老师。这里的利益当然指校长能获得的经济收入。你想想，假如一个老师调动时，甩几万块钱给你，你还会考虑他的水平啊？（20140509）

LSH校长的话一语道破了利益驱使下农村学校教师配置中"劣币驱良币"现象。同样的道理，当教育局局长给校长"打招呼"，点名要调入某位教师，校长一般都会"照办"，即使所进入的老师水平非常低下。反之那些水平再高的教师因为没有这种关系通道自然就被挡在了外面。

二是从学校利益看，需要培养优秀骨干教师团队，但就短期说，如果优秀教师培养一批就流失一批，那校长自然不愿意。为了确保学校近期利益，把培训提高的机会、荣誉奖项给予那些低水平的教师，因为他们可能会长期留下来。在这种情况下，培养和打造高水平教师的手段其实被异化了，学校培养优秀教师、骨干教师的目的不是锻造高水平团队，而是作为一种走过场，为了应付上面的安排。当然，极端情况下，如前面的案例，一些学校干脆废弃这种教师培养方式，多年不在校内评选优秀、骨干之类。

第三节　责任冲突带来的农村教师配置困境

农村学校承担着教育教学的功能，也肩负相应的责任。但农村学校教育功能不是无限的，而是具有有限性，其责任也有其边界和限度。当农村学校责任被放大或扭曲，学校中心工作被边缘化，势必造成教师配置问题。

一　家庭责任、社会责任与学校责任的冲突

无论是发达地区还是贫困地区，农村孩子的家庭教育问题其实都是非常薄弱的。贫困地区家长本身文化素质非常有限，加之很多贫困地区家长都在外地打工，根本无法照顾自己子女，近年来很多贫困地区留守儿童家庭教育已经非常清楚地揭示了这一点。而发达地区农村家长文化素质相对要高一些，但对他们来说，多数处于上有老，下有小的年龄阶段，整天忙于挣钱，同样无暇顾及子女的教育。浙江省 GQ 镇初中的 C 老师清楚地看到了这一点：

> 家长都把时间放在自己的挣钱上，他们一般就是说只要我把孩子送到学校来了，那就是老师的事情，与我家长没有多大关系。他们对老师要求是只要孩子不犯错，你（老师）不去找家长，他们就不会去关注孩子。在农村，家庭教育其实是很弱很弱的，不像在城里，（家长）学历较高，有文化、有知识的这种，他们有这种能力，有这种经济（实力）。那农村的孩子，家长基本上就很少管。所以我们觉得非常吃力，因为对一个学生来说，应该是学校教育和家庭

教育（的结合），那现在在农村呢，就只有学校教育，没有家庭教育。（20160603）

另一方面，社区教育水平很低甚至处于"荒芜地带"，社会教育的功能难以发挥，社区对青少年的教育所起的促进作用微乎其微。社会教育在青少年成长中所起的积极作用微弱，已有社会资源没能得到充分、合理的利用，潜在的社会教育资源的挖掘明显缺乏，社会应予担当的教育责任呈削弱或淡化的态势。这样一来，一些原本应由家庭和社区承担的社会教育责任也就转移到学校和教师身上，进一步加重了教师的负担和学校的压力，导致了学校和教师社会责任功能的被动扩展。[①] 加之近年来公众和舆论过分渲染学校的负面形象，在不少人心中产生了一种莫名的意识，用农村学校校长的话说就是"出事就找学校"。很多本该家庭承担的教育责任也通通转移到了学校，使得学校和教师不堪重负。在贵州 CG 县调研时，SJ 小学的 T 校长对此有很深的感触：

> 孩子来到学校，所有的安全都是你学校来买单。你比如说学生生病吧，他在家里生的病，家里是爷爷奶奶照顾，自己都顾不上管。到了学校后，就把责任推给学校。上课老师要是没注意到，就说是老师没关心到位。你（家长）一个孩子都关心不到位，一个老师要管几十个人，怎么都能到位呢？老师们中午本是要休息的，现在中午有营养餐，担心安全问题，中午也要照看。（学生）就算发生一点磕碰，家长也会说，那是在你学校发生的事情，学校自己解决。把所有的责任都推到你学校。就是放学后，也不放心，出了交通事故，也要来找学校。（20170407）

T 校长的这种说法并非空穴来风，农村学校大都经历了由于家庭、社会责任转嫁到学校所引发的事件，不仅给学校造成经济损失，还会弄得校长和教师身心疲惫，名誉扫地。贵州省 CG 县 SY 小学的 S 校长讲述了这样一个案例：

> 有一天刮大风，但是天气又比较热，学生就把窗户打开。刚打

---

① 刘春花：《对教育责任失衡的思考》，《教育发展研究》2005 年第 11 期。

开，还没来得及把钩挂上，马上一阵大风就把窗户摔坏了，玻璃落下来就把一个学生脸上划了道伤痕。大概2厘米长。事后学校副校长马上把学生送到了医院。家长恰好是一名医生，后来就找到我，就说怎么办。我说我们尽力治，治好后你把单据捡好，到我们学校来，按保险报销。这个不用合作医疗，按意外伤害报销。意外事故的话，报销的比例是比较高的。家长当时没说什么，就回去了。当时正值清明节，过了节回来，（家长）就改变语气了，可能回家去，有人就给他出主意了，说这是在学校发生的。说什么以后还要读书，读大学，甚至还要参军的话，你外貌上有点影响，这都会对以后不利。就要学校赔偿，说以后要美容，要多少多少钱。我当时就想，如果你非要这样做的话，可能就只有打官司。后来镇上领导出面调解。家长说学校不闻不问。我说学校还要怎样做啊？我学校几百个学生，不可能都不管了来照顾你吧，我能做的就是把你送到医院，再通知家长，一起处理，对吧。还说找不到校长，第一天来就和我交流的。我非常气愤。当时他要1万，我不愿意，我愿意出3千，因为我咨询了保险公司，他们出3千块钱。后来教育局领导出面协调，给了他5千。我看了他脸上，基本上没有多大影响。后来我想，你如果是一般老百姓，还好理解，你自己是国家工作人员啊。（20170406）

一件非常普通平常的小事，若发生在学校，也就成了大事，家长总会不依不饶，试图在学校"捞上一把"。人们在无形中也形成了一种社会心理，学生的事就是学校的事。S校长还讲述了另外一个案例，本与学校没有多大关联，却经历了极大的折腾：

我们学校2015年有2个学生下河洗澡淹死了，当时正是毕业班考试。前一天下午就要布置考场，学生就要提前放学。放学前老师也交代了，不要下河洗澡。但学生不听，放学后邀约了七八个人就去洗澡，两个不大会游泳的学生就淹死了。之后那家长就把（学生）尸体抬到学校来。他的说法就是你学校每天都是那个时候放学，他家长来接，就那天他没来接。这个事情后来教育局和县政府都出面了，没有办法，学校赔了5万元作为安慰。（20170406）

学生放学回家游泳淹死了，按理是家庭自己的责任，家长没有尽到监管的责任，但出了这种事情，家长却偏要找学校的麻烦。尽管学校做了安全教育工作，但依然要出钱消灾，否则事情就没完。政府也总想把事态控制在最小范围，出钱是小事，只要没有被放大，没有给官员的升迁带来影响。而这种退让与迁就，无疑在家长及整个社会中形成了一种畸形的认识，那就是出事之后"只要肯闹就有奶吃。"

二　外围责任与学校内在责任的冲突

教育教学是学校的中心工作，是学校承担的最为核心的责任。萧宗六在其主编的《学校管理学》中这样写道：

> 学校管理者应把主要精力用于教学管理。学校工作纷繁复杂，千头万绪，样样都要抓，但要有主有从，突出重点，重点就是教学。教学管理是校长的主要职责。当教学工作与其他工作发生矛盾时，必须保教学，不要平均使用力量，更不要捡了芝麻丢西瓜。[1]

西方教育理论也持大体相同的观点。霍伊（Wayne K. Hoy）认为，教学过程是学校技术的核心。相对于教学的基本任务，学校内其他活动都是次要的；事实上，这一过程是整个学校管理决策的核心所在。[2]

但在现实中，不少农村学校的重心并没有放在教育教学上，而是要应对各种外来的检查。有人对某小学半年接受各类检查评估进行统计，多达22次，平均每周接受1次检查。主要包括：省教育厅2次、市财政局2次、市语委办1次、团市委1次、市教育局多次、市卫生局1次、市红十字会1次、区政府2次。[3] 学校要接受各种检查已是家常便饭。尤其是交通较为方便，办学有一定基础的农村学校更是"重灾区"。

每一次检查对于学校来讲都是一次运动，从校长到教师、学生均需全体动员，投入大量精力。为了对学校应对检查所做投入作简要说明，此处通过一案例进行分析。笔者在四川P县DC中学调研期间，正好碰上一次

① 萧宗六：《学校管理学》，人民教育出版社2008年版，第57页。
② ［美］韦恩·K.霍伊、塞西尔·G.米斯克尔：《教育管理学：理论·研究·实践》，范国睿译，教育科学出版社2007年版，第399页。
③ 董淑珍：《为学校松绑　给管理减负》，《中小学管理》2007年第9期。

督导评估检查。虽然检查明显是针对政府，对政府工作进行评估，但检查组要到学校了解情况，并且把接待工作安排在学校进行，学校压力巨大。

在检查之前的前两个月，学校就动员全体教师参与，把学校领导和教师分成各个小组，主要有由校长挂帅的领导小组，另外还有督查组、工作组、资料组、宣传组、接待组、后勤组等。待分工明确之后，各部门各司其职，进行资料的准备、对学生进行训练以及为学校配置相关设备等。

在检查的前几天，学校反复召开行政会、教师会、班主任会等，安排各种事项。根据笔者的观察，其中最为关键的是班主任，学校给每位班主任反复交代，注意各种事项，要求班级卫生、班级纪律、学生行为、学生训话等不能有差错，如果有影响检查的，班级将在年度班级评比、班主任评优中一票否决。在巨大的压力激励下，班主任会利用早自习、班会课等反复演练，甚至利用上课时间来进行排练，教育学生如何注意礼仪、行为以及和检查组交流。每班需对全体学生反复宣讲应该注意的事项，具体细节都要涉及。然后每班选出 2—3 名学生进行集中培训，以接受检查组的个别谈话，到检查时，学校会做手脚，让检查组相信这些学生都是"随机抽取的"。

卫生似乎是头等大事，在检查之前的两周，学校就要求每个班清理卫生死角，并组织学校领导对所有公共地段、教室、实验室、学生寝室等进行排查。在检查的前两天，请工人对个别地方进行清扫，并组织全校学生把所有地方彻底打扫。在检查前一天的下午全校学生停课，进行卫生大扫除。在检查的当天，学生必须于六点起床，整理被褥，清扫寝室，再次对全校所有地段、建筑、物品进行打扫、抹洗，花台、垃圾桶也要彻底抹干净。班主任也需要很早起床，进行各种事务监督。

接待组和后勤组在检查前一天需要把会场布置好，并且需要给检查组的每位主要领导准备一份农村的土特产，让他们检查后带回家。而宣传组需要准备所有宣传材料，并于检查当天进行展示，如展板、宣传栏、横幅等。

以上描述仅是学校应对检查工作事前准备的粗线条刻画，事实上，学校还有大量事情需要完成，比如资料组会给全校教师布置大量资料，用于应对检查。然而，在多数时候，检查人员最多简单翻一点，有时根本就看都没看。过多的检查和苛刻的要求耗费了学校大量精力，占据了师生大量时间，而这些时间和精力本该用于学校教育教学工作。而且很多检查是非教育性的，如某学校一年接受了 50 多次各类检查，其中一半以上是非教育部门的检查，包括财政局、环保局、消防队等。① 笔者在浙江省 HY 区调研过程中，MS 中心校的 D 校长也谈到了这一点：

> 我们这里经常都有各级领导来（检查），省里的、市里的、区里的，但他们都不关注老师的事，他们各自关注的东西都不一样，对教育好像不是太感兴趣。（20160611）

本书并不是完全反对针对学校的检查，客观上讲，检查是对政府办学、学校管理进行监督的一种必要的方式，而且一些检查给学校带来了实质性的好处。笔者就此曾和四川 P 县 DC 中学的校长聊了很长时间，在他看来，这种检查对学校硬件建设还是有促进作用的。以督导评估检查为例，学校新建了两百米跑道，并且进行了硬化，新建的女生宿舍也已经完工，解决了住校生宿舍紧张的问题。新增加了一万多册图书，新建了音乐室，实现了"班班通"，即每个班都有电脑，都可以上网，都配备了多媒体。不仅如此，学校门口一家网吧搬走了，无证三轮车也少了。

但过多的检查显然影响了学校的教育教学工作，造成了一些学校中心工作的偏移。一位校长感叹道："现在做一名校长非常不容易，许多外在因素是校长无法左右的。除了各类常规事务外，各种检查、会议、接待占了我不少的工作时间，还要做各种材料、参加许多应酬、应对各种突发事件等。在上级召开的各种会议中，很多都是要求校长到会的，以此证明会议的重要性；除此之外，每年还要应对各项评优、评比，都要耗费校长大量精力。"② 另一方面，检查是一种外部监控，诚如汤姆森（Pat Thomson）所言：当学校领导者所做之事都是被规定、被要求的，且若有违背便会受到严厉处罚时，他们怎么可能形成真正的教育愿景。这一质疑道出了政策现实与需要愿景、创造性和企业家精神素质要求之间的现代学校领导矛盾。③

党的十八大以后，随着国家加大对整个政府规范的治理，对学校也进行了规范。这种规范性的要求，从有关文件看，重点是在教学管理领域，但事实上，政府对学校行为规范的侧重点也多在经费、后勤、安全方面。

---

① 段安阳：《检查评比应成为学校发展、学生成长的"助推器"》，《人民教育》2016 年第 22 期。
② 佚名：《我该如何从繁杂事务中走出》，《中国教育报》2012 年 3 月 6 日。
③ 陈学军：《谁来做校长：中小学校长更替的挑战》，《中小学管理》2017 年第 7 期。

在四川 P 县调研时，DC 中学 P 校长讲到了这样一件事，老师委托家长委员会给学生购买资料，被学生家长举报，使得学校承受了很大压力。该校班主任 D 某与学生有矛盾，学生家长便在网上发帖，举报老师给学生定辅导资料。这事本来学校没有多大责任，因为老师没有收费，征订辅导资料的费用是由家长委员会出面收取，然后进行支付的。可是这名家长不断地在网上发帖，并附加了一些不属实的言论，县教育局纪委便要求学校严查，并作出书面说明。P 校长后来出面找到县上一位副县长，跟教育局进行了沟通，总算把这事给摆平了。但 P 校长对此事很有看法，学校本来是想给学生定点资料，提高学生成绩，农村学生自己很少去购买课外辅导资料，也不太会选择究竟哪些资料更好，可是最终学校换来的是被举报，好事成了坏事。自己这个校长也被搞得灰头土脸，得不偿失。

加强对学校的监管，规范学校办学行为，使学校这个主体办学行为符合教育教学规律；尤其减少在经费使用、教师调动等方面的寻租空间，使校长没有腐败的机会，这无疑是教育现代化建设的必由之路。客观上看，十八大以来的国家治理机制变化，已经使得学校在诸多管理行为上有了很大的改变。校长的办学行为更加规范，寻租空间大大减小。但是，所伴随的问题也应当引起重视。政府对学校管理过细，则会回到统得过死的老路上去。而且若政府对一些看似细枝末节的问题在处理上人为扩大其影响力，将问题扩大化，势必给学校带来很大的压力。这样看似规范了学校办学，实则打击学校办学积极性，阻碍学校创新动力。校长们只能谨小慎微，按部就班地做点常规工作。至于开拓性地发展学校、变革学校，校长们多不愿意，因为这种做法不仅缺乏经费支持，而且还面临较大的政治风险。因此，如何既规范学校办学，又能真正体现学校办学自主，将办学自主权真正还给学校，使政府监管不至于打击学校办学积极性，而是激发学校活力，从而建立现代学校管理制度，这是需要长期探索的课题。

三　责任冲突之下农村教师配置去能力化现象解析

学校责任冲突，冲淡了本该承担的核心职责，扭曲了学校本真的教育功能。亦如贵州省 CG 县 SY 镇 S 校长所言：

安全问题不是影响学校的教学工作，而是严重影响了学校的教学工作。现在我们担心的不是教学质量问题，而是安全问题。你质量好坏没有关系，（教学质量）差了大不了教育局批评一下，再不得了就把你换了。你如果出安全事故，那就麻烦大了，弄不好要坐牢。（20170406）

显然，过多外围责任以及不合理的责任分摊，犹如利剑悬在学校头上，给学校戴上了一根沉重的锁链，让学校在工作中不堪重负。校长只能谨小慎微，一切以不出事为原则。相关研究也证明了这一点，校长注重组织领导，竭力维护学校平稳运行；但忽视课程领导，在推动学校教学改革方面缺乏动力，更为重要的是校长对教师专业水平、专业发展并不看重。①

抱持这种心态的校长对教师水平没有太高的期望值，只要学校工作能够顺水推舟，教师能够基本完成工作就行，校长缺乏建构高水平教师队伍的内部动机。浙江 HY 区 GQ 镇初中的 L 校长这样说道：

农村缺乏高水平的骨干教师，这是事实，我们只是说希望他们工作认真负责一点，对孩子好一点就行了，至于能力，在农村也不可能有太高要求。你教师只要态度上认真点，教好每一节课就行。至于说教研教改水平，在我们农村学校不能有太多要求，对吧。（20161108）

在很多校长看来，中小学知识就那么一点，正规学校毕业的老师都可以应对知识上的问题。因此，教师只要工作认真点，有责任心就行，水平高低没有关系。四川省 P 县 DC 镇小学教导主任 2013 年通过考调进入县城，很多老师都觉得是学校的损失，因为该教导主任教学业务水平高，所任教的班级每年在县上名列前茅，加上教学管理也还不错。但在该校 L 校长看来，没有什么大不了，随便找一个来接替就行了。用该校 L 校长的话说就是"树棒棒都可以立活"（这是当地的俗语，意思是水平差的老师，工作一段时间后，自然都会优秀起来）。教务管理找个人来干两年就上路了，至于教学嘛，一个人走了没有多大影响。

如果学校责任主要是维护学校安全，应对各种检查，那么校长确实没有多大必要建设高水平教师队伍。而只需要打造一批行政坐班人员，

---

① 王纬虹、李志辉：《中西部地区中小学校长专业发展困境及突破》，《中国教育学刊》2016年第 8 期。

他们能够精确做好各类资料，检查监督学生以至于"不出事"。可是这样一来，学校本真的功能丧失了，国家和社会所需要的人才培养目标被异化了。

第四节　学校管理与教师流失关联的初步探析

本书在第五章教师配置影响因素中，就学校管理对教师配置影响从理论角度进行了较为详细的探讨。从已有研究看，多数研究都赞成学校管理对教师配置有重要影响。一般说来，管理良好的学校，教师稳定性高，反之，教师更有可能调整到其他学校或行业。① 但是，既有研究主要是西方学者的发现，国内在这一问题上鲜有涉及。那么国内学校管理与教师流失之间究竟是什么关联？与主流西方理论接近还是有所差异呢？本节将进行粗浅的探讨。

一　学校管理水平对教师稳定显著正相关

影响教师流走的因素很多，也非常复杂，不是学校本身能够完全解决的。但如果就此认为学校在教师流走中无足轻重，就有失偏颇了。本书在后面的量化统计结果表明，学校管理对教师农村从教认同影响非常显著（$P < 0.01$），表明学校管理因素对教师农村从教意愿的影响是非常大的，进而可能会在很大程度上影响教师的去留。另外，学校管理变量的概率比为 1.765，表明学校管理变量每提高一个单位，教师农村从教认同会提高 1.765 倍。为了对学校管理因素、对教师队伍稳定有更深入的认识，本书接下来通过质性分析做进一步探讨。

本书在此通过两个典型案例，以审视学校管理因素对教师流失的影响。H 老师是四川 P 县 LD 初中的一名数学教师，一天课堂上班上一名男生违反课堂纪律，伸手抓前面女生的头发，女生吓得大声尖叫，为了维护课堂纪律，H 老师对该男生当面进行了批评。本以为事情就这样过去了，

① Ingersoll, R. M., "Teacher Turnover and Teacher Shortages: An Organizational Analysis", *American Educational Research Journal*, Vol. 38, No. 3, 2001. 参见刘小强、王德清《美国吸引高质量教师到薄弱学校的新举措》，《外国教育研究》2011 年第 3 期。

可让 H 老师没有想到的是，第二天放学后，该男生竟纠集几个社会青年在街上拦住 H 老师，要 H 老师赔礼道歉。出于老师的尊严和面子，H 老师没有道歉，几个社会青年便当街辱骂 H 老师，并动手打伤了 H 老师。这事被全校教师知晓，教师们联名要求开除该男生，以还教师尊严。可学校认为，义务教育阶段学校不能开除学生，而且这名学生家长在当地有一定势力，开除这名学生会给学校带来麻烦。就这样，学校将此事不了了之。H 老师觉得自己人格受到了侮辱，学校没有做出相应回应，给自己本身已经受到伤害的心灵再撒了一把盐。于是这一学期都还没有结束，H 老师便选择回到了离 P 县较远的 J 县任教，也是 H 老师的老家。

Z 老师是四川 P 县 YC 初中的一名语文教师，Z 老师工作认真负责，教学成绩每年在全县名列前茅。2015 年，Z 老师已达评中学高级的年限，在他本人看来，如果有高级名额，自己应该有很大把握。但让他没想到的是学校当年调整了政策，把工龄作为加分条件之一，每年 1 分。与 Z 老师一同竞争的 C 老师工龄长了 5 年，比 Z 老师多加了 5 分。不仅如此，由于 YC 初中班主任要加分，而且分值较高，每担任一年班主任加 3 分，这大体相当于一年教学成绩排名全县前列的分数。按照学校以前的惯例，班主任加分需是本校所任班主任，换句话说，从外校调入本校的教师在以前学校担任的班主任经历不能作为加分项。但 2015 年 YC 初中职称评审中将 C 老师在其他学校的 2 年班主任经历也作为加分条件。这样一来，最终 C 老师的分数比 Z 老师高 2 分，评上了高级教师，Z 老师被淘汰了。Z 老师感到很不公平，想不通，找到校长理论，与校长发生了激烈的争吵。此后 Z 老师彻底失去了继续留在学校工作的意愿，第二年通过考试调动进入了 P 县所在市上的一所初中。

显然，学校在管理中能够设身处地为教师着想，当教师有困难时候，站在教师的立场，为教师排忧解难，教师自然会心存感激，也愿意留在学校从教。反之，当教师遇到困难时，学校不闻不问，教师毫无归属感，体验到的是人情的冷漠，也就会选择离开。而学校管理中涉及教师切身利益时没有站在公正的立场，与校长关系好的多得利益，关系不好的利益受损，而且信息不公开透明，都会伤害教师对学校的认同，从而诱发他们离开学校。

另外，学校管理者为人谦和，比较注重营造和谐的学校人际关系，老师们就会觉得工作很顺心，也不愿意调到其他地方工作。在浙江 HY 区 SB

镇初中调研时，一些老师便谈到了这一点：

> 我们校长给我们提供了比较好的工作环境，这里老师与老师之间的关系比较和谐，同事关系挺好。在我们这里没有哪一派哪一派的说法，大家都讲得来。有什么问题，一个人不太清楚的，你提出来，大家一起帮你解决，关系很融洽。我们也经常同别的教研组交流，吃饭的时候啊什么的，大家说说笑笑的，都比较好。我们觉得两样东西，一个是工资，一个是环境，如果两样都过得去，那干嘛还要走呢？（20160601）

二 学校教学成绩与教师稳定可能存在负相关

一般说来，学校管理水平高，教学成绩会更好，按照前面的逻辑，学校管理水平与教师稳定呈正相关的话，教学成绩更好的学校教师稳定性更高，流失率更低。这也是西方关于教师流失理论的一个主流观点。但是，根据本书的考察，在很多地方，事实并非如此，往往是成绩更好的农村学校，教师流失更多，而成绩更差的农村学校表现出较少的教师流失。下面将四川 P 县教学成绩最好与最差的农村学校教师流失情况进行对比，可以窥见一斑。

首先以初中为例，四川 P 县共有 17 所初中（九年一贯制除外），包括 1 所县城初中。对比 DC 中学和 JP 初中 2016—2017 学年教学成绩，从表7-1可见，DC 中学三个年级中七年级位列全县第 4 名，八年级和九年级均为第 3 名。除去县城初中与另外一所人数较少，教学质量较高的紧邻县城的初中外（这两个学校分列 1、2 名），DC 中学成绩是全县乡镇初中最好的。而且两个年级完成了二级目标，一个年级完成了一级目标，① 但 JP 初中的三个年级均为 17 名，也就是说三个年级均处于全县倒数第一。

---

① P 县对所有学校实行目标管理，将每一所学校教学考试成绩按学生人数进行分段，分为 A、B、C、D 四个等次，分为优生段、中上学生段、中下学生段和差生段。结合学生成绩与流失率得出一个综合分数，据此作为学校下一年的目标，超额完成为一级目标，保住原有名次为二级目标，略有下滑为三级目标。若下滑较为严重或者本身处于全县倒数而没有进步定为未完成目标。

表 7 - 1　　2016—2017 学年四川 P 县 DC 中学、JP 初中完成教学质量目标情况

学校	各年级全县排名			各年级目标完成情况		
	七年级	八年级	九年级	七年级	八年级	九年级
DC 中学	4	3	3	二级目标	二级目标	一级目标
JP 初中	17	17	17	未完成目标	未完成目标	未完成目标

数据来源：原始数据来自 P 县教育局。

那么这两所初中教师流失情况如何呢？从 2013—2017 年，成绩最好的 DC 镇初中共流失教师 33 人。2017 年该校共有教师 62 人，这样算下来，5 年间流失的教师超过了学校教师总数的一半。其中 2013 年达到 14 人，占当年教师总数的 21.0%。相比较而言，成绩最差的 JP 初中教师流失率更小，2013—2017 年共流失教师 10 人，按照 2017 年全校教师人数 33 人算，5 年间流失的教师总数相当于 2017 年教师总数的 30.3%，教师流失率明显低于 DC 镇初中（见表 7 - 2）。

表 7 - 2　　　四川 P 县 DC 镇初中 2013—2017 年教师流失情况

年份		2013	2014	2015	2016	2017
DC 中学	人数（人）	14	4	5	4	6
	占教师比例（%）	21.0	6.0	7.6	6.2	9.7
JP 初中	人数（人）	1	2	2	3	2
	占教师比例（%）	4.2	7.1	6.4	9.1	6.1

数据来源：根据笔者调查整理。

再以小学看，P 县 ZD 镇小学成绩全县排名靠前，二年级至六年级均进入全县前三名，其中四年级位列全县第一名，二年级和五年级位列第二名，所有年级都完成了一级目标。这个排名包括县城两所小学，所以单就农村学校而言，ZD 镇小学的成绩已经是非常好的了。相比之下，JP 镇小学六个年级中，只有四年级排名第 14，其余都在第 15 名，若将该

县的 PB 和 QP 两个少数民族乡除外，JP 小学实际位列全县倒数第一（见表 7 - 3）。

表 7 - 3　　　四川 P 县 ZD 小学 2016—2017 学年完成教学质量目标情况

年级		一年级	二年级	三年级	四年级	五年级	六年级
ZD 小学	全县排名	5	2	3	1	2	3
	目标完成	一级目标	一级目标	一级目标	一级目标	一级目标	一级目标
JP 小学	全县排名	15	15	15	14	15	15
	目标完成	未完成	未完成	未完成	完成	未完成	未完成

数据来源：原始数据来自 P 县教育局。

再将 ZD 小学与 JP 小学教师流失对比，从表 7 - 4 可以看出，2013—2017 年，ZD 小学共流失教师 62 人，其中 2013 年 14 人，占教师总数 14.1%；2014 年 9 人，占教师总数 9.3%；2015 年 15 人，占教师总数 15.3%；2016 年 11 人，占教师总数 11.3%；2017 年 13 人，占教师总数 13.3%。相对而言，JP 小学教师流失要小很多，该镇教师总数与 ZD 镇大体相当，2013—2017 年共流失教师 34 人，流失人数只有 ZD 镇小学的 55%。从流失情况看，JP 镇小学 2014 年只有 11 人，超过了 10%，2015—2017 年分别为 5 人、4 人和 6 人，流失率分别为 4.6%、3.6% 和 5.4%。

表 7 - 4　　　四川 P 县 ZD 小学、JP 小学 2013—2017 年教师流失情况

年份		2013	2014	2015	2016	2017
ZD 小学	人数（人）	14	9	15	11	13
	占教师比例（%）	14.1	9.3	15.3	11.3	13.3
JP 小学	人数（人）	8	11	5	4	6
	占教师比例（%）	7.9	10.8	4.6	3.6	5.4

数据来源：根据笔者调查整理。

三　学校管理与教师流失：一个尚待深入研究的问题

英格索尔（R. M. Ingersoll）从组织行为学的角度对美国学校教师流动进行了深入研究，发现学校管理和教师流失有很大关系。薄弱学校管理水平不高，很少对教师进行支持性管理，加之薄弱学校学生违纪现象严重，教师满意度非常低，教师自主权很少，因而教师大量流失。[①] 哈努谢克（E. A. Hanushek）则研究认为，成绩更好的学校，高水平教师流失更少，他将待遇情况与学生学习成绩综合起来考察教师流失，发现待遇确实是影响教师流失的一个因素，但相对来讲，在学生学习成绩低下的学校，每年都有大量教师流失到其他学区甚至选择到州外任教。[②]

西方理论在某些方面可以解释国内现象，而在另一方面却与国内现象背道而驰。就学校管理与教师流失看，前面研究已初步显示，学校管理者善于营造和谐的人际关系，并能在管理中创造出尊重教师，关心教师的文化氛围，自然会减少教师流失，从这个意义上讲，西方理论解释国内现象同样有较强的解释力。但是，若学校通过优化管理，设法提高学校教学成绩，却未必能够对稳定教师起到作用，恰恰相反，增加了教师的不稳定性。这似乎是一种难以解释的现象，和西方理论有着很大的不同。

为什么在我国成绩好的学校教师流失反而可能会更多呢？笔者认为，在现有教师考试流动制度下，教师要想调入城里，关系当然是一个方面，但另一方面需要教师的"本本"，即教师的教学成绩、各种荣誉证书、骨干教师称号等，其中教学成绩是最为重要的因素。以四川 P 县县城引进教师为例，教学成绩和荣誉称号要加分，占到了教师考调成绩的 50%，这样教学成绩好，荣誉证书多的教师可以加到七八十分，折算 50% 也高达四十分左右，而少的教师甚至一分也没有。除了个人成绩加分考核外，采取的是说课，事实上说课拉开的差距并不大。因为按照规定，评委打分超过 90 分的要写情况说明，而低于 60 分的，也要写说明，所以多数教师说课得分都差不太多。这样，在教学成绩优秀的学校，教师教学成绩更好，也更容

①　Ingersoll，R. M.，"Teacher Turnover and Teacher Shortages：An Organizational Analysis"，A-merican Educational Research Journal，Vol. 38，No. 3，2001；刘小强、王德清：《美国吸引高质量教师到薄弱学校的新举措》，《外国教育研究》2011 年第 3 期。

②　Hanushek，E. A.，Kain，J. F.，Rivkin，S. G.，"Why public schools lose teachers"，Journal of Human Resources，Vol. 39，No. 2，2004.

易获得各种奖励，在考试中加分更多，自然也就更容易调走了。而教学成绩差，荣誉证书少的教师，限于自己"本本"不够，也只好"望考兴叹"。在学校整体教学成绩差的情况下，至少说明多数教师的教学成绩不佳，而且教师的教学成绩与其他荣誉证书、评优评奖又有直接的关联，教学成绩总体较差，老师们也很难有机会争取更多荣誉。这样一来，教学成绩更好的学校多数教师更有机会流动，自然也就增加了流失率，而教学成绩差的学校教师流动机会不大，流失率也自然会减小。

如何理解西方与国内的这种差异呢？笔者认为我国教师管理体制与美国有着很大的区别，美国是分权管理体制，学校和学区在教师配置中享有很大的权力，政府处于一种"弱势"。加之政府基本不会通过政策性指令把优秀教师从落后地区选拔到发达地区，或者从薄弱学校选拔到重点学校。恰恰相反，政府向来采取强有力措施，鼓励发达地区教师到落后地区，鼓励优质学校教师到薄弱学校。而我国则不同，本书在前面已经指出，政府在教师配置上有很大的权力，起到关键性的作用。但地方政府存在权力的偏向运行，不仅没有把优秀教师从城市拉到农村，反而是从农村拉到城市，形成教师配置中的"双重拉力"现象。由此使得农村教学成绩更好的教师不断流失进入城市。

需要特别说明的是本书在此所揭示的现象属于个案研究，样本量小。没有足够数量的样本，不能断然得出结论说教学成绩好的学校流失率一定高，本书只能说教学成绩更好的学校可能流失率会更高。另外，笔者也注意到，在一些偏远农村地区，交通不便，教学条件落后，学校教学成绩差，但教师流失率一直居高不下，教师虽然考进城市的较少，但调到条件更好的乡镇，或者改行考公务员，甚至辞职的大有人在。因此，教师流失问题非常复杂，绝非单个因素使然。本书在此试图通过一些现象的剖析，给广大研究者提供一些视野拓展方向，为后续更深入的研究提供一点思路。

第八章 农村教师预期效用及其对农村教师配置的影响

预期效用理论是 1944 年由 Von Neumann 和 Morgenstern 提出的比较完整的公理体系。是基于心理学和经济学理论的一个用于预测人们决策行为的理论，其主要运用于投资决策领域。本书在这里不对该理论进行详细阐述，也不准备借用该理论来分析问题。只是借用"预期效用"这一概念，因为农村教师选择是否在农村从教时，有自己的预期效用，包括自己的生活条件、工资待遇、工作任务、子女教育等诸多因素。如果这些因素能够满足他们的心理预期，那么他们就能够安心农村工作。如果通过权衡感觉差距过大便会产生不满足感，从而想方设法选择离开农村。

本章将先对影响农村教师效用的因素进行量化分析，找出影响农村教师预期效用的关键性因素。量化分析有利于较为准确地发现这些因素，并且可以精确地区分每种因素的影响程度。但是量化检验的结论有时与质性分析会有所偏差，而且要分析这些影响因素背后的深层次原因，也需要借助质性分析。故本章第一节先采用量化方法检测教师农村从教的影响因素，在后面的几节中运用质性方法对这些因素做进一步分析，由此达到对影响农村教师预期效用因素较为全面和深入的认识，并在此基础上探讨预期效用不满足对农村教师的配置的影响。

第一节 农村教师职业认同影响因素的量化检验

影响教师农村从教认同的因素比较复杂，本书通过全国范围的问卷调查，对主要影响因素进行量化分析，试图找到最为主要的影响因素。

一　已有文献简要回顾

工资待遇与生活条件是影响教师农村从教认同的重要因素。有学者认为，农村条件艰苦，福利待遇无法保障，影响教师农村从教意愿。[①] 与此同时，农村工作条件也在很大程度上影响教师从教的意愿，但工作条件并不是简单的办公条件，主要是农村缺乏个人发展平台。农村教师个人发展空间有限，影响教师农村从教意愿。[②]

学校因素是影响教师满意度的重要方面，首先，学校支持性管理对于教师稳定的作用非常显著。[③④] 约翰逊和伯克兰（Johnson and Birkeland）教师流失主要是没有得到学校支持[⑤]。支持性管理的学校鼓励教师参与学校管理，体现教师的自主，从而增强了教师留下来的意愿。[⑥] 但也有研究表明，支持性管理要为教师留有足够空间，尤其是个人对课堂教学保有较高程度自治，而不是过多的控制。[⑦] 其次工作任务重，教师工作压力大，会影响教师工作满意度，造成教师流失。研究表明，工作任务繁重，学校管理规训严格是教师"逃离"农村的两个主要影响因素。[⑧] 还有研究发现，

---

① 范先佐：《乡村教育发展的根本问题》，《华中师范大学学报》（人文社会科学版）2015 年第 5 期；邬志辉、李涛、周兆海：《农村教师津补贴政策文本的计量分析——基于地方政府的政策文本》，《中国教育学刊》2012 年第 11 期。

② 庞丽娟，韩小雨：《我国农村义务教育教师队伍建设：问题及其破解》，《教育研究》2006 年第 9 期；王彦才：《中小学教师流动及对策——基于海南省中小学教师流动现状的调查分析》，《教师教育研究》2014 年第 2 期；周钧：《农村学校教师流动及流失问题研究现状与发展趋势》，《教师教育研究》2015 年第 1 期；娄立志、刘文文：《农村薄弱学校骨干教师的流失与应对》，《教师教育研究》2016 年第 2 期。

③ Weiss, E. , "Perceived Work Place Conditions and First – year Teachers' Morale, Career Choice Commitment, and Planned Retention: A Secondary Analysis", *Teaching and Teacher Education*, Vol. 15, No. 8, 1999.

④ Boyd, H. , Lankford, H. , Loeb, S. , Ronfeldt, M. , Wyckoff, J. , "The Role of Teacher Quality in Retention and Hiring: Using Ppplications to Transfer to Uncover Preferences of Teachers and Schools", *Journal of Policy Analysis and Management*, Vol. 30, No. 1, 2011.

⑤ Johnson S. M. , Birkeland S. M. , "Pursuing a 'Sense of Success': New Teachers Explain Their Career Decisions", *American Educational Research Journal*, Vol. 40, No. 3, 2003.

⑥ Gritz, R, Theobald, N. "The Effects of School District Spending Priorities on Length of Stay in Teaching", *Journal of Human Resources*, Vol. 31, No. 3, 1996.

⑦ Stuit, D. , Smith, T. , "Teacher Turnover in Charter Schools. National Center on School Choice", 2010 – 10 – 23, （http: //files. eric. ed. gov/fulltext/ED543582. pdf. ）.

⑧ 谢丽丽：《教师"逃离"：农村教育的困境——从 G 县乡村教师考警察说起》，《教师教育研究》2016 年第 4 期。

乡村教师感知的学校文化氛围通过教师能动性间接影响其工作满意度。[1]

还有学者将影响教师农村从教意愿因素进行排序。发现影响教师流动及流失意愿因素按重要性排序依次是"子女上学及家庭生活""工资待遇与工作负担""学校位置及交通、住房条件""学校管理与教学风气"。[2]农村教师对工作不满意的具体方面排序依次为：工资待遇低（100%）、劳动负担重（93.6%）、工作环境不理想（92.7%）、学习进修少（89.3%）、上升流动机会少（87.8%）、社会保障制度缺乏（75.9%）。[3]

学生学习成绩及行为表现也是影响教师从教意愿的一个因素，学生成绩与教师留守意愿存在明显正相关。[4] 学校教育教学秩序良好，学生遵守纪律，表现出更少的违纪行为，可以明显增强教师的留守意愿。[5]

此外，还有学者从教师自身着眼开展研究，认为情感需求的满足、自我价值的实现和教育理念的契合等是影响农村教师工作行为的重要因素。[6]

二　研究设计

（一）数据说明

本书共发放调查问卷 862 份，回收 840 份，剔除含有缺失变量的问卷后，共获得 826 份有效问卷。调查对象主要来自广东、浙江、山西、湖北、贵州和四川等省份。数据收集了被调查者比较详细的信息，包括被调查者的性别、年龄、学校、学校类型、专业技术职务、工资收入等。总体而言，这些信息能够为本书提供比较充分的经验数据资料。被调查对象的基本情况见表 8 - 1。

---

① 贺文洁、李琼、穆洪华：《学校文化氛围对乡村教师工作满意度的影响：教师能动性的中介作用》，《教师教育研究》2018 年第 3 期。

② 王艳玲、李慧勤：《乡村教师流动及流失意愿的实证分析——基于云南省的调查》，《华东师范大学学报》（教育科学版）2017 年第 3 期。

③ 李金奇：《农村教师的身份认同状况及其思考》，《教育研究》2011 年第 11 期。

④ Hanushek, E. A., Kain, J. F., Rivkin, S. G., "Why Public Schools Lose Teachers", *Journal of Human Resources*, Vol. 39, No. 2, 2004.

⑤ Ingersoll, R. M., "Teacher Turnover and Teacher Shortages: An Organizational Analysis", *American Educational Research Journal*, Vol. 38, No. 3, 2001.

⑥ 刘胜男、赵新亮：《新生代乡村教师缘何离职——组织嵌入理论视角的阐释》，《教育发展研究》2017 年第 15—16 期。

表 8 - 1 被调查对象的基本情况

项目	类别	频数（人）	比例（％）
性别	男	231	28.0
	女	595	72.0
年龄	25 岁以下	65	7.9
	25—35 岁	388	47.0
	36—45 岁	289	35.0
	46—55 岁	78	9.4
	55 岁以上	6	0.7
学校	乡（镇）初中	212	25.7
	乡（镇）中心小学	280	33.9
	乡（镇）完全小学	169	20.4
	村小	88	10.7
	其他	77	9.3
学历	初中及以下	4	0.5
	中专（高中）	20	2.4
	专科	298	36.1
	本科	504	61.0
	研究生	0	0
专业技术职务	中学高级	38	4.6
	中学一级或小学高级	315	38.1
	中学二级或小学一级	279	33.8
	中学三级或小学二级	106	12.8
	小学三级	34	4.1
	其他	54	6.6

项目	类别	频数（人）	比例（%）
工资	2000 元以下	14	1.7
	2001—3000 元	236	28.6
	3001—4000 元	344	41.6
	4001—5000 元	190	23.0
	5001—6000 元	34	4.1
	6000 元以上	8	1.0

（二）变量

1. 因变量

本书所涉及的因变量为农村教师的职业认同，在问卷中，我们要求教师就自己对农村从教的认同做出评估，具体操作为"您对农村教师职业的看法是"，列出了五个等级，分别表示为："0"很厌恶，"1"不太喜欢，"2"一般，"3"比较喜欢，"4"非常喜欢。

2. 自变量

根据前面文献梳理，本书对可能影响农村教师预期效用的因素进行分析，主要包括：1. 工作任务；2. 培养机会；3. 学生因素；4. 事业成就；5. 学校管理；6. 工资待遇；7. 生活条件；8. 人际关系；9. 尊师重教；10. 文化因素；11. 周边环境；12. 子女教育。我们将这些因素划分为 12 个维度，再将每个维度细化为教师容易感知、方便回答的具体问题，每个维度设置 2—4 个问题，安排在调查问卷第 7 题到第 37 题，共计 31 道选择题。

3. 控制变量

本书的控制变量包括教师基本信息，主要有教师性别、年龄、任教学校、学历、专业技术职务以及工资待遇。这些因素会在一定程度上影响农村教师的职业认同，但不是本文想要探究的重点，作为控制变量进行处理。

（三）研究方法与数据的预处理

1. 研究方法

由于本书的因变量有着天然的排序，适用于排序 Logit 模型。因此本文采用该模型进行回归分析，其推导为，首先设立潜变量模型：

$$y^* = X'\beta + \varepsilon$$

其中 X' 表示解释变量，ε 表示随机误差项。尽管我们无法观测到 y^*，但是我们可以观察到，若 $y^* \leq \alpha_0$，则 y = 0；若 $\alpha_0 < y^* \leq \alpha_1$，则 y = 1；若 $\alpha_1 < y^* \leq \alpha_2$，则 y = 2；若 $\alpha_1 < y^* \leq \alpha_2$，则 y = 3；若 $\alpha_3 < y^* \leq \alpha_4$，则 y = 4。误差项服从 Logistic 分布，则可得如下概率：

$$P(y = 0 \mid X) = F(\alpha_0 - X'\beta) = \frac{1}{1 + e^{X'\beta - \alpha_0}}$$

$$P(y = 0 \mid X) = F(\alpha_1 - X'\beta) - F(\alpha_0 - X'\beta) = \frac{1}{1 + e^{X'\beta - \alpha_1}} - \frac{1}{1 + e^{X'\beta - \alpha_0}}$$

$$P(y = 0 \mid X) = F(\alpha_2 - X'\beta) - F(\alpha_1 - X'\beta) = \frac{1}{1 + e^{X'\beta - \alpha_2}} - \frac{1}{1 + e^{X'\beta - \alpha_1}}$$

$$P(y = 0 \mid X) = F(\alpha_3 - X'\beta) - F(\alpha_2 - X'\beta) = \frac{1}{1 + e^{X'\beta - \alpha_3}} - \frac{1}{1 + e^{X'\beta - \alpha_2}}$$

$$P(y = 0 \mid X) = 1 - F(\alpha_3 - X'\beta) = 1 - \frac{1}{1 + e^{X'\beta - \alpha_3}}$$

这样就可计算出样本的似然函数，并得到最大似然估计值。具体到本书，X' 所代表的解释变量包括两个部分，一部分表示本文需要探究的影响农村教师从教意愿的因素，属于核心解释变量；另一部分是农村教师的基本信息，这些因素虽然也会影响农村教师的职业态度，但不是本研究探究的重点，属于控制变量。

需要注意到的是，这里有着 12 个核心解释变量以及若干控制变量，如果把这些因素都纳入同一个回归方程里面，可能存在自由度过低以及多重共线性问题，因此本书采用了 12 个核心解释变量分别与所有的控制变量进行回归的方式进行操作。

2. 数据与变量的预处理

本书对问卷中的信息进行了如下的处理。首先，把作为控制变量的第 1 题到第 6 题设置为虚拟变量，即把这些题目的选项 A 作为基础类别，赋值 0，其他情形赋值 1。其次，作为核心解释变量的第 7 题到第 37 题，这些题目的选项均有 5 个，参照其所属的维度，对这些题目的选项进行从 0 到 4 进行赋值。例如对学校管理这一维度对应第 36 题"您对本校教师职称评定的看法是?"所对应"A. 非常不满意，B. 不满意，C. 一般，D. 满意，E. 非常满意"分别赋予与"学校管理"相对应的 0，1，2，3，4。而对于如"学生因素"所包含第 13 题"学生的学习成绩对您工作的影响情况","A. 完全没有影响，B. 没有影响，C. 有时有影响，D. 有影响，E. 影响很大"，这样与维度表述相反的题目，我们则对这些选项进行了反向赋值，即赋予选项 A，B，C，D，E，相对应的 4，3，2，1，0。最后，由于一个维度对应着不同的选项，为了获得相应维度的唯一数值，本书参照前人的做法，对同一维度的不同选项的数值进行平均从而获得其维度数值，进行回归。

三　研究结果

（一）不同分类农村教师职业认同

本书将教师按性别、年龄、所在学校、专业技术职务、工资收入等进行分类，将不同类别教师农村从教认同情况取平均值。由于本书将教师认同按程度不同从"厌恶"到"非常喜欢"分成五个等级，均值越低，说明认同度越小，均值越大，表明认同度越高。从表 8-2 可以看出，就性别而言，农村教师在职业认同度上没有多大差别。从年龄上看，55 岁以上教师职业认同均值明显低于其他年龄段，其他年龄段教师职业认同度没有多大差异。就学校类型看，不同类型学校之间教师的职业认同度也没有多大差异。就学历来说，初中及以下学历教师职业认同度偏低，其他学历教师没有多大差异。专业技术职务上也有所差异，中学高级的农村教师职业认同度偏低，反倒是专业技术职务为小学三级的教师职业认同度最高。最后从工资收入看，也颇令人费解，总体的趋势是工资收入越高的教师，对职业认同度越低，其中工资收入为 5001-6000 元的教师职业认同度最低。需要说明的是由于年龄在 55 岁以上、学历在初中以下、工资收入在 6000 元以上的教师在本研究中的样本量较小，可能会在统计结果上存在误差。

表 8-2　　　　　　　　　　不同分类农村教师的职业认同

项目	类别	教师职业认同
性别	男	2.38
	女	2.37

项目	类别	教师职业认同
年龄	25 岁以下	2.30
	25—35 岁	2.39
	36—45 岁	2.39
	46—55 岁	2.36
	55 岁以上	1.67
学校	乡(镇)初中	2.23
	乡(镇)中心小学	2.34
	乡(镇)完全小学	2.54
	村小	2.50
	其他	2.38
学历	初中及以下	2.00
	中专(高中)	2.60
	专科	2.41
	本科	2.35
	研究生	0
专业技术职务	中学高级	1.89
	中学一级或小学高级	2.37
	中学二级或小学一级	2.31
	中学三级或小学二级	2.43
	小学三级	2.82
	其他	2.43

续　表

项目	类别	教师职业认同
工资	2000 元以下	2.86
	2001—3000 元	2.41
	3001—4000 元	2.40
	4001—5000 元	2.35
	5001—6000 元	1.76
	6000 元以上	2.50

（二）影响农村教师职业认同的主要因素分析

1. 生活条件、子女教育是影响教师农村从教最为显著的因素

表 8 - 3 显示了影响农村教师从教意愿的主要因素。从显著性情况看，生活条件与子女教育回归系数分别为 0.695 和 0.606，且 p < 0.001，是影响教师农村从教最为显著的因素。概率比表示某一因素对农村教师从教意愿的影响程度大小，表明在其他变量保持不变的情况下，某一自变量增加（或减少）一个单位时，对农村教师从教意愿之影响倍率。从表 8 - 3 可知，生活条件与子女教育概率比分别为 2.004 和 1.833，意味着这两个因素每变化一个单位，教师从教意愿会相应变化 2.004 倍和 1.833 倍。

表 8 - 3　　　　　　　排序 Logistic 模型回归结果

变量名称	回归系数（B）	标准误（S. E.）	Wald 统计量（Wals）	显著（p）	概率比（or）
工作任务	0.245	0.168	1.46	0.145	1.277
培训机会	0.343	0.189	1.81	0.070	1.409
学生因素	0.340	0.191	1.78	0.075	1.405
事业成就	0.312	0.148	2.11	0.035*	1.367

变量名称	回归系数 （B）	标准误 （S. E.）	Wald 统计量 （Wals）	显著 （p）	概率比 （or）
学校管理	0.568	0.202	2.82	0.005 ＊＊	1.765
工资待遇	0.444	0.141	3.15	0.002 ＊＊	1.559
生活条件	0.695	0.184	3.77	0.000 ＊＊＊	2.004
尊师重教	0.541	0.159	3.40	0.001 ＊＊	1.718
人际关系	0.587	0.183	3.21	0.001 ＊＊	1.799
文化因素	0.165	0.144	1.14	0.253	1.179
周边环境	0.153	0.134	1.14	0.256	1.165
子女教育	0.606	0.284	3.91	0.000 ＊＊＊	1.833

注：＊代表 p＜0.05，＊＊代表 p＜0.01，＊＊＊代表 p＜0.001。

2. 尊师重教、人际关系、工资待遇、学校管理等因素影响非常显著

尊师重教、人际关系、工资待遇、学校管理回归系数分别为 0.541、0.587、0.444 和 0.568，且 p＜0.01，表明这几个变量对教师农村从教认同影响非常显著。上述几个因素概率比分别为 1.718、1.799、1.559 和 1.765，意味着这几个因素变化一个单位，教师农村从教认同会分别变化 1.718 倍、1.799 倍、1.559 倍和 1.765 倍。

3. 事业成就明显影响农村教师从教意愿

事业成就回归系数为 0.312，且 p＜0.05，表明该变量对农村教师从教意愿有明显影响，但没有工资待遇、学校管理、尊师重教等显著，更没有生活条件、子女教育等影响显著。

4. 工作任务、培训机会、学生因素、文化因素、周边环境等没有显著性影响

表 8-3 统计结果显示，工作任务、培训机会、学生因素、文化因素、周边环境等因素回归系数分别为 0.245、0.343、0.340、0.165，且 p＞0.05，表明这些变动虽然对农村教师从教意愿有一定影响，但没有通过显著性检验。

四　小结与讨论

以往多数研究认为工资待遇是影响农村教师从教意愿的首要因素。①与以往研究不同，本书调查发现，生活条件与子女教育是影响教师农村从教最为显著的因素，具有普遍性和深刻性。工资待遇影响虽然非常显著，但程度不及生活条件和子女教育。这与近期王艳玲等的调查发现比较吻合，她发现在影响农村教师流失因素中，排在第一位的是子女上学及家庭生活，其后才是工资待遇。②本书认为，当下的农村教师生活条件已经大为改善，但农村教师并不满意，可能与城市相比，农村公共服务供给依然不足，农村教师从城乡对比，从差距体验到了不满意。另外，作为知识分子的教师，非常看重子女的教育，而面对农村教育落后的现状，农村教师若将子女放在农村就读，他们自然不甘心，但送到城里去读的话，又会面临难以照顾的困境，尤其在小学阶段。

工资待遇影响程度下降，说明近些年来国家农村教师待遇提高政策有明显效果，农村教师收入有实质性的增加。但不少教师对工资收入还是感到不满意，究其缘由，除了工资总额确实不高外，一个重要的原因是农村教师通过对比体验到了不满意。这种对比一方面要同其他行业从业人员相比较，在同其他行业比较中，他们看到了差距。另一方面，前面的田野调查表明，改革开放之初，农村公办教师工资待遇远高于当地农村人群。当时教师的待遇优越感和满足感主要来自和自己所处环境中农民的对比中得来。通过对比，农村教师总体上还是觉得有面子，在农村也有自尊。但随着农村阶层分化，一些高收入人群不断出现，农村教师通过对比不仅没有满足感，当看到一些文化层次不高的暴发户时，他们体验到了不公平感。

学校管理、人际关系、尊师重教等影响进一步凸显。在一定程度上说明近年来国家加大农村教育投入后，农村学校硬件环境已经大为改善。教师们更看重学校软环境，希望学校在管理中能够设身处地为他们着想，当遇到困难时，希望管理者能站在教师的立场，为他们排忧解难，并能在涉

---

① 李金奇:《农村教师的身份认同状况及其思考》,《教育研究》2011年第11期；蔡明兰:《教师流动：问题与破解——基于安徽省城乡教师流动意愿的调查分析》,《教育研究》2011年第2期。

② 王艳玲、李慧勤:《乡村教师流动及流失意愿的实证分析——基于云南省的调查》,《华东师范大学学报》(教育科学版)2017年第3期。

及他们切身利益事项中做到公平、公正。同时，教师们较之以前更加看重良好的学校氛围，和谐、融洽的人际关系。企盼能够得到学校领导、学生、家长、社会的尊重。

个人事业发展统计与本书访谈结果有较大差异，表明该因素有较大的个体差异性。一些看重个人成就的教师会将其作为最为重要的因素考虑，而将其他因素摆在次要位置。但并不是每一个教师都会看重事业发展，有些教师可能属于物质型的或生活型的，对个人事业要求相对要低。因而个人事业发展从普遍意义上讲影响程度低于前面提及的诸多因素。

工作任务、培训机会等对农村教师从教意愿影响不大，这与以往研究有所不同。如有研究发现，工作任务繁重是教师"逃离"农村的最为主要影响因素。[①] 可能由于近年来农村学生减少较多，而且随着城乡编制统一，农村教师教学任务比以前有一定程度的减少。比如，笔者在广东的调研发现，一些乡镇学校严重超编，教师教学任务也相对较轻。当然，应当看到，村小教师工作任务并不轻松。培训机会不多在前些年确实是不争的事实，可是随着国家加大农村教师培训力度，即使偏远地区的农村教师也有大量培训机会，有些教师甚至对过多、过滥的培训产生反感，因此，培训对教师农村从教影响也不显著。

学生因素、文化因素、周边环境等对农村教师从教意愿影响没有通过显著性检验，但就访谈看，一些教师认为学生成绩、行为表现对他们有较大影响。文化因素的影响也确实在一定程度上存在。因此，本书尚无法判断这些因素是否对教师农村从教有实质性影响。周边环境只是在少数宗族势力强大，社会治安状况较差的地方会对教师构成影响，就大范围来看，尚不具普遍性。

本书分析在一定程度上说明国家农村教师政策如"国培计划""农村教师生活补助""统一城乡教师编制"等都在实践中收到了效果，改变着农村教师的从教认同。但是，本书的分析也表明，一些更高层次需求性因素非常显著地影响农村教师从教意愿，这些因素正逐渐成为农村教师队伍建设新的挑战。

---

① 谢丽丽：《教师"逃离"：农村教育的困境——从 G 县乡村教师考警察说起》，《教师教育研究》2016 年第 4 期。

第二节　待遇满足感及其对农村教师稳定的影响

农村教师对待遇的满足感不仅仅是收入的数额，更多是通过横向或纵向的比较，形成一种心理意识。本节将对东、中、西部教师待遇进行考察、并对农村教师的待遇满足感的影响因素进行较为深入的分析。

一　农村教师工资待遇基本情况

（一）农村教师的工资收入

讨论农村教师待遇问题首先需要对农村教师收入进行考察。东部地区农村教师待遇随地区不同有很大差距，以广东为例，珠三角地区待遇较高，但在粤西等地区教师待遇并不算高。ZJ 市 MZ 镇初中一位任教 15 年，职称为中学一级的教师算了一下自己的工资：每月扣掉住房公积金等，能够拿到手的工资为 3800 元，年终绩效可以拿到 8000 元左右，加上班主任津贴，另外还可以拿到 2000—3000 元，算下来一年的工资收入大概为56000 元左右。

ZJ 市 LS 镇初中的 Z 老师 2010 年本科毕业参加工作，中学二级教师，她目前的工资大概是 3200 元左右，另外从 2016 年 9 月开始当地每个月增加 800 元的房补，每月可以拿到手的收入 4000 元。加上绩效（包括班主任绩效）每月收入 5000 元钱，住房公积金每个月扣 600 多元，这样算下来，Z 老师每年能够拿到 52000 元左右。

东部的浙江省教师工资更高一些，TZ 市 HY 区 SB 镇初中的 W 老师，参加工作八年，职称为中学一级，每个月拿到手的工资为 4700 元左右，另外每年的绩效较高，可以拿到接近两万元。这样算下来一年收入大概75000 元左右。

中部地区教师工资水平相对较低。以山西省来说，XZ 市 XF 区 NTP 小学的 W 老师 2001 年专科毕业，小学高级教师，由于没有农村教师津贴，每月拿到手的工资 2600 元，绩效工资每年 6500 元左右，年收入大概就 4万元左右。

为了对农村教师工资有更完整的认识，这里以四川省 P 县 LD 乡小学教师工资为例，考察农村教师的收入情况。因为 LD 乡地处该县中部，其农村补贴居中，而其他标准全县教师都是一样的，因此 LD 乡更具代表性。笔者从 LD 小学财务人员那里收集到了该乡教师 2012 年 5 月以及 2018 年 6 月工资花名册，以便从时间跨度上来了解农村教师的工资变化。经过统计整理，其工资情况如表 8 - 4 和表 8 - 5。在 2012 年，全乡最高工资为工作了 30 多年，职称为小学高级的一位教师，其应领工资为 3609 元，扣除医保、住房公积金、失业保险等以后，实领数为 3025 元。最低工资是刚参加工作不久的一位教师，其应领工资为 2177 元，扣除医保、住房公积金、失业保险等以后，实领数为 1772 元。从全乡平均来看，应领数为 2806 元，实领数为 2323 元（见表 8 - 4）。

表 8 - 4　　　　　四川 P 县 LD 乡小学 2012 年 5 月教师工资情况　　　　单位：元

	基本工资				津贴补贴						应领工资	代扣				实领工资
	岗位工资	薪级工资	教职工10%	基本工资小计	地方津贴	艰苦地区津贴	教龄津贴	绩效岗位津贴	农村学校补贴	津贴补贴小计		医保	房保	失保	代扣合计	
最高	780	944	172	1896	70	155	110	1347	130	1812	3609	51	513	19	583	3025
最低	550	113	66	729	70	125	0	1123	130	1448	2177	51	335	19	405	1772
平均	643	449	109	1201	70	136	77	1237	155	1605	2806	51	413	19	483	2323

数据来源：原始数据由 LD 乡小学财务人员提供，并经笔者整理。

到 2018 年，农村教师工资待遇有较大幅度提高，应领工资最高达到了 7528 元，比 2012 年翻了一番，但扣款相应增多，实领数为 5254 元，比 2012 年增加了 72%。实领最低工资 2527 元，比 2012 年的 1772 元增加了 43%。平均工资实领数为 3361 元，比 2012 年的 2323 元增加了 45%。可以看出，最低工资的教师（新公招进入学校的教师）待遇偏低，而且最高工资与最低工资的级差在 2018 年更大了（见表 8 - 5）。

表8-5　　　　四川P县LD乡小学2018年6月教师工资情况　　　　单位：元

基本工资				津贴补贴					应领工资数	代扣款							实发工资
岗位工资	薪级工资	教职工10%	基本工资小计	地方津贴	艰苦地区津贴	教龄津贴	绩效工资	津贴补贴小计		医保	公积金	养老保险	职业年金	扣个税	代扣小计	代扣款共合计	
最高 2210	2681	489	5380	70	230	10	1838	310	7528	157	944	629	315	229	2045	2273	5254
最低 1390	338	173	1901	70	150	0	1494	220	3615	84	502	335	167	0	1088	1088	2527
平均 1595	1041	264	290	70	167	5	1642	242	4784	106	636	424	212	45	1378	1422	3361

数据来源：原始数据由LD乡小学财务人员提供，并经笔者整理。

除工资以外，P县教师另外还有两笔收入，一是教师奖励性绩效工资，这笔工资在P县按年发放，平均算来，每个教师每年有6000多元。由于每个学校绩效分配政策不一样，有些学校拉开的差距比较大，如在ZD中学，教学成绩好，工作量大的教师可以领到8000—9000元，反之教学成绩差，工作量小的教师只有3000—4000元。也有些学校绩效分配比较平均，如在DC小学，只有几百元的差距。教师另外一笔收入就是P县政府每年发放的教学奖，这在不同的学校就大不一样了。如DC中学由于成绩在全县靠前，该校有些教师一年可以领到2000多元的教学奖，而在PB或者MS中心校，这两所学校长期成绩全县垫底，大多数教师和教学奖无缘。

（二）农村教师补贴

2013年，教育部、财政部印发《关于落实2013年中央1号文件要求在连片特困地区工作的乡村教师给予生活补贴的通知》（教财函〔2013〕106号），要求各地自主制定实施连片特困地区乡村教师生活补助政策和标准，中央财政在农村义务教育经费保障机制改革经费中增列综合奖补资金。这项事关农村教师切身利益、体现国家关怀的政策在实践中究竟是如何被实际执行着的呢？

农村教师补贴从国家到省级层面都没有做统一的要求，而是根据各地情况具体组织实施，在各地具体实施中有很大的差异。到 2016—2017 年，东、中、西部都已经普遍推行了农村教师补贴，其具体执行主要根据学校距区县政府的距离确定农村教师补助标准。以广东省 PT 区为例，农村教师补贴分为三类，按照距离区政府的远近有数额上的区别。一类是离区政府比较近的农村学校，补贴为每月 750 元；其次位置居中的为二类，补贴为 800 元；三类农村学校距区政府较远，每月为 900 元。广东省 J 县则规定，距离县城城区 25 公里以上的学校工作 3 年以上（含 3 年）的教师，发放标准为每人每月 1130 元。距离县城 20 公里以上 25 公里以下的学校工作 3 年以上的教师，发放标准为每人每月 960 元。距离县城 10 公里以上 20 公里以下学校工作 3 年以上的教师，发放标准为每人每月 790 元。距离县城 10 公里以下学校工作 3 年以上的，发放标准为每人每月 630 元。

四川省则提出按"省级定额补助，县级自主实施，一县一策，以岗定补"的原则实施农村教师补贴。从四川 P 县看，农村教师生活补助的发放对象为除县城所在地学校以外的公办义务教育阶段学校在编在岗教师，不包括职工和离退休教师。严格落实"以岗定补，在岗享受，离岗取消"的补助原则。生活补助只是针对农村教师工作岗位的补助，教师在岗时享受，离岗（包括退休）后自然取消。经县及以上教育部门批准到农村义务教育公办学校的支教（轮岗）教师和特岗教师同等享受。在编不在岗、3 个月以上外借、3 个月以上外派（挂职、学习等）、退休（退职、退养、离岗待退）、3 个月以上病假的教师不享受。已享受"边远贫困地区、民族地区人才支持计划教师专项计划"工作补助的支教教师，不再享受农村教师生活补助，但若低于当地发放标准的应予补齐。代课教师或临时聘用教师同步发放生活补助。[1] 从补贴标准看，P 县将全县学校划分为六大类，补助标准分别为每人每月 400—450 元、500—550 元、600—650 元、700—750 元、900—950 元、1200 元。

相对而言，上面提及的广东 PT 区和 J 县以及四川 P 县农村教师生活补助是比较高的。即使同为广东和四川的大多数县，农村教师生活补助远远没有达到上述县域的标准。在山西省，笔者调研了解到，PY 县农村教师

---

① P 县教育局：P 县人民政府文件（P 府发［2014］51 号），《P 县人民政府关于实施农村教师生活补助的通知》，2014 – 12 – 09。

生活补贴平均只有 200 多元，较为偏远的地方有 300 多元。西部贵州省农村教师生活补贴也不高，以 CG 县来说，其基本的农村教师补贴是 200 元，另外，农村教师工资要浮动 10%，总共算下来每月大概也就是 400—500 元左右。但山西 XZ 市等地在 2016 年笔者调研期间还没有推行农村教师生活补助。

在此需要指出的是，实行农村教师生活补助以后，农村教师在财政工资收入这一块确实在不少地方并不会比城市低，甚至有可能更高，本书在很多地方都指出了这一点。但这并不意味着农村教师待遇一定比城市教师好，这里试举两个例子加以说明。在一次闲谈中，一位城市语文教师透露了她补课的收入。每周六补半天，每个学生每月收费 500 元，如果收到 10 个学生，一个月补课的收入可以达到 5000 元，这笔收入不会低于工资收入。另一笔补课收入主要来自暑假，暑假补课主要有两种形式，一种是一对三，这种收费一般要 200 元 1 小时，补一批学生教师可以收入 600 元，一天补 2—3 批是没有问题的，这样每天补课收入有 1000—1500 元，如果用 20 天来补课的话，可以有 2 万—3 万元的收入。全年补课可以收入 5 万元左右，这是一笔不小的数目。

当然，笔者绝无意说城市教师待遇高，根据笔者了解，城市教师工资待遇偏低，这是需要正视的现实。尤其在城市高房价、高消费的环境下，不少教师尤其是年轻教师生存压力非常大，一些教师补课也实属无奈之举。

二　农村教师对待遇的主要感受

就同一区域来看，不同的教师对大体相当的收入同样会有不同的感受。广东 ZJ 市 PT 区一位工作了 25 年，职称为小学高级的老师，其收入把住房公积金等扣掉，每月拿到手 4000 多元。绩效一学期能够拿到 6000 多元。但在这位教师看来，收入太低了，对收入很不满意：

> 以前四大节日端午节、中秋节、国庆节、春节，每个是 1000 元。今年开始也停了。教师节基本上没过了，又不发钱，又不放假。家庭里面一个人工作的话，你要买房啊，买车啊是很困难的。我觉得我们老师就是穷，没钱，就是穷光蛋，没钱，也没地位，你教师怎样也没人过问你，没人关心你老师，你没看新闻说好多教师病倒在讲台上。

（20161108）

从这位老师的谈话中可以看到，农村教师收入的绝对数量并不算特别低，但目前房价普遍偏高。面对高房价，不少教师都认为收入太低。在广东 ZJ 市 MZ 初中调研时，C 老师谈道：

> ZJ 工资除了开发区，都比较低，特别是前几年更低。比西部地区还要低，比如我的一个同学，是广西防城港那边的，2012 年去过节回家探亲，晚上请同学一起吃夜宵，谈起工资。才知道别人的工资比自己高好多，而且那边的房价才 3000 多元，我们这里区县都是 6000 多元，ZJ 城里更贵，8000 多元，甚至一万多元。我的工资前两年才2000 元多一点，这两年涨了，扣掉住房公积金，拿到手就 3000 多元，两三个月的工资才买得起一平方米。能买房的老师大都要到 40、50 岁左右，才有点积蓄，能够付首付。年轻的干三五年就能买房的，除非是家里有钱，家里赞助。按照我们的工资，你买车，买房都很困难，所以我们这边当老师养家糊口都做不到。（20161107）

但同样是在广东 ZJ 市，由于近年来农村教师工资增长较快，加上农村教师生活补助实施后，农村教师工资待遇不会比城里低，一些教师对此很认可，在谈到工资待遇时，他们认为是比较满意的：

> 现在我们的工资跟城里差不多，他们没有农村教师津贴，但他们住房公积金比我们高。以前我们跟他们的差别很大，我们几百块钱的时候，他们就两三千了。现在呢，虽然还是有一定的距离，也不是很大了。而且我们的工资 2008 年的时候才 800 多元，那个时候人家随便做什么的收入都比我们多，这几年一年提一点，我觉得还是挺满意的，因为即使说跟以前相比，已经高很多了。我觉得当老师都挺开心的，因为对比的话，涨了不少。（20161109）

从这位老师的谈话可以看出，第一，ZJ 市农村教师工资以前很低，但近年来在不断上涨，老师们通过纵向比较，获得了心理上的满足感。同时，与城市教师相比较，农村教师生活补助实施后，待遇与城市教师已经没有多大的差别，一些教师通过教师内部的横向比较，也获得了一定的心理满足感。相应，一些教师满意度有所提升，工作积极性也有所提高。ZJ市 PT 区 GD 中学一位教师表达了这种想法：

> 这几年工资增加了吧，大家心情都比较愉快，大部分老师工作的积极性都比以前高了。以前有很多抱怨吧，说不三不四的话吧，有情绪肯定工作不好吧，没有情绪，工作就勤奋了吧。（20161109）

有趣的是，同样是这所学校，校长的看法却截然相反。该校校长却认为教师工作积极性低，惰性很强：

> （教师）缺乏积极性，上进心低，没有多少老师会钻研业务，很多老师停留在原来（水平）。这 10 多年来，除了评职称有点要求外，老师没有上进的必要。所以老师都保留在原来的水平，甚至下降。很多老师现在形成了惰性，没有上进，没有需求啊，都是老师，辛苦一点，也是那么多钱。（20161109）

同一所学校，对于教师工作积极性的看法，教师和校长截然不同，那么究竟是校长说的更接近事实？还是教师的叙述更接近事实？其实这里应该区别对待，并不是校长完全错误或教师完全错误，而是所站的视角不一样。在教师看来，随着待遇的提高，教师工作中抱怨减少了，常规工作完成得更好。但校长的视角不一样，不仅需要常规工作的完成，还需要教师积极钻研业务，不断学习提高，积极上进。从这个角度来看，提高待遇并不能解决教师业务能力提升的动力。因此，经济手段这种外部刺激可以在一定程度上解决外部规制问题，如常规工作的改善。但不能解决教师内在的自我提高问题，这需要源自教师内在的动力，或者通过一种竞争机制来激发教师这种动力。

当然，在东部一些经济比较发达的省份，一些教师家庭经济比较宽裕，工作并不是谋生的手段，他们对工资多少并不在乎。即使工资低，家里可以给他们接济。比如，浙江 HY 区 SB 镇中心校的 GL 老师就说：

> 我每月工资 4000 元左右，我对钱比较糊涂，够我自己花销就行了，不够的话还向我老公要。所以我对钱一点概念都没有，不要跟我说理财什么的。工资具体多少我都很少看，根本不需要我担心这一

块。我身边的很多朋友都对钱的概念不是很大，他们的话不需要购买房产、购买汽车什么，都不需要。（20160531）

中部一些省份农村教师工资较低，在一些老师看来，收入低不仅意味着他们物质生活的艰辛，更意味着他们社会地位低下，对教师职业认同度偏低。如山西省 XF 区 BM 镇小学的 L 老师谈道：

> 我们教师最可怜的，待遇差。教师津贴多年没变。待遇太低了，像我教了 20 年了，评了小高，也就是 3200 块钱，又没有其他福利。教师穷。养家糊口不够，老师是人类灵魂的工程师，但说起这个收入就低了。我们工作了二三十年了，每天挣 100 块钱，你看人家好多地方最低收入（比这少不了多少）。我们这些小学教师就是最可怜的，我们（农村）小学教师没有地位的。（20160321）

西部地区农村教师前些年对工资收入意见很大，对农村从教的抱怨主要也来自收入。如四川 P 县 SL 小学的 ZJH 老师在小学任教 16 年了，在她看来：

> 现在老师的奉献精神没以前好了，那时老师每天把学生留起来（辅导），从不计较经济收入，现在无论干什么都要考虑一下看有没有钱。可能是现在工资低了吧，我工作 16 年了，小学一级教师，每个月就两千块钱，这些农村出去打工的，每个月都要挣三四千块钱。（20121105）

但随着农村教师生活补助的实施以及农村教师工资收入总体提升，教师们总体的满意度在提升。一些教师觉得待遇不上不下，还算过得去了。如四川 P 县 QP 中心校的 C 老师认为：

> 说实话，人心是不能满足的，给你两万（一个月）你还是说少了，所以这东西看怎样说。我总体认为现在的待遇还是将就（意思是勉强）。对于我们这种小地方来说，你就是吃饭、穿衣稍微节约点，就还是可以了。在乡村教师补贴刚实施时，至少钱增加了几百块，心里还是挺高兴的。（20180604）

村小的教师由于消费不高，开支少，加之农村教师生活补助更高，他们似乎表现出比中心校教师更高的满意度。四川 P 县 QP 乡 YP 村小的 L 老师认为：

> 现在每个月加上乡补、农补总共有 4000 元左右，消费也比下面（指乡集镇上）低，总觉得工资还是可以了。（20180604）

三　心理预期变化：农村教师待遇不满足的一种解释

相关研究已经表明，人们收入的心理感受主要基于"局部比较"，即个人往往和自己过去以及自己周围其他人的收入相比较，由此产生公平感以及不公平感。[①] 从前面的分析可以看出，在一些地区，近年来教师工资有较大的涨幅，这也在一定程度上增加了教师的满意度。即教师通过这种纵向比较，明显增加了对待遇的满足感。

但何以相当部分农村教师依然对待遇不满意呢？根据本书的考察，除了农村教师生活补助本身还比较低，还不足以起到吸引鼓励教师外，教师待遇不满足感主要来自横向比较，其比较对象主要有两个人群，一是农民，二是公务员。从本书的考察来看，尽管农村教师的收入在不断提高，但若同农民及公务员比较，他们的心理满足感常常会降低。这实际上主要是农村教师心理预期变化所致。下面对此进行稍微深入的论述。

在改革开放之初，虽然农村教师的待遇并不高，但就当时环境来看，农村人群流动性极小，农民只能依靠微薄的农业收入，因之农民收入是很低的。1985 年，四川 P 县农民人均纯收入 221 元，1990 年也只有 333 元。[②] 相比较而言，教师的工资要高出很多，1988 年，P 县全县教师人均月工资 105 元，1990 年达到 160 元。[③] 而按教师工资 1990 年每月 160 元计算的话，其年收入至少可以达到 1920 元，这是当时农村人均收入的 5.8 倍。同时，与当时民办教师与代课教师相比，公办教师不仅有着稳定的职业身份和相应的政治地位，在工资待遇方面也能够体现出其优越性。民办教师工资在

---

① 马磊、刘欣：《中国城市居民的分配公平感研究》，《社会学研究》2010 年第 5 期。
② P 县档案馆：《P 县县志（1986—2000）》，第 717 页。
③ 同上书，第 716 页。

1986 年每月只有 52 元，1988 年也只有 66.8 元。① 民办教师工资仅相当于公办教师的三分之一左右，而代课教师就更低了。

因此，20 世纪八九十年代农村教师的待遇优越感和满足感还主要来自当时农村大环境，即和自己所处环境中农民、民办教师、代课教师的对比中得来的。也就是说，相比较而言，教师虽然待遇并不好，但和比他们更差的农民、民办教师、代课教师相比较起来，已经算是不错了。在这种对比中，农村教师总体上还是觉得有面子，在农村也还是有自尊的。所以当时 P 县教师中经常听到的一句话就是，"老师虽然工资不高，但也不日晒雨淋，肩挑背磨，比农民好多了"。在这种对比之下，农村教师尚能获得一种心理上的满足。

但市场化加速推进以来尤其是进入 21 世纪以后，农村居民收入差距拉大，阶层分化明显。本书在第一章对农村阶层进行过分析，目前农村阶层可以分为四个阶层：经济富有阶层、中间阶层、贫困阶层和特困阶层。虽然客观上讲，农村多数阶层本身收入甚微，尤其是依靠农业收入的人群，多处在贫困阶层。但是也要看到，农村很多外出打工的人群尽管学历偏低，但稍微有点技术，或者一些女性甚至可以通过所谓的"吃青春饭"而达到收入与教师差不多，甚至会高于教师。而一些外出经商、办厂、开矿，或者在本地承包工程、从事房地产业务的人员，其收入已经远远高于教师阶层。通过这种对比，教师尽管收入较之以前大幅度提高了，吃穿不愁，但对收入的预期效用依然不高。浙江 HY 区 SB 镇初中的 C 老师的说法很有代表性：

> 我们以前教的有些学生从不好好读书，现在做什么生意的，回来都开保时捷啊什么的。（老师们）就讲到，哎呀，我们的工资啊，很可怜的。不去跟这些人比嘛，还好，一讲到这些，反正心里就不大舒服。（20160606）

显然，老师很多时候并不单纯关注工资收入的绝对高低，而是把工资收入做横向比较。通过比较，发现那些没有受过什么教育，在教育上付出很少的人，但收入远远超过教师时，他们会产生一种心理上的不平衡，甚至是很大的失落。

---

① P 县档案馆：《P 县县志（1986—2000）》，第 717 页。

除了上述同农村阶层比较外，农村教师还会与当地公务员等行业相比较，在多数情况下，教师认为公务员收入高于教师行业，导致教师认为自己工资待遇太低，而且会诱发他们对教师行业的抱怨，甚至自卑。广东 ZJ 市 GD 中学的 C 老师说：

> 公务员工资肯定比老师高，这没得说的。国家说什么老师工资高于公务员，都是假的。在 ZJ 我们都不敢说自己是老师，这种情况太严重了……（20161107）

教师的这种心态比较普遍，不仅在东部，西部地区由于公务员目标考核奖远高于教师绩效，另外，公务员还能领取其他各种补贴，教师们感到很不公平。贵州省 CG 县 XG 小学的 Y 老师的心态就是一种典型：

> 工资，从心态上说，过得去。我们主要是觉得有些事情不公平。不是教师法规定了，教师工资要高于或基本上与公务员持平。但实际上呢，不是那么一回事。比如我们的工资，表面上我们有绩效，看起来我们的工资比公务员还高百分之十。但是据我们了解，比如像公务员有车补，我们没有。我们每天从县城到学校，谁来报销呢，自己。公务员有电话费。另外像目标考核，政府部门每年公务员都有 2 万多的目标考核奖，我们一分钱都没有。（20170410）

教师工资不低于公务员，这在各类有关政策文件中已经反复提及。然而，就本书调查看，教师表面工资在某些地方有可能高于公务员，但总体收入在大范围看还是低于公务员。笔者和很多乡镇公务员都进行过交流，这里先以 2012 年一位镇国土所的工作人员所讲的自己收入为例进行分析：

> 我每月工资 2000 元左右，加上下乡补贴以及其他各项补助大概是 1000 元，每月的收入近 3000 元。我们在镇政府食堂吃饭是免费的，另外经常发洗衣粉、洗发水之类，算下来每月至少 300 元到 400 元。年终的奖金一般是 10000 元到 20000 元。这样算下来，一般说年收入 60000 元左右吧。另外，我们国土所只有两个人，有些钱只要票据好处理，钱我们两个人就可以分一些，前几天镇长给我报了一笔 8000 元的票，我们一个人就分了 4000 元。所以我们实际年收入可能在 70000

元左右。（20120209）

这是 2012 年笔者同这位公务员私下聊天所得知的信息，并非正式采访，这些话大体是属实的。当时农村教师每月平均工资也就是 2000 多元，明显低于公务员收入。那么近两年公务员待遇与农村教师相比又如何呢？最近两年一些地方政府为公务员发放数额不小的年终绩效奖，同样在教师中引起了很大的反响。

2017 年笔者在四川 P 县调研时，YC 乡中学的 L 教师把自己的收入与在乡上派出所工作的丈夫进行了对比，这位女教师每月能够拿到手的工资为 4300 元，绩效每年分两次发放，每次为 3000－4000 元。她丈夫工资每月 4000 元左右，但另外还有车补每月 750 元，另外还有下乡补贴，电话费等加起来事实上平时工资都比她高，而且她丈夫每年年终绩效可以拿到 4 万—5 万元。这样粗略地算下来，她丈夫年收入应该在 10 万元以上，相当于每月 8000 多元，这个数字比在乡中学工作的 L 老师高出了许多。

实际上，在相当长的时间内，人们的收入都是一个秘密。公务单位人员的收入更是严格保密，工资仅仅是收入的一部分，其他津贴的发放情况究竟是怎么样一回事，对于学者们来说，这也是个谜。当然，近年来国家对公务单位的资金管理进行了严格的规范，绝大多数单位已经不敢明目张胆地发放各类津补贴，公务人员的收入相对透明。本书没有对公务员群体收入进行大范围的核实，没有较大数量样本的量化分析，因此不能得出结论说公务员收入一定高于教师，因为如果要证实的话，需要大量的研究样本。但若从证伪的角度来看，笔者能够提供一些案例说明教师收入高于公务员是不成立的。

另外，笔者在调查中还注意到，农村教师 20 世纪八九十年代心理满足感不仅是由于工资的比较，当时教师还享有一些政治上的优待，如在改革开放初期还实行"顶替"政策，即教师退休后，可以安排一名子女进入教师队伍。在"顶替"政策取消后，教师子女考取师范院校还享受加分待遇，如 1985 年四川 P 县所在 Y 地区中师招生就规定，教师子女在总分中加 10 分划线，达到最低控制分数线的，可以优先录取。① 同样，教师子女

① P 县档案馆：Y 地区大学中专招生委员会、Y 地区教育局文件（Y 地招委［1987］008 号），《Y 地区 1987 年中等师范学校招生工作意见》，1987－04－30。

报考高等师范院校，可以享受总分加 10 分录取的待遇。①

美国行为科学家亚当斯（Stacy J. Adams）曾提出著名的公平理论，该理论认为每个人都会把自己的投入和报酬进行比较，如果员工认为其投入和获得酬劳的比率相当，他（她）就会感到自己受到了公平的待遇，如果认为收支比率不相等，主要是酬劳低于自己的投入，他（她）便感到自己受到了不公平的待遇。如果一个人感觉到不公平，就会产生紧张感，就会努力减少或消除紧张感和不公平感。常见的就是发牢骚、消极怠工、制造矛盾或弃职他就；或者自我解释、自我安慰，造成主观上公平的假象；还有的会采取行动改变自己的收支比率，如要求领导给自己加薪。

通过以上理论阐释可以认为，农村教师对于待遇的满足感并非主要是收入的绝对数，很多时候是来自和其他人群的比较，而产生一种相对意义上的满意度。农村教师收入的绝对数在不断增加，但相对农村富裕阶层及公务员群体而言，他们的收入是偏低的，通过这种对比，他们的心理预期产生了很大的变化，从而产生对待遇的不满足感。

第三节　成就效用缺乏对农村教师稳定的影响

第一节的量化分析表明，事业成就对教师农村从教影响没有尊师重教、工资待遇、学校管理等因素显著，更没有生活条件、子女教育影响那么大。但质性分析却表明教师选择在农村从教，会对自己的教育教学进行一个总体评价，如果他们对自己教学评价较好，能够基本满足自己的成就效用，他们就会安心在农村任教，反之，则容易选择离开。

一　农村教师工作任务审视

农村教师工作任务究竟是繁重还是相对轻松，确实需要谨慎分析。早在 2013 年，笔者在田野调查中发现，当时村小学生明显减少，但中心校减少并不多，因为很多村小的学生现在也转到中心校就读。就当时农村教师工作任务看，对初中而言，不同区域学校间有很大的差别，比如一些乡初

---

① P 县档案馆：四川省教育委员会、四川省大学中专招生委员会，《四川省一九八九年普通高等学校招生实施规定》，1989 – 04 – 26。

中由于学生人数大量减少，其教师工作量会小一些。但对生源较好的镇初中，教师工作任务是比较重的，在这种初中学校，教师平均工作量每周在18节到20节。当时调查的DC镇初中的一名数学教师承担了两个班的数学教学工作，周课时12节，加上5节晚自习，每周共17节课，但这没有达到学校的平均工作量，学校2012年的平均工作量近20节，在2012年绩效工资考核时，尽管其成绩还不错，但由于工作量不多，绩效工资还略低于平均数。

村小教师工作压力虽然要小一些，但工作量比较大。从2013年的调查看，四川P县MS乡的YP村小负责人LG老师工作量最小，每周18节课。管理教务的ZSM老师每周24节课，而其余教师每周都是29节课，公办教师和代课教师工作量相当。所有这些计算在内的都是正式上课，早读没有包括在内，加上早读的话就更多了。该县YM村小的WZQ老师每周18节课，而在他看来，这18节课可能只占一半的工作时间。此外他还要当班主任、管后勤、实验室、图书。如此算来，他每周相当于承担了30节到40节课的工作量。村小教师工作量主要少在作业批改，但上课时间是一样的，备课比较麻烦，多数村小实行包班，语文、数学、思品、科学、英语、体育、美术，什么都上。

但是，本章第一节的量化分析表明，工作任务对教师农村从教意愿的影响没有显著性影响，如何看待这种结论呢？前面做了简要分析，这里再进一步从其他方面做些阐释。首先，农村教师工作任务不能一概而论，有些地方农村教师编制确实相对宽松，在东部一些地方这种现象比较明显，以广东为例，ZJ市的不少乡镇学校超编比较严重。MZ镇初中现有教师132人，按编制应该89人，超编43人。GD中学学生不足900人，教师121人，同样超编。PT镇中学初中12个班，学生526人，高中7个班，学生300人，教师人数110人，超编40人左右。超编的主要原因是很多农村人口进入城市后，将子女带到城市就读，加之本地乡镇小学毕业生还有不少要到城市就读，农村学生数量就大大减少了，以PT镇中学为例，现在初中一个年级4个班，全校初中学生才526人，这个数字只相当于10年前一个年级学生的数量。教师超编，其人均工作量自然会减小。如GD中学的H老师，2008年湛江师范学院毕业，现在上1个班的英语课，每周6节课，任1个班的班主任，刚好达到学校平均工作量。

但是，广东农村学校情况在全国并不具有普遍性，在其他地区，尤其是生源较好的乡镇学校，教师工作任务并不轻松。如浙江省 HY 区 SB 镇中心校的 G 老师现在上小学语文、品德与生活课程。每周 15 节课，这还不包括早读和午休。早读 3 节，每天 7 点 50 到 8 点 15 分。由于早读时间较早，G 老师一般 7 点半之前开车从 HY 市区到学校。中午是不能休息的，需要看着孩子们，避免出现安全问题。下午还有个托管，也就是放学后再加一节课，辅导学生家庭作业。山西省 PY 县 ZK 中心校的 H 老师告诉笔者，她工作量一般挺大的，每周要上 18 节课，也就是每天 3—4 节。而且她所任教的班级班额比较大，学生有 58 个，这样作业批改量也不小。

再就当前村小看，虽然国家非常重视小规模学校师资补充，但村小教师工作量还是比较大。山西省 XZ 市 XF 区 NTP 小学的 M 老师描述了她们学校教师工作量情况：

> 我们是村小，老师都是包班，语文、数学、英语、音乐、美术、体育、品德与社会、科学都要上。一般从早上八点上到中午 12 点 10 分，下午是 2 点半接着上，到 4 点 50 分。由于上课时间无法判（改）作业，还要利用下学时间（指课间与放学后的时间）。4 点 50 分下学以后老师们不走，还要在这里待 1 个小时，判下作业，讨论一点问题，5 点 50 分才离开学校。（20160317）

贵州省 CG 县 XG 小学有 71 名学生，每个年级开齐了，全校共 8 名教师。按照每天 6 节课算，一周 30 节课，即使没有教师请假，每名教师每周也要承担 22—23 节课程，这还不包括辅导课。如果担任班主任，工作任务会更重，浙江 HY 区 MS 小学的 Z 老师就认为班上留守儿童多，增加了班主任的工作：

> 班上 30 个学生，留守儿童父母都不在的就有 16 个，都是爷爷奶奶在管。家庭作业只能靠老师，每天早读课之前 20 分钟，我就检查作业。有时也发动下学生，小组长看了之后，检查了我再看。每天下午放学后还要留 10 分钟进行听写，家长（帮助学生听写）是不可能的。（20160604）

当然，总体上讲，农村教师工作任务较之前些年有所减少，本书在同一地方实地调研收集的纵向数据比较可以反映这一点。其原因一方面是国家教师编制向农村倾斜，农村教师编制更宽松了。另一方面，随着城市化的进一步推进，农村学龄儿童更多在城里就读，农村学校生源减少。这些因素结合在一起，农村教师工作任务确实有所减轻。

需要指出的是，教师工作任务的轻重可能与他们对教师职业的认同并不是线性关系。笔者在考察中发现，农村教师对教学任务的轻重并没有多少怨言，而他们抱怨较多，影响他们继续农村从教的因素往往是其他方面的影响所带来的压力。传统看，农村教师群体是一个具有吃苦耐劳精神的群体，即使工作任务较重，他们能够忍受。因此，工作任务对农村教师从教影响没有生活条件、子女教育显著，甚至不及尊师重教、工资待遇、学校管理等因素，一方面可能表明近些年来农村教师工作任务确实有所减轻，但另一方面需要认识到的是没有显著性影响并不必然表明农村教师工作任务不重。

二　个人发展机会受限

尽管近年来国家加大了对农村教师的培训，农村教师有很多机会参加各类培训学习，也有很多提高的机会。但不可否认，在中部地区，农村教师培训机会似乎还是不够多。在调研中，山西省 PY 县 ZK 乡中心校的 H 老师就认为自己学习机会少，尤其接受更高层次的学习的机会难得：

> 我上课 2 年了，还几乎没有出去学习过，本地的教学、观摩这种机会还是比较多，但到县外，到市里或太原都没有机会。我自己很愿意出去接受这种学习。如果能够到县城或者市里的学校（任教），那肯定是愿意的，那些地方学校好，对个人的发展搭建了平台。比如出去接触名师讲课之类的机会多，我们这里出去学习还局限于在县内这个圈子，接触外面的机会很少。（20160317）

H 老师一方面谈到了高水平培训机会还比较少，另一方面，农村学校高质量教师不多，不像城市教师那样有很多相互学习，提高的机会，尤其对年轻教师而言，他们看不到自己未来个人专业发展前景。因而很多教师感到发展机会受限，如贵州省 CG 县 JA 小学的 Y 老师就说：

　　我在这里待了 3 年了，总觉得自己的价值实现得不够，学到的东西很少。在这不知道，偶尔出去参加听课啊、赛课啊之类，那个时候你才知道跟别人（城里教师）的差距在哪里。在这里，你如果想要多学点，请教一下，可能都没人帮你，在市里，资源多。我一个同学在市里，我们一起考的，她考上了市里学校。她周围很多优秀的老师。她就觉得可以跟这个学，那个学，有些比赛就推她上去，可是在我这里，就觉得差很远。（20170415）

　　城里学习交流的机会多，教师专业可以获得更好发展，自己未来更有可能成为名师，这是农村教师很难做到的。因此，即使提高农村教师待遇，如果教师个体成就发展机会受到很大局限，农村教师依然很难安心从教，从农村走向城市，是他们的必然选择。广东省 ZJ 市 MZ 区一位从农村调到城市的老师直截了当地说到了这一点：

　　在我看来，农村教师虽然是待遇高一点，他们也愿意到城镇学校来。作为农村教师，我估计都想到发达一点的地方去，到比较好的地方，自己有个好的发展平台。农村里面工资是要高一点，也高不了多少。农村学校一个班几个人，我这里（城里）一个班就当他们一间学校，那一个班几个人你怎么上课？他课堂气氛，你农村里就这样，我以前在农村上了多年这样的课，你觉得这种课上起来有意义吗？你看多媒体，农村里谁用多媒体？农村教师看起来学生少，改作业就几个学生，课间一会就可以改完。但他们也向往城镇，你说农村老师不想进城镇学校吗？应该想。你看现在还是每年都有农村往城里调的，没有城里往农村调的。（20161122）

　　在对校长的访谈中，一些农村校长清楚地看到，农村教师缺乏必要的教研环境与训练，不能像城市一样提供有利于促进教师个体发展的教研、教改平台，这是造成农村教师整体水平难以提高的重要因素。广东省 ZJ 市 MZ 第二小学的 J 校长指出：

　　农村本身没有多少骨干教师，真正的骨干教师、名师在农村的很少。（其原因主要是）第一，农村的教研、教改条件差，第二，教研的氛围差，他主动要发展的积极性不高。（因此）没有这种教研教改的环境，就出不了名师啊，这个东西还是练出来的。（20161108）

三　教学业绩提升困难

正如本书在前面提及的，成绩好的学生都到城里就读，家庭经济宽裕的也托关系到城里读了，农村学校是农村弱势人群子女就读之地，也是成绩落后的学生集中的地方。农村初中学生不仅成绩不好，常常在行为习惯上也很成问题，让教师非常头疼，他们很难体会到通过提高学生教学成绩，转变学生行为等带来的成就感。浙江 HY 区 SB 镇初中的 C 老师对此深有感触：

> 现在成绩好的，有钱的都到城里读去了，剩下的学生小学升到初中时就是三四十分。而且这些学生学习习惯很差，他们根本不想读书。他们的父母，你跟他们交流，你会感觉到他（的想法）是就在这里混毕业，他对自己的孩子没有要求，不要出事就行。有些家长就让学生住在学校，怕是在家里麻烦。然后礼拜六、礼拜天回家打游戏。全部都交给学校管。这些学生小学就是不学的，成绩也是很差的。就是你老师上课看他坐在那里，你根本不知道他是在干嘛。你不知道他脑袋瓜里是怎么想的，你问他嘛，他也不跟你讲。你问他作业没交吗？他就找啊找啊，他也不说没做，没有，然后又在那里找。你问他，没做啊？没带啊？问好几句，他不理你，就假装在那里找。还有些就是要捣蛋的，课堂上摸摸别人的头发啊，一会踢踢别人的屁股啊，反正就这样。你没见过我们学校的问题学生，你（老师）说他一句，他还你十句，你碰他一下，他会打你（老师）。（20160601）

学生缺乏上进心，学习不够努力，不遵守学校纪律，自然学习成绩难以提高。中小学的教学管理有其特殊性，一般需要通过成绩排名反映教师业绩以及学校业绩。学生成绩不好，经常排在学校或全县后面，对教师来说，很难获得一种事业上的满足感，有时甚至是一种打击。广东 ZJ 市 PT 区 GD 镇初中一位老师谈道：

> 现在的学生就是不想学。一个班40多个人，一般来说就是有五六

个学习比较认真的，大部分学习就没什么目标，无所事事。学生也不说打架闹事的，现在课外活动丰富多彩的，耍手机啊，打游戏啊，就是不学习。学生课外作业都抄别人，就抄成绩好的，抄来应付老师，课余时间不想学。还有些学生干脆抄都懒得抄，你（老师）上周布置的作业，星期一检查，（学生）一点都没做。（20161109）

很显然，农村学生家庭教育的缺乏，将本该由家庭承担的责任推给老师，教师们会产生很多抱怨，会对自己的事业产生怀疑，造成他们成就感的缺失。山西省 XZ 市 XF 区 SH 小学的 Z 老师对此有很深的体会：

学生学习不够认真，返回家了他就不学习。在学校有时也没有自觉性，你在他跟前嘛他还行，你一转身就不学。家庭作业都是我检查，家长都不会管的。每天学生到学校后把家庭作业收起来，抽课余时间我来检查。有的家长识字，有的家长不咋识字，到（小学）高年级他也教不来。（20160316）

另外，前些年认为学生是弱势群体，过多强调学生的权益，而忽视了教师的权益。学生和教师之间发生的矛盾或冲突，无论教育主管部门还是学校在处理时都偏向于学生。加之社会舆论对教师过多苛求，当一些事件发生后总是站在学生的角度指责教师，给教师管教学生带来了很大的难度。在一些不是特别重教的地方，家长对子女教育不重视，也就难以做到尊师重教。正如山西省 XF 区 LIY 小学的 X 老师所言：

家长对学生不重视，对老师也不重视（对老师不尊重，缺乏尊师重教的风气）。现在的家长你教他的孩子，碰面他也不告诉（大概应该是指打招呼）。经常有些小事不管对与错，反正就是老师的错。（20160318）

笔者在此想要指出的是，对学生过多的祖护给农村教师施加了无形的巨大的压力，而反过来，农村教师自身的安全在有些社会治安混乱的乡镇，是缺乏保障的。在极端情况下，教师因为批评学生而招致辱骂和毒打的事件也时有发生。LD 初中的 ZSL 老师几年前遭到学生纠结社会人员毒打，最后想不通辞职，这是 LD 初中教师们都知道的事。

总体看来，农村教师对工作任务并没有太多抱怨，他们并不惧怕工作任务的繁重。只是由于农村发展平台不够，专业发展受限，而且整体教育质量不高，使得农村教师很难获得事业上的成就感。农村留守儿童多，他们薄弱的学业基础以及不佳的行为表现，进一步影响了教师的教学成就。加之安全方面形成的压力，也使得农村教师对自己的事业缺乏好评。

四　激励机制不完善：农村教师成就感缺乏归因

教师作为知识分子阶层，其对成就追求是比较在乎的。因为在我们的文化背景下，追求成就不仅仅是成就本身的问题，追求成就更是维护面子的问题。这样，追求成就还不仅是个人的事情，还牵扯到家庭、朋友甚至乡亲邻里。我们不像西方人讲究个人本位，行事常以自己为标准，在乎的是自己的感受，因此其追求成就顶多也是考虑个人。我们不仅要考虑个人的需求，而且特别在乎别人的感受，我们是一种他人取向的面子文化。由于他人取向，个人的事业成就会让家庭成员、族群成员、邻里乡亲甚至朋友等也感到非常有面子。而且在他人取向下，我们对他人的批评意见特别敏感，我们都希望在他人心目中保有良好的印象。

但是从目前情况来看，农村教师的成就激励机制尚不完善，农村教师在农村任教往往缺乏成就感。首先，农村学校管理中没有对不同的教师给予差异化的激励，很难让教师体会到成功感，正如一位老师对笔者讲的：

> 在我们学校，整天在这里默默无闻的工作，没有人会意识到你的重要性，没有人觉得你还行，在这里什么都不是。但只要你考上城里学校，大家都觉得你是人才了，就觉得你还行。（20130605）

这种说法在笔者看来是不无道理的。一个叫 LW 的美术老师 2013 年考调进入了县城学校，该教师工作并不勤奋，加之美术在初中属于非升学科目，处于边缘地位，该教师自然也很少能进入领导的视野，很少受到领导的表扬，老师们对他也很少关注。考上城里学校后，学校有位教师请他吃饭，笔者也参加了，大家都认为能进入城市学校是一大幸事，算是从"糠箩筐跳到米箩筐了"（当地俗语，意为从差的环境进入了好的环境）。这种社会心理和社会评价无疑是对农村教师进城的极大激励，因为教师的面子得到了保护。

其次，教师成就感主要来自自己学生的教育成就，这便是教师的教学成就。但由于农村学生成绩不好，行为习惯也相对不佳。而且客观上看来，农村教师参加教学比赛、基本功展示的机会本身就不多，即使有机会，其能够获得好成绩的机会也远不如城市教师。正是这些因素，在大多数教师心目中，能够进入城市往往被认为取得了事业上的成功。在 DC 中学，ZXP 老师和笔者闲聊时说：

> 我中师分配出来 18 年了，我仔细算了一下，我以前的同学 90% 都调到城里去了，就剩下我和另外三四个同学还在乡镇上。想当初我还是班上的学习委员，自己都觉得没得意思。（20130608）

这种没有意思事实上是因为和同学们比较起来，多数同学都能进入城市，而这意味着他们在事业上的成功，而自己同学或朋友能够进入城市无疑对自己产生了很大的压力。这正如有研究者指出中国人对于成就的追求，使得我们特别看重我们在社会阶梯中所处的位置。为了追求这类目标，个人所承受的压力是比较大的。而当我们追求成就，从而在社会阶梯中向上爬时，可能会危及平行关系的同学在社会阶梯所处的位置，他们的同学会感到和同学之间的对比后产生的压力。①

第四节　子女教育问题对农村教师稳定的影响

子女教育问题是影响农村教师稳定的最为主要的因素之一，本节将对这一因素做进一步的拓展分析，以期能较为深入的理解这一影响因素。

一　教育质量不高消解了农村教师子女本地就读的意念

农村教育质量的滑坡，在很多地方都比较突出。以四川 P 县为例，该县在 20 世纪八九十年代有三所区中学（撤区并乡后改成了镇中学）教学质量很高，长期在县上排名中名列前茅。当时的县城初中在教学成

---

① Stover，L. E.，*The Culture Ecology of Chinese Civilazaition*，New York：New American Library，1974，pp. 242 - 263.

绩排名中经常落后于三所区中学。但进入 21 世纪以后，农村优秀教师年年被县城初中学校抽走，目前的县城初中大多数教师都是从各乡镇学校抽调的。教师格局的巨大变化，使得农村教学质量与县城不断拉大。从近几年的教学成绩看，县城初中每个年级的教学成绩总体已经稳居全县第一名，只有在少数情况下农村学校有个别学科会超过县城初中。这种情况不仅在初中，小学也差不多。对于处在农村现实情境中的教师而言，他们是看得很清楚的。浙江省 HY 区 SB 镇中心校的 Y 老师直截了当地说到了这一点：

> 我们学校近几年语文还好一点，数学质量一直在滑坡。主要就是骨干教师流失，你像前几年，数学优秀教师我们出了好几个嘛，但是都走了。基本是到城关去了，东城也有，实验（学校）也有。老师流失各方面因素都有，有的是孩子在城里读书，老师进城可以照顾孩子读书。有的是房子买在城里，他们就离家比较近，这样的话上下班就比较方便一点嘛。（20160602）

优秀教师被抽走后，农村学校现有教师良莠不齐，能够为学生家长所称道的少之又少。近年来，教育主管部门又明确要求在义务教育阶段不得设置重点班，每个年级都要均衡编班。农村学校一般是把水平稍微好一点的教师与较差的一起搭配，使得每个班总体教师水平大体相当，不至于出现一些班级教师实力过强，有些班级过弱。可是这样一来问题又出来了，一个班教师水平参差不齐，势必存在一些学科相对强一点，有些学科则很差，使得学生大面积偏科。在很多农村初中，每年开学，校长都会为教师搭配犯愁。四川 P 县 DC 中学每个年级 6 个班，目前都是平行编班，学校教师子女以及镇上成绩好一点的学生都不会在本镇就读。出于无奈，为了尽可能留住部分优等生、教师子女，学校每年只能给这些人群开绿灯，这类人群在编班的时候不编入某一个班，在开学时，学生可以根据 6 个班级班主任以及科任教师情况，自由选择班级。但即使这样，很多教师子女以及优等生依然会选择到城里就读。

在山西 PY 县调研时，该乡中心校的 S 老师毫不掩饰地表达了自己对农村教育质量的不满，不愿意将子女留在农村学校就读：

> 我们（对农村教学质量）肯定不满意，主要是教学质量（与城里相比）差得太远。其实哪里上学都无所谓，地点不是问题，关键是要有好的老师，教学水平要高一点，学校条件有利于孩子成长，现在农村教师素质与县城教师有差距，而且差距很大，孩子在这里（农村）读书我们都不放心。（20160315）

二 "进城陪读"：农村教师进城的动机

农村学生进城读书，父母或爷爷奶奶陪读，是当下一种常见景象。2017 年 9 月 7 日，人民日报刊出评论员文章《读懂"陪读大军"背后的教育焦虑》，提到某知名中学周边，陪读房"一房难求"，校内房三年租金竟然高达 24 万。一套距市中心 20 多公里的房子居然租出了比市中心还高的价格，唯一的原因是旁边有一所优质中学，慷慨的租房人皆为陪读而来。陪读从农村到县城，再从县城到大城市，陪读家庭举家迁徙，不为追逐丰美的水草，只以心系优质的教育资源为目标，择校而居。陪读表现形态多样，临时性陪读、阶段性陪读、隐匿性陪读、全程性陪读无所不有。所谓临时性陪读指家长在工作之余，接受课外辅导过程中给予的陪同；阶段性陪读则指在孩子学习的关键时期如中考、高考等阶段的陪同；隐匿性陪读是指家长打着工作的幌子，实则以工作名义陪读；而全过程陪读多为农村家长为照顾远离家乡求学的孩子，举家迁徙的陪读。多种陪读样态还催生了"陪读经济"。位于安徽六安市大别山深处的毛坦厂镇，一所学校拉动了一个地区的经济，上学期间，人声鼎沸，一放假便人去城空，学校成了这座城的"心脏"与"晴雨表"。[1]

很多农村教师之所以选择在城市任教，一个很重要的原因是考虑子女在城市就读后，能够在城市"陪读"，照顾子女读书。浙江省 HY 区 MS 中心校的 X 老师表达了这种想法：

> 进城就是为了孩子，我们中国人嘛，盼来盼去都是孩子嘛，现在国家很多政策都支持农村教育，但你看没有多大效果，那都是为孩子啊，你看北京一丁点的学区房，都是天价，还不都是为了孩子读书

---

① 赵婀娜：《读懂"陪读"大军背后的教育焦虑》，《人民日报》2017 年 9 月 7 日。

嘛。（20160602）

四川 P 县已经调进县城初中的 ZJY 老师谈到当初为什么进城时，坦陈主要是农村学校无法满足子女教育需要，选择在城里教书，方便把孩子带出来读书：

> 我原来在 SL 初中教书，当时觉得孩子就在 SL 初中读也可以，毕竟我也在学校，老师们都是熟人，多少也会关注我的孩子，再说孩子年龄也不大，留在身边会有更多好处。但学校硬要编平行班，每个班老师进行平均搭配，你知道在我们学校如果平均搭配的话，每个班都会有些教师差得不得了，要么语文，要么数学，要么英语等等，很难把一个班各科教师都搭配来过得去。如果全校老师中集中一个班那倒还可以，可是校长不会同意这样做，而且这样也确实不太好，一个年级的教师就很难组合出一个比较好的搭头教师了。我调到城里以后，方便把小孩带出来读书。（20120825）①

三 家文化：农村子女教育不满意的问题视角

我们中国人向来以家庭为重，以家庭伦理扩展到整个社会伦理。梁漱溟指出，家乃中国人之天然基本关系，故又为根本之所重。中国人人生之美满非他，即家庭关系无缺陷；反之，人生之大不幸无他，也即于此种关系有缺陷。鳏、寡、孤、独，人生之最苦，谓曰无告，疾苦穷难不得就所亲而诉之也。② 以家庭为重，当然就是以家庭中成员为重。在中国人的家庭中，一个人似不为自己而存在，乃仿佛互为他人而存在。③

在家庭纵向关系中，父母对子女的看重，是家庭中最为重要的关系。我们中国社会中，父母特别看重子女的成就，我们都希望子女有"出息"，长大后能出人头地，光宗耀祖。这样，不仅父母，整个家族都会感到无上

---

① 确实，诚如本书前面之提及，农村教师的质量参差不齐，平行编办有些学科会严重地拖后腿。但义务教育如果分设重点班，尤其把老师进行集中，这无疑是在学校内部制造出了更大的不公平。对于每一个农村学校校长而言，这是一个两难，既要考虑义务教育的公平，也要考虑怎样提供稍微优质的教育，以挽留那些好一点的生源。

② 梁漱溟：《乡村建设理论》，上海人民出版社 2006 年版，第 26 页。

③ 同上书，第 25 页。

的荣光。近来的实证研究也证实了这一点，研究中国文化的黄光国回顾了一系列的实证研究后指出，儒家社会中的父母通常会鼓励子女追求社会高度赞许的"纵向杰出目标"，中国人有家人一体的观念，子女的任何成就，都会让父母觉得自己沾了光，有面子。反过来，如果子女对于纵向杰出目标的追求一无所成，父母会觉得颜面尽失，难以见人。①

在这种文化背景下，教师自然会努力追求子女教育成就。然而从目前农村教育来看，其教育质量比较低，农村人群升入高等学校的机会逐年减小。教师会选择把子女送到教育质量更好的城市学校就读，以使子女能享受到更为优质的教育。当教师企图把子女送到城市就读之后，他们会选择在城市任教，以便能更好照顾子女。而且有些地方城市学校招生需要本地户口，如果教师工作在农村，他们子女是没有资格在城市学校就读的，这增加了农村教师进城的意愿。

在本章讨论结束之前，简要进行总结并就农村教师效用问题研究提出一点展望。本章通过量化检验，揭示了影响教师农村从教的几个重要因素。并结合实地调研、田野考察对其中三个因素，工资待遇、事业成就、子女教育等进行了更为深入和详细的研究。

与此同时，在第一节的量化分析中表明，农村的生活条件、工作条件也是影响教师农村从教的重要因素。但这个因素很复杂，由于研究深度不够，相关资料收集不详，在此仅对这一因素进行简要说明，以图对感兴趣的研究者提供一点思路。农村教师一般意义上的工作条件主要指学校教学、办公等条件，而生活条件包括住房、医疗、交通等诸多方面。这些因素确实在很大程度上影响教师农村从教的认同。但是，笔者在研究中感觉到，上述因素随着农村诸多条件的改善，已经不是根本性问题，而更为根本的则是城乡之间在生活方式、环境条件等方面的巨大差别，农村教师尤其是年轻教师在读大学期间对城市生活已经有了较多了解，对农村恬然但单调的生活不感兴趣，更向往城市丰富多样的生活方式。贵州省 CG 县 SY 镇小学的 S 校长谈到了这一点：

（教师流失）更多是环境的问题，现在的大学生都是就读于城市

_____

① 黄光国：《人情与面子：中国人的权力游戏》，中国人民大学出版社 2010 年版，第 96—105 页。

里边，所以他们（到农村后）就觉得反差特别大。农村学校教师少，年轻人更少，大都是老人和留守儿童，这些年轻教师缺乏交往的环境，平时交流都没有人。用一句不恰当的话就是耐不住寂寞。当他来到农村学校后，就很失落，就想方设法地往外面走。（20170416）

S 校长的这种说法，笔者在一些教师那里得到了检验。CG 县 ZX 镇小学的 W 老师刚参加工作 3 年，虽然老家也是本县农村，但大学在外求学几年下来，已经习惯了城市五彩缤纷的生活，难以忍受农村过于简单的日子：

> 我们这里的老师每天从城里到这里，来来回回的。对年轻人来说，城里玩的多啊，人嘛都想往高处走啊，大部分年轻人都想去城里，没有人想待在乡下，乡下太没劲了，没玩的。女生没得街逛，男生没得牌打，白天上班，晚上干什么？（20170414）

年轻人的这种想法其实比较普遍，贵州省 CG 县 JA 小学的 Y 老师，刚从大学毕业两年，来到农村学校任教，同样觉得农村生活单调，圈子窄，缺乏与他人交往的机会：

> 这里的生活简单，但不是我想要的生活。我的一些同学在市里面上班或者在县里学校的，看他们的朋友圈，他们的生活丰富得多。生活丰富要累一些，但累一点我觉得没什么不好。所以说我以后的路肯定会想调到城里的。（20170415）

城市与乡村是两种截然不同的生活方式。我国城市化进程速度快，但时间并不长，从某种程度上讲还处于城市化的前期阶段，人们对城市生活的向往与追求，都是在城市化进程中的自然现象，也是情理之事。其实人们对城市生活的追求有好的一面，可以为城市化的推进提供强大的动力，从而有助于经济社会的转型发展。但若对城市生活的过度渲染和盲目追求，势必造成人们观念上的偏差，引致社会的无序。在城乡公共服务巨大差距的环境下，必然会使农村教师配置陷入困境。

第九章 权力与关系：农村教师配置深层问题的理论分析框架

教师配置问题我们一般称为教育工作中的"人事"问题。人事问题非常复杂，具有浓厚的中国文化特点，故梁漱溟认为："中国人心思所用，数千年知识学问之累积，皆在人事一方面，于物则忽略。"① 若要理解农村教师配置中的一些深层次问题，需要深入剖析现象背后的一些文化层面的因素，这是理解农村教师配置问题的关键。

第一节 已有文献简要回顾

对已有文献进行梳理，有助于我们对问题的把握和理解。本节将简要回顾既有研究对教师配置中权利问题的探讨，由于教师配置中关系问题的研究资料非常有限，主要探讨更为广义上的人员配置中关系问题的研究。

一 教师配置中的权力问题研究

在中国传统社会中，皇权对广大农村基层的控制较为松散，农村教育的权力主要为乡绅所拥有，教员的选用也主要被乡绅决定。② 但20世纪40年代以后，随着国家权力逐步深入农村基层，政府对农村教育的影响加强了，乡绅在农村基层教师配置中的权力随之被政府所替代。政府通过编制控制农村教师的总体人数，通过教师的任命、考核、调动、解雇、职称等

---

① 梁漱溟：《中国文化要义》，上海人民出版社2011年版，第216—225页。
② ［美］苏珊娜·佩珀：《新秩序的教育》，麦克法夸尔·J. R.、费正清：《剑桥中华人民共和国史：1949—1965》，中国社会科学出版社1990年版，第440—441页。

控制农村教师配置。① 但是在 20 世纪 90 年代市场化加速推进时期，由于过多强调市场的作用，政府在教师配置中的作用减弱了，由于国家权力的缺席，教师配置不受国家控制，教师配置呈现出无序和混乱的局面，而直接结果就是农村教师的大量流失，农村人群的利益受到了极大的损害。②

政府在教师配置的权力问题上存在不同层级间的分配问题，李小土等人对政府教师配置权力的层级分配进行了较为深入的研究，研究表明，2000 年，乡镇政府掌握了较多的农村小学校长及辖区内教师的配置权力。但实行以县为主的管理体制之后，县教育局的教师配置权力大大增强，同时，县组织部门在教师配置方面的权力也增强了。③ 究竟教师配置权力应上收到县还是下放到学校呢？多数研究者认为教师配置权力应该下放，让学校拥有更多权力。但也有研究者认为教师配置权力应集中，教师配置的权力应由教育行政部门负责。④

从政府和学校教师配置行为来看，由于激励机制不健全，地方政府教师配置行为常常会处于失范的境地。有研究指出，我国是集权国家，官员对上不对下，教育政策自上而下的执行方式，易导致目标的异化，他们容易把公共目标置换为自我组织的目标或私人目标。⑤ 还有研究认为教师配置权力在政府各部门间以及政府各层级间没有明确规定的话，教师配置等诸多方面都会出现很大问题，最终导致不合格教师充斥学校。⑥ 同时，农村教育发展的责任主体在政府，县级政府若没有自身对教育发展的远见以及外在政策法规压力，很难促进教师均衡配置。⑦

为了改革政府农村教师配置管理，实现城乡教师均衡配置，研究者建议应推行中小学教师"县管校用"的制度，即教师归教育主管部门统一管

① 马戎、龙山：《中国农村教育问题研究》，福建教育出版社 2000 年版，第 159—160 页。
② 闫引堂：《国家与教师身份：华北某县乡村教师流动研究》，博士学位论文，华东师范大学，2006 年，第 72—74 页。
③ 李小土、刘明兴、安雪慧：《西部农村教育财政改革与人事权力结构变迁》，《北京大学教育评论》2008 年第 4 期。
④ 郭晓东：《农村义务教育"分级管理"体制问题探析》，《教学与管理》2003 年第 11 期。
⑤ 胡伶：《城镇教师支援农村教育政策研究》，《教育发展研究》2008 年第 22 期。
⑥ 吕丽艳：《"以县为主"的农村义务教育管理体制运行状况个案调查》，《东北师范大学报》（哲学社会科学版）2004 年第 1 期。
⑦ 李云星、李宜江：《教育均衡发展的实践反思》，《教育发展研究》2012 年第 6 期。

理，这样教师是教育部门的人，由教育主管部门派遣教师到学校任教。[1][2]
邬志辉认为，政府应建立责任机构，确立第一责任人，同时赋予相应的权力。从空间格局来看，县域义务教育的责任主体是县政府，县长应是第一责任人。[3]

在学校教师配置权力方面，有研究者认为，校长最熟悉学校和教师的情况，因此，校长作为业务管理者，同时掌握人事权力，有利于建立合理的教师资源配置机制。[4] 也有研究者认为当前农村学校管理没有让优质教师体现自身价值，部分教师认为农村学校没有给自己提供自我的选择机会，不能实现个人发展目标。因为农村学校管理权过于集中，许多评优、晋级、加薪、利益分配等不是按照工作的多少、贡献的大小，而是按照和校长的亲疏关系进行决定。[5] 还有研究揭示，强化农村学校校长权力，在某些时候可能反而会导致农村优质教师流失，因为农村学校校长权力被强化后，由于管理不当，造成教职工的民主权利难以得到保障，教师发展机会不平等，从而使得教师从农村流失进入城市。[6]

二　就业过程中的关系问题研究

由于对教师配置中的关系问题研究文献稀缺，而学者们就一般性意义上的就业中关系问题研究已经相对成熟，故这里拓宽视野，主要讨论就业过程中的关系问题。

关系一词在西方称作社会资本，后来国内学者也广泛使用这一概念。格兰诺维特（Granovetter）较早发现了社会资本对求职者找工作的影响，并将社会资本按互动频率、感情强弱、亲密程度、互惠交换等四个维度划

① 于海洪、雷继红：《农村"微型学校"教师队伍建设研究》，《中国教育学刊》2011年第10期。
② 胡伶：《城镇教师支援农村教育政策研究》，《教育发展研究》2008年第22期。
③ 邬志辉：《当前我国城乡义务教育一体化发展的核心问题探讨》，《教育发展研究》2012年第17期。
④ 李小土、刘明兴、安雪慧：《"以县为主"背景下的西部农村教育人事体制和教师激励机制》，《教师教育研究》2010年第3期。
⑤ 吴志华、于兰兰、苏伟丽：《农村教师的流失：问题及解决之策——基于辽宁省的实证调查》，《教育理论与实践》2011年第10期。
⑥ 马青、焦岩岩：《省域城乡师资失衡：实践表征、政策归因、改进策略——以宁夏为例》，《教育发展研究》2012年第12期。

分出强关系和弱关系。① 林南认为，社会资本使就业行为背后的社会因素得以凸显，使劳动力市场内部的运行机制更容易被观察和理解。② 求职者获取和使用的嵌入在社会网络中的资源会导致他们获取更好的社会地位。③ 在不同文化背景下，关系的作用机制有所差异，在西方国家，求职者主要依靠弱关系获得工作匹配，即依靠劳动力市场信息找到工作。④ 边燕杰则提出了中国文化背景下的"强关系"假设，认为人情关系在劳动力就业中起到很大的作用，人际关系强度越大，就会得到更多的照顾，找到工作的可能性也越大。⑤ 在其后的研究中，边燕杰进一步认为，社会资本不但会对求职者的地位获得产生即时影响，即社会资本的使用者可以获得较好的入职机会，从而获得较好的入职职位和收入，而且这种作用具有累积效应。⑥

国内对就业过程中的社会资本问题研究侧重农民工与大学生就业方面。蔡昉认为，农民工的社会关系主要以亲缘、地缘为主要特征，在帮助农民工获得就业机会方面有十分重要的作用。⑦ 李培林指出，农民工的社会资本能够降低交易成本并提供更广泛的信息，从而增加找到工作的机会。⑧ 陈斌开等研究发现，作为社会资本的宗族文化对进城务工人员就业有重要影响，它显著提高了进城务工人员进入低端服务业的概率，但对提高进城务工人员进入高端服务业的概率却不显著。⑨ 还有研究发现，社会资本中的社会网络质量越高，新生代农民工的就业质量越高，网络规模越大，工作满意度和职业声望也越高。⑩ 社会资本对农民工就业的影响主要表现在

---

① Granovetter, M., "The Strength of Weak Ties", *American Journal of Sociology*, Vol. 78, No. 6, 1973.

② Lin, N., "In equality in Social Capital", *Contemporary Sociology*, Vol. 29, No. 6, 2000.

③ Lin, N., "Social Networks and Status Attainments", *Annual Review of Sociology*, Vol. 25, No. 1, 1999.

④ Lin, N., Ensel, W. M., Vaughn, J. C., "Social Resources and Strength of Ties: Structural Factors in Occupational Status Attainment", *American Sociological Review*, Vol. 46, No. 3, 1981.

⑤ Bian, Yanjie, "Bringing Strong Ties Back in: Indirect Tie, Network Bridges, and Job Searches in China", *American Sociological Review*, Vol. 62, No. 3, 1997.

⑥ 边燕杰、孙宇、李颖晖：《论社会资本的累积效应》，《学术界》2018 年第 5 期。

⑦ 蔡昉：《劳动力流动、择业与自组织过程中的经济理性》，《中国社会科学》1997 年第 4 期。

⑧ 李培林：《流动民工的社会网络和社会地位》，《社会学研究》1996 年第 4 期。

⑨ 陈斌开、陈思宇：《流动的社会资本——传统宗族文化是否影响移民就业?》，《经济研究》2018 年第 3 期。

⑩ 沈诗杰：《东北地区新生代农民工"就业质量"影响因素探析——以"人力资本"和"社会资本"为中心》，《江海学刊》2018 年第 2 期。

有效解决劳动力市场中的信息不对称问题，促进信息流动，帮助农民工获得就业信息和机会等方面。当然，也有研究者认为，人力资本对农民工的工资水平起决定性作用，而社会资本的影响并不显著。①

在大学生就业方面，陈宏军等研究发现，大学生的社会资本是影响求职的显性因素。大学生毕业如果能够有效地使用社会资本，会对就业机会和就业质量产生显著影响，还能够相应地缩减就业成本。②

一些研究把大学生的社会资本分为家庭社会资本和高校社会资本，并就其对大学生就业影响进行研究。刘新华等认为，大学生家庭社会资本越大，就业质量越高。③ 邹宇春等研究发现，大学生的家庭社会资本和高校社会资本产生了不同影响方向和强度，家庭社会资本更有助于大学生单位就业。④ 大学生的家庭社会资本主要来自父母，父母的社会地位和收入对大学生就业单位、工资收入等都有显著影响。⑤ 更进一步讲，父母的社会资本影响大学生就业部门的选择，父母社会资本不同，大学生"从政"和"入企"的意愿有显著差别。⑥

还有研究者把大学生的人力资本与社会资本结合起来研究，试图探清究竟是人力资本还是社会资本对大学生就业影响更大。有研究者认为，大学生就业中的人力资本与社会资本同等重要。⑦ 赖德胜等研究发现，决定大学生起薪水平的是人力资本，决定能否进入国有部门的因素则是社会资本。⑧ 岳昌君等研究表明，学历、专业、学习成绩和学校性质等人力资本

---

①　何国俊、徐冲、祝成才：《人力资本、社会资本与农村迁移劳动力的工资决定》，《农业技术经济》2008 年第 1 期。

②　陈宏军、李传荣、陈洪安：《社会资本与大学毕业生就业绩效关系研究》，《教育研究》2011 年第 10 期。

③　刘新华、杨艳：《家庭社会资本与大学生差序就业——关于家庭社会资本对大学生就业质量影响的研究》，《教育学术月刊》2013 年第 5 期。

④　邹宇春、周晓春：《大学生社会资本：内涵、测量及其对就业的差异化影响》，《华中科技大学学报》（社会科学版）2016 年第 6 期。

⑤　文东茅：《家庭背景对我国高等教育机会及毕业生就业的影响》，《北京大学教育评论》2005 年第 3 期；郑洁：《家庭社会经济地位与大学生就业——一个社会资本的视角》，《北京师范大学学报》（社会科学版）2004 年第 3 期。

⑥　尉建文：《父母的社会地位与社会资本——家庭因素对大学生就业意愿的影响》，《青年研究》2009 年第 2 期。

⑦　胡永远、邱丹：《个性特征对高校毕业生就业的影响分析》，《中国人口科学》2011 年第 2 期。

⑧　赖德胜、孟大虎、苏丽锋：《替代还是互补——大学生就业中的人力资本和社会资本联合作用机制研究》，《北京大学教育评论》2012 年第 10 期。

因素是决定大学生就业竞争力的最关键因素，社会资本因素对大学生的求职和起薪都没有显著的影响。①

也有研究者认为，社会资本对大学生就业存在较大负面效应，包括就业交易成本大幅度增加、就业机会的合谋排外、就业机制的权利泛化和就业结果的阶层固化等。② 赵延东研究指出，社会资本具有消极作用，使用关系网络途径求职的职工反而获得了质量更差的工作。③

已有研究对教师配置中的政府不同层级间的权力分配问题、权力集中与放权问题，农民工及大学生找工作中的关系影响、关系与个人能力之间的关联等问题进行了较为深入的研究，为本书提供了很好的基础。但是，已有研究从视角上看还需要进一步拓展，对教师配置这种体制内领域所涉及的权力与关系问题还缺乏探索。同时，已有研究主要通过思辨或统计分析，很难揭示中国文化背景下的权力与关系实际运行。本书通过长时间的田野调查，以观察、访谈、口述史分析等，试图通过考察农村教师配置中的权力结构与关系影响机制，分析农村教师配置中的正式权力格局，重点探析非正式权力运行；诠释关系在农村教师配置中的运作途径及其实现机制；在此基础上分析权力与关系的互换形式。通过以上分析，建立一个理解农村教师配置深层问题的理论分析框架，进而更好地理解教师配置的复杂问题。

第二节　农村教师配置的权力结构

从农村教师配置的实际权力结构看，一方面是由法律规章、政策文本所规定的正式权力。另一方面，实际的教师配置权力运行却常常偏离制度规定的轨道，与各种利益纠纷、人情关系等构织成复杂的非正式权力运行网络。本节首先通过相关政策文本分析农村教师配置中的正式权力格局，再对实践运行的非正式权力进行剖析，以对农村教师配置中的权力运行有

---

① 岳昌君、文东茅、丁小浩：《求职与起薪：高校毕业生就业竞争力的实证分析》，《管理世界》2004 年第 11 期。

② 钟云华：《社会资本对大学生就业的负面效应及其发生机制分析》，《教育发展研究》2018 年第 3 期。

③ 赵延东：《再就业中的社会资本：效用与局限》，《社会学研究》2002 年第 4 期。

一个较为深入和完整的认识。

一　农村教师配置的正式权力格局

（一）不同层级政府间的权力分配

教师配置权力在不同级别政府部门以及政府与学校之间会进行分配。但究竟如何分配取决于教育管理体制安排。自中华人民共和国成立以后，我国实行集中统一的教育管理体制，管理权力更多集中在较高层级的政府。1952 年教育部颁发的《小学暂行规程（草案）》及《中学暂行规程（草案）》规定，小学无论是公办的还是私立，都由市县人民政府教育行政部门统一领导。1985 年中共中央颁布了《关于教育体制改革的决定》，教育管理体制实现重大变革，管理权力开始下放，基础教育实行地方负责，分级管理的原则。提出要在农村地区建立县乡两级管理体制，由县和乡负责管理并部分地从经费上支持农村学校，把基层学校的管理和经费筹措的责任，下放给乡镇一级。

随着教育管理权力的下放，乡镇在教师配置中有很大的权力，主要集中在乡镇教育委员会。但是由于乡镇财力的薄弱，加之不同乡镇间经济基础差距较大，教育管理权力的下放在一些地方出现了很大问题，一些乡镇连教师工资都无法兑现，在一些地方出现了教师数月甚至长达一年多领不到工资的现象。农村教师配置也呈现诸多乱象。在此背景下，2001 年国务院《关于基础教育改革与发展的决定》提出，要进一步完善农村义务教育管理体制，实行在国务院领导下，由地方政府负责，分级管理，以县为主的管理体制。国务院办公厅在《关于完善农村义务教育管理体制的通知》（国办发 ［2002］ 28 号）中要求，县级教育行政部门依法履行对农村中小学教师的资格认定、招聘录用、培养培训、职务评聘、调配交流和考核等管理职能，乡（镇）、村无权聘任农村中小学教职工。农村教育人事权上收后，教师配置的权力主要在县级政府部门，适当对农村学校进行了分权。接下来分析县级政府与学校之间在农村教师配置中的权力分配问题。

（二）政府与学校之间的权力界分

如何处理政府与学校之间的关系，将教育管理权力在二者之间进行合理分配，始终是我国教育管理体制中的一大难题。就当下实践看，政府掌握着农村教师配置的主导权，掌控着农村教师配置权力，这在前面的论述中已经提及。这里通过四川 P 县教师流动规定来分析政府与学校之间教师配置权的分配情况。四川 P 县教育局《关于认真贯彻 P 县教师流动管理办法精神做好有关工作的通知》及 P 县教育体育局和文化广电局《关于做好 2017 年教职工流动工作的通知》将教职工流动规定如下四点。①

一是乡镇学校教师流入县城以及县城周边的 DC 镇、PS 镇、SL 镇、YC 乡，实行公选。经县教体文广局和人社局研究，发布公告并组织实施。实施公开考选调的岗位，教师不必写申请，也不需要学校签字。

二是县内跨乡镇流动（考调乡镇除外），教师首先向调出学校提出书面申请。学校受理申请后，经集体研究决定，将研究结果告知本人，同意调出的，将申请表签字盖章后交还申请人。申请人再向调入学校提出申请，调入学校经集体研究决定后，对同意调入的人员，在其申请表上签字盖章，由调入学校统一将调动人员申请表交县教体文广局。

三是跨县（系统）流动，教师先向学校提出申请，学校研究决定同意的，在流动审批表上签字盖章，再将审批表交县教体文广局，由县教体文广局研究决定。

四是乡镇内的教师流动，教师向学校提交流动申请，经学校集体研究决定形成教师流动方案，并将流动方案上报县教体文广局。

从 P 县教师流动规定来看，乡镇学校调入县城及县城周边学校，其权力归属教育主管部门及人事部门，学校完全无权干涉，因为流动教师无须向学校提交申请，不需要学校签字盖章。跨县（系统）流动的权力在教育主管部门（事实上也要最后报人事部门），虽然学校要在教师申请表上签字，但这种签字顶多属于是否同意教师流动，决定教师能否流动则在教育主管部门。跨乡镇教师流动（县城及周边学校除外）的权力在县级教育主管部门及学校间分割，调入学校具有较大权力。乡镇内的教师调动权力主要在乡镇学校，但学校决定方案需要上报县级教育主管部门，文件既没有

---

① P 县教育局：P 县教育局文件（P 县教发〔2014〕45 号）《关于认真贯彻 P 县教师流动管理办法精神做好有关工作的通知》，2014 - 04 - 24；P 县教育体育和文化广电局：P 县教育体育局和文化广电局文件（P 县教体文广办〔2017〕81 号），《关于做好 2017 年教职工流动工作的通知》，2017 - 06 - 19。P 县以前教育局单列，后来将教育、体育、文化广电功能进行整合，合并称为教育体育和文化广电局。

说明是上报教育主管部门备案，也没有说明上报教育主管部门决定，所以这里留下了较大的空间，学校校长比较强势，具有较大威望，则权力主要归属学校，方案决定后报教育主管部门备案；若学校校长资历尚浅，则需要更多向教育主管部门请示，这样县级教育主管部门就会拥有更多权力。

在学术界，一般比较强调校长在教师配置中的分权。近年来的政策也鼓励学校分权，2015 年颁布的《教育部关于深入推进教育管办评分离　促进政府职能转变的若干意见》，提出要推进"管、办、评"分离，解决政府越权越位问题，把该放的权坚决下放给学校，进一步落实和扩大中小学在人事管理等方面的自主权。

但根据本书的考察，教师配置权力究竟是更多归于政府还是学校不能一概而论，因为放权和收权需要根据具体的情况来定，如果校长水平高，这里的水平高不仅是业务方面，更主要是道德水平方面，放权给校长有利于调动他们的积极性，其效率可能比教育主管部门收权更高，这种情况当然需要更多放权。但如果校长水平有限，一旦人事权力下放，某些校长一定会借此机会捞取好处，必然造成教育的混乱，滋生不良风气。在调研中，无论学校领导和教师都谈到，教师配置往往是校长的生财之道。

二　农村教师配置中非正式权力运行

（一）权力争夺：讨价还价

根据前面对教师配置的正式权力结构分析可以看出，不同层级的教师配置有不同的权力结构，乡镇内的教师流动，主要经校长签字，报教育局备案，校长拥有较大权力。乡镇间的教师流动，经校长签字后，需要县教育主管部门讨论同意，权力在教育主管部门与学校间分割。若要进入县城或流动到县外，则不仅需要教育主管部门签字，还需要人事部门签字，甚至有的时候还有编办参与，权力在多个部门间分割。

但是，教师配置权力分布和运行并不是绝对的，会有诸多因素可以改变正式权力结构。比如乡镇间的教师流动看似同教育主管部门及学校有关，但若一位副县长点名要调动某位教师，则政府便参与了权力的分割。又比如某县在优秀教师引进中，为了减少有关手续，顺利引进高水平教师，政府主要领导认为没有必要按照常规手续来进行，要求县教育主管部门组织考核认定，确定人选后，按照程序补齐材料就行，不用其他部门共同商量决定。这样一来，县上其他部门，包括人事部门、编办等的权力便被大大削弱了。

正因为教师配置中权力结构和运行的复杂性与可变性，不同部门之间会经常因此"争取权力，抢夺地盘"。在此举个案例加以阐释。一次教师配置会议上，四川 P 县教育局打算控制更多的教师配置权力，削弱人力资源和社会保障局及编办的权力，教育局便在教师调动文件讨论稿中提出，今后教师调动由教育局确定人员名单，报人事部门备案。待教育局将这份讨论稿提交讨论会议时，人事部门负责人就针锋相对地提出：

> 按教育局的草案，教育局研究确定调动人员，然后报人社局备案，这是肯定行不通的。教师调出县外和调出教育系统，教师的身份、职称、岗位、性质等我们都不晓得，我们连人都不清楚，基本情况也不了解，我们如何办理呢？所以建议教师调出县外和调出教育系统还由教育系统提出方案，通过我们组织人事部门研究决定。（20130821）

教育局提出的确定人员名单与人社局提出的教育局方案、人社局研究决定当然是两个完全不同的权力范畴，只有掌握了最终的决定权才能算真正握有教师配置的权力，围绕决定权的博弈经常是不同政府部门权力争夺的焦点。在这次会议上，编办负责人也指出，教师调出县外或改行，就涉及编制的调整，如果教育局一家搞了，那编制问题谁来解决？会上经讨价还价，各方后来达成了一个妥协方案，乡镇内和乡镇之间的教师调动，由教育局决定。乡镇教师调进县城，考核方案由教育局提出，人社局审核决定，具体由教育局组织实施。本科及中级职称以上教师调到县外或改行，县教育局提出初步人选，需经编委会讨论决定，这实际让编办和人社局分权了，因为他们是编委会的重要成员。县外教师调进同样也要经编委会讨论决定。

教师配置方案的最终确定通常是各部门相互妥协的结果，这种妥协是重要的，若不能达成一致，在极端情况下，就会出现教师调动的"搁浅"。四川 P 县教育局一位领导给笔者讲述了这样一件事：2008 年全县教师调动很少，主要包括 8 个校长和极少数的教师。原因是什么呢？当年教育局讨论教师流动过程中，已经考虑了人事部门提出调动的人员，教育局已经形成了教师调动的方案，并制成了初步的黑头文件，找人事部门审批。人事部门看了教育局的调动方案后，提出了还要增加两位调动教师，而这两位要求调动的教师都是在岗位上没有到服务期的，但这两位教师中一位是人事部门的关系，还有一位是政府其他部门给人事部门打了招呼的，人事部门就要求教育局重新编制方案。但教育局对此很不满意，之前人事部门提出的照顾对象都已经考虑了，这种马后炮的做法似乎不符合游戏规则，而且这两位教师都没有到服务期，按照有关文件规定，未到服务期的教师是不能调动的。这样教育部门和人事部门负责人在电话中协商，但依然没有达成协议，而且双方吵了起来，丢了电话。就这样，教育局长一怒之下，当年全县教师都不调动。

（二）权力妥协："互投赞成票"

布坎南等人认为，一般说来，任何以某种区别对待的方式而使特殊的个人或群体受益但又以普遍征税来筹措资金的政府行动，都存在互投赞成票的现象。① 互投赞成票的核心理论主要指在公共活动领域，假如决策是采取集体决策的形式，那么集体中的每一个成员都是一个投票者。投票理论认为，如果所有个人偏好在某一问题上的强度相等，并且如果每一个单独的个人偏好在他作为一个投票人而可能参与的所有问题上都同样强烈，那么任何选票交易都不会发生。正因为每个投票人在对象和强度上都存在很大差异，对于任何个别的投票者来说，所有可能的议案都可以按照他的兴趣强度来排列，如果他在某个偏好很弱的领域接受了一种与其愿望相反的决定，以便在一个感觉更为强烈的领域换得他所喜欢的决定，那么他的福利就将得到改进。因此，投票人之间的种种通过讨价还价而达成的协议能够使各方共同受益。换句话说，这种投票人将进入这样的协议，直到投票赞成他不同意但感觉不强烈的某事的边际成本，刚好与作为回报而获得的支持他更感兴趣的议案的那张或那些选票的预期边际收入相当为止。这样，他将期望从与其他人达成的一系列协议范围的总议案集合中得到好处。

投票理论较好解释了农村教师配置中的权力妥协现象。首先，由于政府决策多数时候是讨论决定制，尽管教育主管部门负责人拥有最终的决定

---

① 〔美〕詹姆斯·M. 布坎南、戈登·塔洛克：《同意的计算——立宪民主的逻辑基础》，陈光金译，中国社会科学出版社 2000 年版，第 159—160 页。

权，但任何一个负责人都不可能独断专行，集所有权力于一身，其他政府部门也一样。事实上，教师配置的权力总是在部门内部主要权力相关者之间进行分配。在集体讨论决定过程中，部门内部人员为了让与自己利益相关的人员配置到某些学校，常常会相互妥协，互投赞成票，最终落实人员的安置。四川 P 县人保股股长谈到教师流动时，把这种情形说得很清楚：

> 开会时，把每个符合调动条件的教师进行逐一讨论，我先介绍某一位教师的基本情况，主要的调动原因，然后大家进行讨论。一般情况下需要多数参会人员同意，在多数情况下也能达成多数同意，但有时也不能做到。这背后名堂是很多的，比如某一位需要调动的教师和副局长有关系，副局长发言时自然会谈到该教师是如何如何需要解决困难，其调动的需要是如何如何的大，而多数情况下，大家都心领神会，也会帮忙通过。但有时如果两位副局长之间有矛盾，或者某一岗位只能进一位教师，而不同的领导有不同关系的人需要进时，就会产生激烈的争论，难以妥协。（20130723）

（三）权力互换："借鸡下蛋"

按照正式制度的规范，政府不同部门之间，政府与学校之间都有权力的边界，尽管这种边界有时比较模糊。如前所述，教师配置的权力在政府不同部门间，政府与学校之间都有一定的界限。按常理，政府各部门及学校彼此之间不能越权行事，而应在权力范围内活动。但是，不同政府部门的官员、学校校长，在农村教师配置中会相互利用，打招呼，安插和自己利益相关的人员。利用这种权力上的交换，彼此实现自己的利益，这种方式被政府官员和学校校长称为"借鸡下蛋"。比如，按照制度要求，乡镇内的教师调动权力主要应归属学校，那么校长具有主要的权力。如果某位教师对所要调进的学校校长并不熟悉，但其某位亲戚是教育局的官员，这位教师若找到其帮忙，由于权力在学校校长，教育局官员手中并没有掌握这个权力，那么教育局官员就会出面给校长打招呼，希望其关照，从而实现该教师的调动。接下来，如果某位教师要想从乡镇调进城里，按制度规定，权力在教育局，如果该教师对教育局官员并不熟悉，但跟校长之间有交情，校长便会找到教育局官员，托其帮忙，由于教育局官员以前欠了校长的"人情"，多数情况下自然要"买账"，帮忙解决该教师的调动问题。

这样一来，政府部门与学校之间就会彼此实现权力的交换，达到彼此利益的共赢。同样的道理，政府部门之间也经常存在这种权力的交换。事实上，这种权力交换并不仅限于教师配置的对等交换，如果教育局某位官员帮助校长实现了某位教师的调动，那么校长可能在职权内通过其他方式进行"补偿"，如学校修建招标，教育局官员若有朋友参与投标，便自然会去找校长帮忙，而校长则通过行使职权进行照顾，从而通过权力的交换实现彼此的目的。

（四）权力让渡：庇护关系的形成

20 世纪 50 年代西方人类学提出了权力分配中庇护关系这一概念，学者们发现，将原始部落和小的农村社区看作初级或亲缘群体的局限性很大，那里大量存在着这样一种关系：地位较高者（庇护者）利用权势和资源保护并施惠于地位较低者（被庇护者），后者则回报以追随、服侍与尊重。这一概念后来被引入社会学与政治学，主要指向不同于普遍科层制与市场结构的社会关系与组织结构。[1]

政府和学校内部在教师配置过程中的庇护关系都颇为常见，这种关系的形成通过部门主要负责人在教师招聘、流动中把部分权力让渡给其他人。本书在前面已有所提及，这里稍作进一步阐释。比如尽管中小学校长一般会把教师配置权力掌控在自己手中，但若某位副校长找到校长，需要调进自己的某位关系人，校长一般也会认可。不仅如此，校长甚至还会为了挽留教师，激励教师努力工作，放权给部分教师。四川 P 县一位镇中学校长曾私下告诉笔者他们学校有个教师工作勤奋，每年教学成绩在全县都名列前茅。曾经有一次该教师的侄子想从另外一个偏远小学调进该中学，校长欣然同意。由于该校属于考调的范畴，校长本身无权决定，校长甚至还到教育局动用关系帮忙解决问题。

校长之所以愿意让渡部分权力，则如庇护关系理论以及领导－成员交换理论（leader－member ex－change，LMX）所支持的观点，可以使校长与部分中层、教师之间形成一种特殊的关系，这种关系似于"圈内人"，是一种稳固的、高水平的强关系。这种关系的建立，校长可以获得更多中层和教师的支持、信任和尊重。这不仅是满足校长情感上的需要，很多时

---

[1]　张立鹏：《庇护关系——一个社会政治的概念模式》，《经济社会体制比较》2005 年第 3 期。

候出于权力斗争的考虑，校长必须要建立这样一个圈子，有这样一帮"兄弟伙"，他们会尽心竭力地支持校长，在关键的决策中校长才能处于不败之地，将重要的决策权力掌控在自己手中，否则可能"大权旁落"。

当然，上面的分析主要从校长个人的角度来看，若从学校工作开展这个角度来看，校长的这种权力让渡在很多时候也是必要的，这会有利于学校工作的开展。因为对学校中层干部来说，校长的这种让权实际上构建了一种更加和谐的管理层关系，否则很容易引发领导之间的矛盾。对教师来说，校长的让权意味着一种帮忙，出于人情关系，教师会更加努力工作以回报校长，这也是后面要谈到的中国文化中的"报"的关系。

第三节　农村教师配置中的关系推动

在中国传统文化背景下，关系始终是农村教师配置中一个重要的影响因素。金耀基认为，中国人往往没有"公"与"私"的明确分野，而只有对关系远近的亲疏判断。[1] 这与梁漱溟的看法大体相同，在梁漱溟看来，中国人身家观念重，不讲公德，一盘散沙，对国家及公共团体缺乏责任感，徇私废公。[2] 关系在教师配置的各个环节都普遍存在，手握权柄的政府官员，学校校长在教师配置过程中多少会从有利于提高教育质量的角度权衡问题，但更多时候则是以关系远近作为判断标准。"公事私办"，在教师配置过程中卖人情、谋好处是常事，在教师调动和录用中最为典型，这里主要以在职教师调动和新教师录用为例进行叙述。

一　农村教师配置中的关系影响

21 世纪初人事制度改革以前，教师配置中新教师的工作分配以及在职教师的工作调动，都采用讨论决定的制度。就当前的实践看，教师录用已经普遍采取考试制度，教师流动在不同地方有不同的做法，中部的一些省份依然采用讨论决定制度，多数省份教师流动进入城市采用考试制度，乡

---

① 杨宜音：《试析人际关系及其分类——兼与黄光国先生商榷》，《社会学研究》1995 年第 5 期。

② 梁漱溟：《中国文化要义》，上海人民出版社 2011 年版，第 27 页。

镇内及乡镇间的流动则采用讨论决定制度。

（一）讨论决定制度中的关系影响

在讨论决定制度中，关系会起到很大的影响。笔者与山西 PY 县 HD 小学的 SL 教师交流过程中，当谈到是否愿意调到县城工作时，SL 老师坦言，主要是没有条件，有条件的话谁也想去。当笔者问及所谓的条件主要是指什么时，SL 老师直截了当地说就是关系，有关系的话找下人就进去了，没有关系那就没有办法。该校的另一位教师表达了大致相同的看法：

> 现在我们这边调动没有考试的形式，都是教育局说谁可以调谁就调。咱也没想太多，咱没有关系，你（我们）就是想走也走不了。（20160314）

教育主管部门的官员对教师配置中的关系影响有更为深切的感受。对多数教师而言，无论是工作分配还是调动，都想方设法去寻找关系，而关系会在很大程度上决定工作分配地点、学校的层次，以及流动过程中学校的层次。四川 P 县教育局人保股股长给笔者讲述了教师流动讨论决定制度中的人际关系：

> 以前全县教师调动都采用教育局开会讨论决定，这是一个非常麻烦的工作，一般由我们人保股查看每位教师的调动申请，再把符合调动条件教师的申请交给局长，局长再安排时间组织讨论，决定哪些教师可以调动，哪些教师不可以调动。教师调动很麻烦，这期间涉及的东西太多了，每个调动的教师或多或少都有点关系，而且很多关系又不得不考虑。因为县上各个部门领导打招呼的情况太多了，我们教师调动会议往往无法在教育局办公室开，我记得有几年都是在某个农家乐或者借用其他单位办公室召开的，否则没有办法完成。一般需要 3 天左右的时间。参与讨论的人员主要是教育局办公会人员，有时是教育局党委委员，一般包括教育局局长、副局长、党委书记、人事股股长等。（20130723）

从人事股股长的描述得知，教师调动讨论制含杂了太多的人为因素，个人关系在其间占了很大的成分。教师要想调动，不去找个亲戚朋友说说人情，拉拉关系，总是很难办成事。于是教师总会找到各部门任职的关系人，出面解决工作分配或调动的事情。各部门的领导又会将自己的关系委托教育主管部门来完成，给教育主管部门打招呼，这种招呼一般不会"打条子"，因为这会有很大的风险，主要通过口头沟通，或者吃个饭，送些东西来表达。作为教育主管部门，要处理好各种内外部关系，包括来自上级的、平级的甚至一些下级的要求，要照顾各种人情关系，尽量能够摆平事情，实现一种利益平衡，这当然是一件很费神的事。因此，教育管理部门尽管手握很大的权力，所打开的关系大门可以为决策者带来个人利益，但他们也能感受到这种制度给自己带来的压力和麻烦。四川 P 县常务副县长在一次教师流动办法会议上提到了这一点：

> 制定教师流动办法，就是要为今后教师流动订立一个规矩，立下一个框框，以后大家就按照这个来办，免得大家都去找这个亲那个戚的。现在领导压力很大啊！谁还不能去托个人来说个情，教师队伍人数多，每年调动人数也不少，每年教师调动大家都很抠脑壳（指很费神），今后有个规矩，大家都少点麻烦。（20130708）

（二）考试决定制度中的关系影响

考试制度在一定程度上会减少人情关系在教师配置中的影响，但并不能说关系因素在教师配置中的影响就很小了，看似公平的考试，其实背后也包含着太多人情关系。广东 ZJ 市 MZ 镇初中一位老师对考试调动制度下关系因素说得很直接：

> 我们这里教师去考城区学校的不多，不是教师不愿意去，谁都愿意去，我们这里（城区学校）不好考，即使你笔试成绩考第一，面试这一关过不了是没有用的，这里边的操作太厉害了。我当了十几年的老师也没赚到几个钱，你花这么多钱去（操作），还有可能考不上。除非说你有上面直接的关系，能够帮你一锤定音、一步到位，这样你可以去尝试，否则就凑合在这里当个老师，得过且过吧，反正拿多少钱干多少活。（20161107）

为了较为深入地审视新教师录用中的这种人际关系运作，笔者在此将参加过的四川 P 县组织到高校选拔教师的活动进行描述。2009 年 P 县人事、教育等部门组成联合小组，到四川境内的二本和三本高校选录乡镇教师。毕业于四川某高校的 ZJ 参加了这次选录。其叔父是 P 县有名的建筑老板，为了能让 ZJ 通过选拔直接进入教师编制，其叔父打通了两个关键的环节，一是选录学校的校长，二是教育局的某负责人。校长首先向教育局上报了教师需求，按照 ZJ 所学专业为其量身定做了岗位专业要求。在面试之中，教育局负责人本人并没有出面，而是让另一位工作人员给考官打招呼，出于人际关系，考官们也很给面子。这样 ZJ 顺利通过面试被选上，并进入 P 县编制内教师。

接下来对教师流动考试中的人际关系进行考察。四川 P 县以前县城招考农村教师提前几天就要确定评委，这导致很多人去找评委"勾兑"，后来改为考试当天早上临时决定评委。这样教师流动考试中，其评委一般为县城及周边学校教师，因为考试评委一般临时通知，太远乡镇教师不容易赶到。考试调动的关系是如何发生作用的呢？DC 中学的 ZXP 老师曾经参加县城初中教师招考，担任评委，据他私下跟笔者讲，考试之前县城初中校长亲自给他打电话，就说参加考试的教师中哪两位教师很优秀，请评委多注意，而且美其名曰请评委认真负责，真正为学校选拔人才。这两位老师当然并不是很优秀，这样含蓄的暗示，表明这两位教师就是去拉了"关系"，一般情况下，评委出于卖个人情给校长，也会主动帮忙。

二　农村教师配置中的关系机制分析

（一）关系使正式制度失范

前面通过案例分析已经表明，乡镇之间的教师流动往往要通过政府工作人员、学校领导甚至学校教师的关系，从而实现教师在不同乡镇学校之间的重新配置。而教师进城则通过考试进行重新配置，看起来似乎没有人为影响了。其实不然，我们在考察中已经揭示，虽然考试中有很多规范性约束，但各种复杂的人情关系也可能使正式政策"失范"，降低正式政策的影响力。

关系使正式制度失范有两种机制，一是形成"潜规则"，与正式制度并存，表面上是合理的正式制度，实际上存在另一套隐藏其背后通过关系作用的隐性制度。以教师流动为例，四川 P 县规定农村教师流动进入县城学校及县城周边学校需要通过考试，但对领导干部家属而言，却是另外一个游戏规则，可以通过"定向考核"进入县城，即为领导家属准备好岗位，通过等额考选，简单面试就可以进入。此外，一种常见的与考调制度并存的非正式制度是借调。所谓借调就是有比较深厚的人际关系的农村教师，可以不通过考试，调动进入县城及其周边学校。借调的第一年，个人所有人事关系都保留在原学校，工资照样在原学校领取。第二年就可以行文调动，个人的各种关系才随之转入新的单位。当然，也有少数教师借调多年没有将正式关系转入所进入的学校。①

关系使正式制度失范的第二种情况就是改变正式制度的规范，形成与正式制度完全背离的安排。以编制为例，现行的管理制度无论是国家层面还是地方层面，都规定了缺编进人这一原则。但人际关系往往会突破这一原则，使实际的学校编制完全背离编制管理规定，这种情况在国内很多地方都存在，前面已略提及。再以广东为例，一些乡镇学校严重超编，尤其是一些县城周边学校，但在关系的推动下，超编学校依然可以进人，这是教师和学校管理者都熟知的道理，广东省 ZJ 市 MZ 初中教务主任毫不隐讳地说到了这一点：

> 我们学校没有新招本科生，都是其他地方调进来，这些都是凭关系。就算学校超编，我们这里照样可以进人，就算超编 50 个人，只要上面有关系，照样也可以进来。（20161107）

显然，关系推动使农村教师配置存在很多非理性、不合理的现象。在广东省 PT 区 GD 镇 GL 小学调研时，一位支教的教师谈到了这样一个现象：

---

① 另外，笔者发现，借调可以让一些有关系的人工作调动之后享受到更好的待遇。以四川 P 县说，按规定，从 1995 年开始，教师调动后根据职称的不同，在调入学校享受不同的待遇。初级专业技术人员调动后，不实行试用期，在调入单位直接挂靠初级职称。中级以上专业技术人员，如果调入单位有相应的空岗，可以直接挂靠原职称，工资待遇与原职称挂钩。如果调入单位没有空岗指标，按原专业技术职务工资就近、就低重新靠入下一级新聘职务工资标准，待有空缺岗位时，再行由单位聘任相应的专业技术职务，低聘期间的工资差额概不补发。但借调可以解决调进学校没有岗位而收入受损的状况，就是教师从一个学校调到另一个学校后，其工资关系依然保留在原学校，这样调动后，即使进入学校没有空缺岗位，依然可以享受中等职称或者高级职称待遇，这当然主要是领导调动或者社会关系较好的教师才能通过这种形式变相解决待遇问题。

　　我跟你说哈，不知道他们这些老师会不会讲，有些很奇怪的现象，也不好讲，校长会批评的。这里本来是有 1 个英语老师的，但这个老师调走了。教育局亲自下来把她拿出去了，但编制在这里。拿到城镇里的小学去，然后就叫我们来轮岗。我觉得这种状况没办法解释，不好理解。你出去可以啊，但你教育局凭什么用权力这样做呢？本来就缺人，作假之后让别人来填。（20161114）

　　GL 小学是一所村小，六个年级开齐了，编制教师共 9 人，这种地方缺一个教师，其运转就会受到很大影响。况且对于英语这种学科而言，村小教师大都年龄偏大，不懂英语，英语教师调走后很难有人能代课。按照政策，GL 小学这个英语教师不允许调走，毕竟这里教师严重不足。可是该校的这名英语老师有背景，凭借关系，可以通过教育局将其安排进入城区，但将编制保留在 GL 小学。为了解决教师严重不足的问题，又把镇初中的教师安排过来轮岗支教。

（二）关系推动具有差序性

　　结合农村教师配置来看，其间的关系推动具有明显的差序性，此处对这种差序性进行简要分析。我们中国人首先以自己为圆心形成以家庭为核心的关系圈，由此扩展到人际关系中去。家庭内部的关系是处理人际关系的基础，其中父子关系表示一切纵向关系，兄弟关系表示横向关系，夫妻则意味着两性之间的关系。随着家庭的扩大，便要分成更小的家庭，这种关系向外扩展便形成了家族观念，由此形成了血缘关系。家族再继续扩大，便转而由家族向村庄发展，这便又形成了我们的家乡观念，由此形成地缘关系。在农村教师配置中，无论是以前毕业生分配，现在的公招考试，以及教师调动，都首先要想一下自己的三亲四戚"在朝内有没有人做官"，如果有的话，那一定要通融一下。教师配置中如果校长能有一定权力的话，总是试图把自己老家的教师或者自己以前工作过学校的教师搞到自己学校来。

　　当代社会教师关系的这种差序性早已突破以往狭窄的范畴，形成了以个人为中心的亲戚圈、朋友圈、同事圈、老乡圈等诸多网络连接。每一个圈子由里向外不断扩展，不同的关系圈又有交接。在这诸多的关系圈中，一般遵循就近原则，离权力中心越远，关系所能发挥的作用也就越小。因此托朋友的朋友办事，总没有自己朋友能直接办理好。四川 P 县教育局人事股股长给笔者看过这样一条短信，是教育局局长转发给人事股股长的。短信来自 P 县财政局局长，内容是："×局，Z 县副县长×××的亲戚××在 XA 中学教书，想调到 DC 中学，望关照。"

我们来分析一下这里的关系网络，第一层关系圈是想要调动的××教师和其亲戚 Z 县副县长之间的关系圈，第二层关系圈是以 Z 县副县长和 P 县财政局局长之间的关系圈，第三层则是 P 县财政局局长和教育局局长之间的关系圈。这种被转了好几次才达成的关系，已经没有太大的意义，最后的结果是教育局局长仅是把短信转发给人事股股长，也没有再添加"关照、办理"之类。这样的招呼基本不起作用，人事股股长说这种招呼他们不会办理，除非顺手人情。

就此来看，教师配置中的关系具有明显的差序性。其基本原理是：离权力中心越近，能量越大，所起到的影响也就越大；反之，离权力中心越是边缘，其能量逐渐散失，影响力也就逐渐消失。

（三）关系推动具有互惠性

再来看农村教师配置和报恩的关联。我们中国文化讲究知恩图报，我们认为"滴水之恩，当涌泉相报"。人们常说，"受施慎勿忘"，"人有德于我，虽小不可忘也"。《礼记·曲礼》说："太上贵德，其次务施报。礼尚往来；往而不来，非礼也；来而不往，亦非礼也。"在这种文化背景下，报恩被认为是符合社会道德规范的，有恩不报会被认为违反社会规范而受到孤立甚至谴责。故杨联陞认为，中国社会关系的基础，归结为一个字就是"报"。① 春秋战国时期的侠士豫让因得到智伯的重用，并受到智伯的尊崇。而智伯被赵襄子打败，并将其头颅砍下来，用漆漆好，做成酒壶。豫让得知，发出了"士为知己者死"的千古名句。而豫让尽管后来数次行刺赵襄子不成，最后被赵襄子生擒，依然对赵襄子说："请君之衣而击之焉，以致报仇之意，则虽死不恨。"② 这样，即使不能杀死赵襄子而替智伯报仇，但能在赵襄子的衣服上砍上几刀，在死后也才能得以安心，可以给智伯一个交代了。齐思和因此感叹："侠客激于恩宠，慷慨图报；一剑酬恩，

---

① 杨联陞：《中国文化中"报""保""包"之意义》，香港中文大学出版社 2009 年版，第 3—10 页。

② （汉）司马迁：《史记》，中华书局 2008 年版，第 1708 页。

九死无悔！"①

在知恩图报的文化背景下，处理关系的一个重要原则就是"互惠"原则。平常人自然希望对别人职业变动、地位提高提供帮助，以图日后能得到别人的回馈。即使身居高位之人，也知道自己的权力和地位并不是永固的，没准也会有倒霉的一天。我们中国人相信谁都有落难的时候，谁都可能有在别人屋檐下过日子的时候，俗话说："人是三节草，不知哪节好。"人在倒霉时，过去那些曾经受过其恩惠的人，有可能会提供好处。所以手握权力的人在教师配置中为关系圈内的人提供帮助，也可以说是在为自己考虑。这种互惠原则最直接的体现就是教师配置中的利益互换，比如教育局局长帮财政局局长调动了某位教师，那么财政局局长就欠了教育局局长一个情，而某天教育局局长也会通过财政局局长摆平某一件事。对于一般教师，假如校长帮忙调动或者新教师招考时校长帮了忙，那么教师同样也会把人情还回去，教师自然没有权力帮校长互换同样的事，但是教师可以通过其他方式来补偿，比如教师可以努力工作，以此报答校长，或者为校长送去钱财，以此答谢校长。

（四）关系推动会产生负向功能

依靠关系配置教师，会让一些没有关系的人员利益受损，失却本该属于他们的利益，从而在他们心灵深处留下难以抚平的伤痕。比如，贵州省 CG 县 SW 镇 MJZ 小学的 Z 老师刚刚通过公招考试进入教师队伍 1 年。按理，Z 老师考的是第一名，根据教师公招制度，在选择学校时，按成绩从高到低进行选择，Z 老师可以选中心校。但后来关系没有到位，被校长安排到了村小，另一位考试排名靠后的却进了中心校。对 Z 老师造成了极大的打击：

> 我们是 8 月中旬签的合同，签了合同之后我没有亲自去找校长，我问到了校长的电话号码，就给校长打电话，说了这个事情。（虽然校长）没见过人，但是知道（我的）名字。他说你是张老师啊，我说是的，他说那你 27 号早上来吧，我说 27 号会不会太晚了，然后他说，没有，27 号下午我们才开会，你早上早点嘛，来整理下内务，现在就

---

① 齐思和：《战国制度考》，载余英时《中国文化史通释》，生活·读书·新知三联书店 2012 年版，第 240 页。

算你报到了。我听他说我报到了，就挺放心的。我 26 号买票就到了，27 号早上给校长打电话，说我到了。校长说，哦，张老师你到了啊，最近我们在整理图书，另外一名老师比你早来，已经在帮着做事了，已经在加班了，你就下去吧（到村小去）。那时候我特别无语，自己都懵了，其实她比我早了半个小时而已，按照规定是我选这里啊。太失落了，我几次都不想干了，但想到还要供妹妹读书，就在这里混吧。（20170412）

对于年轻的大学毕业生来说，他们涉世未深，在报到之前没有托人跟校长疏通关系，也没有主动和校长联系见个面、吃个饭之类，而是开学了直接来到学校。在校长看来，这大体是不大懂规矩，不符合一些潜规则的"道"。于是就在工作安排中施加障碍，本来按正式制度来说，Z 老师该留在中心校任教，却被安排去了村小，把成绩排名靠后的安排在了中心校。完全不符合正式制度要求的操作，自然也不能给出有说服力的理由，校长就找不是理由的理由来搪塞，说别人早了半小时到学校，已经开始工作了为由。看似荒谬的理由当然是不能成立的，可是对刚毕业的年轻人来说，也没有多少打破这种不合理现象的能力。但是这种不合理的安排给刚毕业的大学生所带来的伤害是显而易见的，对其内心深处的影响是永远无法抹去的，从进入教师行业的这一天开始，关系给她带来的伤害已经改变了她对人、对事的态度，甚至可能毁掉她的大好前程。

依靠关系配置教师，还会在教师群体中乃至在整个社会形成负向功能。四川 P 县 DC 中学数学教研组组长曾在闲聊中讲到了他们学校 2015 年新进的 W 老师，在文化考试中名列第三，刚好进入面试，但通过关系搞定了评委，最终总分第一，淘汰其他人进入了 DC 中学。这位教研组长表达了极大的愤慨和因无奈而产生的消极情绪：

W 老师的母亲是 J 初中的校长，在公招考试前花了一万多块钱参加培训，在考试中考进了前三名（总共 4 个人参考）。面试时吃了浮水（当地方言，指捡了便宜），他母亲出面找了关系，摆平了评委，面试得了 92 分，比第二名高出了 21 分。来到我们学校我看他就不像教书的，没有老师的样子。今年我们片区组织说课比赛，派年轻人参加，W 老师代表我们学校参赛，我们帮他准备好了说课稿，教他怎样说课，结果还是得了个倒数第一名。这种人就是扶不起的阿斗，人家偏偏就能考进来。这年头关系就是王道，没有关系寸步难行。我甚至开始怀疑人生，像我们这种没有关系的，就只有听天由命。（20180521）

第四节　农村教师配置中权力与关系的转换原理

西方意义上的关系研究主要包括社会网络研究、社会资本研究等，但西方意义上的这些概念并不能涵括中国文化背景下的关系概念。在翟学伟看来，借用西方理论分析中国文化，将中国文化往西方理论里装，都必然是一种误读和混乱。比如将关系翻译为 interpersonal relationship 实际上已经不再是中国含义上的原有样子了，即使研究得再精细，也不能说明它原先的样子。[①] 本书并不反对用西方理论分析中国文化，但翟学伟的提醒其实也是有道理的，中国社会特有的权力与关系概念，是在中国文化固有的土壤中存活的，需尽量在中国文化框架下来分析权力与关系现象。

一　关系结构可以改变权力结构

在教师配置中，关系可以转换成权力，关系结构也就会改变权力结构。以笔者在四川 P 县的观察，DC 中学教导主任 Z 某，小舅子在教育局任局长，W 老师在另外一个比较偏远的农村学校，找到 Z 主任帮忙，Z 主任又找到其小舅子，出面把 W 老师调到了 DC 中学。后来 Z 主任调到县城中学任副校长，DC 中学的两位老师通过其关系比较轻松地进入了县城中学。Z 主任本身无法完成这些老师的流动，但通过其小舅子的关系，却掌握了部分教师配置的权力，这部分权力便是其关系人——教育局局长——所让渡的。

故黄光国指出，在中国社会，社会关系是决定一个人社会地位的重要因素。人们在判断他人所能支配社会资源能力大小时，不仅根据其本身的权力，通常会进一步考虑他的社会关系网络。个人社会关系网越大，其中

---

① 翟学伟：《人情、面子与权力再生产》，北京大学出版社 2013 年版，第 47 页。

有权有势的人越多，他在别人心目中的权力形象也就越大。① 像汉武帝时期的郭解，虽出身地痞，但其关系网络很是发达，甚至可以将大将军卫青作为关系人，并让卫青为其说情，以免"迁徙"。可是精明的汉武帝立刻意识到，郭解乃一介布衣，居然能够凭借关系，获取上位权力，能找到卫青说情，一定位列豪强，该当"迁徙"："卫将军为言：'郭解家贫不中徙。'上曰：'布衣权至使将军为言，此其家不贫。'"② 当今社会通过关系获得权力也属常见之事，像王林这样一个所谓的"气功大师"，依靠和官员拉近关系，可以在江西宜春市呼风唤雨，成为众所周知的"地下组织部长"，直接插手关键岗位干部任免。甚至参与区县主要领导换届，市级机关局级部门人选的定夺。③

二 权力结构可以改变关系结构

权力结构改变关系结构，就更为人们熟知了，手提权柄的人安排一个教师就业，或者把一个教师从一个条件较差的学校调动到一个条件较好的学校，这些教师会感恩不尽，总是要想办法报答。因为按照我们一般人的逻辑，这种变化是领导恩赐的，教师能有更好的岗位，幸亏有了某位身居权位的关系人，前面讲过我们中国人欠了别人的人情，不仅需要记住别人的恩惠，而且适当时候需要还回去。这样权力就转化而成了关系。下面引用一个小故事进一步说明这一点：

> 9世纪前有一个宰相崔群以清廉著称，以前他曾担任考官，不久以后，他的妻子劝他置些房产留给子孙，他笑着说："我在国中已有了30个极好的田庄，肥沃的田地，你还担忧房产做什么？"他的妻子很奇怪，说他从未听说过。崔群说："你记得前年我任考官时取了30个考生，他们不是最好的财产吗？"④

看来，即使是清廉的官员，也很清楚地知道，凭借自己权力录取了这

---

① 黄光国、胡先缙等：《人情与面子：中国人的权力游戏》，中国人民大学出版社2010年版，第22页。
② （汉）司马迁：《史记》，中华书局2008年版，第2438页。
③ 《知情人：王林在江西宜春是"地下组织部长"》，《新京报》2013年8月22日。
④ 杨联陞：《报——中国社会关系的一个基础》，刘梦溪：《中国现代学术经典·洪业杨联陞卷》，河北教育出版社1996年版，第875页。

些考生，就和这些考生建立了关系网络，一旦他们能出人头地，这些人会回报当初这位考官的人情，这自然是一笔巨大的财富。

同时，握有教师配置权力的人还可以通过教师配置和地位更高、更富有的人拉上关系。四川 P 县纪委书记的侄女安排在 DC 中学任教，校长不仅满口答应，还主动到教育局去说情，认为学校需要该教师这个专业，这个教师是适合这个岗位的等，这样校长就通过自己的权力和纪委书记拉上了关系。当校长有事要找纪委书记帮忙时，一般情况下，纪委书记是要"买账"的。

三　权力大小影响关系的强度

权力的大小直接对关系的强度有很大的影响，位高权重的决策者常常可以凭借自己的位置，从而产生一种权力影响力，改变着教师配置的关系格局，形成"强关系"，使得问题得以解决。2017 年四川 P 县教师流动中，DC 中学有 1 个流进的名额，但有 2 个教师都想调进该校，一个是教育局局长的关系人，另一个是常务副县长的关系人。这让教育局局长和人事股股长很为难，教育局试图与编办沟通，增加 DC 中学的编制，但编办没有同意。无奈之下，教育局局长只好退一步，放弃关系人的调动，让常务副县长的关系人最终调进了 DC 中学。

2018 年 6 月，P 县公开招聘一批农村教师，其中 D 中学招聘一名数学教师。由于 D 中学距县城较近，也是传统的老牌中学，在 P 县比较出名，报考该校的人数相对较多，竞争相对激烈，有 4 个高校毕业生竞争该岗位。参加面试的 Z 老师讲述了面试中拉关系的问题：

> 我们面试共有 5 位评委，都是在县上各个学校抽的数学老师。面试的头天晚上，不晓得 D 中学的 H 老师咋打听到消息，有我参加，H 老师就让我帮忙，把他的一个亲戚分数打高点。在面试的时候，H 老师的这个亲戚抽签抽到 3 号。跟前面的 2 号比有明显的差距，我就没管那么多，把 3 号的分打得比 2 号低。你想，你一个老师给我说这些，我要冒很大的风险，要是校长或教育局局长出面，我可能会买账，一个老师（给我打招呼），我凭什么要帮你呢？（20180628）

仔细分析 Z 老师的话语，作为一个一般关系，平时点头之交的 H 老师，与 Z 老师可能并没有太多的关联，手中更没有掌握更大的权力，至少对 Z 老师来讲，没有掌握能够影响 Z 老师的权力。手中无权的 H 老师与 Z 老师就不能形成一种强关系，Z 老师就不会帮忙。反之，校长或教育局局长就不一样了，他们手中掌握权力，可以支配资源，甚至可以影响到 Z 老师，这样假如他们打招呼，就会形成一种强关系，Z 老师也就会"买账"。如果不买账，万一哪天有点什么事情，自己会被"穿小鞋"。

需要指出的是本书无论对权力还是关系都持中性的看法。但是也要看到，在很多时候经济条件好、社会地位高的人掌握了更多的关系资本，可以获取更多的社会资源，而边缘人群却不能通过关系获得好处，这就会产生一种社会不平等。从社会学的观点来看，为了避免社会的混乱，任何社会都得按照一定的规则，使社会职位，包括对人和对物的各种义务和权利，在规定和公认的方式下进行。因此有必要进一步强化制度规范和约束，减少人际关系在教师配置中的影响。教师配置这种职业新陈代谢在社会发展是永恒的，这种职业接替的原则总体上来看，主要有以身份来决定和以选择来决定两种方式，较为专业的术语即为先赋性地位和获致性地位。所谓先赋性地位主要指一个人生来就注定了的地位，如性别、年龄、亲属关系等；获致性地位主要指后天努力而成功获得的地位，如一个人通过努力获得的职业、职位等。①

在我们国家，无论是传统上还是当前，通过先赋性地位和获致性地位获得职业一直都是并行的。在教师配置中，以前有"顶替"政策，父母是教师，退休后可以安排子女教书，"顶替"制度打破以后，教师子女考师范院校还可以享受加分政策。就当前来看，这些显性的先赋性制度已经打破了，但是，隐性的先赋性安排确是常见的，一个关系圈内有"人"的教师可以调动到好的学校，父母有办法的其子女学校毕业可以找到一个好学校工作。但在一个进步的社会中，依靠后天获致的因素会大大增加，在这种社会里，获致性地位会超过先赋性地位。那么无疑，通过制度性规范使得教师配置主要基于获致性地位来获得，减少通过人脉关系的先赋性因素当是教师配置改革的必然。

---

① ［美］罗伯特·F. 墨菲：《文化与社会人类学引论》，王卓君译，商务印书馆 2009 年版，第 68—72 页。

第十章　促进农村教师配置的策略建构

党的十九大报告提出，必须坚持和完善中国特色社会主义制度，不断推进国家治理体系和治理能力现代化，坚决破除一切不合时宜的思想观念和体制机制弊端，突破利益固化的樊篱，吸收人类文明有益成果，构建系统完备、科学规范、运行有效的制度体系，充分发挥我国社会主义制度优越性。

加强农村教师队伍建设，推进城乡教育一体化的基本构想及实现路径与国家大政方略是一致的。有学者认为，实现城乡教育一体化应当从制度问题入手，改革教育管理制度、教育投入制度、教育人事制度以及教育质量保障制度，并建立严格的教育行政问责制度。[①] 还有学者进一步指出，城乡教育一体化的核心障碍是旧有的城乡教育体制机制，实现城乡教育一体化的关键是要构建一套全新的、完善的城乡一体化的教育体制机制。[②] 与此同时，作为文化层面的人们的价值体系也是阻碍城乡教育一体化的重要因素。

基于此，本章将从城乡教育一体化的视域，讨论如何完善农村教师配置体制机制，打破农村教师配置中的利益格局，革新农村教师配置相关主体的价值观念。激励政府和农村学校配置高水平教师，吸引高素质教师进入农村学校并在一定时期内稳定在农村学校。另外，鉴于师范生农村从教意愿日渐消退，本书顺便讨论如何改革高等师范教育，鼓励师范生农村从教。

---

① 褚宏启：《城乡教育一体化：体系重构与制度创新——中国教育二元结构及其破解》，《教育研究》2009 年第 11 期。

② 李玲等：《城乡教育一体化：理论、指标与测算》，《教育研究》2012 年第 2 期。

第一节　完善落实政府农村教师配置责任的机制

要改变政府农村教师配置行为，促进政府努力在农村配置高质量的教师。关键是要建立一种标准规范，以标准规范调节政府行为偏差。从目前现状来看，有必要构建有效落实高层级政府农村教师配置意志的机制，并在落实过程中推行"目标责任制"，激励政府努力做好农村教师配置，同时加强农村教师质量监测，对农村教师队伍水平进行评价、反馈、监管。

一　建立省级统筹、分类实施的农村教师最低质量标准

从现代政府的职能来看，教育是一种基本公共服务，在我国当下还是一项重要的民生问题。政府担负起教育基本公共服务的职责，促进教育公平，提高农村教师质量，这是没有问题的。问题是政府也不可能是万能的，其面对的事务千头万绪，过高的要求并不现实。就当前农村教师问题而言，提高农村教师质量，让农村人群能够享受到有质量的教育，那么一个基本思路就是采取"兜底"的做法，也就是建立教师最低质量标准。

我们在考察中已经揭示，无论是县级政府还是学校校长对农村教师配置在认识上有时是有偏差的。正如一位县教育局局长所说的，我们这里不缺教师的，县城学校教师招考，也不能让县外教师参加考试，而主要让县内乡镇学校的教师进城。而小学校长中我们听得最多的一句话就是"小学教师要不了多高的素质，只要敬业就行"。这种认识上的偏差一方面需要加强培训和提高，使他们认识到农村教育中高质量教师的重要性。但更为重要的是需要建立一种制度，使他们肩负起在农村配置高质量教师的责任，这需要建立省级统筹、分类实施的农村教师最低质量标准。

建立农村教师配置的省级统筹制度，有利于在贫困地区农村配置高质量的农村教师。但是，省级统筹由于层级较高，县与县之间的差距很大，故需要根据不同地区差异进行分类实施。按照不同县的经济发展和教师情况分成不同的类别，对不同类别的县提出不同的要求。与此同时，省级政府主要扶持最需要帮扶的县，如贫困县或师资质量严重低下的县。对于处于中间水平的县，可以给予适当的照顾，而对于最好的县，则不进行扶持。

省级统筹的农村教师最低质量标准主要包括学历要求、专业知识和专业技能的最低要求等。我国原有的最低标准主要就是学历，小学中师、初中专科。根据当前教师学历来看，提高教师学历层次的时机已经成熟，可以把小学提高到专科层次，而初中则应提高到本科层次。这只是就学历而言，但是，符合最低学历标准，还不能成为教师，要成为教师，必须参加全省组织的教师水平考试，内容不仅应包含专业知识，还应包括教学知识、教育知识等。

最低质量标准施行是一种强制性的制度安排，将国家意志有效落实到实践中。谈到强制性制度安排，多少让人觉得有点武断甚至专制，其实，强制性的制度安排在任何国家，任何时代都是国家意志得以实现的必要形式。梁漱溟曾指出，社会秩序的产生，不外有两种力量，一是理性，二是武力强制，秩序的产生，多不是单靠一种力量，大半是由于两方面合成的。[①]

我国历来管理体制总体上属于集权体制，政府可以通过强大的动员能力解决经济社会中面临的问题。计生政策被认为是政府有效推行国家意志的一个成功案例，有学者对该政策的成功机制进行了提炼：一是从中央到地方都建立了稳定的计生机构和工作人员队伍；二是建立了强有力的激励机制，将计生完成情况在考核中实行"一票否决"，对执行不力的地方政府进行严厉惩罚；三是在落实过程中不断进行政策创新，各级政府层层加码，压紧责任；四是各种大规模的宣传及舆论环境的营造。[②]

当然，计生政策的行政成本非常高，国家为了做好计生工作花费了大量的经济资源、人力资源、政府关注力等，这些都是不争的事实，这也使得计生政策的机制难以在其他领域复制。然而，这一策略的机制却可以为农村教师质量标准的推行提供思路上的启发。首先，作为高层级的中央政府需出台原则性的政策，并要求各级地方政府将这些具体政策进行细化，再根据地方实际出台可操作性的政策规范。其次，加大对各级政府农村教师配置情况的考核与督查，关于这一点，近些年的教育均衡检查也将教师队伍作为一个重要指标，可是本书在前面的考察中已经指出，教育均衡检查仅仅将教师数量作为考核标准，并没有涉及教师的质量问题，在所调研

① 梁漱溟：《乡村建设理论》，上海人民出版社 2006 年版，第 66—67 页。
② 周雪光：《权威体制与有效治理：当代中国国家治理的制度逻辑》，《开放时代》2011 年第 10 期。

的几个农村教师流失特别严重的县，教育均衡检查都过了关，而且得分很高。只有将质量标准作为强制性要求，才能真正提升农村教师整体水平。

二　推行县级政府农村教师配置"目标责任制"

有研究者发现，政府通常会选择性地执行上级政策，如果政府所受激励较强，在选定重要目标之后便会集中行政资源，形成一种强大的压力来执行上级的政策。[①] 那么政府会如何选择呢？显然，政府会选择那些对自身利益攸关的事项，因为政府在一定程度上也包含了理性人的成分。就农村教师配置而言，县级政府是具体组织实施的责任主体，要调动县级政府的积极性，一种有效的方式就是制定考核目标，推行目标管理责任制，即将农村教师配置任务确定为政府目标，要求县级政府完成既定目标，再按照目标对政府进行考核奖惩。[②]

结合前面的理论分析，推行政府农村教师配置的"目标责任制"主要有以下几个基本要义。第一，采取中央政府或省级政府的高位推动，将农村教师配置的压力层层传递，压实县级政府的责任。第二，把农村教师配置任务分解成各种任务指标，要求县级政府完成各项指标任务，并签订目标责任书。第三，较高层级政府组织人员对农村教师配置情况按照目标责任书的要求对县级政府进行评估，并实行强有力的督促检查。第四，形成明确的奖惩规定，将农村教师配置情况与政府官员的晋升、绩效直接挂钩。

根据委托—代理理论，这里简单分析农村教师配置"目标责任制"的基本运作逻辑。首先，中央政府和省级政府作为委托方，具有目标设置权，把农村教师配置需要达到的目标"发包"给县级政府。其次，中央政府和省级政府对县级政府农村教师配置进行评估，拥有检查验收的权力。最后，由于委托方和代理方之间的信息并不对称，双方目标各异，因而需要做好激励机制的安排，使得代理方的利益与委托方的目标保持一致，并采取同组织目标一致的行动。[③] 在目标责任制管理下，中央政府和省级政

---

① 周雪光、练宏：《政府内部上下级部门间谈判的一个分析模型——以环境政策实施为例》，《中国社会科学》2011 年第 5 期。

② 王汉生、王一鸽：《目标责任制：农村基层政权的实践逻辑》，《社会学研究》2009 年第 2 期。

③ Jensen, M. C., Mechling, W. H., "Theory of the Firm: Managerial Behavior, Agency Costs and Ownership Structure", *Journal of Financial Economics*, Vol. 3, No. 4, 1976.

府要对县级政府农村教师配置进行奖励或惩戒。

但这里有一个问题需要引起重视，根据霍姆斯特姆和米尔格罗姆（Holmstrom & Milgrom）的"多项任务委托代理"理论，如果通过强激励的方式激励官员，那么官员会努力实现可测量的目标，而对于不能测量的目标会由于缺少激励而得不到重视。[①] 因此，正如本书在前面提及的，县级政府会完成农村教师配置数量，因为这是可以量化的，但对于农村教师的质量，却不会给予太多关注，因为教师质量问题恰恰是一个难以量化的问题，但如果不能量化，便不能把具体责任落实到政府头上，评估和问责也是空谈。因此，研究建立农村教师质量评估体系，建立农村教师质量监测机制，将有助于农村教师队伍建设，这一点下面接着进行论述。

三　建立农村教师质量监测机制

农村教师质量监测机制应考虑以下几个方面的内容。

第一，监测主体，即谁来实施监测？当前学界主张管、办、评分离，那么政府作为办学主体，并不适合作为评价主体，既是"裁判"，又是"运动员"当然是有问题的。但就现实来看，农村教师质量监测若委托第三方的民间评估机构，显然还不够成熟，姑且不说第三方机构可能会因为寻租等各种因素影响监测的公正性，而且客观上讲，目前国内民间评估机构所给出的结论缺乏公信力，至少在教育领域是如此。但是，监测实施虽然不能由政府官员来执行，但可以由政府来组织，聘请专家团队来实施，至于专家团队人员的构成，可以适当多元化，不仅可以包括权威的研究人员，也可以包括部分政府官员、中小学校长以及社会代表。

第二，监测结果的责任主体。监测结果的责任主体当然是地方各级政府，而不是学校，因为按照目前的基础教育管理体制，基础教育主要由地方政府负责，具体组织分配人、财、物等各种资源。

第三，健全监测制度。监测制度应重点考虑以下几个方面：一是监测组织实施制度，可以建立"农村教师质量监测条例"，将监测的具体组织实施规范化。二是监测结果的信息反馈、公开制度，单纯地对农村教师质量进行监测当然没有多大意义，必须通过信息反馈甚至可以在一定程度上

---

① Holmstrom, B., Milgrom, P., "Multitask Principal agent Analyses: Incentive Contracts, Asset Ownership, and Job Design", *Journal of Law*, *Economics & Organization*, Vol. 7, No. S1, 1991.

实行公开，通过社会舆论增加政府压力。

第四，研究制定监测评估指标体系，这里承接上文进行进一步分析。实践看来，人们习惯用学历、职称来衡量教师的质量，但是随着时代的转换，这些指标的有效性在消解。以职称为例，因为教师职称实行的是评价晋升制度，换句话说，教师职称晋升并不像医生、律师等其他行业要通过考试才能实现晋升，通过评价实现的晋升并没有教师水平提高的硬性要求，职称晋升也并不能说明水平提高了。尤其是在指标向农村教师倾斜的背景下，假定某校原来只有 20% 的高级教师，现在指标增加了，高级教师提高到 40%，其实教师还是这些教师，他们并没有通过职称晋升进而实现水平的提高。

2012 年教育部印发了《幼儿园教师专业标准》《小学教师专业标准》《中学教师专业标准》，将教师专业水平分为专业理念与师德、专业知识、专业能力三个维度，每个维度下又分为若干领域和要求。应该说，这些标准内容比较全面，也符合当前对教师质量要求的若干要件。可是这些标准在实践中并没有操作性，更不可能用于对政府进行考核，也不可能用于农村教师质量监测。

教师质量指标体系建构确实比较复杂，但这一问题并不是不可以解决的，实践中很多地方在教师引进中都推行了一些标准，而且这些标准是行之有效的。因此，今后需加强对教师质量指标的研究，构建科学有效且有操作性的指标体系。

第二节　构建有利于激励农村校长配置优质教师的策略

一　构建有利于激励农村校长配置教师的权力机制

实践表明，人事管理权下放到学校，容易导致校长寻租，忽略配置教师的质量。教师配置权上收到县，校长往往认为事不关己，缺乏建设优质教师队伍的动力。但是，这对矛盾并非不可调和，本书认为可适度下放人事管理权，让学校在一定程度上拥有对教师配置的决策权。在权力下放的同时，需要做好两个方面的工作，一是把高素质的人才选拔到校长岗位上来，二是对校长权力进行有效的监督和约束，下面对此进行简要阐释。

　　王亚南对中国封建王朝的考察可以给我们教师配置中管理权下放以启示。我国历史上尽管各代君王都试图把权力集中到自己的手中，但事实上分权是必然的，各级官僚手中所掌握的便是皇帝授予的大权。中国封建社会经过长期的探索，找到了分权统治之下所必需的两个要素。一是以儒家学说进行统治，因为儒学讲究忠君、贵等级、信服从，以宗法为维系社会之手段，这样即使权力下放，也不必每天提心吊胆地担心乱臣贼子以下犯上，篡权窃位。这是一个艰难的历程，秦代"焚书坑儒"便是想要找到这种经世致用的理论，但他们苦于在春秋之际的百家杂说中没有理出一个头绪。二是选拔有德行和学问的官僚来作为皇权的分享者，只有各级官僚是具有儒家学说所认同的品性，并具有满腹的儒学经论，才是合格的皇权分享者。这同样费了一番功夫，秦代开始推行荐举、辟除、征召等，其后经魏晋的九品中正制，到隋唐开端的科举制，有效鉴别官僚的方法被发现了，中国官僚制度逐渐达到完善。①

　　对于过往的经验，当然不能全盘接受，但可以批判地继承。对于封建制度下的各种精神桎梏和等级划分自然是应当摒弃，但这里有两点经验可以为教师配置中放权所借鉴，一是放权之后需要选拔高水平的合适人选到领导岗位，二是这些领导需要有正确的价值观和态度。因此首先是选拔高水平的人员担任农村中小学校长。这里的高水平不仅指教育教学、管理等业务水平，更涉及高水准的德行操守。学校高水平的教师配置，离不开一个优秀的、有责任心的校长。这自然需要教育主管部门要具有"慧眼"，能把真正优秀的人才提拔到校长的岗位上来。

　　在前面已经论述过，教育局在校长提拔的过程中，其信息是不够的，而且受到利益和人际关系的驱使，教育局同样会做出非理性决策，把那些不适合从事校长岗位的人员安排来担任校长，而把那些适合的人才排除在外。吴康宁敏锐地指出了这一点："校长任用并不是通过选拔，而是通过政府人事安排，常常会置选拔标准于不顾，产生的校长往往并不符合教师们的意愿。"② 由此，需要构建科学的指标，对校长进行甄别选拔。形成按照规则选拔校长的机制，尽量减少人为的主观判断。

---

　　① 王亚南：《中国官僚政治》，商务印书馆 2013 年版，第 56—60 页。
　　② 吴康宁：《政府官员的角色：学校改革中的一个"中国问题"》，《教育研究与实验》2012 年第 4 期。

其次，需要健全校长人事管理制度，规范校长的行为，使权力受到监督和约束，而不至于让校长把权力用于谋取私利。相比较而言，农村学校财务管理机制是比较健全的，从财务的预算、决算，到校长离任后的审计，校长考核中专门针对资金使用的评估等，有着一套健全的监管机制。而对学校人事管理却缺乏监管制度，只有等到严重违法、违纪案件发生时，才追究其责任。因此，健全人事管理规范，加强对学校人事管理的监管，是今后学校人事制度建设所必不可少的。

反复强调的是本书始终坚持农村教师配置中教育主管部门的"适度"放权，而且放权有两个基本前提，即高水平校长和有效的监督机制。如果离开了这两点，盲目强调放权，把教育人事权随意下放给学校的话，一定会导致教育秩序的混乱，这是在实践中反复证明了的。当前不少农村学校教师进城，遵循无形中的"市场价格"，校长收钱进人，便是明证。

二　建立有利于激励农村学校校长配置教师的利益机制

长期以来，我国对校长的评价把"德、能、勤、绩"作为基本内容，通过教育主管部门（偶尔包含组织部门）工作人员在学校组织教师对校长进行打分。从实践看，这种评价方式及内容因其简便易行，具有很强的可操作性，因而在实践中广泛使用，其结果也有一定的价值。近年来，一些地方开始推行校长评价的改革，将评价内容细化为可观测的指标，将学校办学水平、办学业绩作为重要指标对校长进行评价。一些研究者认为，这种评价一方面不能反映校长的素质和工作绩效，因为学校绩效并不等于校长绩效。另一方面，过分看重绩效会导致学校追求升学目标，增加教师、学生的压力。

然而，客观讲，当前的校长评价中并非绩效权重过大，过分看重绩效。关键是校长绩效评价还不够科学，无法反映校长工作实绩，评价结果使用也不足以调动校长工作积极性。与公务员不同，公务员可以通过绩效的评价实现待遇的提高并获得升迁机会。校长不仅在绩效评价中获得收入甚微，而且就校长升迁机会看，也是很渺茫的。20 世纪相当长的一段时间内，校长可以升任教育局管理人员甚至主要负责人，但现在教育局管理人员属于公务员，校长们都不具备公务员资格，因而这条升迁路径是走不通的。如果可能，教育局的一些附属单位，如教师培训中心、安全事务办公室、教学仪器管理办公室等可以安置极少数校长。但毕竟一来这些职位很少，对绝大多数校长而言是可遇不可求的；二来这些职位对期望值较高的校长来说吸引力不够。

收入待遇不高、升迁路途不畅，校长自然对配置高素质教师缺乏动力，因为配置高水平教师的目的是要通过人才的补强，提高学校教育教学水平，由此彰显校长的办学业绩。可是升迁路径不畅，校长的业绩有什么意义呢？学校办得再好，也不能指望因此获得升迁。所以现实中可以看到，年轻的校长多少还有些进取精神，希望建设高水平的师资队伍，提高办学业绩，所谓"新官上任三把火"，更多恐怕是想在一个新的领域做点事情，从而体现自身的事业发展。可是对年龄稍长、担任职务较长时间的校长而言，工作热情已经大大消减了。而且按照现在多数地方的做法，校长一般每届任期为三年，干满三届需要调任其他学校，不能原地再干，否则就要去职。这样一来，校长们更觉得没有奔头。学校办学业绩好不好与自己没有多大关系，这一点与政府官员完全不同。

很显然，如果校长对学校办学业绩没有太多追求，指望校长努力培育高水平教师队伍显然是不现实的。就此而论，有必要拓宽校长的事业发展空间，鼓励校长配置优质教师。首先，探索实施校长职级制，将校长的业绩作为职级晋升的重要内容，这样校长虽然不能在行政级别上得到升迁，但可以在职级级别上获得不断提升，让校长工作有盼头，提高校长工作期望水平，在工作中做出实绩，从而激发校长加强高水平教师队伍建设的动力。其次，大幅提高校长绩效奖励，将校长绩效收入至少在现有水平上提高1—2倍，按照校长办学业绩进行绩效奖励，对于业绩好的校长，可以将绩效收入在现有基础上提高2—3倍。这样，校长可以通过努力办学获得学校发展业绩，并通过这种业绩获得精神和物质的激励。

另外，有必要指出的是，教育局在考核评价学校时总是将安全等事务作为一票否决的指标，安全责任被过分放大，成为悬在校长头上的利剑。同时，我国的改革正处于攻坚阶段，国家改革和社会变迁使得学校不断面临新情况和新问题，校长的管理已经不再是一套模式包打天下，而是始终处于变动中。校长很多时候都是在"摸着石头过河"，难免出现失误。而在当前社会中，在现代媒体的推动下，一些问题容易被放大，使得校长宁可求稳，也不愿做出实质性的行动提高学校办学绩效。因此，需要建立学校容错机制，对校长所犯错误进行甄别，对一些非主观恶意的、没有造成严重社会影响和财产损失的错误给予一定的包容，这样才有利于发挥校长的主体性，不断为了学校发展进行改革探索。也才有利于激励校长努力建设高水平的教师队伍，为实现学校的改革目标提供坚实的人力基础。

三　建设有利于吸引和稳定教师的农村学校管理文化

从本书前面的调查来看，学校管理因素非常显著地影响教师农村从教认同（$P < 0.01$），因此，改进学校管理方式，建设有益的学校管理文化，能够有效吸引和稳定农村教师。

首先，改进校长的领导方式。按照韦伯对权力的类型划分，可以分为法定的权力、传统的权力以及感召的权力。韦伯指出，感召权力可以在管理中发挥极为重要的作用，即使管理者退位以后依然能够继续发挥作用。传统看来，中国管理强调德治，所以《论语》讲："其身正，不令而行，其身不正，虽令不从。"而《孟子》有所谓"以力服人者非心服也，力不赡也；以德服人者，中心悦而诚服也"。这都充分说明在中国文化下管理者个人领导方式的重要性。

在市场经济环境下，人们对金钱、财富的追求当然有较多奢求。但并不是说每一个人都只看重金钱、财富。对于中小学校长而言，总会保有一种对名誉的精神追求。在广东 ZJ 调研时，MZ 镇初中的 L 校长的谈话很有代表性：

> 我这个人就说钱只要够用，解决温饱就可以了，我到这里就是要做点事情。我不在乎钱，（钱财）乃身外之物，我说我最大的财富就是把这个学校做好，是我最大的荣耀。你做不好，给 100 万又有什么用？你看把学校做好了，出去了很多学生，那些学生以后说，我曾经在这里读过书，那个时候有个不错的校长，我就很满意了。我在全校教师大会上说，我们把学校做好，以后如果大家评论，说我 L 某是个合格的校长，是个不错的校长。这样尽管你累，但有成功感。（20161107）

其实校长的这种精神本身就是对教师们进行教育，让教师心悦诚服，并让教师乐意追随，增强团队凝聚力的重要元素。这当然需要校长不断修炼，提升个人人格修为、学识能力等，以此影响每一位教师。司马光在资治通鉴中记载的东汉时期一个名不见经传的书生——黄宪，以个人影响力，不用任何说教，便能"正人"，可以为校长管理学校提供借鉴。

> 宪世贫贱，父为牛医。……是时同郡戴良，才高倨傲，而见宪未
> 尝不正容，及归，罔然若有失也。其母问曰："汝复从牛医儿来邪？"
> 对曰："良不见叔度，自以为无不及；既睹其人，则瞻之在前，忽然
> 在后，固难得而测矣。"陈蕃及同郡周举常相谓曰："时月之间不见黄
> 生，则鄙吝之萌复存乎心矣。"①

其次，建设支持性的学校管理文化。一是为教师创造良好的生活工作
环境。政府近年来在这些方面做了大量工作，如办公环境的改善、教学设
备设施的优化、周转房的建设等，已经为教师提供了不少的方便。但是学
校内部管理依然缺乏支持性，如一些地方近年来教师与学生、家长之间的
纠纷不断增加，然而学校往往为了息事宁人，大事化小，小事化了，经常
将一些本不是教师的责任强加于教师身上，没有有效地帮助教师解决问
题，为教师提供必要的支持，常常是一件事伤了一群教师的心。因此，学
校在诸多事件的处理中应尽可能为教师提供更多的支持。二是尽可能为教
师搭建事业发展平台，这需要按照教师的专业、特长，安排在合适的岗位
上，做到人尽其才。同时，对教师教学工作提供力所能及的帮助，让每一
个教师能够在自己岗位上做出业绩，体验成就感。对于一些业务骨干，在
教学竞赛、能力展示等方面创造更多机会，让优秀教师不仅可以在本校出
人头地，在更大范围内也能够展示自己。

最后，构建融洽的学校人际关系。西方经典管理学理论已经揭示，组
织内部人际氛围不仅是员工工作绩效的直接影响因素，而且还是员工是否
愿意继续留下来工作的重要缘由。在中国文化环境下，人际关系更为人们
所看重，人际关系紧张往往会导致人心离散，最终导致组织的失败。在农
村学校管理中，构建融洽的人际关系需要在涉及教师切身利益的事项如职
称评审、绩效工资发放、优秀教师评选等方面做到公平公正，公开透明，
给每一位教师传递正面影响，即通过个人努力获得各种利益和荣誉，这样
会减少学校内部矛盾，调动更多人的工作积极性。二是在一定程度上放权
给教师，鼓励教师独立自主地开展教育教学工作，积极参与学校管理工

① （宋）司马光：《资治通鉴》，中华书局 2009 年版，第 1978 页。

作。这样可以增强教师对学校的认同感和归属感。当然，并非所有教师都愿意参与学校的管理工作，要因人而异，给那些参与意愿强烈的教师更多机会。三是营造合作的学校氛围，鼓励教师在教育教学工作中搁置分歧，相互合作。教师作为知识分子群体，难免"文人相轻"，但学校人与人之间长期隔离，缺少沟通，自然会形成人际阻隔，最终会形成冷漠的学校文化，进入僵化和非人格化的文化之中，自然不利于吸引和稳定教师。

第三节　满足合理效用，鼓励教师能安心农村从教

一　形塑农村教师超越功利的教育精神

诺斯曾经提出一种非正式制度，主要指人们的常规、习俗、传统或惯例等。非正式制度和正式制度一样，都是形塑社会变迁的重要来源，非正式制度更多嵌入在人们的观念之中。比如，奴隶制的废除，乃是人们一种观念的变化，这种观念源于文明人与日俱增的对"人拥有人"的现象的憎恶，于是在全世界范围内兴起了反对奴隶制的运动。[①]

文化因素首先通过改造人们的观念，进而改变人们的行为，从而促进社会制度变迁。在前面的分析中，我们看到了观念对教师行为的塑造，一些教师进入城市并非出于理性的思考，常常是在社会舆论支配下做出的一种选择行为。因为我们的舆论观念都把进入城市看成一种事业上的成就，我们在流向城市中最常听到的一句话就是"人往高处走"，这无疑给教师这种看重名誉、面子的群体以极大的激励。这在人们观念上其实预设了一个前提，农村就处于"下"，城市处于"上"，条件优越就为"上"，条件艰苦就为"下"。于是只要流入城市，进入发达地区，就是一种"上向流动"。这种空间位置的变化意味着社会阶层层级的变化，表明在社会中，至少在人们心目中，农村教师就不如城市教师，贫困地区教师就不如发达地区教师。而在这种观念支配下，教师变换工作并非完全因为是生活条件。一项有关分配行为的实验研究可以支持以上观点，

---

① ［美］道格拉斯·C. 诺斯：《制度、制度变迁与经济绩效》，杭行译，上海三联书店2008年版，第117页。

研究表明，多数人都偏好于在同伴或实验者心目中塑造出一种能获得社会赞许的印象，从而获得面子，即使因此而使自己在社会交易中蒙受利益的损失亦在所不惜。①

那么如何逐渐在一定程度上转变人们的观念，尤其在一定程度上转变教师群体的观念，从而能够在农村配置优质教师呢？诺斯从经济学角度的分析提供了一种策略思路，诺斯认为，如果需求曲线的斜率为负（即表达个人观念的成本越低，则观念作为选择的决定因素的重要性就越高），同时，正式制度使人们表达个人偏好的成本变得很低，那么个人的主观偏好在决定选择时的作用就会变得举足轻重。② 如果以此作为分析框架，那么首先需要根据地区条件确定教师工资的制度，越是贫困的农村地区，工资越高，这样可以增加流失教师的成本，从而在一定程度上减少贫困地区农村优质教师的流失。

其次，对于已经确立的正式制度，不能作替代性的执行。如果对于正式制度作替代执行或者很大的弹性执行，那么个人偏好就会发生很大的改变，因为表达个人偏好的成本被大大降低了。如对于免费师范生而言，按照 2007 年国务院办公厅《关于教育部直属师范大学师范生免费教育实施办法（试行）的通知》要求，免费教育师范生在校学习期间免除学费，免缴住宿费，并补助生活费，而且毕业后可以免试攻读教育硕士专业学位研究生。该文件同时规定到城镇学校工作的免费师范毕业生，应先到农村义务教育学校服务两年。按理，权利和义务应是对等的，免费师范生享受了相应的权利，就需要尽到相应的义务。但据西南大学统计资料来看，2011年毕业的首届免费师范生到农村的只占 6.54%。③ 也就是说，免费师范生并没有按协议到农村服务。这种正式制度的变化执行，大大降低了个人偏好成本，个人意愿被满足了，但社会利益却被遗弃了。

客观上讲，市场化以来，我们过分追求物质和功利，这一点似乎胜过西方人。在西方，人们一般认为在私有制制度下，讲求物质和功利是

---

① 黄光国、胡先缙等：《人情与面子：中国人的权力游戏》，中国人民大学出版社 2010 年版，第 15 页。

② ［美］道格拉斯·C. 诺斯：《制度、制度变迁与经济绩效》，杭行译，上海三联书店 2008 年版，第 61 页。

③ 严怡、张斌：《免费师范毕业生就业情况调查研究——以西南大学为例》，《中国大学生就业》2012 年第 16 期。

其基本特点。事实并非如此，余英时先生指出："西方一进入近代以后，世俗生活与宗教生活分为两截，西方人在世俗生活中重功利与物质，但他们可以在宗教领域内接触到超越功利的精神。……所以西方人可以从这些领域中吸取精神资源以济世俗生活的偏枯。我们中国的情况则不一样，世俗和宗教一直是混而不分的，近代西方功利、物质观念侵蚀了中国文化，整个人生便陷于不能超拔的境地，因为没有独立的精神领域可以发挥济俗的功能。现代中国人过分讲究实际，过分讲究功利，因而缺乏敬业精神。"[1]

故我们可以看到在少有思想说教的美国，很多非营利组织可以把优质教师召唤到条件艰苦的地方工作，而且并非是功利引诱的，如"为美国而教"（Teach for America）便培养并鼓励优秀大学生从教，这些优秀大学毕业生经过选拔进入该项目，经过严格培训后到贫困地区和薄弱学校从教，并要求这些教师至少要工作两年以上。这个由一个女学生温迪·卡普（Wendy Kopp）发起的非营利组织。到 2006 年底，在岗的志愿者已多达4400 多人，遍及美国的 25 个州，而且每年无论是人数，还是涉及的州，都在不断增加。"为美国而教"计划遴选志愿者的要求是非常高的，2005年从 1.7 万候选者中只挑选了 17% 的学生。[2]

因此，鼓励教师安心农村从教，并作为实现自己人生成就的旨归，在当下具有更大的现实意义。具体手段则需要通过改变社会舆论环境，营造鼓励教师农村从教的文化环境，通过社会舆论变革人们的价值观念，使农村从教成为人们所赞同、让人们感到荣光和体面的工作。同时，在各种评价考核中，将农村执教作为师德评价，评优晋级的一项内容，激励教师安心农村从教。

二 针对教师特点形成有效的差异化激励

施恩在 1996 年提出了职业锚理论，从职业决策的角度把人分成如下几种类型：管理能力型、技术职能型、自由自主型、安全稳定型、生活型、服务奉献型、挑战型和创造型。管理能力型的人相信自己具备胜任管理所

---

① 余英时：《文史传统与文化重建》，生活·读书·新知三联书店 2004 年版，第 498—499 页。
② 徐春妹、洪明：《解制取向下的美国教师培养新路径"为美国而教"计划的历程、职能与功过探析》，《外国教育研究》2007 年第 7 期。

需的技能和价值观，希望有机会能在管理岗位上施展自己的才华；技术职能型的人认为自己的职业成长只有在特定的技术或职能领域才意味着持续的进步，他们喜欢独立地完成目标，可以利用现有的资源来有效地完成任务。自由自主型的人倾向于随心所欲地制订自己的步调、时间表、生活方式或工作习惯，尽可能少受组织的限制和制约。安全稳定型的人则追求安全稳定的任务。生活型的人则强调平衡和整合个人、家庭与工作需要。服务奉献型的人会努力工作以图改变社会，即使为此而离岗换职也在所不惜。挑战型的人则喜欢新奇、变化、有难度的工作，讨厌乏味和简单。创造型的人追求创建属于自己的组织，彰显自己的技能和意志，喜欢冒险和克服障碍，他们要求有自主权、管理能力，能施展自己的特殊才华，但创造是他们自我扩充的核心。①

　　针对不同教师的特点，教育组织应采取不同的激励策略，以稳定农村优质教师，减少流失。对于管理能力型的教师，可以根据学校岗位需要，提拔到学校担当一定职务，如学科组长、教研组长，甚至学校中层行政职务。而对于技术职能型的教师，可以多提供培训学习的机会，某些教学技能比赛如公开课比赛、说课比赛等可以为其创造机会参与，并为促进其成功创造条件。对于服务奉献型教师，这是教育组织最喜欢的类型，这种教师总体是安心农村从教的，但政府不要大力激励农村教师向城市流动，如果政府大力推动农村教师城市流动的话，这种教师也很容易流失。对于挑战型的教师，则需要学校适当安排富有难度的任务，如果任务过于简单，则容易导致其对职业厌倦而离开。就创造型而言，教师队伍中很少有这种类型的。至于自由自主型和生活型的教师，学校应对其工作适当做弹性安排，关心教师生活，安排丰富多彩的学校活动。当然，对于安全稳定型的教师则无需采用过多的激励。

　　需要补充说明的是，根据约翰·阿特金森的经典研究，他把个体分成两种类型，一种是强烈追求成功，另一种则对取得成功的需要相对较弱，而避免失败的需要却较高。国内有研究者在此基础上对教师中这两种群体进行的研究显示，如果成就需要强烈的教师群体由于种种原因产生较为严重的职业倦怠，则其离开组织的意愿就非常强。而对于避免失败需要强烈

---

　　①　孙钰华、马俊军：《农村教师流失问题的职业锚角度考察》，《教育发展研究》2007 年第 4 期。

的教师群体，如果目标过高，因为个人或组织因素而导致自己无法有效完成任务时，这些教师就会产生紧张、焦虑等情绪，进而影响其心理和生理行为，最后导致其失去工作热情和信心，甚至逃避，放弃工作。① 因而对于成功需求高的教师，给予难度更大、更复杂的工作任务是必要的，偶尔提供可能失败的工作任务也是必要的。而对于避免失败需求高的教师，却需要提供相对难度较小的工作，并帮助其完成任务。

三 完善农村教师津贴制度并提高其额度

近几年来，国家加大了对农村的教育经费投入，城市倾向的教育经费投入现象已经基本得到扭转。本书在前面的调查已经显示，农村硬件水平普遍提高，农村教学环境已经普遍改善。当下应转向农村教师津贴制度完善，增加农村教师收入，这是世界各国激励和稳定教师队伍的一个基本做法。如 2009 年，奥巴马政府提出了一系列教育改革方案，其中包括提高有效教师（effective teachers）待遇，稳定教师队伍尤其是落后地区教师队伍。这项改革方案得到了美国民众的广泛支持，据 2009 年卡潘国际教育机构和盖洛普的联合调查（即卡潘/盖洛普教育民意调查）（annual PDK/Gallup Poll of the Public's Attitudes Toward the Public Schools），46% 的民众支持方案中用专项资金来稳定教师队伍以免流失，四分之三的民众支持对有突出成就的教师实行奖励。在多元的美国社会中，如此之高的支持率是不多见的。在这种背景下，2009 年，奥巴马政府明确规定在学生资助和财政责任法案（the Student Aid and Fiscal Responsibility Act）中，用于教育的投入高达上千亿美元，并明确未来 10 年联邦政府向各州提供 100 亿美元专门用于激励教师。②

我国目前所推行的农村教师津贴制度主要是生活补助制度。2013 年教育部、财政部《关于落实 2013 年中央 1 号文件要求，对在连片特困地区工作的乡村教师给予生活补助的通知》（教财函 [2013] 106 号）提出，按照"地方自主实施、中央综合奖补"的原则，对在连片特困地区乡、村学校和教学点工作的教师给予生活补助。2015 年国务院办公厅《乡村教师支

---

① 毕重增、黄希庭：《中学教师成就动机、离职意向与倦怠的关系》，《心理科学》2005 年第 1 期。
② 刘小强、王德清：《美国早期教育弱势资助政策研究》，《比较教育研究》2012 年第 11 期。

持计划（2015—2020 年）》将"提高乡村教师生活待遇，全面落实乡村教师生活补助政策"作为乡村教师支持计划八个重要举措之一加以实施。

农村教师津贴制度的推行，毫无疑问是有积极意义的。但是，该制度还有需要完善之处，首先，当前农村教师补贴额度偏低，有必要大幅提高农村教师补贴的额度。按照教育部的统计，截至 2018 年 8 月，乡村教师生活补助覆盖的人员已经到了 200 万左右，约 2/3 的乡村老师是能够得到生活补助的。从具体额度看，2017 年人均月补助标准达到 200—400 元的占到了 68%；达到 400 元及以上的占了 27%，尚有极个别的地方还不足 200元。① 显然，补贴额度太低，对教师农村从教缺乏较强激励，势必需要大幅提升补贴额度。至于额度应达到什么标准比较合适，有学者认为达到农村教师总收入的 1/3 比较合适。这当然不能一概而论，尚需结合补贴制度推行实际做深入的研究。

其次，谈到农村教师待遇问题，需要正视如何完善代课教师收入。现在代课教师现实存在，而且这个群体在一些地方是一个较为庞大的群体。这些教师转成正式编制这条路已经被堵死，这个群体事实上为偏远农村教育做出了很大贡献。但是，他们是一个看不到未来和希望的群体，无论其工作时间多长，取得了多大的教学业绩，依然只能固守每个月几百到一千元左右的收入，也不能加入编制内教师这个行业，从而享受各种福利待遇。故对代课教师而言，直接转成编制内教师当然是不可取的，但需根据地方财政状况，大幅度提高农村代课教师待遇，从额度上讲应等同或接近当地农村教师平均工资水平，体现"同工同酬"的价值理念。

四　完善农村教师荣誉制度

为了鼓励落后地区或薄弱学校教师安心从教，一项比较常见的措施就是建立教师荣誉制度，鼓励落后地区或薄弱学校教师努力工作，为他们事业成功创造条件，让他们能获得事业上的成就感。2015 年国务院办公厅《乡村教师支持计划（2015—2020 年）》（国办发［2015］43 号）提出，

---

① 教育部：《乡村教师生活补助已覆盖 200 万人，标准稳步提升》，2018 年 8 月 31 日（http：//www.moe.gov.cn/jyb_ xwfb/xw _ fbh/moe _ 2069/xwfbh _ 2018n/xwfb _ 20180831/mtbd/201809/t20180903_ 347061.html）。

国家对在乡村学校从教 30 年以上的教师按照有关规定颁发荣誉证书。省（区、市）、县（市、区、旗）对在乡村学校从教 20 年以上、10 年以上的教师给予鼓励。各省级人民政府可按照国家有关规定对在乡村学校长期从教的教师予以表彰。鼓励和引导社会力量建立专项基金，对长期在乡村学校任教的优秀教师给予物质奖励。在评选表彰教育系统先进集体和先进个人等方面要向乡村教师倾斜。

根据本书的调研，多数省份在落实《乡村教师支持计划（2015—2020 年）》提出建立乡村教师荣誉制度方面做了大量卓有成效的工作。以四川为例，对农村从教 30 年的教师发放荣誉证书，以对长期扎根农村教育的教师进行表彰。省级优秀教师评选中单列名额专门针对农村教师，体现了评选先进个人向乡村教师倾斜的精神。2016 年，四川省还对在农村教育做出重要贡献的 400 名教师进行全省表彰。[1] 笔者曾经与受到表彰的 P 县 GP 基点校 H 老师进行过交流，这种表彰对其本人来讲，并没有多少物质上的回报，但对精神上的激励，是极为深远的。不仅如此，这种激励还会对其他教师产生影响，在教师群体中产生正面效用，因为在教师们看来，这是对农村教师艰辛付出的认可，是凸显农村教师存在的有力印记。

笔者在 2014 年的博士学位论文《贫困地区农村教师配置问题研究——基于川南 H 县的田野考察》中曾提出建立农村教师荣誉制度。根据一些省份已经实施的情况看，本书依然坚持推行农村教师荣誉制度。现需补充强调的是：第一，乡村教师荣誉制度是多层级、立体化的，不是国家级、省级的少数教师，县级政府更是推动建立乡村教师荣誉制度的重要主体；第二，乡村教师荣誉制度不仅仅是精神层面的鼓励，不局限于一纸证书或奖杯，同样需要通过物质奖励激励农村教师安心农村教育，并激发农村从教的自信，体现农村从教的尊严。

---

① P 县教育局：四川省教育厅文件《四川省教育厅关于表扬四川省优秀乡村教师的通报》（川教函 [2016] 428 号），2016 - 08 - 24。

第四节　改革师范院校教师教育

一　师范院校应胸怀培养高素质农村教师的社会责任

大学是研究高深学问，造就硕学闳才之场所。但大学也肩负着促进社会发展，提供良好社会服务的功能。尽管大学不能囿于社会事务，但大学同样需有自身的社会责任。对师范院校而言，应心系整个国家振兴与社会进步，时刻关怀落后地区教师状况，针对落后地区培养教师是师范院校应尽的社会责任。美国伊利诺大学是一所建校百余年的综合性大学，其教育学院教师教育特色便是针对落后的城市教育培养高素质的教师。伊利诺大学教育学院在长时期的办学历程中逐渐提炼出自身的办学特色，这一特色明显区别于其他大学，伊利诺大学将教师教育特色定位于帮助学生理解都市生活并能够在城市学校开展教学。伊利诺大学的办学理念是要让所有学生明白城市发展迫切需要优秀的教师，而在复杂的、多样化的城市学校里学会如何教学是对教学能力最好的锻炼，也是成为成功的教育工作者的基础。[①]

当下我国的师范院校尚没有把一定程度上面向农村培养教师看成自己应尽的社会责任，重点师范大学潜意识中倾向于为城市培养高素质人才。尽管免费师范生培养当初被看成是培养农村高素质教师的一个重要举措，但重点师范大学缺乏有效的免费师范生职业道德培育，让学生树立为农村教育做贡献的思想意识，在课程中也缺乏培养农村教师的能力训练，使得培养的学生很难进入农村地区。地方一般师范院校在这个问题上同样感到很"担忧"，他们担心因为面向农村培养高质量教师，会有导致学校招生萎缩，陷入生存困境的风险。如果承认大学理应承担文化传承与践行社会公平正义的责任，那么师范院校应该把培养一定数量的高水平农村教师看成自己的社会责任。

---

① 李爱秋：《美国教师教育课程设置特色与启示——从美国伊利诺大学（UIC）教师教育课程设置为例》，《教育科学》2009 年第 3 期。顺便需要指出的是与中国不同，相对郊区和农村而言，美国城市教育水平很低，很多研究显示，美国教师流失率城市最高，其次才是郊区和农村。

二　重构师范生农村从教的价值

传统看来，我们中国人是重义轻利的，孔子说："君子喻于义，小人喻于利。"因此，在我们的传统文化中，人们更看重一个人的高雅情怀，鄙视富贵而无德行之人，这是中国传统文化的一种基本取向。资治通鉴记述了东汉时期为人清廉，注重个人修行的官员杨震，视名节为财富：

> 震孤贫好学，明欧阳《尚书》，通达博览，诸儒为之语曰："关西孔子杨伯起。"教授二十余年，不答州郡礼命，众人谓之晚暮，而震志愈笃。骘闻而辟之，时震年已五十余，累迁荆州刺史、东莱太守。当之郡，道经昌邑，故所举荆州茂才王密为昌邑令，夜怀金十斤以遗震。震曰："故人知君，君不知故人，何也？"密曰："暮夜无知者。"震曰："天知，地知，我知，子知，何谓无知者！"密愧而出。后转涿郡太守。性公廉，子孙常蔬食、步行；故旧或欲令为开产业，震不肯，曰："使后世称为清白吏子孙，以此遗之，不亦厚乎！"①

在社会主义建设初期，思想工作本是再普通不过了。但市场化以后，我们重视利益的激励，却忘记了观念的塑造。笔者反对枯燥而且过分的思想说教，更反对思想禁锢，但必要的人生观和价值观的教育是必不可少的。教师职前教育需要对师范生进行观念上的教育，强化他们为贫困地区农村教育服务的观念。应鼓励师范生为个人目标而奋斗，也需要鼓励他们为社会进步而奋斗。显然，鼓励高素质学生进入农村地区从教，是振兴农村教育，促进教育公平，提高中国教育整体水平，解决农村教育短板的一个前提性问题。

三　提高师范生农村从教的能力

有研究表明，一些职前教师教育项目对增强教师稳定性，减少教师流失有明显影响。如美国的专业发展学校（PDS）职前教师项目力求促进学生所学理论与实践的融合，提供广泛的学校实践锻炼机会，让职前教师沉浸在真实的学校环境中，面对实实在在的各种新教师可能面临的教育和教

---

① （宋）司马光：《资治通鉴》，中华书局 2009 年版，第 1924 页。

学问题。通过真实问题的感受并不断学会解决问题，从而提高职前教师应
对教育教学问题的能力。

南希（Nancy I. Latham）等把 506 名接受了教师专业发展学校训练的
职前教师与 559 名没有接受过教师专业发展学校训练的职前教师进行了对
比研究，发现排除了职前教师个人背景及认知特征等因素后，接受了教师
专业发展学校训练的可以在较长时间内稳定在学校工作。①

因此，有必要提高师范生为农村教育服务的能力。师范院校教师教
育课程体系中有必要增加农村内容的必修或选修模块，增加师范生到农
村的时间，增加他们对农村的认知和体验，增加他们对农村的眼界和见
识。另一方面，还应让师范生深入了解中华民族传统文化，并深入领悟
传统文化思维方式和行为模式。此外，要适应农村教育需对农村地方文
化和知识加以学习与了解，如生产生活的地方性知识、历史文化的地方
性知识、传统民俗的地方性知识、地理景观的地方性知识以及思想观念
的地方性知识等。②

---

① Latham, N. I., Vogt, W. P., "Do Priffesional Dvelopment Schools Reduce Teacher Attri-
tion?", *Journal of Teacher Education*, Vol. 58, No. 2, 2007.
② 李长吉：《论农村教师的地方性知识》，《教育研究》2012 年第 6 期。

结　语

写作至此，有必要对整个研究进行结论性的提炼。当然，笔者深知要对研究问题给出一个确切的论断，这是需要非常谨慎的。人们常说，做学问首要的是求真，其次求善。求真当然需要研究者对考察事件进行实事求是的描述，并真正揭示事物本身。求善则要求研究要有益于人类生活，有利于社会发展。由此看来，这里的真和善都不是轻易能够达致的。我自己学识浅薄，但坚持真实描述自己考察到的事件，对结论的提炼，要基于田野考察的事实判断，尽量避免主观臆断，这是我能够做到，而且必须做到的。

一　主要研究结论

农村教师配置问题由来已久，然而这一问题始终难以有效解决，并有更加严重的趋势。影响农村教师配置的因素比较复杂，但主要因素是其中的几个主要利益主体，即政府、学校和教师。已有研究关注教师层面比较多，即认为农村教师问题主要是教师的意愿问题。这其实只是一个方面，农村教师配置更多是政府和学校的责任，由于政府和学校自身利益和农村教师配置这种公共利益可能不一致，因而也会出现很多问题。如果缺乏对这两个主体的深入研究，没有从这两个主体中去探寻问题之所在，没有对农村教师配置制度的实际运行去考究，那么研究是狭隘的，更是不深入的。本书对农村教师生活现状进行考察，对农村教师配置制度变迁进行梳理，对农村教师配置影响因素进行探析，进而对主要影响因素的政府、学校、教师形成的农村教师配置问题进行考察，并针对问题提出一些改进策略。通过上述研究，可以得出如下结论。

1. 农村教师离散对乡村文化建设有重要影响

本书认为，农村教师的角色不仅限于教室之内，而是整个农村文化传播的媒介。这种文化承袭事实上对于乡土社会的和谐稳定，进而对整个中国社会的长期繁荣稳定，起到了金字塔底层稳定的作用。在城市化进程中，农村学校不断撤并，农村教师大量减少，农村优质教师大量流入城市。中国农村社会长期以来形成的农村文化精英不断减少，农村社会千百年来铸就的传统文化根基可能会受到影响。由此可能造成农村这片广袤领域中传统文化引领人的空缺，使农村社会在文化与意识观念上无所依靠，任由外来芜杂的文化与价值体系侵扰，造成农村社会传统文化的削弱与意识形态的混乱，稍有不良思想的侵入，便可能会造成整个农村人群价值体系的坍塌，从而使得农村这个原本平静有序的社会结构，失去其稳固的文化基础，引发出种种社会乱象。

2. 农村教师的本土化现象使得农村教师配置有其自身逻辑

本书研究发现，农村教师在地缘结构上具有明显的本土化现象。研究认为，农村教师本土从教，熟悉本土文化，不仅为他们的生活和施教提供了方便，也顺应了他们的价值认同。就教师配置政策而言，需要认识到，农村教师与城市教师不同，受乡土环境、文化习惯等诸多因素的影响，农村教师配置有其自身的内在逻辑，教师配置政策应适应农村教师的文化认同。就当下一些具体政策设计来看，专项农村教师政策需考虑师范生的生源地与就业地的挂钩，特岗教师应尽量能根据属地原则就近安排，尽可能安排在家乡附近就业。但是，不能把农村教师资源视为一个封闭的市场。当下的中国正在经历深刻的社会变革与转型，城乡之间教师资源市场不应该是两个相互独立、二元分割的市场，而应该相互交流，相互融通。要在一定程度上改变单一的从农村到城市的教师流动现状，要根据不同区域特点，促进城乡教师相互流动。

3. 农村教师培养与配置之间呈非线性关系

本书研究发现，从全国来看，每年培养的师范生远远超过需求，城市能够容纳师范生的数量也很有限，但事实上也并没有把师范生"挤"到农村地区。农村难以吸引高水平教师并非仅是生活条件和工作条件艰苦那么简单，即便改善生活条件和工作条件，可能还是难以吸引高质量教师到农村任教。农村教师问题更主要是一个配置制度问题，培养和配置之间并非是一种直线性关系，并不是培养多了，城里容不下那么多毕业生，他们自动就会"溢出"流入到农村地区。因为所培养的师范生可能会转行放弃从教的机会，甚至可能待在城市待业也不愿到农村就业。因而很难使他们进入农村学校，即使农村本地的大学生也不愿回到农村任教，更不用说城市生源的毕业生了。

4. 强制性的分配制度打破以后需要建立诱致性的激励制度

本书研究发现，总体上讲，改革开放后的 20 世纪八九十年代分配到农村的高（中）等师范院校毕业生生源素质较高，大批优秀的师范毕业生回到了农村任教。而 21 世纪初期的一段时间内，公招到农村学校的部分教师专业素质还不够高，很多高素质的师范生不愿回到农村学校任教。研究认为，在强制性的制度规范打破以后，诱致性制度的施行需要建立一套激励性政策，以鼓励和吸引高水平的师范生到农村任教。但事实上，在分配制度废止后的一段时期内，相应的诱致性制度并没有建立起来，导致农村无法吸引和稳定优秀教师。近几年国家和地方都出台了一系列激励性政策，对吸引和稳定农村教师起到了一定的作用，但还需要进一步完善。

5. 政府教师配置权力偏向运行产生"双重拉力"现象

本书研究发现，政府行为偏差会产生权力偏向运行，形成农村教师配置中的"双重拉力"现象。所谓农村教师配置中的"双重拉力"主要指，一方面在市场机制的作用下，城市生活条件、子女教育、事业发展平台等诸多因素的影响，自然会将教师从农村"拉"到城市。另一方面，由于政府权力的偏向运行，不仅没有有效解决市场的不足，通过政策调整在农村配置高水平教师，反而通过行政权力把优质教师从偏远的学校"拉"到条件较好的乡镇学校，从乡镇学校"拉"到县城学校，从而形成了教师配置中的第二种拉力。按理，政府应当在市场不能有效地配置资源中发挥作用，以弥补市场的失灵。应设法减小这种拉力的影响，而不是顺从市场拉力。但是政府并没有完全充当好"守夜人"的角色，解决市场机制所带来的问题。

6. 校长权力冲突与利益冲突产生农村教师配置困境

如果农村教师配置决策权上收，校长缺乏配置优质教师的激励，存在"等、靠、要"的心理。如果决策权下放学校，同样存在很大风险，因为校长会把决策权用于增进私人利益。因此，教师配置的收权和放权可能都会使校长不会顾及学校教师配置的质量，如何在体制机制建设，政策要求中掌握好收权和放权，处理好收权和放权之后的诸多问题，是教师配置中的一个难题。与此同时，校长作为公共利益的代表，按说应按照上级要求及公共利益需要，完成各种管理责任。但是，校长也是一个理性的个体，他们会对各种涉及个人和部门的利益进行权衡。尤其在面临冲突的困境之际，农村教师配置过程中自然会形成"劣币驱良币"现象，即校长配置一大批水平一般的教师，而真正高水平的教师被排斥在外。

7. 权力与关系是分析农村教师配置深层问题的重要维度

农村教师配置的正式权力结构在各层级、各主体间的边界比较模糊，权力的非正式运行特征明显，主要表现为：一是各部门间出于自身利益，为了争夺权力进行各种"讨价还价"；二是教师配置方案的落地，是各方相互妥协，"互投赞成票"的结果；三是教师配置的权力主体之间经常进行权力交换，"借鸡下蛋"；四是教师配置中权力主体通过"权力让渡"施惠于下级，使下级回报以追随、尊重、努力工作等，形成庇护关系。

农村教师配置中的关系机制如下。一是各种复杂的人情关系会使正式政策"失范"，降低正式政策的影响力。二是关系推动具有明显的差序性，离权力中心越近，能量越大，所起到的影响也就越大；反之，离权力中心越是边缘，其能量逐渐散失，影响力也就逐渐消失。三是关系推动具有互惠性，教师配置决策层相互进行利益交换。四是关系推动一般通过"先赋性"因素实现教师配置，降低了"获致性"因素的影响力，具有较大的负面功能。

二 需要进一步研究的问题

由于研究课题的难度，本人水平有限以及资料收集的局限，本书还存在如下一些不足，有待今后进一步的深入探讨。一是对县级政府的田野考察主要集中在四川某县，贵州某县花了较多功夫，对东部和中部县级政府的考察不够，这有可能会使得对政府农村教师配置方面的研究存在局限。二是本书已经就城市化对农村教师配置影响问题在研究过程中也专门进行了论述，但客观讲，本书对该问题的论述是不系统、不深入的。三是为了处理好"点"和"面"的关系，本书将田野研究与量化研究结合起来，但在具体处理上，二者的有机结合还不够好。故此，还有一些问题在今后需要更为深入地去探究：一是对更多的县级政府教师配置问题进行研究，通过不同区域案例的比较，整合提炼出更有说服力的关于县级政府教师配置的理论；二是针对城市化对农村教师影响问题，将量化研究与田野研究结合起来，提炼出更具普遍性的结论；三是对已经触及的一些问题可以进行更为深入的研究，如笔者在研究中已经深切感受到农村教师与乡土社会文化的关联，在当下农村文化凋敝的背景下，如何通过农村教师文化人身份，重振乡土文化，传承和发扬我国优秀文化传统，抵御媚俗的外来文化，是值得深挖的，可以在今后的研究中进行更为深入的探索。

最后，要感谢当下开放的社会！感谢当今开明的政府！政府本着"欢迎尖锐而不极端的态度"，让我能够在一定程度上真实地揭示政府和学校教师人事管理行为。我当然不会极端，这基于我主要还是从社会学的角度加以审视，可以让我尽量采取一种中性的立场来看待这个问题，这就如费孝通先生所讲的，从社会学的角度看问题，会让一个人对社会现象保持一种理解的态度。同时我向来不主张以尖刻的态度对待教师、学校或者政府，因为我认为他们都是极富实践智慧的群体。而教师配置中的累积问题，主要并不是他们个人的问题，他们虽然在认识上有一定偏差，但主要问题是他们所受的激励不同而导致的行为偏差。

我们欣喜地看到，进入 21 世纪以来，国家采取了一系列措施加强农村教师队伍建设。2004—2010 年短短几年间，相继推出了"硕师计划""特岗计划"、西部农村中小学教师"国培计划"、"免费师范生计划"、中西部地区中小学骨干教师培训项目等。2015 年国务院《乡村教师支持计划（2015—2020 年）》进一步将农村教师队伍建设提到了国家战略高度，就提高乡村教师生活待遇、统一城乡教职工编制、职称评审向乡村教师倾斜、建立乡村教师荣誉制度等做出了顶层设安排。这些措施已经对农村教师问题得以缓解，未来会有更加完善的措施使得该问题得以进一步好转。我们有理由相信，只要措施得力，在中央政府高位推动，地方政府和学校等部门协调行动下，农村教师问题终会得以解决，农村教育将会重新焕发生机，农村人群的受教育水平会得以提升。

参考文献

一　中文部分

班固：《汉书》，中华书局 2012 年版。

范晔：《后汉书》，中华书局 2012 年版。

费孝通：《乡土中国》，上海人民出版社 2007 年版。

费孝通：《江村经济》，上海人民出版社 2007 年版。

费孝通：《中国城镇化道路》，内蒙古人民出版社 2010 年版。

风笑天：《社会学研究方法》，中国人民大学出版社 2001 年版。

黄光国、胡先缙等：《人情与面子：中国人的权力游戏》，中国人民大学出版社 2010 年版。

何东昌：《中华人民共和国重要教育文献》，海南出版社 1998 年版。

贺雪峰：《新乡土中国》，北京大学出版社 2013 年版。

梁漱溟：《乡村建设理论》，上海人民出版社 2006 年版。

梁漱溟：《中国文化要义》，上海人民出版社 2011 年版。

梁启超：《梁启超论中国文化史》，商务印书馆 2012 年版。

李景汉：《定县社会概况调查》，上海人民出版社 2005 年版。

李亦园：《田野图像：我的人类学研究生涯》，山东画报出版社 1999 年版。

刘梦溪：《中国现代学术经典》，河北教育出版社 1996 年版。

马戎、龙山：《中国农村教育问题研究》，福建教育出版社 2000 年版。

司马迁：《史记》，中华书局 2008 年版。

司马光：《资治通鉴》，中华书局 2009 年版。

汤茂如：《定县农民教育》，中华平民教育促进会 1932 年版。

王亚南：《中国官僚政治》，商务印书馆 2013 年版。

王嘉毅：《多维视角中的农村教师》，北京师范大学出版社 2011 年版。

余英时：《文化传统与文化重建》，生活·读书·新知三联书店 2004 年版。

余英时：《中国文化史通释》，生活·读书·新知三联书店 2012 年版。

杨联陞：《中国文化中"报""保""包"之意义》，香港中文大学出版社 2009 年版。

杨国枢：《中国人的心理》，江苏教育出版社 2006 年版。

杨德才：《新制度经济学》，南京大学出版社 2007 年版。

张新平：《教育行政组织的发展与创新——对基层教育行政的个案研究》，南京师范大学出版社 2003 年版。

翟学伟：《人情、面子与权力再生产》，北京大学出版社 2013 年版。

张廷玉：《明史》，中华书局 1974 年版。

周黎安：《转型中的地方政府：官员激励与治理》，上海人民出版社 2008 年版。

安雪慧：《县域内城乡义务教育教师资源配置差异和政策建议》，《教育发展研究》2013 年第 8 期。

边燕杰、孙宇、李颖晖：《论社会资本的累积效应》，《学术界》2018 年第 5 期。

毕重增、黄希庭：《中学教师成就动机、离职意向与倦怠的关系》，《心理科学》2005 年第 1 期。

蔡昉、杨涛：《城乡收入差距的政治经济学》，《中国社会科学》2000 年第 4 期。

蔡昉：《劳动力流动择业与自组织过程中的经济理性》，《中国社会科学》1997 年第 4 期。

陈斌开、陈思宇：《流动的社会资本——传统宗族文化是否影响移民就业?》，《经济研究》2018 年第 3 期。

陈斌开、张鹏飞、杨汝岱：《政府教育投入、人力资本投资与中国城乡收入差距》，《管理世界》2010 年第 1 期。

陈宏军、李传荣、陈洪安：《社会资本与大学毕业生就业绩效关系研究》，《教育研究》2011 年第 10 期。

陈启智：《王通生平著述考》，《东岳论丛》1996 年第 6 期。

陈学军：《谁来做校长：中小学校长更替的挑战》，《中小学管理》

2017 年第 7 期。

成德宁：《各种发展思路视角下的城市化》，《国外社会科学》2004 年第 6 期。

董淑珍：《为学校松绑给管理减负》，《中小学管理》2007 年第 9 期。

范先佐：《义务教育均衡发展改革的若干反思》，《教育研究与实验》2016 年第 3 期。

范先佐：《乡村教育发展的根本问题》，《华中师范大学学报》（人文社会科学版）2015 年第 5 期。

范先佐等：《义务教育均衡发展与农村教学点的建设》，《教育研究》2011 年第 9 期。

方长春、风笑天：《社会出身与教育获得——基于 CGSS 70 个年龄组数据的历史考察》，《社会学研究》2018 年第 2 期。

风笑天、田凯：《近十年我国社会学实地研究评析》，《社会学研究》1998 年第 2 期。

冯云廷：《城市化过程中的城市聚集机制》，《经济地理》2005 年第 6 期。

郭晓东：《农村义务教育"分级管理"体制问题探析》，《教学与管理》2003 年第 11 期。

何国俊、徐冲、祝成才：《人力资本、社会资本与农村迁移劳动力的工资决定》，《农业技术经济》2008 年第 1 期。

胡永远、邱丹：《个性特征对高校毕业生就业的影响分析》，《中国人口科学》2011 年第 2 期。

胡伶：《城镇教师支援农村教育政策研究》，《教育发展研究》2008 年第 22 期。

胡艳、郑新蓉：《1949—1976 年中国乡村教师的补充任用——基于口述史的研究》，《北京师范大学学报》（社会科学版）2018 第 4 期。

赖德胜、孟大虎、苏丽锋：《替代还是互补——大学生就业中的人力资本和社会资本联合作用机制研究》，《北京大学教育评论》2012 年第 10 期。

李培林：《流动民工的社会网络和社会地位》，《社会学研究》1996 年第 4 期。

李政涛：《回到原点：教育人类学的本体性问题初探》，《民族教育研究》2014 年第 5 期。

李春玲：《教育不平等的年代变化趋势（1940—2010）——对城乡教育机会不平等的再考察》，《社会学研究》2014 年第 2 期。

李春玲：《高等教育扩张与教育机会不平等》，《社会学研究》2010 年第 3 期。

李友玉：《基本解决民办教师问题面临的经济困境与对策》，《教育与经济》2000 年第 1 期。

李芙蓉、董业军、董秀华：《我国教育迈入由大到强的新征程》，《教育发展研究》2011 年第 1 期。

李小土、刘明兴、安雪慧：《西部农村教育财政改革与人事权力结构变迁》，《北京大学教育评论》2008 年第 4 期。

李小土、刘明兴、安雪慧：《"以县为主"背景下的西部农村教育人事体制和教师激励机制》，《教师教育研究》2010 年第 3 期。

李爱秋：《美国教师教育课程设置特色与启示——以美国伊利诺大学（UIC）教师教育课程设置为例》，《教育科学》2009 年第 3 期。

李长吉：《论农村教师的地方性知识》，《教育研究》2012 年第 6 期。

李云星、李宜江：《教育均衡发展的实践反思》，《教育发展研究》2012 年第 6 期。

吕丽艳：《"以县为主"的农村义务教育管理体制运行状况个案调查》，《东北师范大学学报》（哲学社会科学版）2004 年第 1 期。

刘善槐、史宁中、张源源：《教师资源分布特征及其形成》，《教育发展研究》2011 年 15—16 期。

刘善槐、王爽、武芳：《我国农村小规模学校教师队伍建设研究》，《教育研究》2017 年第 9 期。

刘春花：《对教育责任失衡的思考》，《教育发展研究》2005 年第 11 期。

刘新华、杨艳：《家庭社会资本与大学生差序就业——关于家庭社会资本对大学生就业质量影响的研究》，《教育学术月刊》2013 年第 5 期。

刘玉照、田青：《新制度是如何落实的——作为制度变迁新机制的"通变"》，《社会学研究》2009 年第 4 期。

刘小强、王德清：《美国早期教育弱势资助政策研究》，《比较教育研究》2012 年第 11 期。

刘小强、王德清：《美国吸引高质量教师到薄弱学校的新举措》，《外国教育研究》2011 年第 3 期。

刘小强、杜洪琳：《农村教师配置的深层困境——基于川南 H 县的实地考察》，《教师教育研究》2014 年第 4 期。

刘小强：《教育政策研究中的实地研究方法探析》，《河北师范大学学报》（教育科学版）2017 年第 5 期。

刘小强：《改革开放 40 年农村教师配置制度变迁研究》，《河北师范大学学报》（教育科学版）2018 年第 6 期。

刘小强：《教师流失问题研究前沿述评——学校组织的视角》，《比较教育研究》2019 年第 4 期。

刘小强：《教师资源空间分割下的农村教师地缘结构特征及影响机制研究》，《教育与经济》2019 年第 3 期。

刘成斌、卢福营：《非农化视角下的浙江省农村社会分层》，《中国人口科学》2005 年第 5 期。

陆学艺：《当前农村社会分层研究的几个问题》，《改革》1991 年第 6 期。

马青、焦岩岩：《省域城乡师资失衡：实践表征、政策归因、改进策略——以宁夏为例》，《教育发展研究》2012 年第 12 期。

马磊、刘欣：《中国城市居民的分配公平感研究》，《社会学研究》2010 年第 5 期。

庞丽娟、金志峰、杨小敏：《新时期乡村教师队伍建设政策研究》，《中国行政管理》2017 年第 5 期。

齐梅、马林：《师范生农村从教个体决策意向的分析》，《华南师范大学学报》（社会科学版）2011 年第 5 期。

沈诗杰：《东北地区新生代农民工"就业质量"影响因素探析——以"人力资本"和"社会资本"为中心》，《江海学刊》2018 年第 2 期。

孙钰华、马俊军：《农村教师流失问题的职业锚角度考察》，《教育发展研究》2007 年第 4 期。

邬志辉：《当前我国城乡义务教育一体化发展的核心问题探讨》，《教育发展研究》2012 年第 17 期。

邬志辉：《城乡教育一体化问题形态与制度突破》，《教育研究》2012 年第 8 期。

吴志华、于兰兰、苏伟丽：《农村教师的流失：问题及解决之策——

基于辽宁省的实证调查》，《教育理论与实践》2011 年第 10 期。

王汉生、王一鸽：《目标责任制：农村基层政权的实践逻辑》，《社会学研究》2009 年第 2 期。

王艳玲、李慧勤：《乡村教师流动及流失意愿的实证分析》，《华东师范大学学报》（教育科学版）2017 年第 3 期。

王纬虹、李志辉：《中西部地区中小学校长专业发展困境及突破》，《中国教育学刊》2016 年第 8 期。

王安全：《海原县农村中小学教师地缘结构变迁研究》，《教育学报》2011 年第 4 期。

王春光、赵玉峰、王玉琪：《当代中国农民社会分层的新动向》，《社会学研究》2018 年第 1 期。

王甫勤、时怡雯：《家庭背景、教育期望与大学教育获得》，《社会》2014 年第 1 期。

文东茅：《家庭背景对我国高等教育机会及毕业生就业的影响》，《北京大学教育评论》2005 年第 3 期。

尉建文：《父母的社会地位与社会资本——家庭因素对大学生就业意愿的影响》，《青年研究》2009 年第 2 期。

吴康宁：《政府官员的角色：学校改革中的一个"中国问题"》，《教育研究与实验》2012 年第 4 期。

吴愈晓：《中国城乡居民的教育机会不平等及其演变（1978—2008）》，《中国社会科学》2013 年第 3 期。

吴晓刚：《1990—2000 年中国的经济转型、学校扩招和教育不平等》，《社会》2009 年第 5 期。

谢桂华、张阳阳：《点石成金的学校？——对学校"加工能力"的探讨》，《社会学研究》2018 年第 3 期。

徐春妹、洪明：《解制取向下的美国教师培养新路径——"为美国而教"计划的历程、职能与功过探析》，《外国教育研究》2007 年第 7 期。

熊春文：《"文字上移"：20 世纪 90 年代末以来中国乡村教育的新趋势》，《社会学研究》2009 年第 5 期。

杨宜音：《试析人际关系及其分类——兼与黄光国先生商榷》，《社会学研究》1995 年第 5 期。

于海洪、雷继红：《农村"微型学校"教师队伍建设研究》，《中国教育学刊》2011 年第 10 期。

岳昌君、文东茅、丁小浩：《求职与起薪：高校毕业生就业竞争力的实证分析》，《管理世界》2004 年第 11 期。

郑洁：《家庭社会经济地位与大学生就业——一个社会资本的视角》，《北京师范大学学报》（社会科学版）2004 年第 3 期。

钟云华：《社会资本对大学生就业的负面效应及其发生机制分析》，《教育发展研究》2018 年第 3 期。

邹宇春、周晓春：《大学生社会资本：内涵，测量及其对就业的差异化影响》，《华中科技大学学报》（社会科学版）2016 年第 6 期。

赵延东：《再就业中的社会资本：效用与局限》，《社会学研究》2002 年第 4 期。

周飞舟：《财政资金的专项化及其问题——兼论"项目治国"》，《社会》2012 年第 1 期。

周黎安：《晋升博弈中政府官员的激励与合作——兼论我国地方保护主义和重复建设问题长期存在的原因》，《经济研究》2014 年第 6 期。

周黎安：《中国地方官员的晋升锦标赛模式研究》，《经济研究》2017 年第 7 期。

周雪光、练宏：《政府内部上下级部门间谈判的一个分析模型——以环境政策实施为例》，《中国社会科学》2011 年第 5 期。

周雪光：《基层政府间的"共谋现象"——一个政府行为的制度逻辑》，《社会学研究》2008 年第 6 期。

张杰：《清代科举世家与地方教育——以北方地区为例》，《中国文化研究》2002 年秋之卷。

张立鹏：《庇护关系——一个社会政治的概念模式》，《经济社会体制比较》2005 年第 3 期。

张儒辉：《外在规约：乡村教师公共性旁落的根源》，《大学教育科学》2008 年第 5 期。

张济洲：《乡村教师的文化冲突与乡村教育改革》，《河北师范大学学报》（教育科学版）2008 年第 9 期。

赵力涛：《中国义务教育经费体制改革：变化与效果》，《中国社会科学》2009 年第 4 期。

翟博、孙百才：《中国基础教育均衡发展实证研究报告》，《教育研究》

2012 年第 5 期。

朱旭东：《论我国农村教师培训系统的重构》，《教师教育研究》2011年第 6 期。

朱旭东、康晓伟：《弱势群体教师：内涵、问题、原因及其策略研究》，《教育科学》2011 年第 1 期。

朱力：《失范的三维分析模型》，《江苏社会科学》2006 年第 4 期。

朱家存、马兴：《城乡教师编制管理：从无校籍走向一体化》，《教育研究与实验》2018 年第 6 期。

曾新、高臻一：《赋权与赋能：乡村振兴背景下农村小规模学校教师队伍建设之路———基于中西部 6 省 12 县"乡村教师支持计划"实施情况的调查》，《华中师范大学学报》（人文社会科学版）2018 年第 1 期。

刘小强：《贫困地区农村教师配置问题研究——基于川南 H 县的田野考察》，博士学位论文，西南大学，2014 年。

李建东：《政府、地方社区与乡村教师：靖远县及 23 县比较研究》，博士学位论文，北京大学，1996 年。

闫引堂：《国家与教师身份：华北某县乡村教师流动研究》，博士学位论文，华东师范大学，2006 年。

杨令平：《西北地区县域义务教育均衡发展进程中的政府行为研究》，博士学位论文，陕西师范大学，2012 年。

魏峰：《乡土社会的教育政策运行——M 县民办教师的民族志》，博士学位论文，南京师范大学，2008 年。

二　译文部分

［奥］阿尔弗雷德·舒茨：《社会世界的意义构成》，游淙祺译，商务印书馆 2012 年版。

［法］埃米尔·涂尔干：《宗教生活的基本形式》，渠敬东等译，上海人民出版社 1999 年版。

［英］埃比尼泽·霍华德：《明日的田园城市》，金经元译，商务印书馆 2012 年版。

［美］道格拉斯·C. 诺斯：《制度、制度变迁与经济绩效》，杭行译，上海三联书店 2008 年版。

［美］戈登·塔洛克：《官僚体制的政治》，柏克、郑景胜译，商务印

书馆 2010 年版。

[德] 康德：《实践理性批判》，韩水法译，商务印书馆 1999 年版。

[英] 卡尔·波普尔：《猜想与反驳——科学知识的增长》，傅季重等译，上海译文出版社 2005 年版。

[伊朗] 拉明·贾汉贝格鲁：《伯林谈话录》，杨祯钦译，译林出版社 2011 年版。

[美] 罗伯特·F. 墨菲：《文化与社会人类学引论》，王卓君译，商务印书馆 2009 年版。

[美] 罗伯特·K. 默顿：《社会理论和社会结构》，唐少杰、齐心等译，译林出版社 2008 年版。

[德] 马克斯·韦伯，《社会科学方法论》，韩水法等译，商务印书馆 2013 年版。

[英] 马林诺夫斯基：《西太平洋上的航海者》，弓秀英译，商务印书馆 2016 年版。

[美] 曼瑟尔·奥尔森：《集体行动的逻辑》，陈郁等译，格致出版社、上海三联书店、上海人民出版社 2011 年版。

[美] 麦克法夸尔 J. B. 、费正清编：《剑桥中华人民共和国史：1949—1965》，中国社会科学出版社 1990 年版。

[美] 特里·L. 库珀：《行政伦理学：实现行政责任的途径》，张秀琴等译，中国人民大学出版社 2010 年版。

[瑞典] T. 胡森、[德] T. N. 波斯尔斯韦特主编：《教育大百科全书：教育经济学卷》，杜育红等译，西南师范大学出版社、海南出版社 2006 年版。

[美] 威廉姆·A. 尼斯坎南：《官僚制与公共经济》，王浦劬等译，中国青年出版社 2004 年版。

[美] 詹姆斯·M. 布坎南、戈登·塔洛克：《同意的计算——立宪民主的逻辑基础》，陈光金译，中国社会科学出版社 2000 年版。

[美] 韦恩·K. 霍伊、塞西尔·G. 米斯克尔：《教育管理学：理论·研究·实践》，范国睿译，教育科学出版社 2007 年版。

[英] 以赛亚·伯林：《反潮流》，冯克利译，译林出版社 2011 年版。

三 英文部分

Anthony, S. Bryk, A. S., Schneider, B., *Trust in schools: A Core Resource for Improvement, New York: Russell Sage Foundation*, 2002.

Boas, Franz, *Hanbook of American Indian Language*, Netherlands: Anthropological Publications, 1969.

Denzin, N. K., Lincoln, Y. S., *The Sage Handbook of Qualitative Research*, London: Sage Publications, 2005.

Hardman, J., *Improving Recruitment and Retention of Quality Overseas Teachers.* In Blandford, S., Shaw, M., *Managing International Schools*, London: Routledge Falmer, 2001.

Jürgen Harbermas, *Knowledge and Human Interests*, Boston: Heinemann Educational books, 1972.

Shore, C., Wright, S., *Anthropology of Policy: Critical Perspectives on Governance and Power*, London and New York: Routledge, 1997.

Stover, L. E., *The Culture Ecology of Chinese Civilazaition*, New York: New American Library, 1974.

Springer, M. G., *Rethinking Teacher Compensation Policies: Why Now, Why Again?* Washington DC: Brookings Institution Press, 2009. 135.

Tashakkori, A., Teddlie C., *Handbook of mixed Methods in Social and Behavioral Reaearch*, Thousands Oaks, CA: Sage, 2003.

Thompson, V. A., *Without Sympathy or Enthusiasm: The Problem of Administrative Compassion*, Tuscaloosa: University of Alabama Press, 1975.

Williams, S., *Conflict of Interest: the Ethical Dilemma in Politics*, Hants: Gower Press, 1985.

Banerjee, A. V., "A Theory of Misgovernance", *Quarterly Journal of Economics*, Vol. 112, No. 4, 1997.

Bian, Y. J., "Bringing Strong Ties Back in: Indirect Tie, Network Bridges, and Job Searches in China", *American Sociological Review*, Vol. 62, N0. 3, 1997.

Boyd, H., Lankford, H., Loeb, S., Ronfeldt, M., Wyckoff, J., "The Role of Teacher Quality in Retention and Hiring: Using Applications to Transfer to Uncover Preferences of Teachers and Schools", *Journal of Policy Analysis and Manage-*

ment, Vol. 30, No. 1, 2011.

Boyd, D. , Lankford, H. , Loeb, B. , Wyckoff, J. , "Explaining the Short Careers of High – Achieving Teachers in Schools With Low – Performing Students", *The American Economic Review*, Vol. 95, No. 2, 2005.

Boyd, D. , Grossman, P. , Ingersoll, M. , Lankford, H. , Loeb, S. , Wyckoff, J. , "The Influence of School Administrators on Teacher Retention Decisions", *American Educational Research Journal*, Vol. 48, No. 2, 2011.

Boyd, D. , Lankford, H. , Loeb, S. , Wyckoff, J. , "The Draw of Home: How Teachers' Preferences for Proximity Disadvantage Urban Schools", *Journal of Policy Analysis and Management*, Vol. 24, No. 1, 2005.

Guarino, C. M. , Santibañez, L. , Daley, G. A. , "Teacher Recruitment and Retention: A Review of the Recent Empirical Literature", *Review of Educational Research*, Vol. 76, No. 2, 2006.

Clotfelter, C. T. , Ladd, H. F. , Vigdor, J. L. , "Teacher Student Matching and the Assessment of Teacher Effectiveness", *Journal of Human Resources*, Vol. 41, No. 4, 2006.

Clotfelter, C. , Glennie, E. , Ladd, H. , Vigdor, J. , "Would Higher Salaries Keep Teachers in High – Poverty Schools? Evidence From a Policy Intervention in North Carolina", *Journal of Public Economics*, Vol. 92, No. 5, 2008.

Chris, T. A. , "Is This Work Sustainable? Teacher Turnover and Perceptions of Work load in Charter Management Organizations", *Urban Education*, Vol. 51, No. 8, 2016.

Dunn, A. H. , Downey, A. C. , "Betting the House: Teacher Investment, Identity, and Attrition in Urban Schools", *Education and Urban Society*, Vol. 50, No. 1, 2017.

Dixit, A. , "Incentives and Organizations in the Public Sector", *Journal of Human Resources*, Vol. 37, No. 4, 2002.

Ehrenberg, R. , Brewer, D. , "Did Teachers' Verbal Ability and Race Matter in the 1960s? Coleman Revisited", *Economics of Education Review*, Vol. 14, No. 1, 1995.

Granovetter, M. , "The Strength of Weak Ties", *American Journal of Sociology*, Vol. 78, No. 6, 1973.

Goddard, R., Goddard, M., "Beginning Teacher Burnout in Queensland Schools: Associations with Serious Intentions to Leave", *The Australian Educational Researcher*, Vol. 33, No. 2, 2006.

Gritz, R., Theobald, N., "The Effects of School District Spending Priorities on Length of Stay in Teaching", *Journal of Human Resources*, Vol. 31, No. 3, 1996.

Goldhaber, D., Brewer, D., "Does Teacher Certification Matter? High School Teacher Certification Status and Student Achievement", *Educational Evaluation and Policy Analysis*, Vol. 22, No. 2, 2000.

Holmstrom, B., Milgrom, P., "Multi – task Principal – agent Analysis: Incentive Contracts, Asset Ownership, and Job DeSign", *The Journal of Law, Economics&Organization*, Vol. S1, No. 7, 1991.

Hanushek, E. A., Kain, J. F., Rivkin, S. G., "Why Public Schools Lose Teachers", *Journal of Human Resources*, Vol. 39, No. 2, 2004.

Hanushek, E. A., "Assessing the Effects of School Resources on Student Performance: An Update", *Educational Evaluation and Policy Analasis*, Vol. 19, No. 2, 1997.

Hancock, C. B., Scherff, L., "Who Will Stay and Who Will Leave? Predicting Secondary English Teacher Attrition Risk", *Journal of Teacher Education*, Vol. 61, No. 4, 2010.

Hoy, W. K., Tarter, C. J., Hoy, A. W., "Academic Optimism of Schools: A Force for Student Achievement", *American Educational Research Journal*, Vol. 43, No. 3, 2006.

Ingersoll, R. M., Smith, T. M., "The Wrong Solution to the Teacher Shortage", *Educational Leadership*, Vol. 60, No. 8, 2003.

Ingersoll R. M., "Teacher Turnover and Teacher Shortages: An Organizational Analysis", *American Educational Research Journal*, Vol. 38, No. 3, 2001.

Johnson, S. M., Birkeland, S. E., "Pursuing a 'Sense of Success': New Teachers Explain Their Career Decisions", *American Educational Research Journal*, Vol. 40, No. 3, 2003.

Jin, H. H., Qian, Y. Y., Weingast, B. R., "Regional Decentralization and Fiscal Incentives: Federalism, Chinese Style", *Journal of Public Economics*,

Vol. 89, No. 9, 2005.

Kirby, S. , Berends, M. , Naftel S. , "Supply and Demand of Minority Teachers in Texas: Problems and Prospects", *Educational Evaluation and Policy Analysis*, Vol. 21, No. 1, 1999.

Kraft, M. A. , Marinell W. H. , Shen – Wei Yee D. , "School Organizational Contexts, Teacher Turnover, and Student Achievement: Evidence from Panel Data", *American Educational Research Journal*, Vol. 53, No. 5, 2016.

Kauffman, D. , Johnson, S. M. , Kardos, S. M. , Liu, E. , Peske, H. G. , "'Lost at sea': New Teachers' Experiences with Curriculum and Assessment", *Teachers College Record*, Vol. 104, No. 2, 2002.

Lau, K. F. , Dandy, E. B. , Hoffman, L. , "The Pathways Program: A Model for Increasing the Number of Teachers of Color", *Teacher Education Quarterly* Vol. 34, No. 4, 2007.

Lankford, H. , Loeb, S. , Wyckoff, J. , "Teacher Sorting and the Plight of Urban Schools: A Descriptive Analysis", *Educational Evaluation and Policy Analysis*, Vol. 24, No. 1, 2002.

Lin, N. , "Inequality in Social Capital", *Contemporary Sociology*, Vol. 29, No. 6, 2000.

Lin, N. , "Social Networks and Status Attainments", *Annual Review of Sociology*, Vol. 25, No. 4, 1999.

Lin, N. , Ensel, W. M. , Vaughn, J. C. , "Social Resources and Strength of Ties: Structural Factors in Occupational Status Attainment", *American Sociological Review*, Vol. 46, No. 3, 1981.

Linda, D. H. , "New Standards and Old Inequalities: School Reform and the Education of African American Students", *The Journal of Negro Education*, Vol. 69, No. 4, 2000.

Latham, N. I. , Vogt, W. P. , "Do Proffesional Dvelopment Schools Reduce Teacher Attrition?", *Journal of Teacher Education*, Vol. 58, No. 2, 2007.

Philippe, A. , Tirole, J. , "Real and Formal Authority in Organizations", *Journal of Political Economy*, Vol. 105, No. 1, 1997.

Rowan, B. , Correnti, R. , Miller, R. , "What Large – Scale Survey Research Tells Us About Teacher Effects on Student Achievement: Insights From the

Prospects Study of Elementary Schools", *Teachers College Record*, Vol. 104, No. 8, 2002.

Smith, T. M. , Ingersoll, R. M. , "What Are the Effects of Induction and Mentoring on Beginning Teacher Turnover?", *American Educational Research Journal*, Vol41, No. 3, 2004.

Tirole, Jean, "The Internal Organization of Government", *Oxford Economic Papers*, Vol. 46, No. 1, 1994.

Trend, M. G. , "On the Reconciliation of Qualitative and Quantitative Analyses: A Case Study", *Human Organization*, Vol. 37, No. 4, 1978.

Weiss, E. , "Perceived Work Place Conditions and First – year Teachers' Morale, Career Choice Commitment, and Planned Retention: A Secondary Analysis", *Teaching and Teacher Education*, Vol. 15, No. 8, 1999.

后　记

从事农村教师问题研究这些年来，有不少感触。田野考察期间，难免顶着烈日在大山里的学校间穿行，遇上下雨，还需要在泥泞、湿滑的小道上步行。每每想到这些乡村教师、这些山里娃每天都要这样，自己这点艰辛算得了什么呢？和农村教师尤其是乡村小学教师多加接触便会发现，他们身上散发出浓郁的乡土气息，纯朴的教育情感，虽则条件艰苦，却很少听到他们的抱怨。和我素不相识的村小教师，几句寒暄，便在附近农户家摘些桃子来让我解渴，在炎热的夏季，实在让人感受到一股迎面而来的清爽凉风。这种感受不是短暂的，而是久长的。一所镇中学教学楼上的一副对联"静下心来教书，潜下心来育人"，反映的就是他们这种本真的精神，而不是需要改造的陋习。

感谢我的老师王德清教授，老师谦逊的为人使我耳濡目染，让我懂得学海无涯，需不断进取！老师对我最本真的关爱，让我永生难忘！老师善意的鞭策，让我切记于心！而老师对我深切的期望，让我感觉还很有差距！

感谢西南大学赵伶俐教授！赵老师睿智而善良，我曾多次聆听赵老师的点评，深受启发，赵老师曾对我的论文进行了有卓见的指导！在交谈中则让我认识到了美丽、善良而充满智慧的赵老师。至今我与赵老师还常有沟通。

感谢西南大学的易连云教授、张学敏教授、李玲教授、陈恩伦教授以及教育学部其他老师，对我求学期间的学术引导。

感谢我的师兄师姐、师弟师妹以及各位好友，以防挂一漏万，此不一一列出。

感谢华中师范大学范先佐教授！范老师长期以来给了我太多的帮助和指导，在学习上的有些迷惑，范老师会通过电子邮件给我加以点拨。

感谢成都师范学院的唐安奎教授、肖蓓博士，在研究过程中开展的各种讨论活动，让我颇受启发。

本书的完成离不开调查区域学校老师和领导们的配合，离不开调研区域教育局及其附属单位、人社局、编办、档案馆、县志办等单位领导和工作人员的支持。在此一并表示感谢！但出于学术规范考虑，我却不能列出他们的名字，不能不说是一种遗憾！

感谢国家社会科学基金的资助。我在博士学位论文中谈及"需要进一步研究的问题"时，希望通过更大范围的研究，以检验研究观点和结论，提炼更全面和普遍的理论。有了基金的资助，使我能够在全国范围实施调研，对博士学位论文提出的理论或结论进行验证、完善。使我能对农村教师配置问题进行更深入、更全面的研究，丰富并深化了我对农村教师配置问题的认识，使我先前的愿望得以实现。

本书出版得到了中国社会科学出版社宋燕鹏老师的大力支持，并对书稿进行了耐心细致的校对与打磨，在此致以真诚的谢意！